ALEXANDRE FREITAS CÂMARA

Levando os **PADRÕES DECISÓRIOS** *a sério*

FORMAÇÃO E APLICAÇÃO
DE PRECEDENTES
E ENUNCIADOS DE SÚMULA

- O autor deste livro e a editora empenharam seus melhores esforços para assegurar que as informações e os procedimentos apresentados no texto estejam em acordo com os padrões aceitos à época da publicação, *e todos os dados foram atualizados pelo autor até a data de fechamento do livro.* Entretanto, tendo em conta a evolução das ciências, as atualizações legislativas, as mudanças regulamentares governamentais e o constante fluxo de novas informações sobre os temas que constam do livro, recomendamos enfaticamente que os leitores consultem sempre outras fontes fidedignas, de modo a se certificarem de que as informações contidas no texto estão corretas e de que não houve alterações nas recomendações ou na legislação regulamentadora.

- O autor e a editora se empenharam para citar adequadamente e dar o devido crédito a todos os detentores de direitos autorais de qualquer material utilizado neste livro, dispondo-se a possíveis acertos posteriores caso, inadvertida e involuntariamente, a identificação de algum deles tenha sido omitida.

- **Atendimento ao cliente: (11) 5080-0751 | faleconosco@grupogen.com.br**

- Direitos exclusivos para a língua portuguesa
Copyright © 2018 by
Editora Atlas Ltda.
Uma editora integrante do GEN | Grupo Editorial Nacional
Travessa do Ouvidor, 11
Rio de Janeiro – RJ – 20040-040
www.grupogen.com.br

- Reservados todos os direitos. É proibida a duplicação ou reprodução deste volume, no todo ou em parte, em quaisquer formas ou por quaisquer meios (eletrônico, mecânico, gravação, fotocópia, distribuição pela Internet ou outros), sem permissão, por escrito, da Editora Atlas Ltda.

- Capa: Ricardo Lima

CIP-BRASIL. CATALOGAÇÃO-NA-FONTE
SINDICATO NACIONAL DOS EDITORES DE LIVROS, RJ.

C172L
Câmara, Alexandre de Freitas

    Levando os padrões decisórios a sério / Alexandre de Freitas Câmara. - 1. ed. - São Paulo : Atlas, 1. ed. [2ª reimpr.] - São Paulo : Atlas, 2022.

    Inclui bibliografia
    ISBN 978-85-97-01413-6

    1. Súmula vinculante. I. Título.

17-45430   CDU: 347.98

Sleep, sleep tonight
And may your dreams be realised.
If the thunder cloud passes rain
So let it rain, rain down on he.
So let it be.
So let it be.

Sleep, sleep tonight
And may your dreams be realised.
If the thunder cloud passes rain
So let it rain, let it rain
Rain down on he.
(Bono)

Para os meus filhos,
Rodrigo e Guilherme,
minha razão de viver.

NOTA DO AUTOR

Este livro corresponde à minha tese de doutorado, defendida junto à Faculdade Mineira de Direito da Pontifícia Universidade Católica de Minas Gerais (PUC-Minas). Nessa instituição encontrei o ambiente perfeito para desenvolver a pesquisa que deu origem a este trabalho, que espero seja útil para a comunidade jurídica brasileira. Na PUC-Minas, pude ter certeza de que a assim chamada "Escola Mineira de Direito Processual" não é só mineira, e que o Rio de Janeiro pode a ela se juntar (e vale aqui lembrar que o grande Lopes da Costa, que se tornou conhecido como um processualista das Minas Gerais, era carioca).

Não posso, aqui, deixar de agradecer e dedicar este livro a algumas pessoas.

Meu orientador, Prof. Dr. Ronaldo Brêtas de Carvalho Dias, foi, desde o início, um grande incentivador. Sem seu apoio decisivo e sua sábia orientação, este trabalho não teria jamais ficado pronto.

Meu coorientador, Prof. Dr. Dierle Nunes, é mais do que um amigo. Ao longo dos anos, tornou-se um grande interlocutor, e com sua invejável capacidade de pesquisa permitiu que este trabalho se tornasse realidade. Tenho a mais absoluta certeza de que nossa parceria durará para sempre.

Os professores Humberto Theodoro Júnior, Georges Abboud e Flávio Quinaud Pedron honraram-me com sua participação em minha banca de doutoramento. A eles tenho de agradecer pelo diálogo, que se deu não só durante a realização da defesa da tese, mas se desenvolve de forma perene por meio de suas importantes obras doutrinárias.

Minha esposa, Janaína, ficou responsável pela árdua tarefa de não me deixar desistir. Nos momentos de cansaço ou de desânimo, era dela a exigência de que eu seguisse em frente. Sem ela, eu não teria conseguido. É a ela, minha litisconsorte necessária, que dedico toda a minha vida.

Meus filhos, Rodrigo e Guilherme, são meus maiores parceiros. E eu espero, sinceramente, que meu esforço sirva de exemplo para eles, que precisam sempre ter em mente que só por meio do estudo e do trabalho árduo se pode chegar a algum lugar.

Uma última homenagem tem de ser feita: dias antes da defesa desta tese, faleceu José Carlos Barbosa Moreira, o maior jurista que conheci. Tudo que eu dissesse aqui seria pouco para descrever o que ele representa para o Direito brasileiro e para a minha vida. Foi depois de ler seus *Comentários ao Código de Processo Civil (de 1973)* e de ver algumas palestras do Prof. Barbosa Moreira que eu resolvi que seria processualista. Ao me dar conta de que ele tinha sido Desembargador no TJRJ pelo Quinto Constitucional da Advocacia, resolvi tentar seguir esse mesmo caminho em minha trajetória profissional. José Carlos Barbosa Moreira foi minha grande referência no Direito. A ele é dedicado este livro.

O Autor

SUMÁRIO

Introdução 1

Capítulo 1 – As tradições jurídicas e o direito brasileiro 9

1.1 O *common law*. A técnica dos precedentes nesta tradição jurídica 11

1.2 O *civil law*. A técnica dos precedentes nesta tradição jurídica 24

1.3 As tradições jurídicas e o modo como nelas se insere o Direito brasileiro. O Direito brasileiro está mesmo caminhando em direção ao *common law*? 50

Capítulo 2 – O modelo constitucional de processo brasileiro 63

2.1 O princípio constitucional do contraditório. Sua compreensão como mecanismo de construção participativa do resultado do processo 92

    2.1.1 A visão tradicional do princípio do contraditório 93

    2.1.2 O contraditório como direio de participação com influência. A garantia de não surpresa. O modelo comparticipativo de processo 97

Capítulo 3 – A história da formação dos precedentes no direito brasileiro 113

3.1 Jurisprudência e precedentes no Brasil 113

    3.1.1 A doutrina brasileira e a jurisprudência como "fonte do Direito" 125

    3.1.2 A doutrina brasileira e os precedentes 130

X | LEVANDO OS PADRÕES DECISÓRIOS A SÉRIO – *Alexandre Freitas Câmara*

Capítulo 4 – A formação e o emprego dos precedentes na prática forense brasileira atual: o uso inadequado dos "precedentes" pelos juízes brasileiros (ou "sobre a mera invocação de ementas e enunciados de súmula"). 145

Capítulo 5 – Formação de padrões decisórios a partir do princípio do contraditório e da exigência de deliberação qualificada 177

5.1 A formação do padrão decisório no Direito brasileiro a partir de um contraditório dinâmico e efetivo 177

5.2 Proposta para diferenciação entre padrões decisórios vinculantes e persuasivos (argumentativos) no Direito brasileiro. A distinção entre padrões decisórios vinculantes e argumentativos a partir da amplitude do contraditório 183

5.3 Técnicas de formação do padrão decisório vinculante no Direito brasileiro 205

    5.3.1 O julgamento dos processos de controle direto da constitucionalidade das leis e atos normativos 205

    5.3.2 A súmula vinculante. Súmula não é precedente 220

    5.3.3 O julgamento dos recursos excepcionais repetitivos 227

    5.3.4 O incidente de resolução de demandas repetitivas 238

    5.3.5 O incidente de assunção de competência 251

5.4 A colegialidade da decisão que servirá como padrão decisório vinculante 256

5.5 Os elementos vinculantes dos precedentes: fundamentos determinantes ou *rationes decidendi* (ou "sobre o quê vincula no precedente vinculante") 268

5.6 Os elementos não vinculantes dos precedentes: *obiter dicta* ou fundamentos não determinantes e ementa 278

5.7 Padrões decisórios não vinculantes (argumentativos ou persuasivos) e ônus argumentativo 281

Capítulo 6 – Aplicação dos padrões decisórios a partir do princípio do contraditório e da exigência de deliberação qualificada 287

6.1 A distinção: manifestação do padrão decisório como *principium* argumentativo (ou "sobre como aplicar o padrão decisório") 287

6.2 Técnicas de superação do padrão decisório 300

6.2.1 Superação (*overruling*) 301

6.2.1.1 Superação tácita 331

6.2.1.2 Superação antecipada 335

6.3 O ônus argumentativo a ser observado na fundamentação da decisão que supera padrão decisório 344

Capítulo 7 – Conclusões 349

Referências 357

INTRODUÇÃO

O objetivo deste estudo é examinar o modo como são produzidos e aplicados alguns pronunciamentos emanados do Judiciário, e que são aqui genericamente denominados *padrões decisórios vinculantes*. A denominação *padrões decisórios* não foi escolhida ao acaso. Ela é expressamente empregada na redação do § 5º do art. 966 do Código de Processo Civil de 2015 e designa, genericamente, tanto alguns precedentes como os enunciados de súmula. Assim, são *padrões decisórios vinculantes* os precedentes e os enunciados de súmula que formalmente receberam, por imputação legal, eficácia vinculativa.

A hipótese que se pretende demonstrar é a de que os padrões decisórios vinculantes exigem, para sua legitimidade democrática, a observância de alguns pressupostos que os distinguem de outros pronunciamentos emanados do Judiciário, tanto no que diz respeito à sua formação como no que concerne à sua aplicação. Em primeiro lugar, a formação do contraditório exige uma participação diferenciada dos atores processuais. Daí uma exigência de que se observe um contraditório qualificado, que resultará de uma compartipação ampliada.[1] Além disso, a decisão judicial que servirá como padrão decisório deve ser formada de modo diferenciado, com um procedimento deliberativo distinto daquele que se emprega para a formação de decisões prolatadas em processos que versam sobre interesses meramente individuais, a exigir diálogo efetivo entre os integrantes do órgão colegiado e uma fundamentação ainda

---

[1] Aqui já aparecem dois dos marcos teóricos que serão empregados como base da construção da tese: em primeiro lugar, a concepção do processo como um *procedimento em contraditório*, como desenvolvido na obra de Elio Fazzalari (como se pode ver, por exemplo, em: FAZZALARI, Elio. *Istituzioni di diritto processuale*. 8. ed. Pádua: Cedam, 1996. p. 82); em segundo lugar, e em grande medida como um desenvolvimento das ideias do processualista italiano, o modelo compartipativo de processo sustentado por Dierle Nunes (especialmente em: NUNES, Dierle José Coelho. *Processo jurisdicional democrático*. Curitiba: Juruá, 2008. passim).

mais completa. De outro lado, a aplicação dos padrões decisórios vinculantes exige – para a legitimação das distinções e superações – que a participação em contraditório das partes se dê por meio da observância de um especial ônus argumentativo, que tem de respeitar a exigência de dialeticidade, além de uma fundamentação específica da decisão que se afasta (seja por distinção, seja por superação) do padrão anteriormente fixado.[2]

Tudo isso se vincula a um dos marcos teóricos deste trabalho: a concepção dworkiniana de democracia, a exigir "uma teoria de participação igualitária para decidir o que é ou não uma decisão democrática", com a exigência de consulta a ideias sobre justiça, igualdade e liberdade.[3]

A busca pela resposta correta em viés dworkiniano, ou seja, adequada à Constituição e com respeito a uma democracia em parceria têm sua legitimidade confirmada de dois modos, como destaca Francisco Motta:

> Primeiro, por observância de um procedimento no qual se garanta a participação (constitucionalmente adequada) de todos os interessados na formação do provimento; segundo, por meio de decisões jurídicas *responsáveis*, fundamentadas em interpretações constitucionais que possam ser justificadas perante a integridade do Direito.[4]

Inicia-se o trabalho por um capítulo dedicado a examinar se o ordenamento jurídico brasileiro, em razão do fato de se ter atribuído eficácia vinculante a alguns pronunciamentos judiciais, teria "migrado" do *civil law* para o *common law*. Para isso, fez-se um exame das duas tradições jurídicas, e especialmente do modo como nelas são tratados os precedentes. Em seguida, ao final do primeiro

---

[2] Afinal, como afirmam Alexy e Dreier, "aquele que pretenda afastar-se de um precedente suporta o ônus da argumentação" (ALEXY, Robert; DREIER, Ralf. Precedent in the Federal Republic of Germany. In: MACCORMICK, Neil; SUMMERS, Robert S. (ed.). *Interpreting precedents* – A comparative study. Dartmouth: Ashgate, 1997. p. 30 (tradução livre; no original: "Whoever wishes to depart from a precedent carries the burden of argument").

[3] DWORKIN, Ronald. *Is democracy possible here?* Princeton: Princeton University Press, 2006. p. 134. O trecho entre aspas foi livremente traduzido, e no original é "a theory of equal partnership to decide what is or is not a democratic decision". Ao longo desse estudo será possível examinar como se caracteriza esse ônus argumentativo e, ainda, como se dá o controle da atuação dos atores do processo na formação e aplicação de padrões decisórios.

[4] MOTTA, Francisco José Borges. *Ronald Dworkin e a construção de uma teoria hermeneuticamente adequada da decisão jurídica democrática* Tese (Mestrado e Doutorado) – Universidade do Vale do Rio dos Sinos (Unisinos). São Leopoldo, 2014. p. 182.

capítulo, mostra-se como o Direito brasileiro permanece vinculado à tradição do *civil law*, não tendo passado por qualquer processo de "commonlização". Este capítulo inicial, registre-se, não se propõe a um exame historiográfico, isto é, não é objetivo deste trabalho fazer um estudo de História do Direito, mas tão somente a demonstrar que *trabalhar com precedentes* não é um fenômeno exclusivo dos ordenamentos jurídicos vinculados à tradição de *common law*. Aqui se buscará tornar claro que também na tradição de *civil law*, a que se vincula o ordenamento brasileiro, é possível empregar precedentes (ou outros padrões decisórios, como enunciados de súmula) como bases para construção de decisões judiciais. Resulta daí – e esta é uma premissa do trabalho desenvolvido – que se poderá desenvolver toda a pesquisa sem ser preciso sustentar uma "commonlização" do Direito brasileiro.

Logo em seguida, analisa-se (capítulo 2) o modo como deve ser compreendido o modelo constitucional do processo brasileiro. E dentro deste modelo constitucional, dá-se especial importância – em razão do objeto central da tese – ao princípio constitucional do contraditório. E isso porque, como já dito, um dos marcos teóricos deste trabalho é exatamente a compreensão do processo como procedimento em contraditório.

O trabalho, então, busca demonstrar primeiro a visão tradicional do princípio do contraditório, em que este era compreendido como uma garantia meramente formal, composta por dois elementos: direito de informação e possibilidade de manifestação. Passa-se, em seguida, ao exame do modo como o contraditório é compreendido na contemporaneidade. E é aí que se trata o contraditório como uma garantia de participação destinada a influenciar na formação do resultado do processo, além de vedar as decisões surpresa. Passa, então, o contraditório a ser formado não mais por apenas dois, mas por três elementos: o direito de informação, o direito de manifestação e o direito à consideração dos argumentos. Aí se insere, também, a compreensão do modelo comparticipativo de processo.

Passa-se, no capítulo 3, ao exame do modo como no Brasil foram historicamente tratados os precedentes e a jurisprudência. É nesta parte do trabalho que são examinados elementos relevantes, desde os tempos do Brasil Império até os dias atuais, não com o objetivo de promover um estudo histórico, mas com o propósito de demonstrar que o emprego de padrões decisórios não é uma "novidade" em solo brasileiro, como se tivesse sido o Código de Processo Civil de 2015 a criar algum tipo de "inovação baseada no *common law*". Em seguida, ainda neste mesmo capítulo, busca-se demonstrar o modo como a doutrina brasileira trata da jurisprudência e dos precedentes como "fontes do Direito" (empregada a expressão entre aspas, por razões que neste estudo serão apresentadas).

O capítulo 4 do trabalho tem o objetivo de mostrar como os tribunais brasileiros têm se valido dos precedentes para formar suas decisões. Ali se desenvolve uma crítica à forma como isso tem acontecido, com mera invocação de ementas e enunciados de súmula como se isto fosse suficiente para que se pudesse decidir com base em padrões decisórios (sejam eles quais forem). Foi, então, feita uma pesquisa sobre o modo como cada um dos Ministros do STF se vale de precedentes na formação de seus votos e decisões.[5] E se demonstrou que, com raríssimas exceções, os precedentes não são corretamente aplicados como princípios argumentativos na construção de decisões. Análise semelhante mostrou que os resultados são equivalentes no Superior Tribunal de Justiça. Nesse capítulo, então, se desenvolverão algumas bases para permitir criticar decisões que, embora empreguem padrões decisórios, não são fruto da comparticipação qualificada que se exige para a legitimação democrática do sistema decisório fundado em padrões decisórios que o ordenamento jurídico brasileiro adota.

Os dois capítulos seguintes são dedicados ao exame do tema central do trabalho. É, pode-se dizer, o "coração" do trabalho que se buscou desenvolver.

O capítulo 5 do trabalho é dedicado ao estudo da formação dos padrões decisórios vinculantes. E ali se busca demonstrar que tal formação só é constitucional e democraticamente legitimada pela observância de um contraditório dinâmico e efetivo.

Isto leva à proposta – que é central para os objetivos deste estudo – de diferenciação entre padrões decisórios vinculantes e padrões decisórios não vinculantes (persuasivos ou argumentativos). E se busca demonstrar que essa distinção é estabelecida, em primeiro lugar, a partir da amplitude do contraditório a ser observado nos procedimentos destinados à construção de tais padrões decisórios. Resulta daí, então, que nem tudo o que consta do rol do art. 927 do CPC de 2015 é dotado de eficácia vinculante.

Para demonstrar como se pode se dar a ampliação do contraditório, faz-se uma análise da intervenção do *amicus curiae*. Na sequência, examina-se o modo como a realização de audiências públicas pode viabilizar essa

---

[5]   A pesquisa levou em conta a composição do STF quando de sua realização, o que explica a menção a votos e decisões do Min. Teori Zavascki, tragicamente falecido durante o período em que este trabalho era desenvolvido. Pelo mesmo motivo, não há qualquer referência a decisões do Min. Alexandre de Moraes, que não tinha ainda assumido sua cadeira no STF quando da realização da pesquisa (e, embora já empossado quando da conclusão da obra, ainda não tinha proferido um número de decisões capazes de permitir uma pesquisa minimamente consistente).

ampliação do contraditório que é capaz de conferir legitimidade democrática à eficácia vinculante de certos padrões decisórios. Vai-se buscar demonstrar, porém, que não é só por meio dos *amici curiae* e das audiências públicas que se promove essa ampliação do contraditório. Um dos objetivos deste trabalho é demonstrar que a ampliação subjetiva do contraditório se dá, de modo muito especial, pela criação de espaços de oportunidade para a atuação, nos procedimentos destinados à constituição de padrões decisórios vinculantes, de todos os interessados, assim entendidos aqueles que são ou reúnem as condições para virem a ser partes em processos em que a mesma questão de direito é discutida.

Em seguida, ainda no capítulo 5 do trabalho, se busca demonstrar como se dá a ampliação do contraditório nos procedimentos destinados à formação de padrões decisórios vinculantes no ordenamento jurídico brasileiro. São, então, examinados de forma minuciosa os procedimentos destinados ao julgamento de processos de controle direto da constitucionalidade de leis e atos normativos; à aprovação de enunciados de súmula vinculante (momento em que se buscou demonstrar que súmula não é precedente); ao julgamento de recurso especial e extraordinário repetitivos; ao incidente de resolução de demandas repetitivas e ao incidente de assunção de competência. Tudo isso busca, então, comprovar a exigência de uma comparticipação ampliada, em que se observa um contraditório qualificado por sua maior extensão subjetiva.

É ainda no capítulo 5 que se trata de tema de grande relevância: a colegialidade dos pronunciamentos que podem ser dotados de eficácia vinculante. E ali se critica a forma *seriatim* como deliberações colegiadas têm sido proferidas no Brasil, o que se mostra inadequado ao menos nos casos em que se vai formar um pronunciamento judicial dotado de eficácia vinculante. Propõe-se, então, que ao menos nesses casos se busque decidir *per curiam*. Além disso, busca-se demonstrar a necessidade de que se repense a forma como os tribunais deliberam, discutindo-se inclusive o papel a ser desempenhado pelo relator nos julgamentos.

Prossegue o quinto capítulo do trabalho com o exame do resultado formado pelos procedimentos anteriormente vistos, de modo a buscar determinar quais são os elementos vinculantes dos padrões decisórios, isto é, seus *fundamentos determinantes*, para em seguida distingui-los dos seus elementos não vinculantes (os fundamentos não determinantes e a ementa).

Encerra-se o quinto capítulo com uma análise dos padrões decisórios não vinculantes, também chamados argumentativos ou persuasivos. E aí se buscou demonstrar que o fato de não serem eles dotados de eficácia vinculativa não permite que sejam eles simplesmente ignorados. Daí a análise do modo como eles devem ser levados em consideração nas decisões que venham a ser proferidas, especialmente em função dos deveres de uniformidade, coerência e integridade da jurisprudência previstos de forma expressa no art. 926 do CPC de 2015.

Chega-se, então, ao capítulo 6 do trabalho, que versa sobre a aplicação de padrões decisórios dotados de eficácia vinculante. Aí são examinados os institutos da distinção e da superação.

Ao tratar da distinção, busca-se examinar como os padrões decisórios devem ser empregados como princípios argumentativos, demonstrando-se que eles não podem ser aplicados de forma mecânica ou subsuntiva. Daí a afirmação de que cabe ao órgão jurisdicional, quando da prolação de uma decisão, *dialogar com o padrão decisório*. Observa-se, assim, o dever de autorreferência que resulta da exigência de integridade a que se refere o art. 926 do CPC de 2015. Aqui se examina, também, a atuação das partes nos processos em que se postula a distinção como técnica de afastamento do padrão decisório, buscando-se demonstrar que lhes incumbe, quanto ao ponto, um especial ônus argumentativo, a ser observado de forma a dar cumprimento àquilo que vem sendo chamado de "ônus da dialeticidade".[6]

Em seguida, examinam-se as técnicas de superação de padrões decisórios vinculantes. Examina-se, então, o próprio conceito de superação, além da superação tácita e da superação antecipada. E se busca demonstrar no trabalho que a superação tácita é incompatível com o ordenamento jurídico brasileiro (diferentemente da superação antecipada, que é compatível com o sistema). É aí que se demonstra que a distinção e a superação exigem a necessária observância de um contraditório pleno, dinâmico, efetivo e prévio, especificamente voltado a legitimar decisões que promovem a distinção ou a superação. E aqui, mais uma vez, se busca demonstrar que a atuação das partes, nesse contraditório especificamente voltado à superação (como à distinção) impõe um especial ônus argumentativo. Conclui-se o capítulo com a demonstração de que a decisão que supera padrões decisórios vinculantes deve, também, observar um especial ônus argumentativo, destinado a justificar as razões pelas quais o padrão deve, legitimamente, ser superado.

Com esses dois capítulos é que se comprova a tese central desta obra: a exigência de uma releitura do princípio do contraditório, que precisa se manifestar de forma subjetivamente ampliada para legitimar a formação e a

---

[6] Expressão que aparece, por exemplo, em acórdãos do STJ, de que é exemplo o proferido no julgamento do AgInt nos EDcl no AgREsp 975889/SP, Rel. Min. Mauro Campbell Marques, j. em 06.04.2017.

aplicação de padrões decisórios dotados de eficácia vinculante, de modo que somente padrões formados em procedimentos cuja estrutura seja composta de modo a impor essa ampliação do contraditório e se desenvolvam segundo uma comparticipação qualificada é que podem, legitimamente, ser dotados de eficácia vinculante, enquanto outros pronunciamentos só podem ser empregados como precedentes argumentativos ou persuasivos. Além disso, integra também a tese que por meio deste trabalho se demonstrou a exigência de que os pronunciamentos que formam ou superam padrões decisórios vinculantes sejam resultantes de uma forma diferenciada de deliberação colegiada, que precisa ser levada a sério para que o sistema de padronização decisória possa funcionar adequadamente.

Passa-se, em seguida, à apresentação das conclusões do trabalho. Tais conclusões, a rigor, já terão sido identificadas ao longo do texto, mas são sintetizadas na parte final, quando se buscará demonstrar que a tese proposta terá sido comprovada.

Capítulo 1
AS TRADIÇÕES JURÍDICAS E O DIREITO BRASILEIRO

O desenvolvimento das ideias que permeiam o presente trabalho exige, inicialmente, que se insira o sistema jurídico brasileiro em uma das duas grandes tradições jurídicas (*common law* e *civil law*) ou, ainda, que se verifique se, a rigor, o Direito brasileiro já não se insere em qualquer dessas duas tradições, tendo passado a constituir-se uma espécie de "sistema jurídico híbrido", com características de uma e de outra delas.[1] Para isso, impõe-se apresentar cada uma dessas tradições e, em seguida, verificar como o ordenamento jurídico brasileiro atual se relaciona com elas.

Registre-se, aqui, porém, que não é objetivo deste trabalho um exame historiográfico. O que se pretende, neste capítulo, é verificar se é possível a um ordenamento jurídico vinculado à tradição de *civil law* estabelecer um sistema de construção de decisões no qual precedentes ou outros padrões decisórios, como os enunciados de súmula vinculante, são utilizados como bases para a construção de novos pronunciamentos jurisdicionais (especialmente sentenças e acórdãos).

Na análise dessas tradições jurídicas – inclusive a de *civil law* – será importante verificar como nelas são usados os precedentes judiciais (ou outros padrões decisórios) como "fonte do Direito", o que servirá, inclusive, para evitar que se pense que só se pode cogitar de aplicação da teoria dos precedentes no *common law*, ou que esta tradição jurídica só existe em função da técnica conhecida como *stare decisis*.

---

[1] Como sustenta: DIDIER JR., Fredie. *Curso de direito processual civil.* 17. ed. Salvador: JusPodivm, 2015. vol. 1, p. 57-60, que afirma que "[t]emos uma tradição jurídica própria e bem peculiar, que [poderia] ser designada, sem ironia ou chiste, como *brazilian law*".

Esse estudo se fará para que, posteriormente, se verifique como os precedentes e outros padrões decisórios devem ser construídos no Direito brasileiro (especialmente no que diz respeito aos que são dotados de eficácia vinculante, os quais constituem o objeto central deste estudo). É que uma decisão só poderá ser reconhecida como precedente vinculante se for o resultado de um processo no qual se tenha observado, de forma plena, o plexo de garantias constitucionais do processo que se convencionou chamar de *modelo constitucional de processo* (o qual será objeto de exame no capítulo seguinte deste trabalho), especialmente no que diz respeito ao princípio do contraditório e, como seu corolário, o modelo comparticipativo de processo. Este, porém, é um ponto em relação ao qual não se tem visto grande preocupação nos estudos dedicados à técnica decisória por meio do emprego de precedentes. De um modo geral, o que se percebe é uma grande preocupação em analisar-se o modo como o precedente é aplicado, sem que se dedique maior atenção ao modo como ele é formado. Poucas exceções poderiam aqui ser lembradas.

Houve, é certo, quem – na doutrina norte-americana – tenha afirmado que "se concede respeito ao precedente somente se ele for resultado de uma fundamentada e cuidadosa análise judicial baseada em um intenso contraditório exercido pelas partes",[2] mas não é comum encontrar-se observação como esta, a tratar do modo como é formada a decisão que será usada como precedente. É possível lembrar, aqui, também, da afirmação feita por Streck e Abboud no sentido de que "[o] *stare decisis*, pela importância que concede ao precedente, garante que a aplicação deste só pode ocorrer se ele foi fruto de um intenso contraditório e se estiver fundamentado".[3]

Este é, porém, o ponto nodal a ser enfrentado: como se deve formar, no Direito brasileiro, uma decisão judicial que possa, depois, ser utilizada como precedente vinculante? E não pode haver dúvida de que a eficácia vinculante do precedente precisa estar legitimada constitucionalmente. Afinal, tudo no Direito deve ser pensado *a partir da Constituição*. E não se pode esquecer, como bem apontado por Ronaldo Brêtas de Carvalho Dias, que

> [a] legitimidade democrática das decisões jurisdicionais, comprometidas com o princípio do Estado Democrático de Direito, está assentada na

---

[2] FINE, Toni M. O uso do precedente e o papel do princípio do *stare decisis* no sistema legal norte-americano. *Revista dos Tribunais*, São Paulo: RT, vol. 782, p. 92, 2000.

[3] STRECK, Lenio Luiz; ABBOUD, Georges. *O que é isto* – O precedente judicial e as súmulas vinculantes?. 2. ed. Porto Alegre: Livraria do Advogado, 2014. p. 73.

exclusiva sujeição dos órgãos jurisdicionais às normas que integram o ordenamento jurídico, sobretudo as normas constitucionais, emanadas da vontade do povo, porque discutidas, votadas e aprovadas pelos seus representantes, no Congresso Nacional.[4]

A afirmação que acaba de ser feita, não obstante óbvia, precisa ser repetida, pois mais de um quarto de século depois da promulgação da Constituição de 1988, ainda não se formou, por completo, entre os profissionais do Direito brasileiros, aquilo que Lenio Streck chamou de "sentimento constitucional--concretizante", "pelo qual as leis infraconstitucionais deveriam ser simplesmente devassadas por uma implacável hermenêutica constitucional".[5]

1.1 O *COMMON LAW*. A TÉCNICA DOS PRECEDENTES NESTA TRADIÇÃO JURÍDICA

Chama-se *common law* à tradição jurídica em que se inserem os ordenamentos jurídicos hoje vigentes no Reino Unido da Grã-Bretanha e Irlanda do Norte, na Irlanda, nos Estados Unidos da América, no Canadá, na Austrália e na Nova Zelândia, além de ter exercido grande influência sobre diversos ordenamentos africanos e asiáticos.[6] O seu estudo deve, necessariamente, começar pelo exame do Direito inglês,[7] que lhe deu origem.

Entende-se por Direito inglês o aplicado na Inglaterra e no País de Gales (mas não em todo o Reino Unido da Grã-Bretanha e Irlanda do Norte:

---

[4] BRÊTAS, Ronaldo de Carvalho Dias. *Processo constitucional e Estado Democrático de Direito*. 3. ed. Belo Horizonte: Del Rey, 2015. p. 158-159.

[5] STRECK, Lenio Luiz. O direito de obter respostas constitucionalmente adequadas em tempos de crise do direito: a necessária concretização dos direitos humanos. Disponível em: <http://www.periodicos.ufpa.br/index.php/hendu/article/viewFile/374/601>. Acesso em: 8 mar. 2014. Vale aqui lembrar o emprego, por Pablo Lucas Verdú, da expressão "sentimento constitucional" (*sentimiento constitucional*), tendo o jurista espanhol afirmado que "para obter eficácia uma Constituição há de se ter presente que esta suscite o *sentimento constitucional* entre os cidadãos" (VERDÚ, Pablo Lucas. El derecho constitucional como derecho administrativo. *Revista de Derecho Político*, n. 13, p. 50, 1982, tradução livre; no original: "para obtener eficácia una Constitución hay que tener muy presente que ésta suscite el *sentimiento constitucional* entre los ciudadanos").

[6] MERRYMAN, John Henry; PÉREZ-PERDOMO, Rogelio. *A tradição da* civil law – Uma introdução aos sistemas jurídicos da Europa e da América Latina. Trad. bras. de Cássio Casagrande. Porto Alegre: Sergio Antonio Fabris Ed., 2009. p. 24.

[7] DAVID, René. *Os grandes sistemas do direito contemporâneo*. Trad. bras. de Hermínio A. Carvalho. São Paulo: Martins Fontes, 1996. p. 279.

o Direito escocês é bastante diferente do inglês, enquanto o da Irlanda do Norte, embora distinto do inglês, é bastante parecido com ele).[8]

O primeiro período histórico do Direito inglês é anterior à conquista normanda de 1066. O segundo período, porém, é mais importante para os objetivos deste trabalho, pois – indo da conquista normanda (1066) até o advento da dinastia Tudor (1485) –, é considerado o período da formação do *common law*.[9] Falar do *common law*, portanto, é falar de uma tradição jurídica de aproximadamente nove séculos e meio.

A tradição jurídica do *common law* tem início com a conquista inglesa pelos normandos, ocorrida em 1066, quando sobe ao trono inglês o rei Guilherme, cognominado "O Conquistador". Este é o momento em que a Inglaterra abandona o sistema tribal e implanta o feudalismo.[10] Trata-se de um feudalismo muito diferente do que se via na Europa Continental, tendo os senhores de terra se organizado em torno do rei, nenhum deles sendo proprietário de grandes extensões de terra e, ainda, sendo vedada a "subenfeudação", de modo que nenhum barão pudesse rivalizar em poder com o rei e, desse modo, fossem todos dele dependentes. Foi este sistema, organizado de forma praticamente militar, que permitiu o desenvolvimento do *common law*.[11]

Chama-se *common law* o direito que, "por oposição aos costumes locais, [é] o direito comum a toda a Inglaterra",[12] criado a partir da instalação dos

---

[8] DAVID, René. *O direito inglês*. Trad. bras. de Eduardo Brandão. São Paulo: Martins Fontes, 1997. p. VII.

[9] DAVID, René. *Os grandes sistemas do direito contemporâneo* cit., p. 283 (que aponta ainda dois outros períodos históricos no Direito inglês: o terceiro período vai de 1485 a 1832, e é marcado pelo desenvolvimento de outro sistema jurídico ao lado do *common law*, às vezes complementar e às vezes rival, que se manifesta nas "regras de equidade"; o quarto vai de 1832 até a atualidade, é o período moderno). Também apontam a conquista normanda como marco inicial do *common law*: MERRYMAN, John Henry; PÉREZ-PERDOMO, Rogelio. Op. cit., p. 24.

[10] DAVID, René. *Os grandes sistemas do direito contemporâneo* cit., p. 285. Afirma Harriet Christiane Zitscher que "o desenvolvimento d[o] *common law* começou com *William I (Guilherme*, o Conquistador), no ano de 1066" (ZITSCHER, Harriet Christiane. *Introdução ao direito civil alemão e inglês*. Belo Horizonte: Del Rey, 1999. p. 127).

[11] DAVID, René. *Os grandes sistemas do direito contemporâneo* cit., p. 285. É interessante observar que o *common law* surgiu para lidar com problemas da sociedade feudal e pós-feudal da Inglaterra, mas acabou por ser implantado nos Estados Unidos da América, uma região que jamais conheceu o feudalismo (HAZARD JR., Geoffrey; TARUFFO, Michele. *American civil procedure* – An introduction. New Haven: Yale University Press, 1993. p. 6).

[12] DAVID, René. *Os grandes sistemas do direito contemporâneo* cit., p. 286. No mesmo sentido, ZITSCHER, Harriet Christiane. Op. cit., p. 127. Afirma Simon Whittaker

Tribunais Reais de Justiça, os quais se estabelecem a partir do século XIII.[13] Os materiais empregados para a criação do *common law* foram "os costumes das verdadeiras comunidades cujos limites geográficos tinham, em alguns casos, dividido pessoas e culturas, e não apenas áreas de autoridade governamental".[14] As jurisdições locais e senhoriais, porém, só deixaram de ter importância no século XV, e a partir dessa época as Cortes Reais se tornaram, de fato,

> (...) jurisdições de direito comum, com uma competência universal. Mas elas permaneceram, em teoria, até a segunda metade do século XIX, jurisdições de exceção; era necessário, em primeiro lugar, conseguir com que elas admitissem sua competência, antes de poder submeter-lhes um litígio quanto ao mérito.[15]

Aplicava-se, aí, o brocardo *Remedies precede Rights*, que marcou profundamente o desenvolvimento dessa tradição jurídica.[16] Significa isso dizer que o *common law* foi, originariamente, constituído

---

que os juristas ingleses empregavam a expressão *common law* para se referir ao *direito geral* em confronto com o particular, extraordinário, especial, como seria uma lei, uma prerrogativa local ou um costume real (WHITTAKER, Simon. El precedente en el derecho inglés: una visión desde la ciudadela. Trad. esp. de Cristián Banfi del Río. *Revista Chilena de Derecho*, vol. 35, p. 42, 2008). Por ser *common law* o nome dado *ao Direito inglês* é que se preferiu, neste trabalho, usar-se a expressão como masculina (o *common law*) e não como feminina (a *common law*), como constantemente aparece em Língua Portuguesa.

[13] DAVID, René. *Os grandes sistemas do direito contemporâneo* cit., p. 286.

[14] MILSON, S. F. C. *Historical foundations of the common law.* Londres: Butterworths, 1969. p. 2.

[15] DAVID, René. *O direito inglês* cit., p. 5.

[16] DAVID, René. *O direito inglês* cit., p. 5. Como afirma Vigil Neto, "a estrutura do 'novo' Direito se estabelecia pela jurisdição, através da afirmação do princípio jurídico de Direito inglês 'Remedies Precede Rights', pelo qual somente seriam reconhecidos direitos se contemplados em uma ação própria. As decisões pretéritas teriam força vinculativa para os juízes, que deveriam respeitá-las, observados os mesmos fatos, afirmada na ideia de bom-senso de que não seria justo julgar diversamente as pessoas que praticassem fatos semelhantes". E conclui o autor afirmando que "[e]ssa ideia ainda hoje representa a justificativa política da *stare decisis*" (VIGIL NETO, Luiz Inácio. *De legibus et de consuetudinibus* – Estudos sobre a história do Direito na Inglaterra. *Revista Jurídica*, n. 23, p. 107, 2009). Na mesma linha, afirma Cristiano Otávio Paixão Araújo Pinto que "[n]a Inglaterra dos Plantagenetas, *remedies precede rights*" (PINTO, Cristiano Otávio Paixão Araújo. *A reação norte-americana aos atentados de 11 de setembro de 2001 e seu impacto no constitucionalismo contemporâneo: um estudo a partir da teoria da diferenciação no Direito*. Tese (Doutorado) – Universidade Federal de Minas Gerais, Belo Horizonte, 2004, p. 44).

(...) por um certo número de processos (*forms of action*) no termo dos quais podia ser proferida uma sentença; qual seria, segundo a substância, esta decisão, era algo incerto. O problema primordial era fazer admitir pelos Tribunais Reais a sua competência e, uma vez admitida, levar até o fim um processo cheio de formalismo. A que solução se chegaria? Não havia para esta pergunta nenhuma resposta concreta: [o] *common law* só aos poucos passou a conter normas substantivas, que definissem os direitos e as obrigações de cada um.[17]

Na tradição jurídica de *common law* começa a haver sinais de adoção de um sistema rígido de filiação a precedentes (a doutrina do *stare decisis*) apenas no século XVIII.[18] Esse sistema, porém, só se torna rígido nos séculos XIX e XX.[19] Afirma Rupert Cross (em tradução livre):

Tão tarde quanto 1869 um juiz de primeira instância parece que tinha escrúpulo em proferir um julgamento no qual ele fizesse não mais do que dizer que uma decisão da Corte de Apelações da Chancelaria era claramente equivocada e que ele deveria, portanto, recusar-se a segui--la. Apesar da forma clara em que era estatuída por Lorde Campbell em Beamish *vs*. Beamish, a regra crucial de que a Câmara dos Lordes está absolutamente vinculada pelas decisões anteriores não foi completamente fixada até o fim do século XIX. Tão tarde quanto 1852, Lorde St. Leonards usou as seguintes palavras quando se dirigiu à Câmara dos Lordes:

Vocês não estão vinculados por nenhuma regra de direito que vocês podem fixar, se sobre uma ocasião posterior vocês puderem encontrar razão para estabelecer uma distinção daquela regra; isto é, que esta Câmara, como qualquer tribunal, possui um poder inerente de corrigir um erro em que tenha incorrido.[20]

---

[17] DAVID, René. *Os grandes sistemas do direito contemporâneo* cit., p. 290.

[18] DUXBURY, Neil. *The nature and authority of precedent*. Cambridge: Cambridge University Press, 2008. p. 35.

[19] CROSS, Rupert. *Precedent in english law*. Oxford: Clarendon Press, 1961. p. 18.

[20] Idem, ibidem: No original: "As late as 1869 a judge of first instance seems to have had no compunction in delivering a judgment in which he did no more than say that a decision of the Court of Appeal in Chancery was clearly mistaken and that he must therefore decline to follow it. In spite of the clear manner in which it was stated by Lord Campbell in Beamish *vs*. Beamish, the crucial rule that the House of Lords is absolutely bound by its past decisions was not completely settled until the end of the nineteenth century. As late as 1852 Lord St. Leoonards had used the following

O fato de que a tradição jurídica de *common law* existe desde o século XI, mas só no século XVIII a vinculação aos precedentes começa a tomar forma, mostra, de modo irrespondível, que "o *common law* não precisa da doutrina dos precedentes para funcionar".[21]

Não obstante isso, foi no *common law* que surgiu, com imensa força, a doutrina dos precedentes, conhecida como *stare decisis*.[22]

A denominação *stare decisis*, como cediço, é extraída da frase latina *stare decisis et quieta non movere*.[23] Em conhecida obra jurídica norte-americana, a expressão latina (na íntegra) é definida (em tradução livre) como "aderir a precedentes e não perturbar coisas que estão estabelecidas".[24]

Um estudioso brasileiro, ao tratar do tema, afirmou que *stare decisis et quieta non movere* "é o nome da teoria segundo a qual os precedentes, decisões reiteradas ou não, de Tribunais vinculam julgamentos futuros que tratem da mesma matéria".[25] Em outros termos, e simplificadamente (pois o tema voltará a ser abordado, com mais profundidade, adiante), pode-se chamar de *stare decisis* a regra segundo a qual os órgãos jurisdicionais ficam vinculados aos precedentes.

---

words when addressing the House of Lords: You are not bound by any rule of law which you may lay down, if upon a subsequent occasion you should find reason to differ from that rule; that is, that this House, like every court of justice, possesses an inherent power to correct an error into which it may have fallen".

[21] DUXBURY, Neil. Op. cit., p. 34. No original: "The common law does not need the doctrine of precedent in order to function".

[22] Atualmente, na Inglaterra, apenas as decisões de alguns poucos tribunais (o *High Court*, a *Court of Appeals*, a *Supreme Court* e o *Privy Council*) podem ser usadas como precedentes. Sobre o ponto, ANDREWS, Neil. *O moderno processo civil*. Trad. bras. de Teresa Arruda Alvim Wambier. São Paulo: RT, 2009. p. 40. Na verdade, o autor inglês aqui citado faz alusão à *House of Lords*, e não à *Supreme Court*. Esta, porém, substituiu aquela em 2009, ano da edição brasileira da obra citada. Sobre a substituição da *House of Lords* pela *Supreme Court*, consulte-se a página eletrônica oficial da mais alta Corte britânica: <http://supremecourt.uk/about/appellate-committee.html>. Acesso em: 8 mar. 2014.

[23] BRENNER, Saul; SAPETH, Harold J. *Stare indecisis* – The alteration of precedent on the Supreme Court, 1946 – 1992. Cambridge: Cambridge University Press, 1995. reimpr. de 2006, p. 1.

[24] BLACK, Henry Campbell. *Black's Law Dictionary*. 6. ed. Saint Paul: West Publishing, 1990. p. 1.406. No original: "To adhere to precedents, and not to unsettle things which are established".

[25] NOGUEIRA, Gustavo Santana. *Stare decisis et non quieta movere*: a vinculação aos precedentes no direito comparado e brasileiro. Rio de Janeiro: Lumen Juris, 2011. p. 1.

A doutrina do *stare decisis*, como ensina Fine,

> estipula que, uma vez que um Tribunal tenha decidido uma questão legal, os casos subsequentes que apresentem fatos semelhantes devem ser decididos de maneira consentânea com a decisão anterior.[26]

Pela técnica do *stare decisis*,

> uma regra de direito, uma vez proferida por um tribunal, normalmente deve ser seguida até que tal regra tenha que, ou deva ser, modificada. A regra do *stare decisis* é, pois, a política das Cortes de manter o precedente e não interferir, nos casos que se sucedem, em questões já decididas em casos anteriores.[27]

A regra do *stare decisis* não se aplica do mesmo modo em todos os ordenamentos jurídicos de *common law*. Basta ver que, segundo Benjamin N. Cardozo (em tradução livre), "a regra da aderência ao precedente é aplicada com menos rigidez nos Estados Unidos que na Inglaterra".[28]

Na Inglaterra, a regra da aderência ao precedente foi estabelecida no caso Beamish *vs.* Beamish e se fixou definitivamente em London Street Tramways *vs.* London County Council.[29]

O caso Beamish *vs.* Beamish, julgado pela *House of Lords,* em 1861, considerou que um casamento só seria válido pelas leis inglesas se realizado perante um clérigo ordenado, afirmando que o fato de ser o noivo, ele próprio, um clérigo ordenado não validava o casamento se não tivesse sido celebrado perante outro clérigo ordenado.[30] Neste julgamento, a *House of Lords* expressamente afirmou que (em tradução livre) "a autoridade de The Queen *vs.* Mill é presumida como vinculante" (no original: "The authority of The Queen *vs.* Mill [is] assumed to be binding").

Mais adiante, lê-se na decisão da *House of Lords* (em tradução livre):

> Mas é meu dever dizer que Suas Excelências estão vinculados por essa decisão tanto quanto se tivesse sido pronunciada *nemine dissentiente*, e

---

[26] FINE, Toni M. Op. cit., p. 90.

[27] Idem, ibidem.

[28] CARDOZO, Benjamin N. *The nature of the judicial process*. New Haven e Londres: Yale University Press, 1991. p. 158. No original: "the rule of adherence to precedent is applied with less rigidity in the United States than in England".

[29] CROSS, Rupert. Op. cit., p. 106.

[30] A íntegra da decisão pode ser consultada em: <http://www.uniset.ca/other/ths/11ER735.html>. Acesso em: 26 dez. 2013.

que a regra de direito que Suas Excelências fixam como base de seu julgamento, fixada judicialmente, como última e Suprema Corte recursal para este Império, deve ser tomada como direito até alterada por um Ato do Parlamento, aceita pelos Comuns e pela Coroa, assim como por Suas Excelências. O direito se põe como sua *ratio decidendi*, sendo claramente vinculante para todos os tribunais inferiores, e para todo o resto dos súditos da Rainha [e], se não fosse considerado como igualmente vinculante para Suas Excelências, esta Casa estaria arrogando para si mesma o direito de alterar a lei e legislar por sua própria e autônoma autoridade.[31]

Já no caso London Street Tramways *vs.* London County Council, julgado em 1898,[32] a *House of Lords* estabeleceu que (em tradução livre):

> [U]ma decisão desta Casa, uma vez dada sobre uma questão de direito, é conclusiva posteriormente sobre esta Casa, e que é impossível suscitar essa questão novamente como se ela fosse *res integra* e pudesse ser rearguida, e então à Casa ser pedido que revisse sua própria decisão. Este é um princípio que foi, acredito, sem qualquer real decisão em contrário, estabelecido até agora por alguns séculos, e eu então sou de opinião que, neste caso, não é da nossa competência ouvir novamente e do Conselho rearguir a questão que foi recentemente decidida.[33]

E a conclusão do julgamento foi no sentido de que "uma decisão desta Casa sobre uma questão de direito é conclusiva, e que nada, salvo um Ato do Parlamento, pode tornar certo o que alegadamente está errado

---

[31] No original: "But it is my duty to say that your Lordships are bound by this decision as much as if it had been pronounced *nemine dissentiente*, and that the rule of law which your Lordships lay down as the ground of your judgment, sitting judicially, as the last and Supreme Court of Appeal for this empire, must be taken for law till altered by an Act of Parliament, agreed to by the Commons and the Crown, as well as by your Lordships. The law laid down as your *ratio decidendi*, being clearly binding on all inferior tribunals, and on all the rest of the Queen's subjects [and], if it were not considered as equally binding upon your Lordships, this House would be arrogating to itself the right of altering the law, and legislating by its own separate authority".

[32] A íntegra da decisão pode ser consultada na Internet, em: <http://www.bailii.org/uk/cases/UKHL/1898/1.html>. Acesso em: 26 dez. 2013.

[33] No original: "[A] decision of this House once given upon a point of law is conclusive upon this House afterwards, and that it is impossible to raise that question again as if it was res integra and could be reargued, and so the House be asked to reverse its own decision. That is a principle which has been, I believe, without any real decision to the contrary, established now for some centuries, and I am therefore of opinion that in this case it is not competent for us to rehear and for counsel to reargue a question which has been recently decided".

em um julgamento desta Casa" (tradução livre; no original: "A decision of this House upon a question of law is conclusive, and that nothing but an Act of Parliament can set right that which is alleged to be wrong in a judgment of this House").[34]

É reconhecido, então, por Duxbury, que foi a partir de London Street Tramways *vs.* London County Council que a *House of Lords* passou a se vincular aos seus próprios precedentes.[35]

A partir dessa decisão, e até 1966, a regra do *stare decisis* foi acolhida no Direito inglês de forma absoluta, de modo que a própria *House of Lords* ficava vinculada aos seus precedentes, não podendo alterá-los mesmo que os considerasse equivocados. Esta fase só foi ultrapassada com a edição, em 1966, do *House of Lords' Practice Statement*,[36] cujo teor (em tradução livre) foi o seguinte:

> A Casa deu uma orientação sobre como trataria uma proposta de afastar-se de uma prévia decisão sua. Este caminho seria possível, mas a direção não era um "abre-te sésamo" para um comitê diferentemente constituído preferir seus pontos de vista aos do comitê que a estabeleceu por decisão unânime ou majoritária. Isto seria uma licença não apropriada para a produção de decisões finais por uma Corte Suprema. "Suas Excelências consideram o uso do precedente como uma base indispensável sobre a qual decidir o que é o direito e sua aplicação a casos individuais. Isso fornece pelo menos algum grau de certeza sobre em que indivíduos podem basear a conduta em seus negócios, assim como uma base para o desenvolvimento ordenado de normas jurídicas. Suas Excelências, não obstante isso, reconhecem que uma aderência muito rígida ao precedente pode levar

---

[34] Perceba-se que no momento em que se afirmou o que vai transcrito no texto o precedente era visto como um "fecho argumentativo". Em outros termos, a decisão anteriormente proferida encerrava o ciclo interpretativo, dela não se podendo posteriormente dissentir. Esta, porém, é uma visão ultrapassada e equivocada dos precedentes como padrões decisórios. O precedente é um *principium* argumentativo, e não um encerramento de ciclo. A partir do precedente constrói-se a decisão do caso subsequente. Sobre o ponto: NUNES, Dierle. Novo CPC consagra concepção dinâmica do contraditório. Disponível em: <http://www.conjur.com.br/2013-out-08/dierle-nunes-cpc-consagra-concepcao-dinamica-contraditorio>. Acesso em: 8 mar. 2014, em que se lê que "o precedente é um *principium* argumentativo. A partir dele, de modo discursivo e profundo, verificar-se-á, inclusive com análise dos fatos, se o precedente deverá ou não ser repetido (aplicado)". No mesmo sentido, STRECK, Lenio Luiz; ABBOUD, Georges. Op. cit., p. 49.

[35] DUXBURY, Neil. Op. cit., p. 42.

[36] A íntegra do referido ato pode ser consultada em: <http://swarb.co.uk/practice-statement-judicial-precedent-hl-1966/>. Acesso em: 26 dez. 2013.

à injustiça em um caso particular e também restringir indevidamente o desenvolvimento apropriado do direito. Eles propõem, portanto, modificar sua presente prática e, enquanto tratando de prévias decisões desta Casa como normalmente vinculantes, afastar-se de uma prévia decisão quando parecer correto fazê-lo. Nesta conexão eles terão em mente o perigo de perturbar retroativamente a base sobre a qual contratos, acordos ou propriedades e ajustes fiscais tenha sido estabelecidos e também a especial exigência de certeza no direito penal. Este aviso não pretende afetar o uso de precedentes em qualquer outro lugar que não esta Casa".[37]

A partir deste ato, então, a *House of Lords* passou a admitir a superação (*overruling*) de seus próprios precedentes, prática que permanece na *United Kingdom Supreme Court* (que substituiu a *House of Lords* como tribunal supremo na Inglaterra).[38]

Perceba-se, então, que no *common law* a vinculação aos precedentes não decorreu da lei, mas foi construída ao longo do tempo, conforme a mudança da forma de atuação dos órgãos jurisdicionais. Aliás, um jurista inglês já afirmou (em tradução livre) que

a razão pela qual as jurisdições raramente criam regras formais determinando o *stare decisis* [é] que o interesse próprio e racional diz aos juízes que há sabedoria em respeitar precedentes de seus colegas.[39]

---

[37] No original: "The House gave guidance how it would treat an invitation to depart from a previous decision of the House. Such a course was possible, but the direction was not an 'open sesame' for a differently constituted committee to prefer their views to those of the committee which determined the decision unanimously or by a majority. That would be a licence not appropriate to final decision-making by a supreme court. "Their lordships regard the use of precedent as an indispensable foundation upon which to decide what is the law and its application to individual cases. It provides at least some degree of certainty upon which individuals can rely in the conduct of their affairs, as well as a basis for orderly development of legal rules. Their lordships nevertheless recognise that too rigid adherence to precedent may lead to injustice in a particular case and also unduly restrict the proper development of the law. They propose therefore to modify their present practice and, while treating former decisions of this House as normally binding, to depart from a previous decision when it appears right to do so. In this connexion they will bear in mind the danger of disturbing retrospectively the basis on which contracts, settlements of property and fiscal arrangements have been entered into and also the especial need for certainty as to the criminal law. This announcement is not intended to affect the use of precedent elsewhere than in this House."

[38] ANDREWS, Neil. *Three paths of justice*. Londres: Springer, 2012. p. 108-109.

[39] DUXBURY, Neil. Op. cit., p. 156. No original: "The reason jurisdictions rarely create formal rules mandating *stare decisis* [is] that rational self-interest tells judges that there

Nos Estados Unidos da América, a vinculação aos precedentes existiu desde a origem do Estado Norte-Americano, tornado independente em fins do século XVIII. Como afirma Summers (em tradução livre), o *stare decisis* "foi parte da experiência legal Americana desde antes do tempo da Revolução americana, no fim do século dezoito".[40]

A Suprema Corte dos Estados Unidos da América, porém, sempre adotou uma versão de *stare decisis* de acordo com a qual os juízes

> têm um dever *prima facie* de conformar-se aos precedentes da Corte, mas essa obrigação pode ser ultrapassada se oferecerem uma razão cogente para fazê-lo. O que constitui uma razão 'cogente' neste contexto é incerto; uma [razão] certamente existiria se pudesse ser mostrado que a lei do caso prévio não está mais em vigor, ou jamais esteve.[41]

Em outros termos, no Direito norte-americano a superação dos precedentes (*overruling*) sempre foi admitida.

O que se percebe pela observação da técnica do *stare decisis* na tradição jurídica do *common law* é que há uma preocupação em se prever a utilização de técnicas de superação ou flexibilização dos precedentes, de modo a suplantar-se a estabilidade decisória absoluta. Duxbury, aliás, afirmou que "não sem boas razões juízes falam sobre estarem vinculados a precedentes. Mas por igualmente boas razões[,] juízes resistem a estar vinculados de modo absoluto a precedentes".[42]

---

is wisdom in respecting the precedents of their colleagues". Richard Fallon Jr. afirma que o princípio do *stare decisis* é parte da "*supreme Law of the Land*" (FALLON JR., Richard H. Stare decisis and the Constitution: an essay on constitutional methodology. *New York University Law Review*, vol. 76, p. 577, 2001).

[40] SUMMERS, Robert S. SUMMERS, Robert S. Precedent in the United States (New York State). In: MACCORMICK, Neil; SUMMERS, Robert S. (edit.). *Interpreting precedents*. Dartmouth: Ashgate, 1997. p. 355. No original: "[*Stare decisis*] has been a part of the American legal experience since before the time of the American Revolution in the late eighteenth century".

[41] BRENNER, Saul; SPAETH, Harold J. Op. cit., p. 1. No original: "[Justices] have a prima facie duty to conform to the precedents of the Court, but that obligation can be overriden if they offer a cogent reason for so doing. What constitutes a 'cogent' reason in this context is uncertain; one certainly would exist if it could be shown that the law in the prior case is no longer workable or never was".

[42] DUXBURY, Neil. Op. cit., p. 116. No original: "Not without good reasons do judges speak of being bound by precedent. But for equally good reasons[,] judges resist being bound by precedent absolutely".

Pode-se mesmo afirmar, apesar da resistência positivista em se evitar rupturas interpretativas constantes, que "a estabilidade do precedente deve algumas vezes ser subvertida com o fim de alcançar outros benefícios objetivos".[43] É que a "estabilidade com modificação não é uma característica peculiar do *common law*, mas uma característica geral dos sistemas políticos anglo-americanos".[44]

Há, então, nos Estados que se vinculam à tradição jurídica do *common law*, uma evidente preocupação com a estabilidade do direito, obtida pela observância dos precedentes, mas também com o respeito à existência de espaços em que se reconhece a necessidade de uma maior flexibilidade, com o necessário afastamento do precedente, sempre que isso levar a resultados melhores. Como ensina Duxbury:

> Certamente, seguir precedentes com o fim de gerar estabilidade doutrinária ou o encerramento do debate legal dificilmente será louvável onde flexibilidade e abertura são as qualidades que servem melhor aos litigantes. O ponto, no entanto, não é que seguir precedentes é algo que se apoia porque estabilidade e fechamento sejam objetivos intrinsecamente bons, mas porque se os juízes consideram esses objetivos desejáveis, então seguir precedentes é um modo pelo qual eles o perseguem.[45]

É preciso, pois, reconhecer que o sistema de vinculação a precedentes no *common law*, não obstante assegure estabilidade, não é rígido

---

[43] LINDQUIST, Stefanie A.; CROSS, Frank C. Stability, predictability and the rule of law: stare decisis as a reciprocity norm. Disponível em: <http://www.utexas.edu/law/conferences/measuring/The%20Papers/Rule%20of%20Law%20Conference.crosslindquist.pdf>. Acesso em: 6 jan. 2014. No original: "the stability of precedent must sometimes be subverted to achieve other beneficial objectives".

[44] SHAPIRO, Martin. Stability and change in judicial decision-making: Incrementalism or stare decisis? *2 Law Transition Quarterly*, 134, 1965. Disponível em: <http://scholarship.law.berkeley.edu/cgi/viewcontent.cgi?article=3154&context=facpubs>. Acesso em: 6 jan. 2014. No original: "Stability with change is not a peculiar feature of common law but a general feature of Anglo-American political systems".

[45] DUXBURY, Neil. Op. cit., p. 159 No original: "Of course, following precedents in order to generate doctrinal stability or legal closure will hardly be laudable where flexibility and openness are the qualities that serve litigants best. The point, however, is not that precedent-following is supportable because stability and closure are intrinsically good objectives, but that if judges consider these objectives desirable then precedent-following is one way by which they can pursue them".

a ponto de tornar o Direito inflexível. Como já teve oportunidade de afirmar Marinoni,

> [A]s normas criadas pelo Judiciário, longe de restarem petrificadas ou eternizadas, estarão em constante adaptação aos novos tempos e à evolução da dogmática e da teoria jurídicas. Ora, se o precedente serve para definir o horizonte da juridicidade, sem o qual o exercício da jurisdição não teria como ser coerente, não há como deixar de ver que o desenvolvimento da doutrina pode interferir sobre a linha do horizonte, podendo fazê-la recuar. Em outras palavras: a ausência de precedente com força obrigatória torna impossível a coerência das decisões judiciais – e, assim, do direito – mas a evolução da doutrina pode demonstrar que o precedente, cuja força dava coerência ao sistema e ao direito, deve ser revogado para permitir a constituição de uma coerência capaz de espelhar o novo ou, em outros termos, um horizonte redefinido. De modo que respeitar precedentes não significa absolutizar a estabilidade e a certeza da jurisprudência.[46]

E isso se dá porque se sabe, inclusive no *common law*, que "o Direito é mais do que apenas o precedente",[47] e quando juízes se afastam dos precedentes eles o fazem por acreditarem que assim estão fortalecendo (e não enfraquecendo) o Direito.[48]

Os ordenamentos jurídicos que se filiam à tradição jurídica do *common law*, portanto, adotam a técnica de vinculação aos precedentes (*stare decisis*), por meio da qual obtêm estabilidade e previsibilidade,[49] mas não constituem

---

[46] MARINONI, Luiz Guilherme. *Precedentes obrigatórios*. 3. ed. São Paulo: RT, 2013. p. 192-193. No mesmo sentido, FINE, Toni M. Op. cit., p. 91: "A doutrina do precedente e sua aplicação, conquanto central para o sistema legal norte-americano, não se afigura uma regra inflexível. Ao contrário, há inúmeros mecanismos mediante os quais os Tribunais deixam de aplicar as regras estabelecidas em casos anteriores. O fato de a regra do *stare decisis* não se apresentar tão rígida dá aos Tribunais um nível de discrição ao aplicar princípios que possam divergir de regras previamente estabelecidas".

[47] DUXBURY, Neil. Op. cit., p. 157. No original: "Law is more than just precedent".

[48] Idem, ibidem.

[49] Idem, p. 159. Sobre a relação entre precedentes e previsibilidade, vale recordar o que diz Schauer: "O valor da previsibilidade é realmente uma questão de balancear o ganho esperado com [a] perda esperada. Perguntamos quão importante é a previsibilidade para aqueles afetados pelas decisões, e depois perguntamos se esse grau de previsibilidade vale o preço da frequência de resultados abaixo do ideal multiplicado pelo custo desses resultados. Entretanto, não existe uma melhor resposta para essa pergunta, pois a resposta irá variar de acordo com o tipo de decisão que se espera que o julgador faça (SCHAUER, Frederick. Precedente. Trad. bras. de André Duarte

sistemas jurídicos rígidos, inflexíveis ou infensos a modificações quando tal se faz necessário. É que o fato de a técnica do *stare decisis* não ser absoluta, conferindo "alguma certeza" no Direito, é sua virtude primária.[50]

O que se percebe, então, é que há no *common law* uma busca da flexibilidade interpretativa, de modo que os precedentes, ainda que vinculantes, não engessem o Direito.[51] Sobre o ponto, aliás, afirma Tunc que "uma atitude liberal em relação à autoridade do precedente ou até uma certa liberdade quanto a ele não significa, no mínimo, tolerância quanto a uma conduta imprópria".[52] É que uma aderência estrita a precedentes conduz ao que pode ser considerado uma solução injusta no caso concreto,[53] o que não é desejável. Há, pois, uma batalha por livrar as cortes de grilhões autoimpostos,[54] o que significa dizer que a luta, nos ordenamentos jurídicos filiados à tradição do *common law*, é por evitar uma rigidez que não pode ser admitida em qualquer ordenamento jurídico, sob pena de o Direito atuar como um obstáculo à evolução.[55]

---

de Carvalho e Lucas Buril de Macêdo. In: DIDIER JR., Fredie; CUNHA, Leonardo Carneiro da; ATAÍDE JR., Jaldemiro Rodrigues de; MACÊDO, Lucas Buril de (coord.). *Precedentes*. Salvador: JusPodivm, 2015. p. 79 (Coleção Grandes Temas do Novo CPC, vol. 3).

[50] DUXBURY, Neil. Op. cit., p. 160.

[51] FARBER, Daniel A. The rule of law and the law of precedents. *Minnesota Law Review*, vol. 90, p. 1.183-1.184, 2005. Afirma que o sistema de construção de decisões a partir de precedentes "é estruturado o suficiente para promover estabilidade e coerência, mas flexível o suficiente para permitir improviso e desenvolvimento" (tradução livre; no original: "Is structured enough to provide stability and coherence, but flexible enough to allow improvisation and growth").

[52] TUNC, Andre. The not so common law of England and the United States, or, precedent in England and in the United States, a field study by an outsider. *The Modern Law Review*, vol. 47, p. 165.

[53] ALDRIDGE, Peter. Precedent in the Court of Appeal – another view. *The Modern Law Review*, vol. 47, p. 199.

[54] Idem, p. 200. No original: "the Court of Appeal should free itself from its self-imposed fetters".

[55] Daí a preocupação de Bahia e Silva no sentido de que "[a] questão preocupante quanto à sistematização dos precedentes fica por conta das antigas discussões de se utilizar súmulas, jurisprudência ou acórdãos de forma descontextualizada e acrítica buscando o fechamento da argumentação jurídica iniciada com a questão concretamente deduzida em juízo que o Novo CPC mantém" (BAHIA, Alexandre Gustavo Melo Franco; SILVA, Diogo Bacha e. O novo CPC e a sistemática dos precedentes: para um viés crítico das reformas processuais. *Direito, Estado e Sociedade*, n. 46, p. 57-58, 2015). No mesmo sentido a crítica de Nunes: "Não se pode olvidar um dos principais equívocos na análise da tendência de utilização dos precedentes no Brasil, qual seja, a credulidade exegeta (antes os Códigos, agora os julgados modelares)

Há, por fim, um ponto a considerar antes de se passar ao próximo item deste trabalho. É que ao longo dele se falará muito em precedentes, mas este certamente não é um conceito unívoco. Como afirma com precisão Antonio Moreira Maués, é possível compreender os precedentes em três diferentes sentidos ("precedentes como regras, como analogias e como princípios").[56] Aqui, como se poderá perceber ao longo do texto, acolhe-se a concepção de precedentes como princípios, baseada na obra de Dworkin, e que "oferece a melhor justificativa" para o tema, já que "reconhece que a aplicação de precedentes deve ser coerente com o conjunto de princípios relevantes para o caso".[57] Aliás, na doutrina norte-americana já se afirmou que o *stare decisis* é um princípio, e que o precedente é um elemento integrante da jurisdição constitucional.[58]

Visto o modo como os precedentes são empregados no *common law*, deve-se passar ao exame de seu emprego na tradição jurídica de *civil law*. Afinal, isso permitirá verificar se o ordenamento brasileiro teria "migrado" de uma tradição para outra, ou se seria um "ordenamento híbrido" (ou se, ao contrário, o fato de no Brasil se empregarem precedentes ou outros padrões decisórios como base de construção de decisões judiciais não afasta o ordenamento brasileiro da tradição de *civil law*).

1.2 O *CIVIL LAW*. A TÉCNICA DOS PRECEDENTES NESTA TRADIÇÃO JURÍDICA

Passa-se, então, a um exame da tradição jurídica conhecida como *civil law* e do modo como nos ordenamentos a ela vinculados se empregam os precedentes (ou outros padrões decisórios), sempre frisando que não se pretende, aqui, uma análise historiográfica. A finalidade deste item é buscar fixar as bases para compreender se é possível que, em um ordenamento vinculado a essa tradição jurídica, exista um sistema de construção de decisões que emprega, como uma de suas bases, a existência de padrões decisórios

---

que o padrão formado (em repercussão geral ou em recurso repetitivo) representa o fechamento da discussão jurídica, quando se sabe que, no sistema do *case law*, o precedente é um *principium* argumentativo. A partir dele, de modo discursivo e profundo, verificar-se-á, inclusive com análise dos fatos, se o precedente deverá ou não ser repetido (aplicado)" (NUNES, Dierle. Acórdãos deveriam ter linearidade argumentativa. Disponível em: <http://www.conjur.com.br/2012-out-24/dierle--nunes-aos-tribunais-atribuida-forma-julgamento>. Acesso em: 5 jun. 2016).

[56] MAUÉS, Antonio Moreira. Jogando com os precedentes: regras, analogias, princípios. *Revista DireitoGV*, vol. 16, p. 591, 2012.

[57] Idem, p. 619.

[58] FALLON JR., Richard H. Op. cit., p. 577.

vinculantes, ou se isso levaria a se ter de reconhecer que teria havido um afastamento da tradição jurídica. Em outros termos, o que se busca verificar é se o fato de em um ordenamento jurídico se empregarem precedentes ou enunciados de súmula como "fontes" das decisões judiciais é suficiente para se afirmar que tal ordenamento não integra a tradição de *civil law*.

Costuma-se afirmar que a tradição jurídica de *civil law* surgiu em 450 a.C., data da suposta publicação da Lei das XII Tábuas.[59] Como afirma Arangio-Ruiz (em tradução livre),

> nos começos da República – e concretamente nos anos de 451 e 450 a.C. – apareceu uma obra legislativa, única na evolução do Direito romano até Justiniano, que [regulava] múltiplas relações pertencentes aos mais diversos campos do Direito: a lei das XII tábuas.[60]

O *civil law*, porém, desenvolveu-se até suas modernas configurações a partir, principalmente, da compilação mandada fazer, no século VI d.C., pelo Imperador Justiniano,[61] o *Corpus Iuris Civilis*.

Sobre a importância desta compilação, Porchat informa:

> O direito justinianeu, isto é, aquelle que enfeixa toda a legislação própria do imperador Justiniano, comprehendendo a compilação por elle feita das leis e da jurisprudencia anteriores, é o que constitue o direito romano propriamente dicto, que Savigny denominou *direito romano actual*, quando vigente no imperio germanico.
>
> Neste sentido restricto é que se toma hoje geralmente a expressão *direito romano*, visto ser a obra de Justiniano aquella que, imorredoira, atravessou os seculos, e se liga intimamente a quase todas as legislações civis modernas.
>
> Essa obra se acha toda condensada no *Corpus Juris Civilis*, que póde ser definido – o conjunto do direito romano que foi compilado e decretado no seculo VI pelo imperador Justiniano.[62]

---

[59] MERRYMAN, John Henry; PÉREZ-PERDOMO, Rogelio. Op. cit., p. 23.

[60] ARANGIO-RUIZ, Vicente. *Historia del derecho romano*. Trad. esp. de Francisco de Pelsmaeker e Ivañez. 5. ed. reimpr. Madri: Reus, 1999. p. 67. No original: "En los comienzos de la República – y concretamente en los años 451 y 450 a. de C. – apareció una obra legislativa, única en toda evolución del Derecho romano hasta Justiniano, que [regulaba] múltiples relaciones pertenecientes a los más diversos campos del Derecho: la ley de las XII tablas".

[61] MERRYMAN, John Henry; PÉREZ-PERDOMO, Rogelio. Op. cit., p. 27.

[62] PORCHAT, Reynaldo. *Curso elementar de direito romano*. 2. ed. São Paulo: Melhoramentos, 1937. vol. I, p. 35. Respeitou-se a ortografia original.

A denominação *Corpus Iuris Civilis*, vale o registro, não existia originariamente, só tendo sido usada pela primeira vez na edição de Dionisio Gotofredo que veio à luz em 1583.[63]

O *Corpus Iuris Civilis* foi composto de quatro partes: *Institutas, Digesto* (ou *Pandectas*), *Codigo* e *Novellas*,[64] e foi a partir dessa compilação, como já dito, que se formou toda a tradição jurídica hoje conhecida como *civil law*. E embora o *Corpus Iuris Civilis* trate de diversos ramos distintos do conhecimento jurídico, sua principal influência sobre o Direito moderno dá-se na área conhecida como Direito Civil.[65]

Nos países que se filiam à tradição jurídica de *civil law*, é frequente a afirmação de que o Direito romano é "fonte do Direito civil". Assim, por exemplo, em França já se afirmou que o direito romano era uma das "fontes do Direito".[66]

Na Alemanha Ennecerus afirmava (em tradução livre) que "não há de maravilhar a influência do direito romano sobre o alemão, nem sequer a profunda transformação de nosso direito inspirada na ciência do direito romano".[67]

Também a respeito do Direito português (e, por conseguinte, do Direito brasileiro) já se fez esta ligação com o Direito romano. Segundo Ascensão:

> Concretamente em relação às ordens jurídicas brasileira e portuguesa, estas não poderão ser conhecidas, em nível científico, sem se conhecer o Direito Romano e o Direito Português anterior.
>
> O Direito Romano, porque as bases do nosso Direito nos foram dadas pelo gênio jurídico romano. A nossa maneira de ver o Direito, as evidências pré-críticas de quem se abeira pela primeira vez desta

---

[63] BIONDI, Biondo. *Istituzioni di diritto romano*. 3. ed. Milão: Giuffrè, 1956. p. 38.

[64] PORCHAT, Reynaldo. Op. cit., p. 36.

[65] MERRYMAN, John Henry; PÉREZ-PERDOMO, Rogelio. Op. cit., p. 30. É interessante, aliás, notar que o tradutor brasileiro da obra aqui citada aponta para o cuidado dos autores em distinguir dois fenômenos distintos que, em Língua Inglesa, têm o mesmo nome: *civil law*. Aponta-se, então, para a distinção entre a tradição jurídica de origem romana (*civil law*) e o ramo do Direito privado conhecido como Direito Civil (*civil law*). Sobre o ponto, confira-se a 3ª e a 4ª notas do tradutor Cássio Casagrande, lançadas na p. 28 da obra aqui citada.

[66] JOSSERAND, Louis. *Derecho civil*. Trad. esp. de Santiago Cunchillos y Manterola. Buenos Aires: EJEA-Bosch, 1950. t. I, vol. 1, p. 31.

[67] ENNECCERUS, Ludwig; KIPP, Theodor; WOLFF, Martin. *Tratado de derecho civil*. Trad. esp. de Blas Pérez González e José Alguer. 2. ed. Barcelona: Bosch, 1953. t. I, vol. 1, p. 7. No original: "No ha de maravillar la influencia del derecho romano sobre el alemán, ni siquiera la profunda transformación de nuestro derecho inspirada en la ciencia del derecho romano".

disciplina, esboroam-se com grande frequência quando entramos em contato com sistemas jurídicos mais distantes. Verificamos então que as soluções só parecem evidentes porque os juristas romanos as souberam moldar, com impressiva clareza, de tal modo que ainda hoje vivemos do seu contributo.

O Direito Romano foi Direito vigente em território português; e foi-o não apenas no tempo do domínio romano como em várias épocas posteriores. Ao seu sabor formaram-se os juristas e moldaram-se as soluções.

O Direito Romano ficou a ser coluna constitutiva do Direito vigente, e assim elemento essencial para a compreensão de todo o sistema.[68]

Evidentemente, nos países em que se mantém essa tradição não se aplica mais o Direito romano como este era no tempo de Justiniano. Nem há absoluta uniformidade entre esses diversos ordenamentos jurídicos contemporâneos. Mas todos eles desenvolveram-se a partir do modelo romano justinianeu.

Vale, porém, dizer que para o desenvolvimento da tradição de *civil law* foi imprescindível a construção, promovida por Savigny, de uma dogmática jurídica que serviu para promover uma "atualização" do Direito romano, levando-se à criação e manutenção de uma tradição que, a rigor, é artificial, já que resulta de uma tensão entre dogma e história.[69] Como leciona Lacombe Camargo:

> O curioso no pensamento de Savigny é que, ao invés de um direito espontâneo, verificado naturalmente nas ações sociais, o que vale, ao final, é o que a doutrina científica elabora. E será assim, justamente, que o pensamento conceitual elaborado pelos juristas e professores, nas universidades, provocará o surgimento de um novo racionalismo ou intelectualismo jurídico tão anti-histórico como o direito natural, mas que se move em plano diferente, qual seja, o da lógica e da dogmática jurídica. O pensamento conceitual lógico-abstrato será, assim, aquele capaz de *explicitar* a totalidade representada pelos institutos jurídicos. E, dessa forma, a doutrina termina por ganhar posição superior à da práxis, conforme anota Legaz y Lacambra.[70]

---

[68]   ASCENSÃO, José de Oliveira. *O Direito* – Introdução e teoria geral: uma perspectiva luso-brasileira. 1. ed. brasileira. Rio de Janeiro: Renovar, 1994. p. 96-97.

[69]   PEDRON, Flávio Quinaud; OMMATI, José Emílio Medauar. *Contribuição para uma compreensão ontológica dos precedentes judiciais.* No prelo, p. 6.

[70]   LACOMBE CAMARGO, Margarida Maria. *Hermenêutica e argumentação.* 3. ed. Rio de Janeiro: Renovar, 2003. p. 79.

Daí a possibilidade de afirmar-se, com Cristiano Paixão Araújo Pinto, que na Europa se construiu um "direito *erudito*", o que se deu a partir da redescoberta de uma compilação de fontes do Direito romano. Segundo esse autor, "[a] disseminação dos institutos e categorias do direito romano deu-se com apoio no saber desenvolvido nas universidades", tendo sido estabelecida uma rígida separação entre o direito comum europeu e os direitos locais, de cunho consuetudinário.[71] A partir dessa reconstrução artificial do Direito romano, então, é que se cunharam os ordenamentos jurídicos que hoje compõem o que se costuma chamar de *civil law*.

O Direito romano, porém, não é a única "fonte" dos modernos ordenamentos de *civil law*. Também o Direito canônico (da Igreja Católica Romana) exerceu importante influência.[72]

Já se afirmou que "[o] Direito Canônico tem uma importância enorme na história do direito tanto na esfera das instituições quanto na da cultura jurídica [e] é dele que parte a reorganização completa da vida jurídica europeia".[73]

Ocorre que cada Estado europeu continental passou a construir seu próprio ordenamento jurídico a partir não só da influência romana ou canônica, mas também levando em consideração as peculiaridades e tradições locais. Daí poder dizer-se:

> [O] desenvolvimento de um sistema jurídico nacional em cada uma das principais nações da Europa assumiu certas característica que podem ser diretamente relacionadas ao desejo de identificar, perpetuar e glorificar as instituições jurídicas locais. Esta tendência é de fato uma das principais razões que explicaram as diferenças entre os sistemas jurídicos contemporâneos do mundo d[o] *civil law*. Porém, o que une estas nações é o fato de que as instituições jurídicas nacionais foram harmonizadas com a forma e a substância do direito civil romano, sob a influência do *jus commune*. A influência romana é muito grande; a contribuição do direito autóctone, ainda que substancial, é geralmente de importância subsidiária. Este não se ocupa de questões como noções e atitudes legais básicas, ou a organização e o estilo da ordem jurídica. Estas são extraídas da mais antiga, mais desenvolvida e sofisticada tradição do direito civil romano.[74]

---

[71] PINTO, Cristiano Paixão Araújo. Op. cit., p. 49.

[72] MERRYMAN, John Henry; PÉREZ-PERDOMO, Rogelio. Op. cit., p. 33.

[73] LOPES, José Reinaldo de Lima. *O Direito na História* – Lições introdutórias. São Paulo: Max Limonad, 2000. p. 83.

[74] MERRYMAN, John Henry; PÉREZ-PERDOMO, Rogelio. Op. cit., p. 35-36.

No século XIX, os ordenamentos jurídicos de *civil law* começaram a adotar Códigos Civis (além de outros Códigos, como os de Processo Civil), entre os quais destacou-se, por ter sido modelo de inspiração para os demais, o Código Civil francês de 1804,[75] conhecido como Código Napoleão.

Nessa altura, chegou-se mesmo a afirmar que todo o Direito Civil estava compilado no Código Civil. Sobre o ponto, a lição de Bonnecase (em tradução livre):

> Ano de 1804: seu significado na evolução moderna do direito civil. 1804 não é unicamente uma data pertencente à cronologia jurídica; nem tudo foi dito ao se fazer constar que 1804 é a data de nascimento do código civil ou código de Napoleão, para empregar uma terminologia mais da moda e que, como veremos, foi oficial por um tempo. Devido à importância que se reconheceu ao código civil, 1804 representa uma nova era da história jurídica. Com efeito, considera-se que o código estabilizou as conquistas da revolução francesa; para seus contemporâneos foi algo mais que uma mera coleção de leis privadas, pois consideravam que dominava o direito em sua totalidade.[76]

Percebe-se, assim, que na modernidade pós-liberal, os sistemas jurídicos que se filiam à tradição jurídica de *civil law* atribuem relevante papel de dimensionamento jurídico a cinco destas legislações ("códigos"):

---

[75] Idem, p. 33. Vale registrar que o Código Civil francês foi profundamente reformado em 2016 (pela *Ordonnance nº 2016-131*, de 10.02.2016, que reformou o Livro III daquele Código, responsável pela regulamentação do Direito das Obrigações). Esta reforma promoveu pouco mais de quinhentas alterações no texto daquele Código, projetando ainda efeitos sobre 85 outras leis francesas, como o Código Comercial e o Código do Consumo. Sobre o tema, LEONARDO, Rodrigo Xavier. Codificação do direito civil no século XXI: de volta para o futuro? (parte II). Disponível em: <http://www.conjur.com.br/2016-abr-11/direito-civil-atual-codificacao-direito-civil-seculo--xxi-volta-futuro#author>. Acesso em: 5 jun. 2016.

[76] BONNECASE, Julien. *Tratado elemental de derecho civil*. Parte A. Trad. esp. de Enrique Figueroa Alfonzo. México: Harla, 1997. p. 37. No original: "Año de 1804: su significado en la evolución moderna del derecho civil. 1804 no es únicamente una fecha perteneciente a la cronología jurídica: no todo se ha dicho al hacer constar que 1804 es la fecha de nacimiento del código civil o código de Napoleón, para emplear una terminología más a la moda y que como veremos, fue oficial por un tiempo. Debido a la importancia que se ha reconocido al código civil, 1804 representa una nueva era de la historia jurídica. En efecto, se considera que el código estabilizó las conquistas de la revolución francesa; para sus contemporáneos fue algo más que una mera colección de leyes privadas, pues consideraban que dominaba al derecho en su totalidad".

Código Civil, Código Comercial, Código de Processo Civil, Código Penal e Código de Processo Penal.[77]

Apesar da proeminência do papel destas legislações, a utilização da técnica dos precedentes não é estranha aos ordenamentos jurídicos de *civil law*.[78] Em diversos ordenamentos filiados a esta tradição jurídica se reconhece eficácia – ora vinculante, ora meramente persuasiva – aos precedentes judiciais, especialmente os que resultam da atividade dos Tribunais de Superposição (valendo aqui perceber que no Direito Brasileiro há um tribunal de superposição que é qualificado como "Supremo" e quatro outros qualificados como "Superiores").

Para se poder ver como os precedentes têm sido usados nos sistemas que se filiam à tradição de *civil law*, e por ser preciso reconhecer que os ordenamentos que se vinculam a esta tradição jurídica são muito diferentes entre si,[79] fez-se uma opção por examinar como tem sido aplicada a técnica de decidir a partir de precedentes em três países: Alemanha, França e Itália. Os ordenamentos jurídicos destes três países não representam uma escolha aleatória, tendo sido esta a opção em razão da notória influência que o Direito Alemão, o Francês e o Italiano exercem sobre toda a tradição jurídica de *civil law* e, especialmente, sobre o Direito Brasileiro.

Na República Federal da Alemanha, por exemplo, se tem reconhecido que uma das principais tarefas das Cortes superiores é resolver questões de interpretação.[80] Naquele sistema, tem-se definido precedente como "qualquer decisão prévia possivelmente relevante para um caso presente a ser decidido",[81] sendo certo que tal noção "pressupõe algum tipo de vinculatividade".[82]

---

[77] MERRYMAN, John Henry; PÉREZ-PERDOMO, Rogelio. Op. cit., p. 37.

[78] Como afirma Marinoni, o sistema de precedentes "não [é] um atributo próprio do *common law* – como falsamente se propaga" (MARINONI, Luiz Guilherme. *O STJ enquanto Corte de precedentes*. São Paulo: RT, 2013. p. 17).

[79] Afirma Hondius que "como é bem conhecido, as jurisdições de *civil law* diferem mais entre si do que os sistemas de *common law*" (tradução livre). No original: "As is well known, the civil law jurisdictions do differ more between each other than common law systems do" (HONDIUS, Ewoud. Precedent and the law. *Electronic Journal of Comparative Law*, vol. 11.3, p. 10. Disponível em: <http://www.ejcl.org>).

[80] ALEXY, Robert; DREIER, Ralf. Op. cit., p. 21.

[81] Idem, p. 23. No original: "any prior decision possibly relevant to a present case to be decided".

[82] Idem, ibidem. No original: "pressuposes some kind of bindingness".

Alexy e Dreier afirmam que "não é fácil encontrar uma decisão nos repositórios oficiais editados pelos membros das Cortes superiores que não contenha alguma referência a precedentes".[83] Segundo os autores:

> Citações de precedentes em todas as jurisdições são largamente autorreferentes, isto é, na maioria dos casos as cortes citam suas próprias decisões anteriores. Entre as citações de outras Cortes, decisões da Corte Constitucional Federal prevalecem.[84]

Na Alemanha, a referência a precedentes aparece muito frequentemente, mas na maior parte dos casos apenas como referência e sem uma discussão detalhada.[85]

O papel dos precedentes naquele país varia conforme a relevância de outros materiais dotados de autoridade. Se a causa puder ser decidida em conformidade com a lei [*statute*], precedentes não têm nenhum (ou praticamente nenhum) papel relevante. O papel dos precedentes se torna mais importante se não existe lei expressa, ou se esta "exige interpretação".[86] Como no Direito alemão a maior parte das áreas do Direito é regulada em

---

[83] Idem, ibidem. No original: "It is not easy to find a decision in the official series edited by members of the highest courts that does not contain any reference to precedents".

[84] Idem, p. 24. No original: "Citations of precedents in all jurisdictions are largely self-referential, that is, in most cases the courts cite their own previous decisions. Among the citations of other courts, decisions of the Federal Constitutional Court prevail".

[85] Idem, ibidem.

[86] Idem, ibidem. No original fala-se em "statutory law needs interpretation". Não há, porém, texto legal que não tenha de ser interpretado, eis que a norma é, na verdade, o resultado da interpretação do texto. A expressão usada pelos autores citados, portanto, deve ser entendida no sentido de que os precedentes cumprem um papel importante nos casos em que há dúvida acerca da interpretação a ser dada à lei. Acerca da afirmação aqui feita (de que todo texto legal precisa ser interpretado, sendo a norma o resultado da interpretação), relembre-se a afirmação de Lenio Luiz Streck, que quanto ao ponto se apoia em Fredrich Müller: "[O] texto normativo – diz Müller – *não contém imediatamente a norma*; está é construída pelo intérprete no decorrer do processo de concretização do direito" (STRECK, Lenio Luiz. *Hermenêutica jurídica e(m) crise*. Porto Alegre: Livraria do Advogado, 1999. p. 210. Os próprios juristas alemães aqui citados, porém, em outro trecho de seu trabalho (ALEXY, Robert; DREIER, Ralf. Op. cit., p. 25), afirmam que "[o] juiz tem de interpretar a lei" (no original: "[the] judge has to interpret the law"), o que corrobora a interpretação dada nesta nota ao texto citado. Relembre-se, por fim, e com apoio em Dworkin, que Direito é um conceito interpretativo (afirmando o autor que "a análise jurídica é fundamentalmente interpretativa": DWORKIN, Ronald. *O império do direito*. Trad. bras. de Luís Carlos Borges. São Paulo: Martins Fontes, 2005. p. X).

leis expressas, "precedentes interpretativos" (*interpretative precedents*) exercem um papel mais importante do que os que substituem a lei (*precedents substituting statutory law*).[87]

Tem-se reconhecido maior importância aos precedentes nas áreas do Direito do Trabalho e do Direito Administrativo (quanto a este último, especialmente antes da codificação deste ramo do Direito, ocorrida em 1976).[88] E isto por que, sendo o sistema alemão baseado na ideia de codificação, a não existência de precedentes não é, em princípio, um problema. Problema existe quando não há lei sobre o caso.[89]

No sistema jurídico da República Federal da Alemanha não existem, ressalvadas as decisões proferidas em sede de jurisdição constitucional, regras acerca da força vinculante dos precedentes, e não é prática comum classificar os precedentes conforme sua vinculatividade.[90]

Há quem sustente que o único caso de precedentes vinculantes concerne aos oriundos do Tribunal Constitucional Federal, os quais são vinculantes para todos os órgãos constitucionais da Federação e dos Estados, assim como para as Cortes e autoridades.[91] As decisões desse Tribunal, quando invalidam leis, têm força de lei expressa.[92]

---

[87] ALEXY, Robert; DREIER, Ralf. Op. cit., p. 24.

[88] Idem, ibidem.

[89] Idem, p. 25.

[90] Idem, p. 26. Sobre as decisões proferidas em sede de jurisdição constitucional na Alemanha, porém, afirma Gilmar Ferreira Mendes que "o instituto do efeito vinculante, contemplado no § 31, I, da Lei do *Bundesverfassungsgericht* não configura novidade absoluta no direito alemão do pós-guerra. Antes mesmo da promulgação da Lei Orgânica da Corte Constitucional e, portanto, da instituição do *Bundesverfassungsgericht*, algumas leis que disciplinavam o funcionamento das Cortes Constitucionais estaduais já consagravam expressamente o efeito vinculante das decisões proferidas por esses órgãos" (MENDES, Gilmar Ferreira. O efeito vinculante das decisões do Supremo Tribunal Federal nos processos de controle abstrato de normas. *Revista Jurídica Virtual*, vol. 1, n. 4, p. 2, 1999), fazendo alusão a leis dos Estados da Baviera, de Hessen e da Renânia Palatinado)

[91] ALEXY, Robert; DREIER, Ralf. Op. cit., p. 24. Como afirma Mendes, "a doutrina constitucional somente reconhece efeito vinculante às decisões de mérito (*Sachentscheidungen*) proferidas pelo *Bundesverfassung*. O efeito vinculante não imanta julgados de caráter exclusivamente processual, não abrangendo, por isso, decisões de simples caráter interlocutório (MENDES, Gilmar Ferreira. O efeito vinculante das decisões do Supremo Tribunal Federal... cit., p. 3).

[92] ALEXY, Robert; DREIER, Ralf. Op. cit., p. 24. No original se lê: "[W]here the court invalidates legal norms, these decisions have the force of statutes (*Gesetzeskraft*)".

O Tribunal Constitucional Federal, porém, não está vinculado aos seus próprios precedentes.[93] Em outros termos, "[a]s decisões da Corte Federal Constitucional na Alemanha são, portanto, formalmente vinculantes sem exceções e sem estarem sujeitas a superação ou modificação, salvo pela própria Corte Federal Constitucional".[94] Nenhum outro precedente é formalmente vinculante.[95] "Não obstante isso, precedentes cumprem também um relevante papel no Direito alemão".[96] Precedentes são citados nas decisões dos tribunais e, se alguma decisão desvia de um precedente da própria Corte, isto normalmente será reconhecido e justificado.[97] Ademais, os órgãos jurisdicionais inferiores costumam seguir os precedentes dos órgãos superiores.[98]

Embora os precedentes não sejam formalmente vinculantes na Alemanha (ressalvados os oriundos do Tribunal Constitucional Federal), os tribunais tomam em consideração uma razão para que haja algum grau de vinculatividade: o princípio da proteção da confiança.[99]

Aqui vale afirmar que "a confiança atua para a antecipação da conduta futura, reduzindo ou mitigando a incerteza, ou a tornando menos tolerável".[100]

---

[93] MENDES, Gilmar Ferreira. O efeito vinculante das decisões do Supremo Tribunal Federal... cit p. 3.

[94] ALEXY, Robert; DREIER, Ralf. Op. cit., p. 27. No original: "[t]he decisions of the Federal Constitutional Court are therefore formallly binding without exception and without being subject to overruling or modification except by the Federal Constitutional Court itself".

[95] ALEXY, Robert; DREIER, Ralf. Op. cit., p. 27.

[96] Idem, ibidem. No original: "Nevertheless, precedents play a major role in German law, too".

[97] Idem, ibidem.

[98] Idem, ibidem. Vale aqui citar o que afirmou Larenz sobre precedentes, com os olhos postos especialmente no Direito Alemão: "Não é o precedente como tal que 'vincula', mas apenas a norma nele corre[t]amente interpretada ou concretizada" (LARENZ, Karl. *Metodologia da ciência do direito*. Trad. port. de José Lamego. 3. ed. Lisboa: Fundação Calouste Gulbenkian, 1997. p. 612).

[99] ALEXY, Robert; DREIER, Ralf. Op. cit., p. 29. Afirma Larenz que, como regra, "tem que ser suficiente que os tribunais, no caso em que intentem desviar-se de uma jurisprudência, tenham também em conta a confiança na permanência dessa jurisprudência. Quando esta confiança exista em considerável medida, só se desviarão na medida em que o desvio se lhes afigure indubitavelmente como obrigatório" (LARENZ, Karl. Op. cit., p. 618).

[100] CABRAL, Antonio do Passo. *Coisa julgada e preclusões dinâmicas* – Entre continuidade, mudança e transição de posições processuais estáveis. Salvador: JudPodivm, 2013. p. 129. Na obra de Menezes Cordeiro se lê o seguinte: "A confiança exprime a situação em que uma pessoa adere, em termos de actividade ou de crença, a certas

Para sua aplicação, porém, "entende-se que deva estar comprovada a prática de atos concretos que apontem a base ou o fundamento da confiança. Trata-se de atos de disposição que demonstram que o agente atuou confiando na expectativa criada".[101] Deste modo, precedentes que criem legítima confiança só devem ser afastados quando houver razões justificadas para fazê-lo. Assim, "quem quer que pretenda afastar-se de um precedente tem o ônus da argumentação".[102]

Já houve tentativa, na Alemanha, de regular por lei a eficácia vinculante dos precedentes (a primeira delas em 1838, no Reino de Hanover),[103] mas atualmente não existe nenhuma lei sobre o tema (com a ressalva da regulamentação expressa da força vinculante das decisões do Tribunal Federal Constitucional).[104] Por conta disso, pode-se afirmar que (em tradução livre):

> Um precedente tem a força que tem porque ele é uma interpretação de uma certa lei e esta lei é usada na interpretação dada pelo precedente. Neste sentido, precedentes na Alemanha derivam sua força da força da lei que interpretam. Formalmente, é a lei que vincula; substancialmente, o precedente.[105]

Alexy e Dreier buscaram sistematizar os fatores que permitem determinar seus graus de força normativa.[106] Tais fatores seriam os seguintes: (a) a posição hierárquica da Corte que estabeleceu o precedente; (b) se a decisão foi proferida por um colegiado ordinário (*normal panel*) ou por um colegiado mais amplo (o *great panel* ou o *common panel*); (c) como não se torna público quem foi o juiz que redigiu sua decisão, sua reputação não tem qualquer relevância; (d)

---

representações, passadas, presentes ou futuras, que tenha por efectivas. O princípio da confiança explicitaria o reconhecimento dessa situação e a sua tutela" (CORDEIRO, António Manuel da Rocha e Menezes. *Da boa-fé no direito civil*. 4ª reimpr. Coimbra: Almedina, 2011. p. 1.234).

[101] CABRAL, Antonio do Passo. *Coisa julgada e preclusões dinâmicas...* cit., p. 131.

[102] ALEXY, Robert; DREIER, Ralf. Op. cit., p. 30. No original: "whoever wishes to depart from a precedent carries the burden of argument".

[103] Idem, p. 32.

[104] E das leis estaduais indicadas na nota 96, *supra*, com apoio na obra de Gilmar Ferreira Mendes.

[105] ALEXY, Robert; DREIER, Ralf. Op. cit., p. 33. No original: "A precedent has the power it has because it is an interpretation of a certain statute and this statute is used in the interpretation given by the precedent. In this sense precedents in Germany derive their power from the power of the formal source of law they interpret. Formally, it is the statute which binds; substantially, the precedent".

[106] Idem, p. 34-36.

mudanças nas circunstâncias políticas, econômicas ou sociais podem ser de grande importância para a mudança de um "corpo estabelecido de precedentes fixados pelos juízes superiores" (*established body of precedents set by the highest judges*); (e) a sonoridade dos argumentos que justificam a decisão é de grande importância para as decisões subsequentes; (f) a idade do precedente é de pequena importância; (g) votos divergentes só são publicados em matéria constitucional e, portanto, a existência ou não de divergência só poderia ter relevância neste campo, no qual as decisões são estritamente vinculantes; (h) a área do Direito envolvida parece não ter qualquer relevância; (i) saber se o precedente representa uma tendência é significativo apenas pelo fato de que decisões que representam uma linha estabelecida são consideradas especialmente relevantes; (j) a crítica acadêmica a uma decisão, conforme o Tribunal Federal Constitucional, é importante para a questão da confiança dos cidadãos em que a continuidade daquela linha decisória será protegida, de modo que a crítica acadêmica pode enfraquecer a força do precedente; (k) modificações legislativas em áreas relacionadas são frequentemente consideradas relevantes; (l) os tribunais têm uma tendência factual a aderir aos seus próprios precedentes de maneira mais estrita do que aos precedentes de outros tribunais.

No Direito alemão, só se cogita de vinculatividade vertical formal em relação às decisões do Tribunal Constitucional Federal.[107] Cogita-se, porém, de uma vinculatividade *de facto* (de facto *bindingness*), baseada em diversos motivos, entre os quais se destaca a "uniformidade nas decisões" (*uniformity in adjudication*), reconhecendo-se o "princípio da justiça substancial" como um comando dirigido à correção substancial.[108]

Não há, tampouco, qualquer norma acerca de vinculatividade horizontal, nem mesmo no caso da Corte Constitucional Federal.[109]

Vale registrar que, no caso das decisões do Tribunal Constitucional Federal alemão (as quais têm eficácia vinculante vertical), o que tem eficácia vinculante efetivamente é a *ratio decidendi*, a qual não se confunde com o *obiter dictum*.[110]

---

[107] Idem, p. 36.

[108] Idem, p. 37.

[109] Idem, p. 39.

[110] Idem, p. 48. Não é este o local adequado para enfrentar-se de modo definitivo a distinção entre *ratio decidendi* e *obiter dictum*. De todo modo, neste momento se pode trazer à colação a lição de Streck e Abboud, que afirmam que *ratio decidendi* "é a regra jurídica utilizada pelo Judiciário para justificar a decisão do caso", enquanto o *obiter dictum* "corresponde ao enunciado, interpretação jurídica, ou uma argumentação ou fragmento de argumentação jurídica, expressamente contidos na decisão

Além disso, tem-se destacado que "uma linha de precedentes tem muito maior peso que um caso isolado".[111] É que a "Alemanha adotou a noção de que uma linha de decisões sobre certa matéria cria uma espécie de costume judicial".[112]

Como na Alemanha os precedentes não têm tanta importância, não existe naquele país uma prática muito desenvolvida de se estabelecer as distinções entre casos (*distinguishing*).[113] Apesar disso, o *distiguishing* não é incomum, especialmente quando o tribunal que se desvia do precedente é o mesmo que anteriormente o estabelecera.

Tem-se admitido, também, o *overruling* (do qual só se cogita em relação a precedentes vinculantes),[114] o qual não tem eficácia prospectiva.[115]

---

judicial, cujo conteúdo e presença são irrelevantes para a solução final da demanda" (STRECK, Lenio Luiz; ABBOUD, Georges. *O que é isto...* cit., p. 46-47). Ao ponto se voltará adiante, nos itens 5.5 e 5.6 deste estudo, quando os elementos vinculantes e não vinculantes dos padrões decisórios serão examinados com a necessária profundidade.

[111] ALEXY, Robert; DREIER, Ralf. Op. cit., p. 50. No original: "A line of precedent has a much greater weight than a single case". Afirma Larenz que "[u]ma jurisprudência constante pode, certamente, adquirir vinculatividade se se converte em base de um Direito consuetudinário, [cujo fundamento de validade] é a convicção jurídical geral que se manifesta num uso constante" (LARENZ, Karl. Op. cit., p. 616).

[112] FON, Vincy; PARISI, Francesco. Judicial precedents in civil law systems: a dynamic analysis. *International Review of Law and Economics*, vol. 26, p. 523, 2006. No original: "Germany has adopted the notion that a line of decisions on a certain subject creates a sort of judicial custom".

[113] ALEXY, Robert; DREIER, Ralf. Op. cit., p. 54. Também não é este o local apropriado para um exame aprofundado do que seja o *distinguishing*. Impende, porém, apresentar – ainda que brevemente – este conceito, o que se faz pelas palavras de Nogueira, que o descreve como técnica "consistente em não se aplicar o precedente quando o caso a ser decidido apresenta uma peculiaridade, que autoriza o afastamento da *rule* e que a decisão seja tomada independentemente daquela" (NOGUEIRA, Gustavo Santana. *Stare decisis et non quieta movere...* cit., p. 199. Ao tema se retornará no item 6.1 deste estudo, quando a distinção será examinada com vagar.

[114] ALEXY, Robert; DREIER, Ralf. Op. cit., p. 56. Entenda-se por *overruling* a superação de um precedente. Como afirma Duxbury, "[q]uando juízes superam um precedente, eles estão declinando de segui-lo e declarando que, pelo menos onde os fatos de um caso são materialmente idênticos aos do caso em exame, um novo regramento deve ser seguido em seu lugar" (tradução livre). No original: "[w]hen judges overrule a precedent they are declining to follow it and declaring that, at least where the facts of a case are materially identical to those of the case at hand, a new ruling should be followed instead" (DUXBURY, Neil. Op. cit., p. 117). A superação será objeto de apreciação aprofundada no item 6.2 deste trabalho.

[115] ALEXY, Robert; DREIER, Ralf. Op. cit., p. 56.

O *overruling* antecipado (*anticipatory overruling*), porém, tem acontecido na prática.[116]

Além disso tudo, qualquer referência que se faça ao sistema de precedentes do Direito alemão impõe que se examine, também, o *Musterverfahren*, procedimento-modelo estabelecido a partir de uma lei de 2005, conhecida como KapMuG.[117]

Tem-se, aí, um procedimento incidental em que questões de fato ou de direito, comuns a um grupo de processos similares, são decididas, tendo a decisão eficácia vinculante para os processos individuais.[118]

Trata-se de procedimento que permite uma resolução uniforme e vinculante de questões de fato e de direito que são relevantes para uma multiplicidade de litígios.[119]

No sistema do procedimento-modelo alemão (*Musterverfahren*), qualquer parte de qualquer processo em que a questão tenha sido suscitada pode requerer a instauração do procedimento, o qual é divulgado por meios eletrônicos. O procedimento será instaurado se, no prazo de quatro meses, pelo menos nove outros requerimentos similares forem formulados.[120] O tribunal perante o qual o procedimento é instaurado seleciona um caso para determinar as questões relevantes de fato e de direito, enquanto todos os outros processos que versem sobre a mesma questão são suspensos. As partes dos processos suspensos podem participar do procedimento-modelo, e a decisão nele proferida é vinculante para todas as partes de todos os processos que versem sobre aquelas questões.[121]

---

[116] Idem, p. 58. Define-se *anticipatory overruling*, em relação ao direito norte-americano, como "a atuação antecipatória das Cortes de Apelação estadunidenses em relação ao *overruling* dos precedentes da Suprema Corte. Trata-se, em outros termos, de fenômeno identificado como antecipação a provável revogação de precedente por parte da Suprema Corte" (MARINONI, Luiz Guilherme. *Precedentes obrigatórios* cit., p. 401).

[117] Trata-se da *Gesetz zur Einführung von Kapitalanleger-Musterverfahren* (Lei de Introdução do Procedimento Modelo para os investidores em mercados de capitais).

[118] KOLLER, Christian. Civil justice in Austrian-German tradition. In: UZELAC, Alan (edit.). *Goals of Civil Justice and Civil Procedure in Contemporary Judicial Systems*. Londres: Springer, 2014. p. 52.

[119] MAULTZSCH, Felix. National report: Germany – The right to access to justice and public responsibilities. *International Association of Procedural Law Seoul Conference 2014*. Seul: IAPL, 2014. p. 257.

[120] Idem, ibidem.

[121] Idem, ibidem.

Existe, porém, uma controvérsia a respeito de ser o *Musterverfahren* efetivamente capaz de produzir decisões com eficácia vinculante, tendo a doutrina alemã se inclinado por afastar a ideia de que haveria propriamente essa eficácia, e preferindo sustentar que o que existe, no caso, é aplicação do conceito de coisa julgada formal, ou que haveria uma técnica de extensão da coisa julgada.[122]

Não só no Direito alemão tem havido estudos acerca dos precedentes em sistemas de *civil law*. Também no Direito francês se encontra análise acadêmica acerca do tema.[123]

Na França, o termo precedente *nunca* indica uma decisão vinculante.[124] É que no sistema adotado na França, conhecido como *jurisprudence constante*, "um juiz não está vinculado por uma única decisão de um único processo prévio".[125] A decisão judicial francesa só tem eficácia vinculante para as partes em relação ao caso julgado (o que nada mais é do que a autoridade de coisa julgada),[126] e isso não se confunde com o fenômeno da eficácia vinculante do precedente.[127]

O termo precedente, querendo significar decisão tomada anteriormente em outro caso similar, é usado na França em dois sentidos. Um "sentido forte", para se referir à decisão de uma corte superior usada como um argumento de autoridade que, embora não vinculante, deve ser seguida pela corte inferior, a qual não tem obrigação de fazê-lo, mas quase sempre o faz por razões práticas;[128] e um "sentido fraco", para significar uma decisão em um caso

---

[122] Notícia dessa controvérsia, com análise das posições que podem ser encontradas na doutrina alemã e a indicação de quais têm sido os entendimentos dominantes, pode ser encontrada em: CABRAL, Antonio do Passo. O novo procedimento-modelo (*Musterverfahren*) alemão: uma alternativa às ações coletivas. *Revista de Processo*, São Paulo: RT, vol. 147, p. 138-142, 2007.

[123] TROPER, Michel; GRZEGORCZYK, Christophe. Op. cit., p. 103 e seguintes.

[124] Idem, p. 111. É que na teoria constitucional francesa precedentes não são considerados normas (STEINER, Eva. Theory and practice of judicial precedent in France. In: DIDIER JR., Fredie; CUNHA, Leonardo Carneiro da; ATAÍDE JR., Jaldemiro Rodrigues de; MACÊDO, Lucas Buril de (coord.). *Precedentes*. Salvador: JusPodivm, 2015. p. 21 (Coleção Grandes Temas do Novo CPC, vol. 3).

[125] FON, Vincy; PARISI, Francesco. Op. cit., p. 524.

[126] TROPER, Michel; GRZEGORCZYK, Christophe. Op. cit., p. 111.

[127] Idem, p. 116.

[128] Idem, p. 111. Há, porém, quem afirme que "sempre houve uma tradição de hostilidade perante o precedente judicial" (STEINER, Eva. Op.cit., p. 21, tradução livre [no original: "there has always been a tradition of hostility towards judicial precedent"]).

similar, de qualquer corte, ainda que inferior, que pode servir positiva ou negativamente como modelo, de modo a permitir a incidência do princípio da igualdade perante a lei (*principle of equality before the law*).[129]

Merece lembrança, aqui, o fato de que Bustamante, ao tratar dos precedentes, também os distingue em *precedentes vinculantes* ou *em sentido forte* e *precedentes persuasivos ou em sentido frágil*.[130] E essa distinção será empregada, também, ao longo deste trabalho, uma vez que se buscará demonstrar que há, no Direito brasileiro, padrões decisórios dotados de eficácia vinculante (porque construídos por meio de um procedimento desenvolvido em comparticipação ampliada e formados por decisões judiciais produzidas por verdadeiras deliberações dialogadas dos órgãos jurisdicionais que as prolatam, dotados de fundamentação especialmente completa) e padrões decisórios meramente persuasivos (em que essas características não terão sido – ao menos necessariamente – observadas).

Como se poderá ver no desenvolvimento desse estudo, é possível distinguir os padrões decisórios vinculantes dos argumentativos – como acaba de ser dito – por meio não só dos procedimentos especificamente projetados para sua elaboração, mas também pelo modo como deve se dar a deliberação que resulta nesses padrões decisórios. E para que essa distinção tenha legitimidade impende considerar a existência de mecanismos de controle – não só de sua formação, mas também de sua aplicação – por meio do devido processo.

Juízes franceses não invocam precedentes em suas decisões,[131] e "não devem basear suas decisões neles",[132] pois a única "fonte" legítima do Direito são as leis escritas (*statutes*). É que na França se hesita

> em ver na jurisprudência uma verdadeira fonte de direito. Objeta-se que isso seria contrário ao princípio da separação dos poderes, à proibição feita ao juiz "de pronunciar por meio de disposição geral e regulamentar sobre as causas que lhe são submetidas" (art. 5 do Cód. Civ.) e à autoridade relativa da coisa julgada.[133]

---

[129] TROPER, Michel; GRZEGORCZYK, Christophe. Op. cit., p. 111.

[130] BUSTAMANTE, Thomas da Rosa de. *Teoria do precedente judicial*. São Paulo: Noeses, 2012. p. 301.

[131] TROPER, Michel; GRZEGORCZYK, Christophe. Op. cit., p. 112.

[132] Idem, ibidem. Tradução livre do original: "must not base their decisions on them".

[133] BERGEL, Jean-Louis. *Teoria geral do direito*. Trad. bras. de Maria Ermantina Galvão. São Paulo: Martins Fontes, 2001. p. 81-82. Há, porém, quem afirme que "[n]a França, precedentes que se consolidam em uma tendência ou uma "jurisprudência

Exatamente nesta linha, afirma Steiner que, por força da doutrina francesa da separação de poderes, juízes não são autorizados a interferir na função legislativa, do que resulta serem eles proibidos de criar direito com o objetivo de regular casos futuros, ou de empregar precedentes quando decidem um caso, do que derivou a ausência, no Direito francês, da doutrina do *stare decisis*.[134]

Mas isto não significa que os precedentes na França não tenham relevância. Ao contrário, pode-se dizer que a única "fonte do Direito" é a lei interpretada pelo precedente. Como afirmam Troper e Grzegorczyk, "[a]lguém poderia até dizer que outros materiais são relevantes apenas na medida em que tenham sido mencionados e interpretados por precedentes".[135] E, mais adiante, na mesma obra, se lê que "pode ser dito que a única fonte é a lei escrita, como interpretada pela Corte".[136]

Na França, então, não existe vinculação formal a precedentes.[137] Pode-se mesmo dizer que existe a situação inversa: "é proibido seguir um precedente só por que é um precedente".[138] Considera-se, mesmo, que uma decisão que se limite a citar precedentes é nula por ausência de fundamentação, assim como o é a decisão que se limita a fazer alusão à jurisprudência, sem examinar as especificidades do caso concreto.[139]

---

firme" (*jurisprudence constante*) se tornam fonte do direito" (FON, Vincy; PARISI, Francesco. Op. cit., p. 523; no original: "[i]n France, precedents that consolidate into a trend or a 'persisting jurisprudence' (*jurisprudence constante*) become a source of law").

[134] STEINER, Eva. Op. cit., p. 22-23.

[135] TROPER, Michel; GRZEGORCZYK, Christophe. Op. cit., p. 113. No original: "[o]ne could even say that other materials are relevant only to the extent that they have been mentioned and interpreted by precedent".

[136] Idem, ibidem. No original: "the only source is the statute, as interpreted by the court".

[137] Como afirma Steiner (em tradução livre), "[n]a França decisões judiciais, mesmo quando proferidas pelos tribunais superiores, não são precedentes vinculantes que devem ser seguidos pelos juízes" (STEINER, Eva. Op. cit., p. 26; no original: "[i]n France judicial decisions, even when pronounced by superior courts, are not binding precedents that must be followed by judges").

[138] TROPER, Michel; GRZEGORCZYK, Christophe. Op. cit., p. 115. No original: "it is forbidden to follow a precedent only because it is a precedent".

[139] Idem, ibidem. É impossível não recordar, aqui, do disposto no art.489, § 1º, V, do CPC/2015, por força do qual não se considera fundamentada a decisão judicial que "se limitar a invocar precedente ou enunciado de súmula, sem identificar seus fundamentos determinantes nem demonstrar que o caso sob julgamento se ajusta àqueles fundamentos".

Reconhece-se, porém, que "por causa da hierarquia dos tribunais, precedentes possam ter uma autoridade determinante e impor-se, de fato, às jurisdições inferiores".[140]

Partindo-se da distinção (anteriormente afirmada) entre eficácia vinculante do precedente e autoridade de coisa julgada, Troper e Grzegorczyk afirmam que

> Se o Conselho Constitucional decidiu que uma lei deve ser interpretada de uma certa maneira, de modo a ser compatível com a Constituição, outros tribunais devem, realmente, interpretar a lei da maneira prescrita. Mas ao fazê-lo, não seguem qualquer precedente, porque não lidam com outra lei da mesma classe ou seguem métodos interpretativos estabelecidos pelo Conselho Constitucional. O que fazem é simplesmente aplicar a decisão judicial na precisa situação descrita pelo Conselho.[141]

Não obstante tudo isso, reconhece-se em França que os precedentes, mesmo não tendo eficácia formalmente vinculante, podem ter força quando criados por uma Corte superior àquela perante a qual o caso posterior está pendente, já que esta tem consciência de que decidir diferentemente pode levar à reforma de sua decisão.[142] Além disso, precedentes na França podem fornecer elementos para uma nova decisão, especialmente quando se verifica que decidir diferentemente fará com que casos análogos não sejam tratados do mesmo modo (*not treating like cases alike*).[143] Assim, precedentes podem ser usados como argumentos ilustrativos para a *ratio decidendi* de um caso pendente.[144]

É preciso destacar, ainda, a importância que se tem dado na França aos precedentes em causas de Direito Público. É que

> desde que o célebre aresto Blanco liberou o juiz administrativo da aplicação das regras de direito privado, este foi levado a elaborar um direito

---

[140] BERGEL, Jean-Louis. Op. cit., p. 82.
[141] TROPER, Michel; GRZEGORCZYK, Christophe. Op. cit., p. 117. No original: "If the Conseil Constitutionnel has decided that a statute must be interpreted in a certain way, in order to be constitutional, other courts must indeed interpret the statute in the way prescribed. But, in doing so, they do not follow any precedent because they do not deal with another statute of the same class or follow interpretative methods established by the Conseil Constitutionnel. What they do is merely apply a judicial decision in the precise situation described by the Council".
[142] Idem, p. 117.
[143] Idem, ibidem.
[144] Idem, ibidem.

pretoriano. Teve de consagrar os princípios gerais e criar o direito. Efetivamente, as regras mais importantes do direito administrativo foram colocadas pelo juiz.[145]

O sistema francês, como se vê, é infenso à eficácia vinculante de precedentes, e isto certamente decorre da concepção francesa da "separação de poderes" (*rectius*, separação de funções), o que leva a considerar que a lei escrita é a única "fonte do Direito".[146]

Afirma Steiner que é possível resumir o sistema francês de precedentes em cinco pontos:

1. Precedentes não precisam ser seguidos em casos subsequentes similares;
2. Mesmo os tribunais mais elevados – Corte de Cassação e *Conseil d'Etat* – não estão vinculados aos seus próprios precedentes;
3. De modo similar, órgãos jurisdicionais inferiores não estão vinculados às decisões dos órgãos superiores;
4. A referência explícita por um tribunal à sua própria jurisprudência, ou a citação de casos previamente decididos, não é autorizada quando isto significa que tais decisões seriam a base do novo julgamento;
5. A não observância do precedente não é fundamento para recurso.[147]

Não se pode deixar de mencionar, porém, que a partir da reforma constitucional francesa de 2008 surgiu naquele país um mecanismo de controle repressivo de constitucionalidade das leis, que se dá por meio da apreciação, pelo Conselho Constitucional, da QPC – *questão prioritária de constitucionalidade* (*question prioritaire de constitutionnalité*). E as decisões proferidas pelo Conselho Constitucional na apreciação da QPC, nos

---

[145] BERGEL, Jean-Louis. Op. cit., p. 83. O acórdão Blanco, proferido pelo Tribunal de Conflitos da França em 1873, dirimiu o conflito entre o Tribunal de Justiça de Bordeaux e o Conselho de Estado, definindo que caberia a este julgar demanda indenizatória proposta pelos pais de Agnès Blanco, de cinco anos de idade, em face de uma empresa pública cujo veículo a atropelara, provocando a amputação de uma de suas pernas, tendo afirmado a prevalência de normas especiais para reger a responsabilidade dos entes públicos. Sobre o ponto, PEREIRA JÚNIOR, Jessé Torres. Apresentação. In: CÂMARA, Alexandre Freitas. *Manual do mandado de segurança*. 2. ed. São Paulo: Atlas, 2014. p. XIX.

[146] TROPER, Michel; GRZEGORCZYK, Christophe. Op. cit., p. 117.

[147] STEINER, Eva. Op. cit., p. 27.

termos do art. 62 da Constituição da República Francesa, "são oponíveis aos Poderes Públicos e a todas as autoridades administrativas e judiciais" (no original: "elles s'imposent aux pouvoirs publics et à toutes les autorités administratives et jurisdictionelles").[148] Pois há quem considere que isto deve ser mesmo entendido como uma eficácia vinculante das decisões do Conselho Constitucional na apreciação da QPC.[149] Impende considerar, porém, que a decisão do Conselho Constitucional no julgamento da QPC produz como efeito a revogação da lei. O art. 62 da Constituição francesa expressamente afirma que a decisão que reputa inconstitucional está revogada a partir da publicação da decisão ou de uma data posterior, fixada pela própria decisão (no original: "Une disposition déclarée inconstitutionelle sur le fondement de l'article 61-1 est abrogée à compter de la publication de la décision du Conseil constitutionnel ou d'une date ultérieure fixée par cette décision"). Daí por que na doutrina constitucionalista francesa se afirma, quando do trato da QPC, que o Conselho Constitucional tem "o poder de revogar".[150] Não se pode, pois, considerar que aí se estaria propriamente diante de uma eficácia vinculante da decisão do Conselho. O que se tem é mesmo a retirada, com efeitos *ex nunc*, do ato normativo inconstitucional do ordenamento jurídico, de modo que não poderá ele posteriormente ser invocado por juiz ou tribunal (sob pena de aplicar-se lei inconstitucional e já retirada do ordenamento jurídico).

Vistos os ordenamentos alemão e francês, vale agora examinar como o precedente é tratado no Direito italiano. Pois aqui a ideia geralmente aceita é a de que o precedente não atua como verdadeira "fonte do Direito",[151] não podendo jamais ter eficácia vinculante.

Sobre o ponto, vale transcrever a lição de Pietro Perlingieri e Pasquale Femia (em tradução livre):

---

[148] Sobre a QPC, consulte-se CASTRO, Carlos Roberto de Siqueira. O novo modelo de controle de constitucionalidade na França – A questão prioritária de constitucionalidade (QPC). In: CÂMARA, Alexandre Freitas; PIRES, Adilson Rodrigues; MARÇAL, Thais Boia (coord.). *Estudos de direito administrativo em homenagem ao Professor Jessé Torres Pereira Júnior*. Belo Horizonte: Fórum, 2016. p. 65 e seguintes.

[149] MARTÍNEZ, Juan Antonio Hurtado. La evolución del sistema francés como modelo de control de constitucionalidad de las leyes. *Revista de Derecho UNED*, n. 10, p. 721, 2012.

[150] BONNET, Julien. Les contrôles a priori et a posteriori. *Les Nouveaux Cahiers du Conseil constitutionnel*, n. 40, p. 110, mar. 2013.

[151] BACCAGLINI, Laura; DI PAOLO, Gabriella; CORTESE, Fulvio. The value of judicial precedent in the Italian legal system. *Civil Procedure Review*, vol. 7, n. 1, p. 4, 2016.

O princípio da legalidade [exige] que o juiz seja submetido apenas à "lei" (101 Constituição) – no sentido de norma jurídica – e a sentença do juiz não é lei. Daí as críticas às tendências que acentuam o particular papel das decisões jurisprudenciais. O conjunto de decisões constitui o direito vivo, sociologicamente individualizável; as regras, os princípios, ao invés, constituem no máximo uma simples linha de tendência. O juiz seria vinculado ao direito vivo, não lhe seria consentido desviar da interpretação e aplicação que do direito vigente fazem os outros juízes; em geral, deveria seguir à praxe. Trata-se de uma solução inaceitável.

Embora seja fundamental o papel da jurisprudência, a sentença do juiz não é fonte do direito. O juiz, na controvérsia que deve decidir, não é obrigado a seguir a mesma interpretação que haja sido dada precedentemente por outro juiz em uma situação fática análoga àquela presente (o assim chamado precedente vinculante). É impossível atribuir ao precedente judicial um determinado grau na hierarquia das fontes. Na realidade, a eficácia normativa do precedente reside na eficácia normativa das regras e princípios (representada pelas fontes do direito) interpretados e aplicados pela jurisprudência. A força do precedente não está na decisão, mas na sua justificação (individuação e aplicação das normas jurídicas). Conta a *ratio decidendi*, isto é, o princípio que representa a ideia sobre a qual se funda a sentença; ideia, no entanto, sempre ligada à situação fática concreta, às suas peculiaridades que, frequentemente, têm de irrepetíveis.[152]

---

[152] FEMIA, Pasquale. Apud PERLINGIERI, Pietro. *Manuale di diritto civile*. 6. ed. Nápoles: Edizioni Scientifiche Italiane, 2007. p. 38-39. No original: "Il principio di legalitá [esige] che il giudice sai sottoposto soltanto alla 'legge' (101 cost.) – nel senso di 'norma giuridica' – e la sentenza del giudice non è legge. Da qui la critica alle tendenze che accentuano il particolare ruolo delle decisioni giurisprudenziali. L'insieme delle decisione constituirebbe il diritto vivente, sociologicamente individuabile; le regole, i princípi, invece, costituirebbero tutt'al piú una semplice linea di tendenza. Il giudice sarebbe vincolato al diritto vivente, non gli sarebbe consentito deviare dall'interpretazione e applicazione che del diritto vigente facciano gli altri giudici; in genere, dovrebbe attenersi alla prassi. Si tratta di una soluzione inaccettabile.
Pur essendo fondamental il ruolo della giurisprudenza, la sentenza del giudice non è fonte del diritto. Il giudice, nella controversia che deve decidere, non è obbligato a seguire la medesima interpretazione che abbia di essa dato in precedenza un altro giudice in una fattispecie analoga a quella presente (c.d. precedente vincolante). È impossibile assegnare il precedente giurisprudenziale ad un determinato grado nella gerarchia delle fonti. In realtà l'efficacia normativa del precedente risiede nell'efficacia normativa delle regole e dei princípi (posti dalle fonti del diritto) interpretati ed applicati dalla giurisprudenza. La forza del precedente è non nella decisione, ma nella sua giustificazione (individuazione e applicazione delle norme giuridiche). Conta la *ratio decidendi*, cioè il principio che rappresenta l'idea sulla quale si fonda

Cap. 1 · AS TRADIÇÕES JURÍDICAS E O DIREITO BRASILEIRO | 45

Não obstante este entendimento, bastante tradicional entre os estudiosos italianos, não se pode negar que na Itália os precedentes têm tido importante papel. Como disseram Taruffo e La Torre,

> [n]enhum juiz, e nem mesmo a Câmara Isolada da Corte, está formalmente obrigada a obedecer ao julgamento proferido pelas Seções Unidas da Corte de Cassação ou pela Reunião Plenária do Conselho de Estado (...) Todavia, seus julgamentos são usualmente considerados como especialmente impositivos e eles são normalmente empregados como precedentes.[153]

Vale ter presente que no Direito italiano o termo "precedente" é usado, principalmente, em um sentido muito amplo, para significar qualquer decisão prévia possivelmente relevante para um caso a ser decidido. Há, ainda, um sentido mais estrito, em que precedente é qualquer decisão prévia tratando do mesmo tema jurídico. Por fim, há um sentido mais apropriado da palavra, embora de uso muitas vezes vago e incerto, em que se usa o termo "precedente" para designar uma decisão que é tida como de alguma maneira significativa ou que possivelmente influenciará a decisão de um caso posterior. Às vezes se faz referência, na Itália, à "autoridade" do precedente, embora naquele país os precedentes não tenham eficácia vinculante. Há, por fim, um último sentido em que a palavra "precedente" aparece no Direito italiano: "precedente" ou é o julgamento que decide um novo tema de Direito, pela primeira vez, ou um julgamento em que se decide acerca de um tema de Direito de uma nova maneira, ou de uma forma especialmente completa e original.[154]

Na prática, tem havido no Direito italiano um incremento do emprego de precedentes, sendo eles atualmente usados como uma das mais importantes bases de toda decisão judicial.[155] Mas na Itália a referência

---

la sentenza; idea peraltro sempre legata alla fattispecie concreta, alle sua pecularità che, spesso, hanno dell'irripetibile".

[153] TARUFFO, Michele; LA TORRE, Massimo. Precedent in Italy. In: MACCORMICK, Neil; SUMMERS, Robert S. (edit.). *Interpreting precedents*. Dartmouth: Ashgate, 1997. p. 146 (tradução livre). No original: "[n]o judge, and not even the single chamber of the court, is formally obliged to comply with the judgment delivered by the Sezioni Unite of the Corte di Cassazione or by the Adunanza Plenaria of the Consiglio di Stato in these situations. However, their judgments are usually considered as especially authoritative and they are normally used as precedents".

[154] Tudo isso é dito com apoio em: TARUFFO, Michele; LA TORRE, Massimo. Op. cit., p. 151.

[155] Idem, p. 152. Afirmam Baccaglini, Di Paolo e Cortese que há um "crescente papel do *case law* e da eficácia do precedente" (tradução livre, no original: "increasing role of

aos precedentes não substitui a menção a leis, códigos ou à Constituição. Ao contrário, o precedente é empregado como um meio para se referir àqueles diplomas normativos.[156] "Não há dúvidas quanto aos precedentes serem agora, de longe, o *mais importante* material para justificação usado nas decisões judiciais."[157]

No Direito italiano, pois – e como dito –, nenhum precedente pode ser considerado vinculante.[158] Precedentes não são considerados "fontes do Direito" embora às vezes sejam tratados como "fontes" *de facto*.[159] Significa isto dizer que os precedentes italianos são meramente persuasivos, sem nenhum efeito vinculante.[160]

Vale dizer, aliás, que Torrente e Schlesinger, ao descreverem, na Itália, as "fontes das normas jurídicas", não promovem qualquer referência aos precedentes, sendo enumeradas as seguintes: (a) A Constituição e as leis de hierarquia constitucional; (b) as leis do Estado italiano e as leis regionais; (c) os regulamentos; (d) as fontes comunitárias; (e) o costume.[161]

Há apenas um caso em que um precedente pode ser considerado formalmente vinculante na Itália, não estando nem mesmo sujeito a superação (*overruling*), devendo ser seguido em todos os casos subsequentes. Trata-se do caso em que a Corte Constitucional declara uma lei inconstitucional. Todavia, como afirmam Taruffo e La Torre (em tradução livre):

> [T]al julgamento não é um precedente em sentido próprio: antes, ele tem o mesmo efeito que a ab-rogação, uma vez que depois dele a norma legal envolvida já não se considera existir no sistema jurídico. Esta é a razão pela qual o julgamento não pode ser superado e deve ser aplicado em todos os casos. Mas isto não é "força do precedente" em sentido próprio. Considere-se, além disso, que quando a Corte Constitucional reputa

---

  case law and the effectiveness of precedent"). Cf. BACCAGLINI, Laura; DI PAOLO, Gabriella; CORTESE, Fulvio. Op. cit., p. 5.

[156] TARUFFO, Michele; LA TORRE, Massimo. Op. cit., p. 152.

[157] Idem, p. 153. No original: "There is no doubt that precedents are now by far *the most important* juditificatory material used in judicial opinions".

[158] Idem, p. 154.

[159] Idem, ibidem.

[160] Idem, ibidem. No direito italiano, a discussão que se trava atualmente diz respeito ao valor das decisões dos tribunais superiores sobre os órgãos inferiores (BACCAGLINI, Laura; DI PAOLO, Gabriella; CORTESE, Fulvio. Op. cit., p. 7).

[161] TORRENTE, Andrea; SCHLESINGER, Piero, *Manuale di diritto privato*. 19. ed. Milão: Giuffrè, 2009. p. 26-37.

que uma lei não está em conflito com uma provisão constitucional, tal julgamento não tem efeito específico. Ele pode ser superado pela mesma Corte, e não é formalmente vinculante, mas um precedente de facto.[162]

Não obstante tudo isso, decisões que não seguem precedentes relevantes costumam ser criticadas na Itália, especialmente quando nem os levam em consideração. Um tribunal pode não seguir um precedente, mas, neste caso, espera-se dele que discuta a questão e estabeleça argumentos justificando a escolha de não o adotar. Quando uma Corte superior decide não seguir seus próprios precedentes, há uma espécie de *overruling* informal, devendo ser apresentados bons argumentos que justifiquem essa nova opção. De outro lado, quando uma Corte inferior não segue um precedente relevante de um tribunal superior, sua decisão provavelmente será reformada, salvo se a Corte inferior demonstrar que o precedente não se aplicava ao caso, ou que havia boas razões para não o aplicar.[163]

O que geralmente se aceita, então, é que um precedente seja aplicado, na Itália, a menos que haja boas razões para não o fazer. E quando essas razões existem, de toda Corte se espera que as apresente com argumentos adequados e justificando sua decisão. No entanto, tem-se afirmado que os tribunais italianos exercem uma larga discrição ao decidir se seguem ou não um precedente.[164] É que os juízes italianos têm sido considerados livres para

---

[162] TARUFFO, Michele; LA TORRE, Massimo. Op. cit., p. 155. No original: "[s]uch a judgment is not a precedent in the proper sense: rather, it has the same effect as na abrogation, since after it the statutory rule involved is no longer deemed to 'exist' in the legal system. This is the reason why the judgment cannot be overruled and must be applied in every case. But this is not 'force of precedent' in the proper sense. Consider, moreover, that when the Constitutional Court finds that a statutory rule is not in conflict with a constitutional provision, such a judgment has no special effect. It may be overruled by the same court, and it is not formally binding, but it is a de facto precedent".

[163] Idem, ibidem.

[164] Idem, 156. Fica, aqui, desde logo registrado que no Estado Democrático de Direito, sob uma perspectiva pós-positivista, não pode ser admitida a existência de discricionariedades judiciais, o que mostra ser inaceitável, sob a perspectiva aqui adotada, o sistema adotado pelos tribunais italianos para decidir se vão ou não respeitar os precedentes. Acerca da inadmissibilidade da discricionariedade judicial quando se adota uma visão pós-positivista do Direito, vale lembrar a lição de: STRECK, Lenio Luiz. *O que é isto – Decido conforme minha consciência?* 4. ed. Porto Alegre: Livraria do Advogado, 2013. p. 108): "A decisão jurídica não se apresenta como um processo de escolha do julgador das diversas possibilidades de solução da demanda. Ela se dá como um processo em que o julgador deve estruturar sua interpretação – como

afastarem-se da jurisprudência consolidada, embora tenham, neste caso, o dever de motivar adequadamente sua decisão, atuando escrupulosamente, para articular de forma analítica as razões críticas que o induziram a não ter em conta o precedente.[165]

Pode-se, então, compreender facilmente porque Taruffo e La Torre afirmam que "[c]onflitos entre precedentes e mudanças na jurisprudência são um tema frequente da literatura jurídica italiana".[166]

No Direito italiano não existe regulamentação legislativa acerca do uso de precedentes, nem para exigi-lo nem para proibi-lo.[167] Tampouco existe jurisprudência sobre o caráter formalmente vinculante dos precedentes, já que tal força vinculante não é admitida no sistema italiano.[168] Precedentes na Itália têm função persuasiva ou de apoio, e podem influenciar nas decisões de casos subsequentes, mas apenas como base das escolhas feitas, caso a caso, pelos tribunais, sem nenhuma regra que discipline o tema.[169]

Teoricamente, portanto, os precedentes devem ser usados na Itália apenas em conexão com alguma lei escrita, costume ou outra "fonte formal do Direito" (como as normas constitucionais).[170] Não obstante isso, há ramos do Direito em que boa parte das normas se apoia em precedentes, e não em leis escritas, como é o caso da responsabilidade civil e do Direito Administrativo.[171] Todavia, mesmo quando a base da regulamentação de

---

a melhor, a mais adequada – de acordo com o sentido do direito projetado pela comunidade política". Afinal, "se [os juízes] fossem livres, nenhuma regra poderia ser considerada obrigatória" (DWORKIN, Ronald. *Levando os direitos a sério*. Trad. bras. de Nelson Boeira. São Paulo: Martins Fontes, 2002. p. 60).

[165] CHIARLONI, Sergio. Funzione nomofilattica e valore del precedente. In: WAMBIER, Teresa Arruda Alvim (coord.). *Direito jurisprudencial*. 2. tir. São Paulo: RT, 2012. p. 243.

[166] TARUFFO, Michele; LA TORRE, Massimo. Op. cit., p. 157. No original: "[c]onflicts among precedents and changes in the case law are a frequent subject matter of the Italian legal literature".

[167] Idem, ibidem.

[168] Idem, ibidem.

[169] Idem, p. 157-158. Há quem afirme que na Itália debate-se se o precedente teria uma força vinculante fraca ou efeito meramente persuasivo: BACCAGLINI, Laura; DI PAOLO, Gabriella; CORTESE, Fulvio. Op. cit., p. 5.

[170] TARUFFO, Michele; LA TORRE, Massimo. Op. cit., p. 158.

[171] Idem, ibidem. Afirmam Baccaglini, Di Paolo e Cortese (em tradução livre) que "é seguro dizer que muito da concreta criação do Direito Administrativo italiano encontra sua base nas decisões dos tribunais administrativos" (BACCAGLINI, Laura; DI PAOLO, Gabriella; CORTESE, Fulvio. Op. cit., p. 48 [no original: "it is safe to say

uma matéria pode ser encontrada em precedentes, alguma referência a leis escritas é exigida.[172]

Afirma-se que na Itália o mais importante fator a influenciar o nível de força dos precedentes é o nível hierárquico do tribunal.[173] Outros fatores, porém, podem ser apontados, tais como ter sido a decisão proferida por um colegiado mais amplo da Corte de Cassação ou do Conselho de Estado; a reputação do tribunal ou do juiz que redigiu a decisão; modificações nas circunstâncias políticas, econômicas ou sociais desde que o precedente se formou; a data em que se formou; a verificação de que ele se enquadra em uma tendência jurisprudencial firme (*giurisprudenza costante* ou *consolidata*), entre outros.[174] Há, porém, fatores que enfraquecem o precedente italiano, como no caso de haver um "contraprecedente".[175]

É que na Itália existe, na prática, uma enorme "dispersão jurisprudencial". Sobre o tema, veja-se a lição de Taruffo e La Torre (em tradução livre):

> A corte suprema não segue seus próprios precedentes, exceto quando parece que repetir a mesma solução para o mesmo tema jurídico é justo e correto, ou mesmo confortável. A Corte não se sente vinculada para seguir, ou mesmo para levar em séria consideração, seus próprios precedentes. Conflitos na jurisprudência da Corte são extremamente frequentes; conflitos entre diferentes turmas da mesma Corte são frequentes; mesmo conflitos entre diferentes turmas julgadoras da mesma câmara existem. [Acontece] às vezes que um precedente estabelecido pelas *Sezioni Unite* não é seguido pelas turmas ordinárias da Corte.[176]

Vale registrar que essa dispersão não é obstada pela existência, na Itália, das *massime* jurisprudenciais, as quais são muito semelhantes aos enuncia-

---

that most of the concrete creation of Italian administrative law found a basis in the case law of administrative courts"]).

[172] TARUFFO, Michele; LA TORRE, Massimo. Op. cit., p. 158.

[173] Idem, p. 159.

[174] Idem, p. 159-161.

[175] Idem, p. 161.

[176] Idem, p. 163. No original: "The supreme court does not follow its own precedents, except when it seems that repeating the same solution of the same legal issue is just and correct, or even comfortable. The court does not feel bound to follow, or even to take into due account its own precedents. Conflicts in the case law of the court are extremely frequent; conflicts among different chambers of the court are frequent; even conflicts among different panels of the same chamber exist. [It happens] sometimes that a precedent set by the Sezioni Unite is not followed by the ordinary chamber of the court".

dos de súmula dos tribunais brasileiros. Essas *massime* são editadas pelo *Massimario*, órgão que integra a estrutura da *Corte Suprema di Cassazione* italiana, cuja atribuição é promover a análise sistemática das decisões deste tribunal com o "escopo de criar as condições de uma útil e difusa informação (interna e externa à Corte de Cassação), necessária para o melhor exercício da função nomofilática da própria Corte".[177]

Fenômeno semelhante, como se verá no item seguinte, tem ocorrido no Brasil. E é, então, chegado o momento de enfrentar a questão concernente, a saber, se o ordenamento jurídico brasileiro, historicamente vinculado à tradição de *civil law*, estaria – a partir do fato de que tem havido uma crescente valorização do assim chamado "direito jurisprudencial" – afastando-se de suas tradições e migrando em direção ao *common law*.

1.3 AS TRADIÇÕES JURÍDICAS E O MODO COMO NELAS SE INSERE O DIREITO BRASILEIRO. O DIREITO BRASILEIRO ESTÁ MESMO CAMINHANDO EM DIREÇÃO AO *COMMON LAW*?

Tendo sido examinadas as duas grandes tradições jurídicas – *common law* e *civil law* –, com especial ênfase no modo como nelas se aplicam precedentes ou outros padrões decisórios (como as *massime* do Direito italiano), é chegada a hora de verificar como se insere, nesse contexto, o ordenamento jurídico brasileiro.

Não pode haver qualquer dúvida acerca do fato de que o Direito brasileiro, em razão da colonização portuguesa, foi constituído sobre as bases da tradição jurídica de *civil law*.[178] Nos últimos anos, porém, em razão da manifestação de uma certa tendência ao reconhecimento do precedente como "fonte do Direito", inclusive com a expressa atribuição, a algumas decisões judiciais, de eficácia vinculante e *erga omnes* (como se pode ver, por exemplo, no art. 102, § 2º, da Constituição da República, que atribui "eficácia contra todos e efeito vinculante, relativamente aos demais órgãos

---

[177] Informação obtida na página eletrônica da Corte de Cassação italiana, disponível em: <http://www.cortedicassazione.it/corte-di-cassazione/it/massimario.page>. Acesso em: 19 jun. 2016 (tradução livre). No original: "scopo di creare le condizioni di un'utile e diffusa informazione (interna ed esterna alla Corte di cassazione), necessaria per il miglior esercizio della funzione nomofilattica della stessa Corte". Sobre o *Massimario*, consulte-se TARUFFO, Michele. *Precedente e giurisprudenza*. Nápoles: Editoriale Scientifica, 2007. p. 14-15.

[178] Por todos, DAVID, René. *Os grandes sistemas do direito contemporâneo* cit., p. 61.

do Poder Judiciário e à administração pública direta e indireta, nas esferas federal, estadual e municipal" às "decisões definitivas de mérito, proferidas pelo Supremo Tribunal Federal, nas ações diretas de inconstitucionalidade e nas ações declaratórias de constitucionalidade"), há quem afirme que teria havido uma aproximação maior entre o ordenamento brasileiro (e não só do brasileiro, registre-se) e o *common law*.[179] Há mesmo quem tenha cunhado o neologismo "commonlização" para se referir a essa aproximação que se tem percebido no Direito brasileiro.[180]

É correto afirmar que as tradições de *civil law* e de *common law* têm se aproximado, já que muito frequentemente encontram-se, em ordenamentos jurídicos filiados a uma dessas tradições jurídicas, institutos e normas que antes não eram ali localizados, mas apenas na outra grande tradição jurídica. Já houve mesmo quem afirmasse que

> O contraste [entre o processo do *civil law* e do *common law* em causas civis] é problemático mesmo porque ele requer a justaposição de duas unidades distintas cuja existência acaba de ser posta em dúvida. Mas também vimos que mudanças realizadas em alguns países de *common law* os atraíram para mais próximo do que nós convencionalmente pensamos serem formas continentais de justiça civil, enquanto modificações em alguns países continentais moveram-nos para mais perto do que convencionalmente se consideram disposições processuais de *common law*. A fronteira entre as duas famílias processuais ocidentais tem assim se tornado cada vez mais mal marcada, aberta e transgredida. Não é de admirar que alguns profundos comentadores clamam que a oposição tem perdido sua utilidade.[181]

---

[179] Assim, por todos, THEODORO JÚNIOR, Humberto; NUNES, Dierle; BAHIA, Alexandre. Breves considerações sobre a politização do Judiciário e sobre o panorama de aplicação no direito brasileiro – Análise da convergência entre o *civil law* e o *common law* e dos problemas de padronização decisória. *Revista de Processo*, São Paulo: RT, vol. 189, p. 40-41, 2010.

[180] O termo aparece, por exemplo, em artigo de: STRECK, Lenio Luiz. A juristocracia no novo Código de Processo Civil. Disponível em: <http://www.conjur.com.br/2012--set-18/lenio-streck-juristrocracia-projeto-codigo-processo-civil>. Acesso em: 23 fev. 2014.

[181] DAMAŠKA, Mirjan. The common law/civil law divide: residual truth of a misleading distinction. In: Colóquio intenacional the futures of categories / categories of the future. *Anais...* Toronto: IAPL, 2009. p. 8. No original: "The contrast [between civil law and common law procedure in civil cases] is problematic if only because it requires the juxtaposition of two distinct units whose existence has just been thrown into doubt. But we also saw that changes evolved in some

Há, porém, quem considere que essa convergência entre *civil law* e *common law* vem recebendo ênfase exagerada.[182] E há, também, quem considere que as diferenças é que foram exageradas, havendo mais semelhanças do que distinções entre as duas tradições.[183]

Põe-se aqui, porém, a questão de saber se o fato de um ordenamento jurídico de *civil law*, como o brasileiro, por adotar a técnica dos precedentes (ou a dos enunciados de súmula) para estabelecer padrões decisórios,

---

common law countries drew them closer to what are conventionally thought to be continental forms of civil justice, while changes in some continental countries moved them closer to what are conventionally considered common law procedural arrangements. The frontier between the two western procedural families has thus become increasingly ill-marked, open and transgressed. No wonder that some thoughtful commentators claim that the opposition has outlived its usefulness". A aproximação entre os sistemas de *common law* e de *civil law* já era indicada, no início dos anos 1970, por Mauro Cappelletti (CAPPELLETTI, Mauro. *El proceso civil en el derecho comparado*. Trad. esp. de Santiago Sentís Melendo. Buenos Aires: EJEA, 1973. p. 37.

[182] MARCUS, Richard. Exceptionalism and convergence: Form *vs.* Content and categorical views of procedure, In: Colóquio intenacional the futures of categories / categories of the future. *Anais...* Toronto: IAPL, 2009. p. 16.

[183] PEJOVIC, Caslav. Civil law and common law: two different paths leading to the same goal. *Victoria University of Wellington Law Review (VUWLR)*, n. 32, p. 817-841, 2001. Merece destaque, especialmente, trecho que se encontra na p. 840 (em tradução livre): "As diferenças que existem entre *civil law* e *common law* não devem ser exageradas. É também importante notar que diferenças em vários temas existem tanto entre países de *civil law* quanto entre países de *common law*. As diferenças entre sistemas de *civil law* e *common law* são mais nos estilos de argumentação e metodologia do que em conteúdo das normas jurídicas. Usando diferentes meios, tanto *civil law* como *common law* visam ao mesmo objetivo e resultados similares são frequentemente obtidos por diferentes raciocínios. O fato de que *common law* e *civil law*, não obstante o uso de diferentes meios, chegam à mesma ou a similares soluções não é surpreendente, já que o assunto da regulação jurídica e os valores básicos em ambos os sistemas jurídicos são mais ou menos os mesmos" (no original: "The differences which exist between civil law and common law should bot be exaggerated. It is also important to note that differences on many issues exist both among civil law and among common law countries. The differences between civil law and common law systems are more in styles of argumentation and methodology than in the content of legal norms. By using different means, both civil law and common law are aimed at the same goal and similar results are often obtained by different reasoning. The fact that common law and civil law, despite the use of different means arrive at the same or similar solutions is not surprising, as the subject-matter of the legal regulation and the basic values in both legal systems are more or less the same").

passa por uma "commonlização" (com as devidas vênias pelo emprego do neologismo). E não se pode deixar de levar em conta a afirmação de Ascensão de que

> [o] sistema anglo-americano vigora em todos os países em que foi politicamente imposto, pelo Reino Unido ou pelos Estados Unidos, *e apenas nesses*. Não é um sistema suscetível de recepção. Ou se criou a forma de vida propícia à formação judicial de um *common law* ou não; o sistema não pode ser objeto de opção. Ao contrário do sistema romanístico, que pela sua clareza tem sido objeto de recepção em países que nunca estiveram politicamente submetidos, como o Japão.[184]

A análise que aqui se propõe destina-se a responder a uma questão suscitada no início deste capítulo: impende verificar se o sistema jurídico brasileiro se insere em alguma das duas grandes tradições jurídicas ou se já passou a constituir um sistema híbrido, não se inserindo mais em qualquer dessas duas tradições. E esta questão deve ser enfrentada para que se possa definir se é possível refletir sobre o sistema processual brasileiro a partir das técnicas usadas no *civil law*, no *common law* ou em ambas.

Pois o enfrentamento desta questão exige lembrar-se que falar de *civil law* e de *common law* não é tratar de sistemas jurídicos, mas de *tradições jurídicas*. Sobre o ponto:

> Uma tradição jurídica, conforme o próprio termo indica, não é um conjunto de normas legais sobre contratos, empresas ou crimes, embora tais normas sejam, quase sempre, em algum sentido, um reflexo daquela tradição. Uma tradição jurídica é, na verdade, um conjunto de atitudes historicamente condicionadas e profundamente enraizadas a respeito da natureza do direito e do seu papel na sociedade e na organização política, sobre a forma adequada da organização e operação do sistema legal e, finalmente, sobre como o direito deve ser produzido, aplicado, estudado, aperfeiçoado e ensinado. A tradição jurídica coloca o sistema legal na perspectiva cultural da qual ele, em parte, é uma expressão.[185]

Sendo *civil law* e *common law* tradições jurídicas, construídas culturalmente a partir da compreensão que as sociedades têm acerca do Direito e do seu papel na sociedade, então isto é o que deve ser levado em conta para que se verifique se o Direito brasileiro – historicamente filiado à tradição de

---

[184] ASCENSÃO, José de Oliveira. Op. cit., p. 126.
[185] MERRYMAN, John Henry; PÉREZ-PERDOMO, Rogelio. Op. cit., p. 23.

civil law – de alguma maneira migrou para o *common law* ou se tornou uma espécie de "sistema híbrido".

Para isto, então, é preciso recordar, em primeiro lugar, que não é correto apresentar o *common law* como um "direito não codificado de base tipicamente jurisprudencial", já que boa parte das normas jurídicas inglesas e norte-americanas são sancionadas pelo Legislativo ou pelo Executivo".[186] Não obstante isso, no *common law* o direito legislado é tido por secundário.[187] Já no *civil law*, o direito oriundo do Legislativo se destaca, ocupando a lei escrita posição destacada perante as demais "fontes do Direito".[188]

Outro fator a diferenciar o *common law* do *civil law* está no modelo de aplicação do direito (*case law* no primeiro; *code law* no segundo).[189] É que no *civil law* a solução do caso concreto está nos Códigos, nas instituições jurídicas, enquanto no *common law* tal solução se encontra a partir da casuística dos tribunais.[190] E isso tem influência até mesmo no ensino jurídico, já que no *common law* se utiliza o *case method*, enquanto no *civil law* prevalece o método dedutivo.[191]

Tenha-se claro, neste ponto, que não se distinguem as duas tradições jurídicas pelo fato de em uma usar-se, como elemento a ser observado em decisões judiciais, o precedente e a outra não o fazer. Como já foi afirmado

---

[186] STRECK, Lenio Luiz; ABBOUD, Georges. Op. cit., p. 28. Já em 1947, Felix Frankfurter escrevia que naquela época os casos submetidos à Suprema Corte e que não se baseavam em leis escritas (*statutes*) haviam se reduzido a quase zero (FRANKFURTER, Felix. Some reflections on the reading of statutes. *Columbia Law Review*, vol. 47, n. 4, p. 527, 1947).

[187] STRECK, Lenio Luiz; ABBOUD, Georges. Op. cit., p. 30.

[188] Idem, p. 31.

[189] Idem, ibidem. Mas há quem sustente que essa caracterização dos sistemas de *civil law* é fundamentalmente incorreta, não se podendo mais falar na natureza de *code law* dos ordenamentos fundados na tradição de *civil law* em contraste com o *case law* do Direito anglo-americano (SHAPIRO, Martin. *Courts*: a comparative and political analysis. Chicago: The University of Chicago Press, 1981. p. 126).

[190] STRECK, Lenio Luiz; ABBOUD, Georges. Op. cit., p. 32.

[191] Idem, ibidem. Vale aqui o registro de que na Escola da Magistratura do Estado do Rio de Janeiro (EMERJ), desde a época em que sua Diretoria-Geral era ocupada pelo Desembargador e Professor Sergio Cavalieri Filho (2000-2004), as aulas do Curso de Preparação à Carreira da Magistratura são ministradas mesclando-se o método tradicional de aulas expositivas com a "análise de casos concretos", em que alunos e professores debatem casos previamente selecionados, elaborados a partir de decisões proferidas pelo próprio Tribunal de Justiça do Rio de Janeiro ou pelos tribunais de superposição.

por MacCormick e Summers (em tradução livre), "precedentes cumprem um papel importante em sistemas civis. A tendência de convergência entre sistemas é um fato destacado do fim do século vinte, embora se mantenham reais diferenças, algumas de grande importância".[192]

Merece destaque aqui a lição de Fernando Gascón Inchausti, que, tratando da reforma operada no direito processual civil espanhol (historicamente ligado à tradição de *civil law*), apontou para o fato de que ali, desde a profunda modificação legislativa operada em 2000, acolheram-se instituições que tipicamente são ligadas ao *common law* mas isto não implica dizer que o ordenamento espanhol tenha se afastado do *civil law*. Segundo o processualista espanhol, "há uma crença muito difundida de que as características listadas abaixo pertencem, todas, aos sistemas processuais civis da tradição de *civil law*, e que essas características distinguem tais sistemas dos sistemas de *common law*, e em particular do dos Estados Unidos": poder do juiz de determinar a produção de provas de ofício; liberdade para o órgão jurisdicional estabelecer a qualificação jurídica adequada para o caso; rigidez do procedimento de produção da prova testemunhal, cabendo ao juiz formular perguntas; poder do juiz de ordenar e dirigir o processo; inexistência de *discovery*; prevalência das fontes escritas sobre as orais.[193] Sustenta Gascón Inchausti que essas disposições podem surpreender juristas familiarizados com o sistema processual civil espanhol, especialmente depois da Lei 1/2000 sobre processo civil (a lei processual civil ou LEC) começar a vigorar, uma vez que no processo civil espanhol vigente o juiz, como regra, não pode determinar a produção de provas *ex officio* nem pode estabelecer a qualificação jurídica que considere mais apropriada para o assunto em causa; não cabe ao juiz inquirir as testemunhas, sendo as perguntas formuladas pelos advogados; o

---

[192] MACCORMICK, Neil; SUMMERS, Robert S. Introduction In: MACCORMICK, Neil; SUMMERS, Robert S. (edit.). *Interpreting precedents*. Dartmouth: Ashgate, 1997. p. 2. No original: "Precedents counts for a great deal in civilian systems. The tendency to convergence between systems of the two types is a salient fact of the later twentieth century, although there remains real differences, some of great importance". Tratando do Direito italiano, afirma Renato Rordorf que "é todavia impossível não reconhecer também no nosso sistema uma função criativa da jurisprudência" (RODORF, Renato *Stare decisis:* osservazioni sul valore del precedente giudiziario nell'ordinamento italiano. *Il Foro Italiano*, vol. 131, n. 9, p. 279, 2006 [tradução livre; no original: "È tuttavia impossibile non riconoscere anche nel nostro sistema una funzione creative della giurisprudenza"]).

[193] GASCÓN INCHAUSTI, Fernando. Where is the dividing line? The case of Spanish civil procedure. In: Colóquio intenacional the futures of categories / categories of the future. *Anais...* Toronto: IAPL, 2009. p. 1-2.

desenvolvimento dos procedimentos não é de responsabilidade exclusiva do juiz, mas, em grande medida, também dos advogados; há métodos disponíveis para que as partes obtenham acesso a documentos e informações de posse da outra parte ou de terceiros (ainda que não se trate de algo rigorosamente idêntico à *Discovery*); o peso das fontes orais de prova cresceu muito.[194]

E prossegue o autor espanhol:

> Em outras palavras, um número de aspectos que são tradicionalmente considerados definitivos do processo de *civil law* não são encontrados no vigente processo civil espanhol, mas a situação normativa a este respeito está realmente próxima da dos Estados Unidos. Obviamente isto não significa que a Espanha tenha saído da família de *civil law* e se juntado ao *common law*.[195]

Vê-se, pois, que não é o mero fato de um ordenamento jurídico adotar instituições que normalmente são encontradas em uma determinada tradição jurídica que o faz integrar essa "família", saindo daquela a que sempre pertenceu.

Pois é exatamente isto o que se tem no Direito brasileiro. Não obstante a adoção de institutos que têm origem no Direito anglo-saxônico, o Brasil não abandonou sua tradição de *civil law* para passar a integrar-se ao *common law* (ou mesmo para passar a adotar um sistema híbrido, uma espécie de "*civil law* commonlizado").[196]

---

[194] Idem, ibidem.

[195] Idem, ibidem. No original: "In other words, a number of the aspects that are traditionally considered to be definitive of civil-law procedure are not found in current Spanish civil procedure, but rather the normative situation in this regard is actually close to that of the United States. Obviously this does not mean that Spain has left the civil law family and has joined the common law".

[196] Impende registrar que o uso de precedentes como padrões decisórios não é o único ponto em que o direito brasileiro acolhe instituições que vêm, originariamente, do *common law*. Pode-se recordar aqui, também, da influência norte-americana no sistema brasileiro de processos coletivos, como se dá, por exemplo, com a adoção, pelo art. 100 do CDC, do instituto conhecido como *fluid recovery*. Sobre a inspiração norte-americana do instituto, RODRIGUES, Marcelo Abelha. Ponderações sobre a *fluid recovery* do art.100 do CDC. In: MAZZEI, Rodrigo; NOLASCO, Rita Dias (coord.). *Processo civil coletivo*. São Paulo: Quartier Latin, 2005. p. 460. Sobre a influência do Direito norte-americano no sistema brasileiro de processos coletivos manifestou-se TARUFFO, Michele. Aspectos fundamentais do processo civil de *civil law* e de *common law*. In: _____. *Processo civil comparado*: ensaios. Trad. bras. de Daniel Mitidiero. Sao Paulo: Marcial Pons, 2013. p. 25.

Isto se diz por que, como visto anteriormente, a inserção de um ordenamento jurídico em uma determinada tradição é algo culturalmente construído a partir da concepção de Direito e de seu papel que uma sociedade tenha. E no Brasil o Direito vem sendo, paulatinamente, desenvolvido a partir de bases culturais herdadas da Europa Continental. E isso se dá desde a Independência. Aqui, vale dizer que desde o início foi preciso "dotar o país de um quadro legal e institucional", e enquanto isso não acontecia foi estabelecido, por uma lei de 20 de outubro de 1823, que seriam aqui aplicáveis as leis, regimentos, alvarás e outros diplomas editados pelos reis de Portugal até 1821 (entre os quais se encontravam as Ordenações Filipinas, de 1603).[197]

A primeira Constituição brasileira, de 1824, é fruto de influências europeias, tanto que já se afirmou haver uma "estranha sincronia" entre a antiga metrópole portuguesa e a jovem nação brasileira, que seria resultado da convergência, no mundo ibérico e latino-americano, das doutrinas racionalistas do constitucionalismo francês, sobretudo das ideias de Benjamin Constant.[198]

Com a proclamação da República, o Brasil passa por uma transformação da cultura jurídica, havendo a partir daí evidente influência de instituições jurídicas norte-americanas,[199] bastando dizer, para confirmação do que acaba de ser dito, que o País passa a ser uma República presidencialista e federativa. Daí não resultou, porém, um abandono das tradições jurídicas de origem romanista. Basta dizer que o Código Civil de 1916 é claramente inspirado em fontes romanas e da Europa Continental. Tanto é assim que o Código Civil brasileiro de 1916 "assumiu e desenvolveu nas suas linhas gerais a obra da pandectística do século XIX [, e q]uase a cada artigo da lei podem buscar-se os correspondentes textos romanos".[200]

A aproximação entre o Direito Privado brasileiro e o da Europa Continental foi muito bem apontada por Pontes de Miranda:

> Dos Códigos, o que quantitativamente mais concorreu [para o Código Civil Brasileiro] foi o *Code Civil*, 172 [artigos], menos por si do que pela expressão moderna que dera a regras jurídicas romanas. Em seguida, o português, 83;

---

[197] LOPES, José Reinaldo Lima. Op. cit., p. 281.
[198] MENDES, Gilmar Ferreira; COELHO, Inocêncio Mártires; BRANCO, Paulo Gustavo Gonet. *Curso de direito constitucional*. São Paulo: Saraiva, 2007. p. 152.
[199] LOPES, José Reinaldo Lima. Op. cit., p. 367.
[200] SCIASCIA, Gaetano. *Direito romano e direito civil brasileiro*. São Paulo: Saraiva, 1947. p. 205.

o italiano, 72; os Projetos alemães, 66, o *Privatrechtliches Gesetzbuch für den Kanton Zurich*, 67, o espanhol, 32, a Lei suíça de 1881, 31; o Código Civil argentino, 17; o direito romano (diretamente), 19; o BGB austríaco, 7; o Código Civil chileno, 7; o mexicano, 4; o uruguaio, 2, o peruano, 2; e outros. As fontes alemãs foram as mais importantes e por vezes os outros Códigos foram veículos das influências alemãs e austríacas.[201]

Mesmo com o passar do tempo e a evolução do Direito brasileiro não houve grande mudança das influências. Basta dizer que o Código Civil de 2002 também é grandemente influenciado pelos modernos ordenamentos jurídicos europeus, como o alemão.[202]

Também no Direito Processual Civil brasileiro a inspiração principal veio dos ordenamentos vinculados à tradição de *civil law*, e este é fato absolutamente notório. A influência da doutrina italiana, especialmente a partir das obras de Chiovenda e Liebman, é absolutamente marcante na formação do processo civil brasileiro. Jônatas Luiz Moreira de Paula, por exemplo, afirma que a escola processual italiana, "[s]em sombra de dúvida, é a escola estrangeira que mais influenciou e ainda influencia a ciência processual brasileira".[203]

Pois não obstante toda essa influência dos ordenamentos da Europa Continental, e sua evidente inserção na tradição jurídica de *civil law*, o Direito brasileiro tem, nos últimos tempos, se valido de técnicas de padronização decisória, de que são exemplos os precedentes.

Significativo da ideia, aqui sustentada, de que a adoção dos precedentes como instituidores de padrões decisórios no Direito brasileiro não provoca uma saída do *civil law* para ingressar-se no *common law* está no fato de que, diferentemente do que se dá nos países de tradição anglo-saxônica, o precedente brasileiro precisou, para passar a ter eficácia vinculante, de disposição legal expressa neste sentido.

No *common law* não costuma existir lei a afirmar a eficácia vinculante dos precedentes. Como ensina Duxbury (em tradução livre), "[a] razão pela qual as jurisdições raramente criam regras formais impondo o *stare decisis*

---

[201] PONTES DE MIRANDA, Francisco Cavalcanti. *Fontes e evolução do direito civil brasileiro*. 2. ed. Rio de Janeiro: Forense, 1981. p. 93.

[202] Afirma expressamente essa influência: NOVAES, Gretchen Lückeroth. A boa-fé objetiva no direito civil. *Revista da Faculdade de Direito do Sul de Minas*, vol. 28, p. 34, 2012.

[203] PAULA, Jônatas Luiz Moreira de. *História do direito processual brasileiro*. Barueri: Manole, 2002. p. 350.

[é] que o autointeresse racional diz aos juízes que existe sabedoria no respeito aos precedentes de seus colegas".[204]

No Direito brasileiro há precedentes que são vinculantes porque essa eficácia é estabelecida por normas positivadas (de que é perfeito exemplo o disposto no art. 102, § 2º, da Constituição da República). E isso mostra como o Direito brasileiro continua a filiar-se à tradição romano-germânica, de direito legislado, mundialmente conhecida como *civil law*.

Daí não se extraia, porém, que não haja – no Direito brasileiro contemporâneo – influência da tradição de *common law*. É que, modernamente, tem-se identificado o que pode ser chamado de "interferência horizontal" entre os sistemas,[205] isto é, a "imitação de um sistema ou modelo por parte de outros sistemas, ainda que derivados de experiências históricas e linhas evolutivas muito heterogêneas".[206]

Em outras palavras, tem havido um intercâmbio entre os sistemas jurídicos filiados à tradição de *civil law* e à de *common law*,[207] sem que daí se precise extrair que a adoção, por um ordenamento, de institutos jurídicos oriundos de uma tradição jurídica distinta daquela em que se desenvolveu implique um traslado daquele ordenamento de uma tradição jurídica para outra (ou a adoção de um sistema misto).[208]

---

[204] DUXBURY, Neil. Op. cit., p. 156. No original: "[t]he reason jurisdictions rarely create formal rules mandating *stare decisis* [is] that rational self-interest tells judges that there is wisdom in respecting the precedents of their colleagues". Na nota de rodapé 16, na mesma página, o autor inglês afirma que são raros os sistemas que criaram normas impondo a observância de precedentes, mas dá o exemplo da Corte de Apelações de Michigan, em que existe esse tipo de determinação. Vale, porém, o registro de que o fato de não haver lei determinando a vinculação a precedentes não significa que não exista norma nesse sentido. É que, como diz Fallon Jr., a doutrina do *stare decisis* está fundada em normas não escritas da prática constitucional (*unwritten norms of constitutional practice*). Consulte-se, então, FALLON JR., Richard. H. Op. cit., p. 572.

[205] TARUFFO, Michelle. Aspectos fundamentais do processo civil... cit., p. 28.

[206] Idem, ibidem.

[207] Intercâmbio este que se dá nos dois sentidos: do *civil law* para o *common law* e vice-versa. Basta lembrar da evidente influência do *civil law* sobre o direito inglês manifestado por meio das *Civil Procedure Rules* de 1998, as quais podem ser descritas como um verdadeiro código de processo civil. Aliás, a *rule* 1.1 (1) afirma expressamente que "[t]hese rules are a new procedural code" (em tradução livre: "[e]stas regras são um novo código processual").

[208] Seja mais uma vez permitido fazer referência ao Direito espanhol, que desde a edição da *Ley de Enjuiciamiento Civil* de 2000 adota uma série de disposições típicas do *common law* e, nem por isso, afastou-se da tradição de *civil law*. Sobre o ponto, além

Pode-se, então, afirmar que o fato de o Direito brasileiro vir – de algum tempo para cá – adotando a técnica dos precedentes como padrões decisórios não implica dizer que se tenha, com isso, levado o ordenamento jurídico brasileiro a afastar-se da tradição de *civil law* em que foi moldado, mas, tão somente, que houve uma influência horizontal do *common law*. Daí se extrai, então, que será preciso compreender como a técnica dos precedentes se aplica no ordenamento jurídico brasileiro, a partir da compreensão do Direito que se tem no Brasil, construída a partir da cultura brasileira, levando-se em conta o modo como no Brasil se pensam o Direito e o processo (o que, evidentemente, não leva a negar a possibilidade de buscar-se, na doutrina jurídica formada à luz da tradição de *common law*, relevantes subsídios para compreender-se a técnica de utilização dos precedentes).

Não se pode, ainda, deixar de considerar o fato de que, por mais que se reconheçam diferenças entre as tradições jurídicas de *civil law* e de *common law* – e elas realmente existem –, do ponto de vista sistêmico essas diferenças não são tão relevantes. É que o Direito funciona do mesmo modo em ambas as tradições, ou seja, tanto no *civil law* como no *common law* o Direito busca produzir os mesmos resultados. Afinal, como afirma Luhmann, o Direito "independe da conformação concreta das tradições jurídicas".[209] Daí poder afirmar-se que as bases para a compreensão do Direito são as mesmas em qualquer das tradições jurídicas, o que legitima o emprego da obra de um teórico ligado ao *common law*, como Dworkin, como marco teórico para a compreensão de um fenômeno que se manifesta em um ordenamento ligado à tradição de *civil law*, como é o brasileiro.

De outro lado, é importante destacar que o emprego de mecanismos de alguma maneira destinados a estabelecer padrões decisórios não é uma inovação recente do ordenamento jurídico brasileiro. Como se poderá ver melhor adiante, no capítulo 3 deste estudo, há uma antiga tradição brasileira de utilização de padrões decisórios. Aí então será possível ver que desde o Império já se falava sobre o emprego de precedentes no Brasil, especialmente a partir da edição dos assentos dos Tribunais de Comércio. Mas a este ponto se retornará adiante.

É fundamental, porém, e desde logo, perceber que há uma diferença essencial entre o que se vê hoje no *common law* e a realidade brasileira.

---

do que consta na nota de rodapé 201 deste trabalho (e do texto que lhe corresponde), seja permitido acrescentar: TARUFFO, Michelle. Aspectos fundamentais do processo civil... cit., p. 26.

[209] LUHMANN, Niklas. *O direito da sociedade*. Trad. bras. de Saulo Krieger. São Paulo: Martins Fontes, 2016. Versão eletrônica, p. 288.

Viu-se anteriormente que há, nos sistemas de *common law*, uma luta pela ampliação da flexibilidade interpretativa, o que implica uma maior liberdade em relação aos precedentes.[210] De outro lado, no Direito Brasileiro, é preciso ver-se na tendência ao uso de precedentes manifestação de uma tendência à padronização decisória como mecanismo de estabilização.

Há, no Brasil, uma "quase-esquizofrenia" jurisprudencial, que já foi por alguns chamada de "jurisprudência lotérica".[211] Há decisões divergentes não só entre tribunais distintos, mas dentro do mesmo tribunal, a respeito das mais diversas matérias. Até mesmo o STJ, órgão de que se espera a uniformização da interpretação da lei federal (especialmente por força do que se lê nas alíneas do inciso III do art. 105 da Constituição da República), não guarda qualquer uniformidade entre suas decisões. Ocorrem nos tribunais brasileiros mudanças bruscas na jurisprudência, e isto se dá com indesejável frequência.[212] Impende, pois, construir-se um sistema que, mediante o respeito aos precedentes, busque estabelecer padrões decisórios que permitam obter-se a estabilidade exigida para que se promova a necessária segurança jurídica, fazendo com que casos iguais sejam decididos igualmente (mas sem ir ao ponto de se promover uma rigidez interpretativa que impeça o desenvolvimento). Daí a necessidade de se compreender como devem ser formados os pronunciamentos judiciais que serão invocados como precedentes vinculantes – bem assim os outros padrões decisórios vinculativos, ou seja, os enunciados de súmula vinculante –, o que só pode se dar legitimamente se sua formação respeitar o modelo constitucional de processo. É preciso, também, que se verifique como a aplicação de tais padrões decisórios ocorrerá – inclusive no que concerne à sua superação, assim como a identificação dos casos distintos em que o padrão decisório vinculante não poderá ser aplicado – o que também pressupõe, como não poderia deixar de

---

[210] FARBER, Daniel A. Op. cit., p. 1.183-1.184.

[211] CAMBI, Eduardo. Jurisprudência lotérica. *Revista dos Tribunais*, São Paulo: RT, vol. 786, p. 111, 2001. Ronaldo de Carvalho Dias Brêtas usa a expressão "manicômio jurisprudencial" (BRÊTAS, Ronaldo de Carvalho Dias. Op. cit, p. 184, nota de rodapé 75). Lucas Buril de Maceêo falou em esquizofrenia jurisprudencial. Confira-se MACEDO, Lucas Buril. Os precedentes judiciais, a criatividade não reconhecida e a esquizofrenia jurisprudencial. Disponível em: <http://justificando.com/2015/04/24/os-precedentes-judiciais-a-criatividade-nao-reconhecida-e-a-esquizofrenia-jurisprudencial/>. Acesso em: 24 abr. 2015.

[212] WAMBIER, Teresa Arruda Alvim. Súmula vinculante: figura do *common law?* Disponível em: <http://www.revistadoutrina.trf4.jus.br/index.htm?http://www.revistadoutrina.trf4.jus.br/artigos/edicao044/teresa_wambier.html>. Acesso em: 2 maio 2014.

ser, o respeito ao modelo constitucional de processo brasileiro. E nisso tudo tem papel especial o princípio do contraditório, um dos componentes desse modelo constitucional a que acaba de se fazer referência, o qual deve cumprir papel fundamental na formação e correta aplicação dos padrões decisórios, assim como em sua superação.

Assim, demonstrado que o Direito brasileiro se mantém vinculado à tradição jurídica de *civil law* (não obstante o emprego de padrões decisórios vinculantes), é preciso examinar como se legitima o uso de precedentes e de enunciados de súmula como bases de construção de decisões judiciais no Brasil. E para isso se impõe a análise do modelo constitucional de processo brasileiro, especialmente no que concerne ao princípio do contraditório (e, como seu corolário, do modelo comparticipativo de processo). Afinal, é neste modelo constitucional, e em seus princípios integrantes, que se poderá buscar aferir a legitimidade constitucional da eficácia vinculante que certos padrões decisórios adquiriram no Brasil. E depois do exame do modelo constitucional brasileiro de processo se poderá retornar ao exame do modo como o Direito brasileiro se vale de mecanismos de padronização decisória. Serão estes, pois, os objetos dos próximos capítulos deste trabalho.

Capítulo 2
O MODELO CONSTITUCIONAL DE PROCESSO BRASILEIRO

Com o fim da Segunda Guerra Mundial, os ordenamentos jurídicos europeus passaram por uma profunda reformulação, ingressando em um novo momento, que pode ser chamado de *constitucionalismo* (ou constitucionalização do Direito).[1] Este movimento chegou ao Brasil de forma tardia, a partir do final da década de 1980, conduzido pela Constituição da República de 1988, e permitiu que se passasse a pensar todo o Direito – inclusive, claro, o Direito Processual – a partir da Constituição.[2]

Sobre o ponto, afirma Barroso:

> Sob a Constituição de 1988, o direito constitucional no Brasil passou da desimportância ao apogeu em menos de uma geração. Uma Constituição não é só técnica. Tem de haver, por trás dela, a capacidade de simbolizar conquistas e de mobilizar o imaginário das pessoas para novos avanços. O surgimento de um *sentimento constitucional* no País é algo que merece ser celebrado. Trata-se de um sentimento ainda tímido, mas real e sincero, de maior respeito pela Lei Maior, a despeito da volubilidade de seu texto. É um grande progresso. Superamos a crônica indiferença que, historicamente, se manteve em relação à Constituição. E, para os que sabem, é a indiferença, não o ódio, o contrário do amor.[3]

---

[1] SARMENTO, Daniel. O neoconstitucionalismo no Brasil: riscos e possibilidades. In: _____. *Por um constitucionalismo inclusivo*: história constitucional brasileira, teoria da Constituição e direitos fundamentais. Rio de Janeiro: Lumen Juris, 2010. p. 236.

[2] BARROSO, Luís Roberto. Neoconstitucionalismo e constitucionalização do Direito (o triunfo tardio do direito constitucional no Brasil). In: SOUZA NETO, Claudio Pereira; SARMENTO, Daniel (coord.). *A constitucionalização do direito* – Fundamentos teóricos e aplicações específicas. Rio de Janeiro: Lumen Juris, 2007. p. 207.

[3] Idem, ibidem.

O fenômeno da constitucionalização do Direito permitiu que se trouxesse para o Brasil a concepção, originariamente surgida na Itália, acerca da existência de um *modelo constitucional de processo*.[4] Este modelo, registre-se desde logo, é aplicável a todos os tipos de processo (civil, penal, trabalhista, eleitoral), inclusive aos não jurisdicionais (como o processo administrativo e o legislativo, por exemplo).[5]

A visão constitucional do processo é cada vez mais universal. E como afirma Ferrand (em tradução livre):

> Em nosso mundo de sempre crescente complexidade, princípios e direitos processuais fundamentais – frequentemente de origem e natureza constitucional – ganharam um papel de liderança desde que eles são uma condição tão essencial e necessária para o exercício de outros direitos fundamentais. Sua crescente natureza constitucional e/ou fundamental pode ser apreendida com satisfação. Processo tornou-se um "tema nobre".[6]

O modelo constitucional de processo brasileiro é formado por uma série de princípios constitucionais destinados a estabelecer o modo como o processo se desenvolve no Brasil.[7-8] Impende, então, ter claro o que aqui se entende por *princípios*.

---

[4] ANDOLINA, Italo. VIGNERA, Giuseppe. *Il modello costituzionale del proceso civile italiano*. Turim: G. Giappichelli, 1990. passim.

[5] BARROS, Flaviane de Magalhães. Nulidades e modelo constitucional de processo. In: DIDIER JÚNIOR, Fredie (org.). *Teoria do processo*. Panorama doutrinário mundial. Segunda Série Salvador: Juspodivm, 2010. p. 245, que afirma ser legítimo expandir-se o modelo constitucional de processo para todos os tipos de processos, não só jurisdicionais, mas também ao processo legislativo, administrativo, arbitral e de mediação.

[6] FERRAND, Frédérique. Ideological background of the Constitution, Constitutional rules and civil procedure. *International Association of Procedural Law Seoul Conference 2014*. Seul: IAPL, 2014. p. 58. No original: "In our world of ever-growing complexity, fundamental procedural principles and rights – often of constitutional origin and nature – have gained a leading role since they are such an essential and necessary condition for the exercise of other fundamental rights. Their growing constitutional and/or fundamental nature can be acknowledged with satisfaction. Procedure has become a 'noble subject matter'".

[7] Ao longo deste trabalho muito se falará em *modelo constitucional de processo civil brasileiro*. Como já visto, o modelo constitucional diz respeito a todos os tipos de processos. O processo civil é, porém, o objeto central da pesquisa que resultou nesta tese e, portanto, é a ele que se fará referência na maior parte das vezes.

[8] Vale recordar a lição de José Alfredo de Oliveira Baracho, que afirma que "[o] modelo constitucional do processo civil assenta-se no entendimento de que as normas e os

Inicialmente é de se afirmar que, assim como as regras, princípios são normas jurídicas, ideia esta que é atualmente aceita por juristas de diferentes escolas de pensamento.[9]

Por *princípio* deve-se entender, segundo Dworkin,

> um padrão que deve ser observado, não porque vá promover ou assegurar uma situação econômica, política ou social considerada desejável, mas porque é uma exigência de justiça ou equidade [*fairness*] ou alguma outra dimensão da moralidade.[10]

Distinguem-se os princípios das regras por um critério de natureza lógica. As regras são aplicáveis à maneira do tudo-ou-nada, e quando válidas fornecem a resposta para o caso a ela submetida;[11] os princípios "não apresentam consequências jurídicas que se seguem automaticamente quando as condições são dadas",[12] possuindo uma "dimensão de peso ou importância",[13] de modo que se intercruzam e podem entrar em conflito, o qual deverá

---

principios constitucionais resguardam o exercício da função jurisdicional" (BARACHO, José Alfredo de Oliveira. *Direito processual constitucional.* Belo Horizonte: Fórum, 2006. p. 15).

[9] Assim, por exemplo, NEVES, Marcelo. *Entre Hidra e Hércules:* princípios e regras constitucionais. São Paulo: WMF Martins Fontes, 2013. p. 22; ÁVILA, Humberto. *Teoria dos princípios.* 13. ed. São Paulo: Malheiros, 2012. p. 85. Vale fazer referência, aqui, à afirmação (em sentido divergente do que se encontra na maior parte da doutrina) de Eros Roberto Grau, para quem "*princípio* é um tipo de *regra* de direito" (GRAU, Eros Roberto. *Por que tenho medo dos juízes (a interpretação/aplicação do direito e os princípios).* 6. ed. refundida do *Ensaio e discurso sobre a interpretação/ aplicação do direito.* São Paulo: Malheiros, 2013. p. 22). Fica aqui o registro de que os autores aqui citados têm visões muito diferentes, antagônicas até, acerca do que sejam princípios. Ainda assim, porém, é preciso dizer que concordam eles quanto a um ponto: a natureza normativa dos princípios.

[10] DWORKIN, Ronald. *Levando os direitos a sério* cit., p. 36. Na edição brasileira da obra de Dworkin traduziu-se o vocábulo inglês *fairness* por "equidade". A tradução, porém, não é adequada. No jargão jurídico luso-brasileiro a palavra equidade se vincula a um conceito aristotélico (assim, por exemplo, Ascensão afirma que foi Aristóteles "quem primeiro fixou [os] contornos do tema. A ele remonta a definição da equidade como Justiça do caso concreto" (ASCENSÃO, José de Oliveira. Op. cit., p. 186). Não é de equidade que trata Dworkin ao falar em *fairness*, termo que melhor se traduziria por correção.

[11] DWORKIN, Ronald. *Levando os direitos a sério* cit., p. 39.

[12] Idem, p. 40.

[13] Idem, p. 42.

ser resolvido segundo "a força relativa de cada um".[14] Princípios, então, são normas jurídicas que "por si sós, não solucionam os casos a que se pretende aplicá-los",[15] não podendo ser compreendidos como valores, já que "não se aplicam de acordo com a preferência do aplicador",[16-17] garantindo-se que, em caso de concorrência ou conflito entre eles, um princípio excepcione o outro, "desde que seja discursivamente mais adequado ao caso".[18]

É importante ter em mente que, segundo a concepção de Dworkin, além das regras e dos princípios há de se ter em consideração uma terceira categoria, a das diretrizes políticas (*policies*), compreendidas como "padrão[ões] que estabelece[m] um objetivo a ser alcançado, em geral uma melhoria em algum

---

[14] Idem, ibidem. Calha, aqui, a lição de Carvalho Netto e Scotti: "Precisamente porque os princípios são normas abertas, normas que não buscam regular sua situação de aplicação, para bem interpretá-los é preciso que os tomemos na integridade do Direito, ou seja, que sempre enfoquemos um determinado princípio tendo em vista também, no mínimo, o princípio oposto, de sorte a podermos ver a relação de tensão produtiva ou de equiprimordialidade que, na verdade, guardam entre si, a matizar recíproca, decisiva e constitutivamente os significados um do outro" (CARVALHO NETTO, Menelick; SCOTTI, Guilherme. *Os direitos fundamentais e a (in)certeza do direito*. Belo Horizonte: Fórum, 2011. p. 146).

[15] NEVES, Marcelo. Op. cit., p. XVIII. Assim, por exemplo, no caso de uma das partes juntar aos autos de um processo, no curso deste, algum documento, o princípio do contraditório sozinho não é suficiente para resolver a questão de saber como assegurar a ciência da parte contrária para que sobre ele possa manifestar-se. Neste caso, devem incidir as regras que podem ser "extraídas" (o termo vai entre aspas pela razão de que normas não são, na verdade, extraídas de textos, já que a norma é o resultado da interpretação atribuída ao texto) dos arts. 436 e 437, *caput* e § 1º, do CPC/2015. Vale aqui, também, recordar a afirmação de Dworkin no sentido de que "os princípios individuais não prescrevem resultados, mas isto é apenas uma outra maneira de dizer que os princípios não são regras. Seja como for, somente regras ditam resultados. Quando se obtém um resultado contrário, a regra é abandonada ou mudada. Os princípios não funcionam dessa maneira; eles inclinam a decisão em uma direção, embora de maneira não conclusiva" (DWORKIN, Ronald. *Levando os direitos a sério* cit., p. 57).

[16] NUNES, Dierle; BAHIA, Alexandre; CÂMARA, Bernardo Ribeiro; SOARES, Carlos Henrique. *Curso de direito processual civil*. Belo Horizonte: Fórum, 2011. p. 74.

[17] "[V]alores e normas acarretam tarefas interpretativas diversas, exigindo das instituições sociais tratamentos respectivamente distintos. Conflitos de valores e interesses requerem mediações e soluções institucionais que devem levar necessariamente em consideração argumentos de política, por meio de discursos pragmáticos e ético-políticos." (CARVALHO NETTO, Menelick; SCOTTI, Guilherme. Op.cit., p. 145).

[18] NUNES, Dierle; BAHIA, Alexandre; CÂMARA, Bernardo Ribeiro; SOARES, Carlos Henrique. *Curso de direito processual civil* cit., p. 74.

aspecto econômico, político ou social da comunidade".[19] Mas o jusfilósofo norte-americano faz questão de frisar que os órgãos jurisdicionais devem "tomar decisões de princípio, não de política".[20]

Do caráter normativo dos princípios resulta, inevitavelmente, a necessidade de reconhecer não terem eles caráter axiológico.[21] Em outras palavras, princípios – por terem natureza normativa – não são valores.[22]

A Constituição brasileira de 1988 prevê uma série de princípios que compõem, então, o *modelo constitucional de processo brasileiro*. Dentre eles estão alguns que precisam ser levados em conta para o exame do tema objeto deste trabalho. São eles os princípios do *devido processo*, da *igualdade*, do *juízo natural*, do contraditório, *da fundamentação das decisões judiciais* e da *duração razoável do processo*.[23]

Passa-se, então, ao exame desses princípios, buscando-se apontar o modo como eles se relacionam com a teoria dos precedentes (ou, mais amplamente, da padronização decisória).

---

[19] DWORKIN, Ronald. *Levando os direitos a sério* cit., p. 36.

[20] DWORKIN, Ronald. *O império do direito* cit., p. 101.

[21] "[N]ormas não podem, jamais, ser confundidas com valores; confundir normas com valores é comprometer a estrutura deontológica que indubitavelmente caracteriza o Direito enquanto sistema governado por um código binário que não admite gradações: o lícito/ilícito" (BARCELOS, Renato de Abreu. Maleabilidade deontológica? Uma crítica à teoria dos princípios de Humberto Ávila. *Revista TCEMG*, Belo Horizonte: TCEMG, vol. 31, n. 3, p. 37, jul.-set. 2013).

[22] STRECK, Lenio Luiz. Do pamprincipiologismo à concepção hipossuficiente de princípio. *Revista de Informação Legislativa*, Brasília, n. 194, p. 15, 2012. Vale aqui endossar a afirmação de Streck de que há "necessidade de um combate hermenêutico à *pamprincipiologia*, que enfraquece sobremodo o caráter concretizador dos princípios, ao criar uma gama incontrolável de *standards* retóricos-persuasivos (na verdade, no mais das vezes, enunciados com pretensões performativas) que possibiltam a erupção de racionalidades judiciais *ad hoc*, com forte cunho discricionário" (idem, p. 20).

[23] Fica desde logo o registro de que o princípio do contraditório será objeto de atenção especial, com exame em separado, por ser ele tema central deste trabalho, o qual se propõe a apresentá-lo como elemento essencial da construção e aplicação das decisões judiciais que serão usadas como precedentes vinculantes e de outros padrões decisórios (como os enunciados de súmula vinculante). Por isso neste item do trabalho o princípio do contraditório será mencionado apenas *en passant*. O tema, porém, será examinado mais aprofundadamente, ainda neste capítulo, no item 2.1), já que um dos marcos teóricos deste estudo é a compreensão do processo como procedimento em contraditório, desenvolvida a partir da obra de Fazzalari (FAZZALARI, Ellio. Op. cit., p. 82).

A) Princípio do devido processo constitucional

A Constituição brasileira estabelece, em seu art. 5º, LIV, que "ninguém será privado da liberdade ou de seus bens sem o devido processo legal". Integra, pois, o ordenamento jurídico brasileiro o princípio conhecido como *devido processo legal*, o qual tem origem na cláusula anglo-saxônica do *due process of law*.[24] Trata-se de princípio que está expressamente constitucionalizado em diversos outros ordenamentos,[25] sendo certo que em alguns deles a garantia é consagrada não obstante não se use a expressão que a Constituição da República brasileira utiliza.[26]

Já houve quem tenha afirmado que o princípio do devido processo legal seria "um conceito aberto [, i]nstituto de teor inexato, vago, indefinido".[27] Assim não é, porém, e aqui se busca mostrar que o princípio do devido processo tem

---

[24] "A ideia inglesa de devido processo foi expressada pela primeira vez no capítulo 39 da Magna Carta, que prevê que 'Nenhum homem livre será detido ou mantido na prisão, ou privado de sua liberdade, ou condenado, ou banido, ou de modo algum molestado [;] e nós não iremos contra ele, nem mandaremos contra ele, salvo pelo julgamento justo de seus pares e pela lei da terra'" (TAYLOR, Hannis. Due process of law. *Yale Law Journal*, vol. XXIV, n. 5, p. 354, 1935 (tradução livre; no original: "The English Idea of due process was first embodied in chapter 39 of Magna Carta which provides that: 'No freeman shall be arrested or detained in prison, or deprived of his freehold, or outlawed, or banished, or in any way molested [;] and we will not set forth against him, nor send against him, unless by the lawful judgment of his peers and by the law of the land'".

[25] Como se dá, por exemplo, nos Estados Unidos da América (em cuja Constituição a cláusula *due process of law* foi inserida pela Quinta Emenda, por força da qual ninguém será privado da vida, liberdade ou propriedade sem tal garantia: "[No person shall] be deprived of life, liberty, or property, without due process of law") e no Equador, cuja Constituição de 2008 estabelece, em seu art. 76, que "em todo processo em que se determinem direitos e obrigações de qualquer ordem, se assegurará o direito ao devido processo" (tradução livre; no original: "En todo proceso en el que se determinem derechos y obligaciones de cualquier orden, se asegurará el derecho al debido proceso").

[26] É o caso, por exemplo, da Constituição italiana, cujo art. 111 fala em uma garantia de *giusto processo* ("A jurisdição se atua mediante o processo justo regulado pela lei", em tradução livre; no original: "La giurisdizione si attua mediante il giusto processo regolato dalla legge"). A doutrina italiana, porém, não tem dúvida em afirmar que a garantia constitucional do *giusto processo* corresponde, substancialmente, ao *due process of law* (assim, por exemplo, VIGORITI, Vicenzo. Ancora a proposito della superabile crisi del processo civile. Disponível em: <http://www.judicium.it/admin/saggi/279/VigoritiIII.pdf>. Acesso em: 17 out. 2014).

[27] BRAGA, Paula Sarno. *Aplicação do devido processo legal nas relações privadas*. Salvador: JusPodivm, 2008. p. 180.

um conteúdo preciso, definido, já que visa a assegurar que o processo judicial se desenvolva de acordo com o *modelo constitucional de processo*, sendo, pois, uma verdadeira garantia de que haverá um *devido processo constitucional*.[28]

Deve-se dizer, inicialmente, que embora o texto constitucional brasileiro fale, expressamente, em "devido processo legal", não se pode ver neste princípio uma garantia de que se observará o devido processo *da lei*.[29] O devido processo que o ordenamento jurídico brasileiro assegura é o *devido processo constitucional*.[30]

Pois a partir de um pensamento constitucional acerca do processo, impende considerar que o princípio do "devido processo legal" é, na verdade, o princípio responsável por assegurar que os processos (de qualquer natureza, mas, para o que a este estudo interessa, especialmente os processos *civis*) desenvolvam-se conforme o *modelo constitucional de processo*. Assim, deve-se entender que o princípio do devido processo constitucional assegura que o resultado final do processo (seja ele cognitivo ou executivo) se produza "sob inarredável disciplina constitucional principiológica".[31]

Veja-se, então, que a rigor o princípio do devido processo abarca os demais (que na verdade nem precisariam estar expressamente previstos no texto constitucional para que integrassem o modelo constitucional de processo brasileiro). E a expressa previsão de todos os outros princípios que compõem o modelo constitucional do processo brasileiro torna menos importante a expressa previsão do devido processo. Este precisaria ser observado pelo simples fato de os outros princípios estarem presentes no ordenamento.[32]

---

[28] Dados os objetivos deste trabalho, aqui se tratará apenas da dimensão processual do princípio do devido processo (*procedural due process*), não se examinando sua dimensão substancial (*substantive due process*). Registre-se, porém, que esta outra dimensão do devido processo deve ser compreendida como um mecanismo de controle material do conteúdo das decisões judiciais (NUNES, Dierle; BAHIA, Alexandre; CÂMARA, Bernardo Ribeiro; SOARES, Carlos Henrique. *Curso de direito processual civil* cit., p. 75).

[29] Autores há que usam, como sinônima da expressão constitucional, esta outra: "devido processo de lei" (como, por exemplo, SLAIBI FILHO, Nagib. *Direito constitucional*. Rio de Janeiro: Forense, 2004. p. 402).

[30] Expressão que se encontra, por exemplo, na obra de BRÊTAS, Ronaldo de Carvalho Dias. Op. cit., p. 127.

[31] Idem, p. 128. Sobre o tema, lembra Motta que "o princípio do devido processo legal [passa] a estruturar o modelo constitucional de processo" (MOTTA, Francisco José Borges. Op. cit., p. 263).

[32] Não se pense, porém, que a expressa previsão dos outros princípios constitucionais torne o devido processo desnecessário. Este deve ser compreendido como uma ga-

Resulta do *devido processo constitucional*, portanto, a exigência de que o processo se desenvolva em conformidade com os demais princípios que anteriormente foram mencionados, e dos quais se passará a tratar em seguida. Em outros termos, o princípio do devido processo constitucional consolida a exigência de que o processo se desenvolva com rigorosa observância do modelo constitucional estabelecido a partir da Constituição da República.

O passo seguinte, então, deve ser o exame dos demais princípios conformadores do modelo constitucional de processo brasileiro. Isso será fundamental para que se possa, no desenvolvimento desse estudo, demonstrar a tese proposta: a de que a legitimidade constitucional da eficácia vinculante de alguns padrões decisórios depende da rigorosa observância desse modelo, o qual impõe um processo compartecipativo que permita a atuação em contraditório efetivo e dinâmico das partes e a atuação dos juízes na deliberação que resultará na formação do padrão decisório, a qual deverá receber uma especial fundamentação, o mesmo raciocínio se aplicando aos casos de distinção ou superação dos padrões decisórios. E é preciso aqui afirmar que o controle da formação e da aplicação desses padrões decisórios se dá por meio da plena observância do processo constitucional. Afinal, como dizem Motta e Hommerding,

> [o] processo é percebido como uma garantia contra o exercício ilegítimo de poderes públicos e privados em todos os campos (jurisdicional, administrativo, legislativo), com o fim de controlar os provimentos dos agentes políticos e garantir a legitimidade discursiva e democrática das decisões.[33]

É que, nas palavras dos mesmos autores, "o processo não é *instrumento* da atividade judicial, mas uma forma de *controlá-la*".[34] Então não bastará a observância formal do procedimento, mas se impõe também, para se poder reconhecer a legitimidade democrática dos padrões decisórios, que a deliberação tenha sido adequadamente desenvolvida.

---

rantia de que outros princípios, não expressos integrem o modelo constitucional de processo. É o caso, por exemplo, do *princípio do promotor natural*, o qual integra o ordenamento brasileiro por força da garantia do *due process* (Inclui expressamente o princípio do promotor natural entre aqueles que chama de "princípios derivados do *due process*": NERY JUNIOR, Nelson. *Princípios do Processo na Constituição Federal*. 9. ed. São Paulo: RT, 2009. p. 125).

[33] MOTTA, Francisco José Borges; HOMMERDING, Adalberto Narciso. O que é um modelo democrático de processo? *Revista do Ministério Público do RS*, n. 73, p. 195, 2013.

[34] Idem, p. 201.

B) Princípio da igualdade

O modelo constitucional de processo brasileiro, como cediço, exige o desenvolvimento de processos igualitários (Constituição do Brasil, art. 5º, *caput*). Exige-se, pois, que no processo haja um equilíbrio de forças entre os diversos atores processuais, todos igualmente importantes para a produção do resultado final.

Tradicionalmente, a doutrina processual brasileira descreveu o princípio da igualdade a partir da máxima segundo a qual devem ser tratados *igualmente os iguais e desigualmente os desiguais* nos limites da desigualdade.[35] Impende, porém, considerar que essa afirmação é baseada em ideias absolutamente imprecisas, já que não há mecanismos seguros para medir desigualdades.[36]

Por conta disso, é preciso considerar que o princípio da igualdade impõe que a todos se trate com igual consideração.[37]

Consequência dessa exigência constitucional de igualdade é a igualdade processual, que se manifesta de três modos distintos: igualdade de equipamentos; igualdade de procedimentos; igualdade de resultados.[38]

Significa isso dizer que se exige, no processo civil, que as partes tenham meios equivalentes para exercer seus direitos e faculdades processuais (art. 7º do CPC/2015), atuando no processo com "paridade de armas"; que casos

---

[35] Esta, como sabido, é uma máxima aristotélica, a qual pode ser encontrada em: ARISTÓTELES. Ética a *Nicômaco*. 4. ed. São Paulo: Nova Cultural, 1991. p. 102, em que fala o clássico pensador grego, ao tratar da igualdade, que "[pessoas que] não são iguais, não receberão coisas iguais". Nessa linha, na doutrina processual brasileira pode ser citado, entre outros, Nelson Nery Junior (Op. cit., p. 97), para quem "[d]ar tratamento isonômico às partes significa tratar igualmente os iguais e desigualmente os desiguais, na exata medida de suas desigualdades".

[36] RIBEIRO, Ana Paula Brandão. Processualidade jurídica: uma abordagem principiológica a partir dos ensinamentos de Ronald Dworkin. Disponível em: <http://www.egov.ufsc.br:8080/portal/sites/default/files/anexos/18754-18755-1-PB.pdf>. Acesso em: 12 jul. 2017.

[37] Afinal, como afirma Dworkin, "a igual consideração é pré-requisito da legitimidade política" (DWORKIN, Ronald. *A virtude soberana*. Trad. bras. de Jussara Simões. São Paulo: WMF Martins Fontes, 2016. p. XI). O mesmo Dworkin afirma que a igualdade "é preservada quando ninguém inveja a parcela de trabalho e recompensa que outros tenham alcançado" (DWORKIN, Ronald. Do values conflict? A hedgehog's approach. *Law Review*, vol. 43, p. 253, 2001).

[38] RUBENSTEIN, William B. The concept of equality in civil procedure. *Cardozo Law Review*, vol. 23, p. 1.867-1.868, 2002.

iguais ou análogos devem submeter-se ao mesmo regramento processual; e, por fim, que casos iguais devem levar a resultados iguais.

Assim, justifica-se a existência, no sistema processual, de situações de tratamento diferenciado para as partes (como se dá no caso de serem duplicados os prazos processuais para os assistidos da Defensoria Pública; assim como na inversão do ônus da prova em favor de partes vulneráveis em determinadas situações), o que se apresenta como mecanismo de construção de um processo equilibrado, em que não se permitirá que o resultado final favoreça a parte mais forte simplesmente por ter ela essa característica. É que só assim se terá efetiva paridade de armas, uma vez que se terá reconhecido a existência de uma desigualdade que leva à necessidade de estabelecimento de uma "igualdade de recursos" que faz com que se justifique a atribuição de tratamento mais favorável a uma das partes.[39] Afinal, o processo deve produzir a decisão correta para o caso concreto,[40] dando-se razão a quem efetivamente a tenha.[41]

Elemento necessariamente integrante de modelo processual igualitário é a construção de uma técnica de padronização decisória fundada em precedentes (ou outros padrões decisórios, como os enunciados de súmula).[42]

---

[39] Como afirma Dworkin, haverá igualdade de recursos quando pessoas são tratadas de forma igual, de modo a fazer com que haja uma distribuição de recursos que leve a que "nenhuma transferência adicional possa deixar mais iguais suas parcelas do total de recursos" (DWORKIN, Ronald. *A virtude soberana* cit., p. 5). A aplicação deste raciocínio ao processo faz com que se tenha igualdade quando os "equipamentos processuais", ou seja, os instrumentos processuais destinados a cada parte, tenham sido distribuídos de modo a produzir uma igualdade das "parcelas de recursos" (ou seja, paridade de armas), equilibrando-se as forças das partes.

[40] Entendida aqui a "resposta correta" como "resposta constitucionalmente adequada" (a propósito do ponto: STRECK, Lenio Luiz. Hermenêutica, neoconstitucionalismo e "o problema da discricionariedade dos juízes"' Disponível em: <http://www.anima-opet.com.br/primeira_edicao/artigo_Lenio_Luiz_Streck_hermeneutica.pdf>. Acesso em: 17 out. 2014. p. 8). A tese da resposta correta é aqui sustentada a partir das ideias sobre o tema lançadas por DWORKIN, Ronald. *Uma questão de princípio*. Trad. bras. de Luís Carlos Borges. 2. ed. São Paulo: Martins Fontes, 2005. p. 175 e seguintes. Em sentido equivalente, MOTTA, Francisco José Borges. Op. cit., p. 182.

[41] Afinal, como ensina Ronaldo Brêtas de Carvalho Dias, "o juiz não cria (ou inventa) direito algum no processo que possa ser considerado democrático" (Op. cit., p. 115).

[42] Como afirma Rubenstein, "casos com fatos relativamente similares deveriam alcançar resultados relativamente similares" (RUBENSTEIN, William B. Op. cit., p. 1.893, tradução livre; no original: "cases with relatively similar facts ought to reach relatively similar outcomes").

Evidentemente, isto deve ser feito de modo a respeitar o princípio da igualdade, de modo que

> se preserva a igualdade quando, diante de situações idênticas, há decisões idênticas. Entretanto, viola-se o mesmo princípio da igualdade quando em hipóteses de situações "semelhantes", aplica-se, sem mais, uma "tese" anteriormente definida (sem considerações quanto às questões próprias do caso a ser decidido e o paradigma): aí há também violação à igualdade, nesse segundo sentido, como direito constitucional à diferença e à singularidade.[43]

A relação entre o princípio da igualdade e a formação de decisões judiciais a partir de precedentes é afirmação comum na doutrina.[44] E isto se dá porque se "todos são iguais perante a lei", então devem ser "todos iguais perante a aplicação da lei". Dito de outro modo, a criação de técnicas de padronização decisória, fazendo com que casos iguais sejam decididos de forma igual (*to treat like cases alike*) é a única forma de se evitar uma *cacofonia jurisprudencial*,[45] com decisões absolutamente distintas para solucionar casos rigorosamente iguais. Impõe-se, então, o desenvolvimento de técnicas de padronização decisória, produzindo-se a partir daí uma técnica decisória fundada em precedentes, assegurando-se *igualdade na aplicação da lei*.

Há, ainda, porém, outro aspecto a considerar. É que do princípio da igualdade resulta, também, o direito à diferença, entendido como "respeito à diferença e à diversidade".[46] A partir dessa dimensão do princípio da

---

[43] NUNES, Dierle. Processualismo constitucional democrático e o dimensionamento de técnicas para a litigiosidade repetitiva. *Revista de Processo*, São Paulo: RT, vol. 199, p. 70, set. 2011.

[44] Entre outros, fazem a ligação entre precedentes e igualdade: ATAÍDE JÚNIOR, Jaldemiro Rodrigues de. *Precedentes vinculantes e irretroatividade do direito no sistema processual brasileiro*. Curitiba: Juruá, 2012. p. 136; MARINONI, Luiz Guilherme. *Precedentes obrigatórios* cit., p. 138 e seguintes; NOGUEIRA, Gustavo Santana. *Stare decisis et non quieta movere....* cit., p. 40-41; LIMA, Tiago Asfor Rocha. *Precedentes judiciais civis no Brasil*. São Paulo: Saraiva, 2013. p. 148; CAMARGO, Luiz Henrique Volpe. A força dos precedentes no moderno processo civil brasileiro. In: WAMBIER, Teresa Arruda Alvim (coord.). *Direito jurisprudencial*. 2. tir. São Paulo: RT, 2012. p. 572-573.

[45] O que aqui se denomina cacofonia jurisprudencial já foi designado por Ronaldo Brêtas de Carvalho Dias de *manicômio jurisprudencial* (Op. cit., p. 184, nota de rodapé 75).

[46] PIOVESAN, Flávia. Igualdade, diferença e direitos humanos: perspectivas global e regional. In: SARMENTO, Daniel; IKAWA, Daniela; PIOVESAN, Flávia. *Igualdade,*

igualdade, pode-se afirmar sua proporção emancipatória "articula[ndo] as exigências do reconhecimento e da distribuição, de uma igualdade que reconheça as diferenças e de uma diferença que não produza, alimente ou reproduza desigualdades".[47]

Partindo do princípio constitucional de igualdade, então, chega-se ao reconhecimento da visibilidade das diferenças, capaz de conduzir a uma plataforma emancipatória e igualitária.[48] E isso tem evidente ligação com a compreensão constitucionalmente adequada de um sistema de padronização decisória. É que padrões decisórios não podem levar simplesmente a uma formação "automática" de decisões, com mera reprodução, em um pronunciamento, de fundamentos empregados para a resolução de outro caso. O padrão decisório é um ponto de partida, e a partir dele se inicia a construção da decisão de um novo caso. Daí o texto normativo do art. 489, § 1º, V, do CPC/2015, a afirmar que não se considera fundamentada a decisão judicial que invoca um padrão decisório sem identificar seus fundamentos determinantes nem demonstrar que o caso sob julgamento a eles se ajusta.

Consequência disso, então, é a necessidade de se reconhecer mecanismos de distinção, capazes de levar a um afastamento do padrão decisório (o que é uma forma de respeito ao padrão anteriormente fixado, evitando sua aplicação a um caso para o qual ele não é adequado). E impende reconhecer, com isso, a possibilidade de as partes argumentarem com o objetivo de demonstrar a distinção, assim como o dever do órgão jurisdicional de deixar de aplicar o padrão decisório quando essa distinção estiver demonstrada (e, nesse sentido, o art. 489, § 1º, VI, do CPC/2015 reputa não fundamentada a decisão que deixa de seguir um padrão decisório sem *demonstrar* a existência de distinção ou que tenha ocorrido sua superação).

A formação e a aplicação de padrões decisórios, portanto, guardam total compatibilidade com o princípio da igualdade. Isso, porém, embora essencial, não é suficiente para justificar as técnicas de padronização decisória. Os demais princípios componentes do modelo constitucional de processo também têm de ser observados. Passa-se, por isso, ao exame do princípio seguinte, o do *juízo natural*.

---

    diferença e direitos humanos. Rio de Janeiro: Lumen Juris, 2008. p. 49.

[47]   SANTOS, Boaventura de Sousa; NUNES, Introdução: para ampliar o cânone do reconhecimento, da diferença e da igualdade. Disponível em: <http://www.ces.uc.pt/publicacoes/res/pdfs/IntrodMultiPort.pdf>. Acesso em: 13 maio 2017.

[48]   PIOVESAN, Flavia. Op. cit., p. 50.

C) Princípio do juízo natural

Exige o modelo constitucional de processo civil brasileiro que este se desenvolva perante um *juízo natural*, entendido este como o juízo cuja competência constitucional é prefixada.[49]

Princípio cuja observância é necessária para que se desenvolva um processo compatível com o moderno Estado Democrático de Direito, o princípio do juiz natural (ou do juízo natural, como mais apropriadamente deveria ser designado) exige que o tribunal esteja investido de jurisdição e o juiz seja determinado previamente conforme critérios abstratos.[50]

Trata-se de princípio que está presente em diversas Constituições modernas. O art. 25.1 da Constituição Italiana, por exemplo, estabelece que "[n]inguém pode ser desviado do juiz natural pré-constituído por lei".[51] O art. 24.2 da Constituição Espanhola estabelece que "todos têm direito ao Juiz ordinário predeterminado pela lei".[52] Afirma Ferrand que "é claramente perceptível que países que sofreram com um regime político fascista, como Alemanha, Itália, Portugal e Espanha asseguraram o princípio do juízo natural em suas novas Constituições".[53] No Brasil, cuja atual Constituição também foi promulgada após o País livrar-se de um regime ditatorial, o princípio do juízo natural encontra-se expresso nos incisos XXXVII ("não haverá juízo ou tribunal de exceção") e LIII ("ninguém será processado nem sentenciado senão pela autoridade competente") do art. 5º da Carta da República.[54]

---

[49] BRÊTAS, Ronaldo de Carvalho Dias. Op. cit., p. 150-153. Leonardo José Carneiro da Cunha afirma que "a garantia do juiz natural contém três significados: a necessidade de o julgador ser pré-constituído, e não constituído *post factum*; a inderrogabilidade e indisponibilidade da competência; e a proibição de juízes extraordinários e especiais. Em outras palavras, o alcance do juiz natural desdobra-se em três garantias, que consistem na proibição: (a) do poder de comissão; (b) do poder de evocação; e (c) do poder de atribuição" (CUNHA, Leonardo José Carneiro da *Jurisdição e competência*. São Paulo: RT, 2008. p. 62).

[50] FERRAND, Frédérique. Op. cit., p. 24, em que se fala de um *right to a "lawful" judge*, correspondente ao que no Direito francês se chama de *juge naturel* e no Direito alemão é *gesetzlicher Richter*.

[51] No original: "Nessuno può essere distolto dal giudice naturale precostituito per legge".

[52] No original: "Todos tienen derecho al Juez ordinario predeterminado por la ley".

[53] FERRAND, Frédérique. Op. cit., p. 24-25. No original: "It is clearly noticeable that countries which have suffered from a fascist political regime such as *Germany, Italy, Portugal* [and] *Spain* have anchored the lawful-judge-principle in their new constitutions".

[54] Afirma expressamente que o inc. XXXVII do art. 5º da Constituição da República trata do princípio do juiz (*rectius*, juízo) natural, complementando o inc. LIII do

Por força do princípio do juízo natural, então, o processo deve instaurar-se e se desenvolver perante um órgão jurisdicional cuja competência tenha sido prefixada. Significa isto dizer, segundo Chiavario, que o

> legislador dev[e] predispor "um" ordenamento de competências, segundo critérios por ele próprio estabelecidos, de modo que seja sempre normativamente determinado – e cognoscível *a priori*, com respeito ao verificar-se dos fatos sobre os quais haja de desenvolver-se um processo – o órgão a que caberá julgar.[55]

No Direito brasileiro, tem-se entendido que o princípio do juízo natural assegura que o juízo perante o qual o processo deve instaurar-se deve ter sua *competência constitucional pré-constituída*. Em outros termos, a doutrina brasileira tem considerado que apenas as disposições constitucionais acerca da divisão de trabalho entre as diversas estruturas do Judiciário dizem respeito ao *juízo natural*. Veja-se o que diz, sobre o ponto, Cunha:

> Na verdade, o juiz natural, no sistema brasileiro, equivale à garantia de que ninguém pode ser subtraído de seu juiz *constitucional*, de sorte que se considera juiz natural o órgão judiciário cujo poder de julgar derive de fontes constitucionais.[56]

Assim, pode-se definir o *juízo natural* do modelo constitucional brasileiro de processo como o *juízo cuja competência constitucional tenha sido prefixada*.

Impende, aqui, considerar que das disposições constitucionais sobre a atuação do Judiciário brasileiro se pode afirmar a existência de normas

---

mesmo artigo. COUTINHO, Jacinto. Comentário ao art. 5º, XXXVII. In: CANOTILHO, J. J. Gomes; MENDES, Gilmar Ferreira; SARLET, Ingo Wolfgang; STRECK, Lenio Luiz (coord.). *Comentários à Constituição do Brasil*. 1. ed. 3. tir. São Paulo: Saraiva, 2014. p. 377. Também estabelece vínculo entre esses dois incisos constitucionais José Afonso da Silva, para quem "se configura a ideia do *juiz natural* [, sendo que] *autoridade competente* para processar e sentenciar 'é aquela cujo poder de julgar a Constituição prevê e cujas atribuições jurisdicionais ela própria delineou" (SILVA, José Afonso da. *Comentário Contextual à Constituição*. São Paulo: Malheiros, 2005. p. 154).

[55] No original: "legislatore debba predisporre 'un' ordine di competenze, secondo criteri da esso stesso stabiliti, in modo che sia sempre normativamente determinato – e conoscibile *a priori*, rispetto al verificarsi dei fatti sui quali abbia da svolgersi un processo – l'organo cui spetterà di giudicare" (CHIAVARIO, Mario. *Processo e garanzie della persona*. 3. ed. Milão: Giuffrè, 1984. vol. II, p. 77).

[56] CUNHA, Leonardo José Carneiro da. Op. cit., p. 64.

destinadas a atribuir a certos órgãos judiciários a função de fixar a interpretação a ser adotada para a aplicação das normas jurídicas. Tal função é, para as normas constitucionais, do STF; para as normas federais, do STJ; para as normas locais (incluídas as Constituições Estaduais, salvo nos casos em que haja a necessidade de confronto com a Constituição Federal), dos Tribunais de Justiça. Pois é exatamente por esta razão que afirma Ataíde Júnior que

> o STF é o intérprete máximo e definitivo da Constituição Federal, tendo o mesmo a função de fixar a única interpretação cabível, ficando excluídas as demais, por imposição lógica de coesão interna do sistema.[57]

E mais adiante afirma o mesmo autor que,

> se o STF é o guardião da Constituição, o STJ é o guardião da legislação infraconstitucional federal; é o intérprete máximo e definitivo da legislação infraconstitucional, tendo como função fixar a única interpretação cabível em matéria infraconstitucional federal, ficando excluídas as demais, por imposição lógica de coesão interna do sistema.[58]

Cabe, assim, ao STF estabelecer a interpretação a ser aplicada quando se trate de alguma norma constitucional, enquanto é do STJ tal função no que concerne às normas infraconstitucionais federais. E pelo mesmo motivo, a definição acerca da interpretação correta do Direito local (Estadual, Distrital ou Federal) tem de ficar a cargo dos Tribunais de Justiça.[59]

O ponto é extremamente relevante, já que o STJ também se pronuncia sobre matéria constitucional (já que no Direito brasileiro existe um sistema de controle difuso de constitucionalidade, o qual é exercido por todos os órgãos jurisdicionais), assim como o STF se pronuncia acerca de matéria infraconstitucional (bastando pensar nos casos em que o Pretório Excelso

---

[57] ATAÍDE JÚNIOR, Jaldemiro Rodrigues de. *Precedentes vinculantes...* cit., p. 112.

[58] Idem, p. 119.

[59] E é exatamente por isto que o art. 927 do CPC/2015 estabelece que os juízes e tribunais observarão: "I – as decisões do Supremo Tribunal Federal em controle concentrado de constitucionalidade; II – os enunciados de súmula vinculante; III – os acórdãos em incidente de assunção de competência ou de resolução de demandas repetitivas e em julgamento de recursos extraordinário e especial repetitivos; IV –os enunciados das súmulas do Supremo Tribunal Federal em matéria constitucional e do Superior Tribunal de Justiça em matéria infraconstitucional; V – a orientação do plenário ou do órgão especial aos quais estiverem vinculados". Como se vê facilmente pela leitura do texto, atribui-se aos órgãos judiciários o dever de seguir as decisões do STF em matéria constitucional e as do STJ em matéria infraconstitucional.

exerce competência originária). E pode haver, então, alguma divergência entre a interpretação dada pelo STF e a dada pelo STJ a respeito de algum tema.

Não é difícil reconhecer que, sendo o STF o órgão de cúpula do Judiciário brasileiro, atuando como *guardião da Constituição* (art. 102, *caput*, da Constituição da República), cabe ao STJ – assim como aos demais órgãos jurisdicionais brasileiros – seguir os precedentes do STF em matéria constitucional. Isto nada mais é do que o reconhecimento da *eficácia vertical* dos precedentes.[60] Põe-se, aqui, porém, outra questão, referente a saber se os precedentes do STJ têm eficácia vertical "para cima", de modo a chegar ao ponto de vincular as decisões do STF, órgão que lhe é hierarquicamente superior.

Vale notar, aqui, que a doutrina a respeito dos precedentes no *common law* faz alusão à eficácia vertical dos precedentes para demonstrar a vinculação dos órgãos hierarquicamente inferiores. Duxbury, por exemplo, afirma que (em tradução livre)

> juízes do *common law* em seus tribunais mais elevados podem algumas vezes considerar os precedentes dos tribunais inferiores persuasivos, mas eles não se considerarão constrangidos a segui-los do mesmo modo que juízes dos tribunais inferiores usualmente se sentem obrigados a seguir precedentes dos tribunais superiores.[61]

Na mesma linha, Dobbins afirma (em tradução livre), que "as regras do 'precedente vertical' [obrigam] um tribunal inferior a seguir uma decisão de um tribunal superior dentro do seu sistema judicial".[62]

A peculiar estrutura do Judiciário brasileiro, porém, com dois tribunais de superposição (o STF e o STJ), com competências distintas, sendo certo que em algumas matérias a "palavra final" cabe ao STJ, não havendo mecanismos capazes de promover o reexame de suas decisões pelo STF, faz com que seja

---

[60] Fala Jan Komárek do precedente vertical (*vertical precedent*), afirmando que ele diz respeito a órgãos inferiores na hierarquia judiciária (KOMÁREK, Jan. Judicial lawmaking and precedent in Supreme Courts. Disponível em: <http://www.pravo. unizg.hr/_download/repository/Jan_Komarek.pdf>. Acesso em: 1º nov. 2014).

[61] DUXBURY, Neil. Op. cit., p. 62. No original: "Common-law judges in higher courts may sometimes consider the precedents of lower courts persuasive, but they will not consider themselves constrained to follow them in the way that lower-court judges usually feel obliged to follow higher-court precedents".

[62] DOBBINS, Jeffrey C. Structure and Precedent. *Michigan Law Review*, vol. 108, p. 1.460, 2010. No original: "the rules of 'vertical precedent' [obligate] a lower court to follow a decision of a superior court within its judicial system".

preciso adaptar para o Direito brasileiro a concepção de *eficácia vertical* dos precedentes, e isto só pode ser feito à luz do princípio do juízo natural.[63]

É preciso, então, ter claro que a superioridade hierárquica do STF perante o STJ se manifesta apenas (do ponto de vista da formação dos precedentes ou outros padrões decisórios) em matéria constitucional. É o STF o *juízo natural* dos precedentes em matéria constitucional. Mas o STJ é o órgão máximo da interpretação da legislação infraconstitucional federal, sendo esta Corte, e não aquela, o *juízo natural* dos precedentes em matéria de Direito federal.

A questão é de extrema relevância, especialmente por serem conhecidos casos em que o STF e o STJ estabeleceram interpretações divergentes sobre determinados temas. É o caso, por exemplo, da determinação do termo *a quo* do prazo para ajuizamento de ação rescisória ao tempo da vigência do Código de Processo Civil de 1973.[64] Tratando-se da interpretação de norma infraconstitucional, porém, o entendimento que deve prevalecer é o do STJ, e não o do STF. Isto decorre diretamente da Constituição da República, que atribui ao STJ o papel de órgão uniformizador da interpretação da lei federal (art. 105, III, *c*, que prevê o cabimento de recurso especial contra decisão proferida em única ou última instância por tribunal de segundo grau quando a decisão recorrida *der* à *lei federal interpretação divergente da que lhe haja atribuído outro tribunal*). Observe-se que este papel cabe ao STJ ainda que a divergência se estabeleça entre uma decisão proferida por um tribunal de

---

[63] E raciocínio equivalente precisa ser desenvolvido para os casos em que a "última palavra" cabe aos Tribunais de Justiça, o que se dá em casos envolvendo apenas a aplicação do Direito local (Estadual, Distrital ou Municipal).

[64] O STJ sumulou, em 2009, entendimento segundo o qual o prazo para ajuizamento de ação rescisória só começaria a correr a partir do trânsito em julgado do último pronunciamento proferido no processo (verbete 401). O STF, porém, firmou o entendimento segundo o qual o prazo começaria a correr a partir do trânsito em julgado da decisão rescindenda, ainda que não seja a última a ser proferida no curso do processo (assim, por exemplo, no julgamento da AR 2337 AgR/DF, Rel. Min. Celso de Mello, j. em 20.03.2013). Vale destacar, porém, que o STF reconheceu a repercussão geral de questão constitucional na hipótese, ao apreciar o AgRE 678782 AgR/AM, rel. Min.Luiz Fux, j. em 03.09.2013, por considerar que existe no caso uma contraposição entre a *segurança jurídica* (por força da necessidade de marcos temporais para o ajuizamento da ação rescisória) e outros "princípios republicanos e democráticos sensíveis", como moralidade, eficiência, amplo acesso à justiça e devido processo legal. Evidentemente, reconhecida a natureza constitucional da matéria, deverá prevalecer o entendimento do STF, e não o do STJ, acerca da questão. Sobre o ponto, vale ainda destacar que o CPC de 2015 expressamente consagrou o entendimento sumulado pelo STJ (art. 975).

segundo grau (TJ ou TRF), de um lado, e o STF de outro.[65] Resulta daí que no caso de haver divergência na interpretação da lei federal entre um tribunal de segundo grau (TJ ou TRF) e o STF, caberá ao STJ o papel de órgão responsável pela uniformização, definindo a interpretação a ser admitida como correta para a aplicação da norma federal infraconstitucional.

Consequência disso, então, é que o STF, na condição de guardião da Constituição (e, portanto, do modelo constitucional de processo), tem o dever de submeter-se à interpretação da lei federal firmada pelo STJ, vinculando-se aos precedentes deste. Existe, pois, no Direito brasileiro, uma eficácia vinculante "para cima" da dimensão vertical dos precedentes. E isso resulta dos deveres de coerência e integridade expressamente consagrados no art. 926 do CPC/2015.[66]

Viu-se, então, até aqui, que a formação de um sistema de padrões decisórios é uma exigência do princípio da igualdade, e que ela deve se dar a partir da rigorosa observância do princípio do juízo natural. Impende, porém, considerar que decisões que serão usadas como padrões decisórios exigem uma especial fundamentação. Daí o exame do próximo princípio, que será essencial para a compreensão de um ponto nodal deste estudo: a afirmação de que a eficácia vinculante de padrões decisórios depende de se ter uma fundamentação constitucionalmente adequada deles, capaz de lhes conferir legitimidade democrática.

D) Princípio da fundamentação das decisões judiciais

Estabelece o art. 93, IX, da Constituição da República que serão "fundamentadas todas as decisões [dos órgãos do Poder Judiciário], sob pena de nulidade". O princípio da fundamentação das decisões judiciais está diretamente vinculado ao princípio do contraditório (o qual, como dito, será objeto de análise em separado adiante).[67]

O princípio da fundamentação das decisões judiciais é exigência direta da necessidade de que, no Estado Democrático de Direito, haja meios efi-

---

[65] Assim, expressamente: SOUZA, Bernardo Pimentel. *Dos recursos constitucionais.* Brasília: Brasília Jurídica, 2007. p. 170.

[66] Os deveres de coerência e integridade, mencionados no art. 926 do CPC/2015, são resultado da evidente influência exercida por Ronald Dworkin sobre o pensamento jurídico brasileiro. Sobre o tema, expressamente, STRECK, Lenio Luiz. O novo Código de Processo Civil (CPC) e as inovações hermenêuticas – O fim do livre convencimento e a adoção do integracionismo dworkiniano. *Revista de Informação Legislativa*, Brasília, ano 52, n. 206, p. 33-51, 2015.

[67] Aponta para esta conexão entre os princípios da fundamentação das decisões e do contraditório BRÊTAS, Ronaldo de Carvalho Dias. Op. cit., p. 176.

cazes de controle do conteúdo dos atos de poder, aí incluídos, por óbvio, os pronunciamentos jurisdicionais.

É exatamente esta a percepção de Michele Taruffo (em tradução livre):

> No seu significado mais profundo, o princípio em exame exprime a exigência geral e constante de controlabilidade sobre o modo como os órgãos estatais exercitam o poder que o ordenamento lhes confere, e sob este perfil a obrigatoriedade de motivação da sentença é uma manifestação específica de um mais geral "princípio de controlabilidade" que parece essencial à noção moderna do Estado de direito, e que produz consequências análogas também em campos diversos daquele da jurisdição.[68]

Impõe-se, assim, que todas as decisões judiciais produzidas no devido processo constitucional sejam *justificadas*.[69] Sobre o ponto, aliás, vale aqui recordar que Dworkin, ao apresentar seu metafórico juiz Hércules, expressamente afirma que

> Sem dúvida, qualquer conjunto de leis e decisões pode ser explicado histórica, psicológica ou sociologicamente, mas a consistência exige uma justificação, e não uma explicação, e a justificação deve ser plausível, e não postiça. Se a justificação que Hércules concebe estabelece distinções que são arbitrárias, e se vale de princípios que não são convincentes, então ela não pode, de modo algum, contar como uma justificação.[70]

---

[68] TARUFFO, Michele. *La motivazione della sentenza civile*. Pádua: Cedam, 1975. p. 405. No original: "Nel suo significato piú profundo, Il principio in esame esprime l'esigenza generale e costante di controllabilità sul modo in cui gli organi statuali esercitano Il potere Che l'ordinamento conferisce loro, e sotto questo profilo l'obbligatorietà della motivazione della sentenza è una specifica manifestazione di un piú generale 'principio do controllabilità' che appare essenziale alla nozione moderna dello Stato di diritto, e che produce conseguenze analoghe anche in campi diversi da quelli della giurisdizione".

[69] Como afirma Lenio Luiz Streck, a exigência constitucional de fundamentação implica a obrigação de justificar (STRECK, Lenio Luiz *Hermenêutica, neoconstitucionalismo...* cit., p. 26). Também liga as ideias de fundamentação e justificação MARINONI, Luiz Guilherme. *Curso de processo civil – Teoria geral do processo*. São Paulo: RT, 2006. vol. 1, p. 104, no qual se lê que é "imprescindível a [fundamentação da decisão], pois o juiz, como agente do poder não legitimado pelo voto, não pode deixar de justificar as decisões que emite".

[70] DWORKIN, Ronald. *Levando os direitos a sério* cit., p. 186. Vê-se, assim, que é preciso dar razão a Lenio Streck quando afirma que a exigência constitucional é de fundamentação (ou seja, de justificação), e não de mera motivação (que nada mais seria do que uma "explicação") da decisão. Confira-se, sobre o ponto: STRECK, Lenio Luiz. Jurisdição, fundamentação e dever de coerência e integridade no

A fundamentação/justificação da decisão judicial deve ser *substancial*. Em outros termos, é incompatível com o devido processo constitucional – já que inviabiliza o controle do conteúdo da decisão – a emissão de pronunciamentos judiciais apenas *formalmente fundamentados*, como se dá, por exemplo, naqueles casos em que se afirma algo como "presentes os requisitos, defere-se a medida postulada" (ou, ao contrário, "ausentes os requisitos, indefere-se a medida pleiteada"). É em busca da construção de uma "cultura da fundamentação substancial", aliás, que o Código de Processo Civil brasileiro de 2015 estabelece, em seu art. 489, § 1º, que

> [n]ão se considera fundamentada qualquer decisão judicial, seja ela interlocutória, sentença ou acórdão, que:
>
> I – se limitar à indicação, à reprodução ou à paráfrase de ato normativo, sem explicar o motivo concreto de sua incidência no caso;
>
> II – empregar conceitos jurídicos indeterminados, sem explicar o motivo concreto de sua incidência no caso;
>
> III – invocar motivos que se prestariam a justificar qualquer outra decisão;
>
> IV – não enfrentar todos os argumentos deduzidos no processo capazes de, em tese, informar a conclusão adotada pelo julgador;
>
> V – se limitar a invocar precedente ou enunciado de súmula, sem identificar seus fundamentos determinantes nem demonstrar que o caso sob julgamento se ajusta àqueles fundamentos;
>
> VI – deixar de seguir enunciado de súmula, jurisprudência ou precedente invocado pela parte, sem demonstrar a existência de distinção no caso em julgamento ou a superação do entendimento.

A leitura do dispositivo permite verificar a ligação entre o princípio da fundamentação das decisões judiciais e o desenvolvimento de um sistema de construção de decisões a partir de precedentes ou outros padrões decisórios.

---

novo CPC. Disponível em: <http://www.conjur.com.br/2016-abr-23/observatorio-constitucional-jurisdicao-fundamentacao-dever-coerencia-integridade-cpc>. Acesso em: 7 maio 2017. Vale aqui deixar claro que o Juiz Hércules é uma metáfora, que deve ser compreendida como uma alegoria de interpretação (sobre o ponto: NUNES, Dierle; PEDRON, Flávio Quinaud; HORTA, André Frederico de Sena. Os precedentes judiciais, o art. 926 do CPC e suas propostas de fundamentação: um diálogo com concepções contrastantes. *Revista de Processo*, São Paulo: RT, vol. 263, p. 366, 2017). Aliás, o próprio Dworkin afirma expressamente que "[a]nalogias são sempre perigosas[,] quase tão perigosas quanto as metáforas" (DWORKIN, Ronald. *A Justiça de Toga*. Trad. bras. de Jefferson Luiz Camargo. 1. ed. 2. tir. São Paulo: WMF Martins Fontes, 2016. p. 80).

Afinal, há vício de fundamentação quando a decisão "se limitar a invocar precedente ou enunciado de súmula, sem identificar seus fundamentos determinantes nem demonstrar que o caso sob julgamento se ajusta àqueles fundamentos". O tema será objeto de apreciação mais detida adiante, mas se pode ao menos adiantar que isto decorre da necessidade de se ver no precedente um *principium argumentativo*.

É que, como ensina Nunes,

> no sistema do *case law*, o precedente é um *principium* argumentativo. A partir dele, de modo discursivo e profundo, verificar-se-á, inclusive com análise dos fatos, se o precedente deverá ou não ser repetido (aplicado).[71]

Além disso, há vício de fundamentação se a decisão deixa de seguir enunciado de súmula, jurisprudência ou precedente invocado pela parte, sem demonstrar a existência de distinção no caso em julgamento ou a superação do entendimento, o que mostra que também os precedentes invocados pelas partes ao longo do processo devem ser levados em conta na produção da decisão final (o que se liga não só ao princípio da fundamentação e à exigência de que os precedentes sejam vistos como princípios argumentativos, mas também à exigência de contraditório substancial, já que não é dado ao órgão jurisdicional simplesmente ignorar os fundamentos deduzidos pelas partes). Ao ponto se retornará, oportunamente, com o fim de demonstrar que disso tudo resulta uma exigência de compartição ampliada nos processos destinados à formação de padrões decisórios vinculantes (com a ampliação subjetiva do contraditório de modo a permitir a participação de mais sujeitos com possibilidade de influir na formação do resultado final e com a exigência de uma deliberação mais qualificada pelo órgão jurisdicional responsável por prolatar o pronunciamento que servirá como padrão decisório), assim como se exige também um tratamento adequado dos casos em que se tem distinção ou superação de padrões decisórios, com o incremento do ônus argumentativo das partes e a exigência de fundamentação específica acerca da distinção ou superação.

Impende ter claro, porém – e se pede vênia pela insistência no ponto –, que a exigência de uma fundamentação substancial das decisões é essencial para o caráter democrático (e, portanto, constitucionalmente legítimo) dos

---

[71] NUNES, Dierle. Novo CPC consagra concepção dinâmica do contraditório cit.. Também afirma que o precedente deve ser compreendido como *principium* argumentativo: RE, Edward D. *Stare decisis*. Trad. bras. de Ellen Gracie Northfleet. *Revista de Processo*, São Paulo: RT, vol. 73, p. 48, 1994.

pronunciamentos jurisdicionais.[72] É que "[a]penas com uma [fundamentação] completa e adequada haverá possibilidade de controlabilidade das decisões judiciais".[73] E isto deve existir no Estado Democrático de Direito porque "uma das propriedades mais importantes de uma democracia madura é seu caráter aberto. Isso faz possível o controle externo de tomada de decisões".[74] Daí a necessidade de que no Estado Constitucional as decisões sejam substancialmente fundamentadas. É que "juridicamente aceitáveis são as razões que mostram que a decisão está dentro da armadura da ordem jurídica. Elas 'fazem' jurídica a decisão".[75]

Não se veja no quanto aqui vai afirmado um caráter "extrajurídico" na exigência de fundamentação da decisão judicial.[76] Ao contrário, o que se afirma aqui é que a controlabilidade da decisão resulta do caráter democrático do Estado, e este é fruto da Constituição (e, portanto, tem conteúdo jurídico). Afinal, é o art. 1º, *caput*, da Constituição da República que afirma ser o Brasil um Estado Democrático de Direito, sendo, pois, o conceito de Democracia

---

[72] Vale aqui lembrar a lição de Calmon de Passos: "A fundamentação do juiz é a resposta política que ele dá para explicitar a sua legitimação. Porque só é decisão do magistrado a que ele dá àquele cidadão – que é cidadão, não é súdito – aquela devidamente legitimada do ponto de vista constitucional. Aquela fundamentação em que o juiz torna explícito que ele respeitou o devido processo legal, e que ele está respeitando as matrizes de produção do direito que lhe são oferecidas pelo sistema" (PASSOS, J. J. Calmon de. A formação do convencimento do magistrado e a garantia constitucional da fundamentação das decisões. In: TUBENCHLAK, James; BUSTAMANTE, Ricardo Silva de (coord.). *Livro de estudos jurídicos*. Niterói: IEJ, 1991. vol. 3, p. 11.

[73] FILARDI, Hugo. *Motivação das decisões judiciais e o estado constitucional*. Rio de Janeiro: Lumen Juris, 2012. p. 39.

[74] AARNIO, Aulis. La tesis de la única respuesta correcta y el princípio regulativo del razonamiento jurídico. Disponível em: <http://www.udea.edu.co/portal/page/portal/bibliotecaSedesDependencias/unidadesAcademicas/FacultadDerechoCienciasPoliticas/BilbiotecaDiseno/Archivos/02_Documentos/Aarnio-La%20unicarespuestacorrecta.pdf>. Acesso em: 02 nov. 2014. p. 27. No original: "Una de las propriedades más importantes de una democracia es su carácter abierto. Ello hace posible el control externo de la toma de decisiones".

[75] Idem, ibidem. No original: "Juridicamente aceptables son las razones que muestran que la decisión está dentro del armazón del orden jurídico. Ellas 'hacen' jurídica la decisión".

[76] Motivo pelo qual a ligação entre fundamentação da decisão e controlabilidade foi objeto de crítica por Beclaute Oliveira Silva: "essa forma de ver o fenômeno da fundamentação da decisão (sentença) judicial como extraprocessual, como descrito no item anterior, na realidade acaba por desembocar em uma análise extrajurídica, melhor dizendo, metajurídica" (SILVA, Beclaute Oliveira. *A garantia fundamental à motivação da decisão judicial*. Salvador: JusPodivm, 2007. p. 147).

Cap. 2 · O MODELO CONSTITUCIONAL DE PROCESSO BRASILEIRO | 85

um elemento central do sistema jurídico brasileiro. E, como afirma Taruffo (em tradução livre),

> a [fundamentação] representa, com efeito, a garantia de controlabilidade do exercício do poder judicial fora do contexto processual, e então por parte do *quivis de populo* e da opinião pública em geral. Isso deriva de uma concepção democrática do poder, segundo a qual o exercício do poder tem que ser controlado desde fora. Em sentido contrário, não vale objetar que na prática este controle nem sempre pode ser exercido, pois o significado profundo das garantias está, com efeito, na possibilidade de que o controle seja posto em prática, não no fato de que seja efetuado concretamente em cada caso individual.[77]

Há, pois, ligação direta entre o princípio da fundamentação das decisões judiciais e o caráter democrático do exercício do poder estatal, razão pela qual se pode afirmar que é do Estado Democrático de Direito que resulta a exigência de fundamentação substancial (e não meramente formal) das decisões.[78] Afinal, como já dito, o conceito de Estado Democrático é (também) um conceito jurídico, integrante do arcabouço jurídico brasileiro. Afinal, segundo as palavras de Zimmermann,

> em um Estado Democrático de Direito, o ordenamento jurídico está vinculado ao poder democrático de transformação da realidade social, muito embora a força transformadora do direito seja impedida de perfazer intervenções ilegítimas na esfera das liberdades públicas. [O] Estado Democrático de Direito acredita na importância das normas jurídicas para

---

[77] TARUFFO, Michele. *Verdad, prueba y motivación en la decisión sobre los hechos.* México: Tribunal Electoral del Poder Judicial de la Federación, 2013. p. 104. No original: "La motivación representa, en efecto, la garantia de la controlabilidad del ejercicio del poder judicial desde fuera del contexto procesal, y entonces por parte del *quivis de populo* y de la opinión pública en general. Eso deriva de una concepción democrática del poder, según la cual el ejercicio del poder tiene que ser controlado siempre desde afuera. En sentido contrario, no se vale objetar que en la práctica este control no siempre puede ser ejercido, pues el significado profundo de las garantias está, en efecto, en la posibilidad de que el control sea puesto en práctica, no en el hecho de que sea efectuado concretamente en cada caso individual".

[78] Vale aqui recordar, com Francisco José Borges Motta (que apoia seu pensamento na obra de Dworkin), que "a necessidade de boa fundamentação da decisão pode ser trabalhada a partir da tese dos argumentos de princípio (a decisão judicial deve ser gerada por princípios que guardem, entre si e com o Direito como um todo, coerência e integridade)" (cf. MOTTA, Francisco José Borges. Op. cit., p. 260).

a sólida construção de uma democracia legitimamente institucionalizada. Apoia-se, ademais, na [ideia] de autonomia individual e direitos sociais, onde os cidadãos exercitam ativamente os seus direitos de participação e comunicação. Por conseguinte, conclui-se então que o legislador constituinte buscou com esta nova expressão, Estado Democrático de Direito, restaurar a força do direito vinculando-o à necessidade de uma efetiva legitimação democrática das normas jurídicas.[79]

O Estado brasileiro, democrático e de direito por força do disposto no art. 1º da Constituição da República, resulta numa exigência de legitimação democrática de todos os atos de poder. E a legitimação democrática das decisões judiciais só existe se tais pronunciamentos forem substancialmente fundamentados, de forma a viabilizar-se seu controle por toda a sociedade. Impõe-se, pois, uma fundamentação *substancial* das decisões judiciais, em que estas sejam verdadeiramente justificadas, a fim de que se demonstre sua legitimidade constitucional. E essa exigência de fundamentação completa e substancial é ampliada no caso em que a decisão se destina a assumir a função de padrão decisório ou quando se afasta de um desses padrões (seja por distinção, seja por superação).

Não se pode deixar de afirmar aqui, por fim, a necessidade de distinguir-se a *fundamentação* (que é constitucionalmente exigida) e a *motivação* da decisão. Fundamentação e motivação não se confundem.[80] E vem daí, da exigência de fundamentar (e não de simplesmente "motivar") as decisões, a

---

[79] ZIMMERMANN, Augusto. *Curso de direito constitucional*. Rio de Janeiro: Lumen Juris, 2002. p. 197.

[80] Como diz Lenio Streck, "[e]videntemente que motivação não é o mesmo que fundamentação", uma vez que admitir a sinonímia entre essas duas ideias "é afirmar que o juiz primeiro decide – e para isso teria total liberdade – e, depois, apenas motiva aquilo que já escolheu" (STRECK, Lenio Luiz. Jurisdição, fundamentação e dever de coerência e integridade no novo CPC cit.). É que "a motivação seria o apontamento *pelo juiz* dos elementos que *ele* – de modo individual e solitário – considerou mais relevantes no caso e que fizeram que *ele* tomasse tal decisão em determinado sentido – e não em outro – o que é diferente da] fundamentação, por meio da qual deverá o magistrado convencer as partes e a sociedade da correção de sua decisão" (THEODORO JÚNIOR, Humberto; NUNES, Dierle; BAHIA, Alexandre Melo Franco; PEDRON, Flávio Quinaud. *Novo CPC* – Fundamentos e sistematização. 3. ed. Rio de Janeiro: Gen-Forense, 2016. p. 333-334). Em outras palavras, pode-se considerar que aquele que "motiva" uma decisão se limita a apresentar suas razões individuais, em um discurso que só é relevante para si próprio; enquanto a fundamentação é um discurso voltado para os destinatários do ato, com o fim de o justificar como o ato correto a ser praticado.

incompatibilidade do "livre convencimento motivado" com o ordenamento constitucional brasileiro.[81] Cada decisão judicial deve ser fundamentada, justificada, de modo a se buscar demonstrar, para as partes e para a sociedade, que era aquela a decisão correta para o caso concreto.

E) Princípio da duração razoável do processo

Desde a edição da EC nº 45/2004 que a Constituição da República Federativa do Brasil prevê, expressamente, a existência de um direito à razoável duração do processo. Essa garantia, porém, mesmo antes da aludida Emenda Constitucional já ingressara no ordenamento jurídico brasileiro. É que a Convenção Americana sobre Direitos Humanos – o Pacto de São José da Costa Rica – prevê, em seu art. 8º, 1, que

> toda pessoa terá o direito de ser ouvida, com as devidas garantias e *dentro de um prazo razoável*, por um juiz ou Tribunal competente, independente e imparcial, estabelecido anteriormente por lei, na apuração de qualquer acusação penal formulada contra ele, ou na determinação de seus direitos e obrigações de caráter civil, trabalhista, fiscal ou de qualquer outra natureza.

Daí se extrai, então, que desde 1992 – ano da internalização desse Tratado pelo Brasil – existe no ordenamento jurídico brasileiro a expressa previsão de um "direito à razoável duração do processo", a todos assegurado. Mesmo antes disso, porém, a garantia de duração razoável do processo já podia ser extraída dos princípios do devido processo e da inafastabilidade do controle jurisdicional, expressamente previstos nos incisos LIV e XXXV do art. 5º da Constituição da República.[82]

A garantia de duração razoável do processo deve ser vista como um dos elementos formadores do modelo constitucional de processo civil que busca a produção dos resultados – qualitativamente bons – a que o processo civil se dirige.[83] Não se pode, portanto, aceitar a ideia – manifestamente equivocada – de que a garantia de duração razoável do processo seja um valor (ou um

---

[81] Sobre essa incompatibilidade, por todos: FREITAS, Gabriela Oliveira. Fundamentação das decisões e a superação do livre convencimento motivado. *Revista de Processo, Jurisdição e Efetividade da Justiça*. Brasília, v. 2, n. 1, 2016, passim.

[82] CÂMARA, Alexandre Freitas. O direito à duração razoável do processo entre eficiência e garantias. *Revista de Processo*, São Paulo: RT, vol. 223, p. 40, set 2013.

[83] Idem, p. 43.

princípio, sendo certo que princípios não são valores) superior aos demais, ou que exista uma espécie de "direito ao processo rápido". O que existe é o direito ao *devido processo*, ao processo pleno de garantias, direito este que será violado se o processo for excessivamente moroso, pois estará assim comprometida sua eficiência. Como se lê em obra específica sobre o tema, o determinante é a busca da eficaz e correta administração da justiça. E a rapidez na tramitação do processo não será mais que um elemento para obtê-la.[84]

Sobre o ponto, ensinou Morello (em tradução livre):

> Nunca mais do que agora, frente à vertiginosa aceleração histórica, a necessidade de que a solução a um conflito judicial recaia em um tempo razoavelmente limitado, de modo tal que a garantia da efetiva tutela que se aninha no marco do devido processo satisfaça os valores de pacificação, justiça e segurança.[85]

O princípio da duração razoável do processo, pois, impõe que o processo dure "o mínimo, mas também todo o tempo necessário para que não haja violação da qualidade na prestação jurisdicional".[86] Em outras palavras, por força da garantia de duração *razoável*, o processo não pode demorar nem um dia a mais, e nem um dia a menos, do que o tempo necessário para produzir um resultado justo (entendido este como o resultado constitucionalmente legítimo).

A garantia de duração razoável do processo deve, pois, ser compreendida como a garantia de que o processo se desenvolverá *sem dilações indevidas*, não demorando mais (nem menos) do que o necessário para a produção de resultados justos, conformes com o ordenamento jurídico. A questão que se põe, então, é a seguinte: como obter este resultado, de modo a construir-se um sistema de prestação de justiça civil eficiente (frisando-se aqui que não se pode cogitar de eficiência se o resultado produzido não é qualitativamente bom)?

Importante aqui destacar o que se deve entender por eficiência, princípio do processo que deve ser observado não só por força do disposto no art. 37

---

[84] BARTOLOMÉ, Placido Fernandez-Viagas. *El derecho a un proceso sin dilaciones indebidas*. Madri: Civitas, 1994. p. 35.

[85] MORELLO, Augusto Mario. *El proceso justo*. La Plata: Platense, 1994, p. 365. No original: "Nunca más que ahora, frente a la vertiginosa aceleración histórica, la necesidad de que la solución a un conflicto judicial recaiga en un tiempo razonablemente limitado, de modo tal que la garantía de la efectiva tutela que anida en el marco del debido proceso satisfaga los valores de pacificación, justicia y seguridad".

[86] TAVARES, André Ramos. *Reforma do Judiciário no Brasil pós-88*. São Paulo: Saraiva, 2005. p. 31.

da Constituição da República, mas também pelo que expressamente consta do art. 8º do CPC/2015. Este é princípio que comumente se vê estudado pelo Direito Administrativo, sendo possível dizer sobre ele que

> [a] eficiência não pode ser entendida apenas como maximização financeira, mas sim como um melhor exercício das missões de interesse coletivo que incumbem ao Estado, que deve obter a maior realização prática possível das finalidades do ordenamento jurídico, com os menores ônus possíveis, tanto para o Estado, inclusive de índole financeira, como para as liberdades dos cidadãos.[87]

Pois exatamente nesta linha se pode encontrar a afirmação segundo a qual o termo eficiência pode ser definido como "a razão entre um resultado desejado e os custos necessários para sua produção".[88]

Evidentemente, quando se trata do processo civil, não se levam em conta apenas os custos econômicos, mas todo e qualquer dispêndio, de tempo e energias, necessário para a produção dos resultados esperados do processo civil. Assim, o sistema de prestação de justiça civil será eficiente se for capaz de conduzir à produção dos resultados esperados do processo com o mínimo de dispêndio de tempo e energias. Essas ideias, como facilmente se percebe, aproximam o conceito de eficiência do processo civil do conhecido *princípio da economia processual.*[89]

Pois esse resultado (a produção de resultados eficientes, o que implica também – mas não só – a observância do princípio da duração razoável do processo) só se conseguirá quando se conseguir promover a remoção de diversos obstáculos à efetivação da garantia do devido processo. É preciso, pois, uma reforma estrutural profunda.

---

[87] ARAGÃO, Alexandre Santos de. *Curso de direito administrativo.* 2. ed. Rio de Janeiro: Forense, 2013. p. 73.

[88] MIKELÉNAS, Valentinas. Efficiency of civil procedure: mission (im)possible? In: NEKROŠIUS, Vytautas (coord.). *Recent trends in economy and efficiency of civil procedure.* Vilnius: Vilnius University Press, 2013. p. 142 (tradução livre; no original: "a *ratio* between a desired effect and the costs necessary for its production").

[89] Já se disse, a respeito do processo civil polonês, que naquele sistema a "efetividade dos processos" foi, por muito tempo, conhecida como "economia processual". Sobre o ponto: ERECIŃSKI, Tadeusz; GRZEGORCZYK, Paweł. Effective protection of diverse interests in civil proceedings on the example of Polish act on group action. In: NEKROŠIUS, Vytautas (coord.). *Recent trends in economy and efficiency of civil procedure.* Vilnius: Vilnius University Press, 2013. p. 23.

Tal reforma deve, necessariamente, começar pelo próprio Poder Judiciário. Impõe-se uma transformação estrutural do organismo destinado a desenvolver a atividade jurisdicional.[90] Isto se diz por saber-se que não há possibilidade de se ter um processo com razoável duração em que se podem levar meses para a simples juntada de uma petição aos autos, ou em um sistema que convive com autos de processos conclusos ao juiz por tempos excessivamente longos (que, em alguns casos, contam-se em anos).

Também o sistema processual, porém, precisa ser repensado. E sem dúvida um dos mecanismos capazes de combater a morosidade excessiva do processo é a padronização decisória (a qual deve necessariamente ser estabelecida com respeito ao modelo constitucional de processo, como vem sendo demonstrado ao longo desse estudo). Afinal, "processo é garantia e a padronização de julgados (precedentes) deve ser formatada e aplicada a partir deste pressuposto", de forma a evitar empobrecimento do discurso jurídico.[91]

É que com a construção (constitucionalmente adequada) de um sistema de produção de decisões a partir de precedentes ou enunciados de súmula vinculante, em que são respeitados os padrões decisórios estabelecidos, casos iguais são decididos de forma igual (*to treat like cases alike*), e isso gera, sem perda de legitimidade democrática, a produção de resultados adequados em tempo razoável.

Muito do tempo que se perde hoje no processo judicial resulta de uma suposta "liberdade decisória" do juiz, da qual se extrai um "quadro de 'anarquia interpretativa' na qual nem mesmo se consegue respeitar a história institucional da solução de um caso dentro de um mesmo tribunal".[92] Ocorre que a prolação de decisões judiciais divergentes (em casos nos quais já existe um entendimento firmado e que prevalece nos

---

[90] Na Itália, onde a morosidade processual é notória, já se afirmou que "la cronica lentezza dei processi italiani dipende essenzialmente dal malfunzionamento delle struture" (CHIARLONI, Sergio Giusto processo (diritto processuale civile). *Revista de Processo*, São Paulo: RT, vol. 219, p. 145, 2013).

[91] NUNES, Dierle. Padronização decisória pode empobrecer o discurso jurídico. Disponível em: <http://www.conjur.com.br/2012-ago-06/dierle-nunes-padronizar--decisoes-empobrecer-discurso-juridico>. Acesso em: 9 nov. 2014

[92] THEODORO JÚNIOR, Humberto; BAHIA, Alexandre; NUNES, Dierle. Breves considerações sobre a politização do Judiciário... cit., p. 43. A referência à história institucional remete à metáfora do romance em cadeia empregada por Dworkin para expor a exigência de integridade no Direito. Sobre o ponto, DWORKIN, Ronald. *Uma questão de princípio* cit., p. 235-238.

órgãos jurisdicionais superiores) só acarreta uma maior delonga do processo. Basta considerar que uma decisão judicial proferida por órgão de primeira instância que contrarie a "jurisprudência sumulada" dos tribunais pode ser reformada por decisão monocrática do relator de eventual recurso que seja interposto (art. 932, IV e V, do CPC/2015). E a prolação por tribunais de segunda instância (Tribunais Regionais Federais ou Tribunais de Justiça) de decisões divergentes do entendimento prevalente é, por si só, fundamento para a interposição – e admissibilidade – de recurso especial (art. 105, III, *c*, da Constituição da República), o que leva a causa ao STJ quando, via de regra, o entendimento predominante é acatado, modificando-se a decisão recorrida.

Assim, o respeito a padrões decisórios estabelecidos (e desde que perfeitamente identificados os casos, conforme as exigências do modelo constitucional de processo, o que se dá em um processo que se desenvolve de modo comparticipativo) implica a produção de resultados constitucionalmente legítimos em tempo razoável, atendendo-se deste modo ao *princípio da duração razoável do processo*, sem descurar dos demais princípios componentes daquele modelo. A existência de um direito ao processo sem dilações *indevidas* precisa ser compreendida adequadamente. Se o direito que se tem é o de que o processo não sofra dilações *indevidas*, significa isso dizer que não pode existir processo sem dilações temporais. Só não pode haver dilação *indevida*. As dilações devidas são, todas, imprescindíveis para que o processo produza resultados constitucionalmente legítimos.[93]

Demonstrou-se, assim, que a construção de um sistema de padronização decisória é absolutamente compatível com os princípios que compõem o modelo constitucional de processo (desde o princípio do devido processo, passando pelo juízo natural, pela exigência de fundamentação das decisões e pela garantia de duração razoável do processo). Impende, agora, examinar separadamente um último princípio. Trata-se do princípio do contraditório. É que nele se encontra a característica essencial do processo,[94] e a partir dele é que se desenvolve o modelo comparticipativo de processo que hoje está expressamente acolhido pelo ordenamento jurídico brasileiro (conforme se vê pelo texto do art. 6º do CPC/2015).[95]

---

[93] CÂMARA, Alexandre Freitas. O direito à duração razoável do processo... cit., p. 52.

[94] Como se verá a seguir, com apoio na obra de Fazzalari, que vê no contraditório "a essência" (*l'essenza*) do processo.

[95] Sobre o processo comparticipativo, NUNES. Dierle José Coelho. *Processo jurisdicional democrático* cit., passim.

2.1 O PRINCÍPIO CONSTITUCIONAL DO CONTRADITÓRIO. SUA COMPREENSÃO COMO MECANISMO DE CONSTRUÇÃO PARTICIPATIVA DO RESULTADO DO PROCESSO

Dentre todos os princípios componentes do modelo constitucional de processo brasileiro, um merece destaque especial e, por isso, será tratado neste tópico separado: o princípio do contraditório. E o destaque resulta do fato de que o contraditório é, dentre todos os princípios constitucionais, o único que integra o próprio conceito de processo, o qual deve ser compreendido como um *procedimento em contraditório*. É o que se extrai da obra de Fazzalari, um dos marcos teóricos deste estudo (em tradução livre):

> Se, então, ao procedimento de formação do provimento, às atividades preparatórias através das quais se verificam os pressupostos do próprio provimento, são chamados a participar, em uma ou mais fases, também os "interessados", em contraditório, tomamos a essência do "processo": que é, na verdade, um procedimento ao qual, além do autor do ato final, participam, em contraditório entre eles, os interessados, isto é, os destinatários dos efeitos de tal ato.[96]

Esta concepção de processo como procedimento em contraditório desenvolveu-se no Brasil a partir da contribuição de Aroldo Plínio Gonçalves, para quem

> O provimento implica na conclusão de um procedimento, pois a lei não reconhece sua validade, se não é precedido das atividades preparatórias que ela estabelece. Mas o provimento pode ser visto como ato final do procedimento não apenas porque este se esgota na preparação de seu advento. Pode ser concebido com parte do procedimento, como seu ato final, como o último ato de sua estrutura. É na possibilidade de se enuclearem os provimentos, em conjunto, segundo essa ótica, pela qual eles são o próprio ato final do procedimento, que Fazzalari encontra a perspectiva própria para o estudo do processo.

---

[96] FAZZALARI, Elio. Op. cit., p. 8. No original: "Se, poi, al procedimento di formazione del provvedimento, alle attività preparatorie attraverso le quali si verificano i presupposti del provvedimento stesso, sono chiamati a partecipare, in una o più fasi, anche gl'"interessati", in contraddittorio, cogliamo l'essenza del 'processo': che è, appunto, un procedimento al quale, oltre all'autore dell'atto finale, partecipano, in contraddittorio fra loro, gl'"interessati", cioè i destinatari degli effetti di tale atto".

> O processo começará a se caracterizar como uma 'espécie' do 'gênero' procedimento, pela participação na atividade de preparação do provimento, dos "interessados", juntamente com o autor do próprio provimento. Os interessados são aqueles em cuja esfera particular o ato está destinado a produzir efeitos, ou seja, o provimento interferirá, de alguma forma, no patrimônio no sentido de *universum ius*, dessas pessoas.[97]

E, mais adiante, prossegue Gonçalves:

> O processo começa a se definir pela participação dos interessados no provimento da fase que o prepara, ou seja, no procedimento. Mas essa definição se concluirá pela apreensão da específica estrutura legal que inclui essa participação, da qual se extrairá o predicado que identifica o processo, que é o ponto de sua distinção: a participação dos interessados, em contraditório entre eles.[98]

É que, como afirma Fazzalari,[99] a "característica própria" do processo é o contraditório. E esta é uma ideia perfeitamente compatível com o modelo constitucional do processo civil brasileiro, que determina a observância do princípio do contraditório em todos os processos judiciais, "sem qualquer ressalva, limitação ou restrição".[100]

Daí por que o princípio do contraditório merece ser examinado separadamente neste trabalho. E este exame se fará em duas partes. A primeira dedicada a apresentar o modo como tradicionalmente se compreendeu o contraditório; a segunda destinada a analisar a visão contemporânea do contraditório, a única compatível com o modelo constitucional de processo em um Estado Democrático, e que leva inexoravelmente à construção de um processo comparticipativo.

2.1.1 A visão tradicional do princípio do contraditório

Inicialmente, é preciso ter claro que o princípio do contraditório não nasceu com a Constituição da República de 1988 ou com a obra de Fazzalari. Como afirma Brêtas,[101] esta é uma ideia distorcida que, infelizmente,

---

[97] GONÇALVES, Aroldo Plínio. *Técnica processual e teoria do processo*. Rio de Janeiro: Aide, 1992. p. 112.

[98] Idem, p. 113.

[99] FAZZALARI, Elio. Op. cit., p. 76.

[100] BRÊTAS, Ronaldo de Carvalho Dias. Op. cit., p. 122.

[101] Idem, p. 125.

parece ficar sugerida em uma série de trabalhos destinados ao estudo do direito processual.

O princípio do contraditório já era reconhecido como fundamental para a compreensão do processo nos primeiros momentos do processualismo científico. Veja-se, por exemplo, o que disse Wach (em tradução livre):

> A finalidade do processo compreende dois interesses em colisão: o interesse de tutela jurídica afirmado pelo demandante e o interesse do demandado. O processo serve tanto para o ataque como para a defesa, para afirmar o direito e para negá-lo. Provam-no a natureza contraditória do processo, que se baseia na antítese da petição autoral e da petição de rechaço, e o alcance da resolução passada em autoridade de coisa julgada, que é sentença não apenas sobre a primeira, mas também sobre a segunda dessas petições.[102]

Já no início do desenvolvimento doutrinário do direito processual, então, se reconhecia a importância do contraditório. A visão que dele se tinha, porém, era a de um contraditório meramente *formal*, sendo compreendido como mera garantia de informação e possibilidade de manifestação.

Chiovenda, por exemplo, afirmava que "[n]ormalmente não se pode dispor sobre uma demanda sem ouvir ou citar devidamente a parte contra a qual se propôs (princípio do contraditório: *audiatur et altera pars*[)]".[103] De seu lado, Carnelutti afirmava (em tradução livre):

> [u]ma vez que cada uma das partes tem interesse na justiça do resultado do processo só nos limites em que este o favorece, se entende que uma garantia principal de dita justiça deve consistir na colaboração de ambas, a qual, dada a oposição de seus interesses, se desenvolve mediante o *contraditório*.[104]

---

[102] WACH, Adolf. *Manual de derecho procesal civil.* Trad. esp. de Tomás A. Banzhaf. Buenos Aires: EJEA, 1977. vol. I, p. 23. No original: "La finalidad del proceso comprende dos intereses en colisión: el interés de tutela jurídica afirmado por el demandante y el interes del demandado. El proceso sirve tanto para el ataque como para la defensa, para afirmar el derecho y para negarlo. Lo prueban la naturaleza contradictoria del proceso, que se basa en la antítesis de la petición actora y la petición de rechazamiento, y el alcance de la resolución pasada en autoridad de cosa juzgada, que es sentencia no solamente sobre la primera, sino también sobre la segunda de esas peticiones".

[103] CHIOVENDA, Giuseppe. *Instituições de direito processual civil.* Trad. bras. de J. Guimarães Menegale. 3. ed. São Paulo: Saraiva, 1969. vol. 2. p. 293.

[104] CARNELUTTI, Francesco. *Instituciones del proceso civil.* Trad. esp. de Santiago Sentís Melendo. Buenos Aires: El Foro, 1997. vol. I, p. 184. No original: "[p]uesto

Na visão que inicialmente se tinha, então, o contraditório já era considerado essencial para o desenvolvimento do processo, mas – como dito – era tido por mera garantia de informação e possibilidade de manifestação. Assim é que, como se lê na obra de Joaquim Canuto Mendes de Almeida, o contraditório seria "ciência bilateral dos atos e termos processuais e possibilidade de contrariá-los".[105] Esta definição de contraditório influenciou autores mais recentes, inclusive em trabalhos escritos após a promulgação da Constituição de 1988. Assim, por exemplo, Grinover sustenta que "[se desdobra o] contraditório em dois momentos – a informação e a possibilidade de reação".[106] E em obra ainda mais recente se lê que "o contraditório pode ser conceituado como a garantia de ciência bilateral dos atos e termos do processo (jurisdicional ou não), com a consequente possibilidade de manifestação sobre os mesmos".[107]

Esta visão do contraditório, porém, encontra-se inteiramente ultrapassada. O contraditório meramente formal não é condizente com o Estado Democrático de Direito, do qual se extrai a necessidade de participação efetiva dos interessados na construção dos provimentos capazes de afetar suas esferas jurídicas. É que, como afirma Habermas,

> [n]o princípio da soberania popular, segundo o qual todo o poder do Estado vem do povo, o direito subjetivo à participação, com igualdade de chances, na formação democrática da vontade, vem ao encontro da possibilidade jurídico-objetiva de uma prática institucionalizada de autodeterminação dos cidadãos. Esse princípio forma a charneira entre o sistema dos direitos e a construção de um Estado de direito.[108]

---

que cada una de las partes tiene interes en la justicia del resultado del proceso sólo en los limites en que este le favorece, se entiende que una garantía principal de dicha justicia debe consistir en la colaboración de ambas, la cual, dada la oposición de sus intereses, se desarrolla mediante el *contradictorio*".

[105] ALMEIDA, Joaquim Canuto Mendes de. *Princípios fundamentais do processo penal*. São Paulo: RT, 1973. p. 80.

[106] GRINOVER, Ada Pellegrini. Defesa, contraditório, igualdade e *par condicio* na ótica do processo de estrutura cooperatória. In: GRINOVER, Ada Pellegrini. *Novas tendências do direito processual*. 2. ed. Rio de Janeiro: Forense Universitária, 1990. p. 4.

[107] PINHO, Humberto Dalla Bernardina de. *Teoria geral do processo*. Rio de Janeiro: Lumen Juris, 2007. p. 29.

[108] HABERMAS, Jürgen. *Direito e democracia entre facticidade e validade*. Trad. bras. de Flávio Beno Siebeneichler. Rio de Janeiro: Tempo Brasileiro, 1997. vol. 1, p. 212.

Vale aqui lembrar que, conforme a concepção de democracia desenvolvida por Dworkin, é preciso construir-se uma teoria da participação igualitária para permitir verificar se uma decisão é ou não democrática.[109] É que, segundo Dworkin,

> os cidadãos de uma comunidade política governam a si mesmos, em um senso especial, mas valioso, de autogoverno, quando a ação política é apropriadamente vista como ação coletiva através de uma parceria em que todos os cidadãos participam como parceiros livres e iguais, antes que uma disputa por poder político entre grupos de cidadãos.[110]

Resulta desse conceito de democracia, portanto, que todos os indivíduos são responsáveis pelas consequências das ações coletivas dos grupos a que pertencem, dividindo responsabilidades por suas conquistas ou fracassos.[111] Assim sendo, é preciso que em uma Democracia sejam criadas as condições para dar a cada cidadão uma parcela da responsabilidade coletiva pelas decisões da comunidade.[112]

Tudo isso permite afirmar que, segundo essa concepção democrática, que não é majoritária, mas *constitucional*,[113] é preciso adotar uma "compreensão constitucional da cláusula do contraditório".[114]

---

[109] DWORKIN, Ronald. *Is democracy possible here?* cit., p. 134.

[110] DWORKIN, Ronald. The partnership conception of democracy. *California Law Review*, vol. 86, p. 452, 1998 (tradução livre). No original: "citizens of a political community govern themselves,in a special but valuable sense of self-government, when political action is appropriately seen as collective action by a partnership in which all citizens participate as free ande qual partners, rather than as a contest for political power between groups of citizens".

[111] DWORKIN, RONALD. The partnership conception of democracy cit., p. 454.

[112] Idem, p. 456.

[113] DWORKIN, Ronald. *O direito da liberdade* – A leitura moral da Constituição norte--americana. Trad. bras. de Marcelo Brandão Cipolla. São Paulo: Martins Fontes, 2006. p. 30-31.

[114] MOTTA, Francisco José Borges. Op. cit., p. 264. O mesmo autor afirma, ainda, que a interpretação do contraditório como garantia de participação com influência "inclusive tem despertado a atenção da processualística contemporânea, ao incorporar concretamente, à decisão judicial, a contribuição daqueles que sofrerão os seus efeitos, [o que] contribui para que se satisfaça a condição democrática da *participação*" (op. cit., p. 266). Perceba-se que é dessa concepção comparticipativa de democracia que advirá a necessidade de se reconhecer o modelo comparticipativo de processo como o único compatível com o Estado Democrático de Direito, além de ser possível – como se verá adiante – justificar a necessidade de criação de

Assim, no Estado Democrático de Direito existe um direito, a todos assegurado, à participação na formação democrática dos pronunciamentos estatais. E este direito se manifesta no processo por meio da garantia constitucional do contraditório. Daí a importância de se conhecer a mais moderna concepção de contraditório, afinada com o Estado Democrático de Direito, a única compatível com o Estado Constitucional Brasileiro constituído a partir de 1988.

2.1.2 O contraditório como direito de participação com influência. A garantia de não surpresa. O modelo comparticipativo de processo

Modernamente se tem visto no contraditório mais do que uma garantia meramente formal. Reconhece-se a existência de uma garantia substancial do contraditório, compreendido como direito de participação com influência e garantia de não surpresa. É desta percepção do contraditório que se passa, então, a tratar.

Esta concepção mais moderna do princípio do contraditório, visto como garantia de efetiva participação com influência na formação do resultado do processo, surgiu a partir da doutrina alemã, que passou a ver no contraditório não uma mera garantia formal de bilateralidade de audiência, mas como possibilidade de influência sobre o conteúdo das decisões e sobre o desenvolvimento do processo, com inexistentes ou reduzidas possibilidades de que o resultado surpreenda as partes.[115]

Já há algumas décadas se afirmou que (em tradução livre):

> [o] assim chamado julgamento surpresa é um câncer na administração do Direito, desde que ele mina a confiança daqueles que procuram por justiça no Direito. [Julgamentos-surpresa], porém, podem ser evitados apenas se o dever de esclarecimento do tribunal é decisivamente expandido e institucionalizado em todo estágio do procedimento.[116]

---

mecanismos de participação de todos os interessados na construção dos padrões decisórios vinculantes.

[115] NUNES, Dierle. *Processo jurisdicional democrático* cit., p. 226.

[116] BENDER, Rolf; STRECKER, Christoph. Access to Justice in the Federal Republic of Germany In: CAPPELLETTI, Mauro; GARTH, Bryant (org.). *Access to Justice*. Milão: Giuffrè, 1978. vol. 1, livro 2, p. 554. No original: "The so-called surprise judgment is a cancer on the administration of the law, since it undermines the confidence of those seeking justice in the law. [Surprise judgments], however, can be avoided only

Impende, então, que o contraditório seja visto como uma garantia de que as decisões (ou, mais amplamente, os resultados do processo, pois é preciso também considerar a atividade executiva, que não se destina a produzir decisões) sejam produzidas sem que se apresentem como capazes de surpreender as partes. E isto só se consegue se o princípio do contraditório for compreendido como a garantia de que as partes poderão efetivamente participar, com influência, de sua formação.

Trata-se, pois, de considerar o contraditório como o "direito de ser ouvido".[117] Perceba-se que o *direito de ser ouvido* é muito mais do que uma mera garantia (formal) do direito de manifestar-se. Afinal, de nada adianta "falar sem ser ouvido", o que muitas vezes acontece na prática forense brasileira, em que decisões são proferidas sem que os argumentos das partes sejam levados em consideração.[118] Como afirma Habscheid, "[o] direito de ser ouvido exige

---

if the court's duty of clarification is decisevely expanded and institutionalized at every stage of the proceedings".

[117] Vale registrar, aliás, que é com este nome – *direito a ser ouvido* – que o princípio do contraditório é apresentado na edição portuguesa da obra do processualista alemão Othmar Jauernig. Cfr., pois, JAUERNIG, Othmar. *Direito processual civil*. Trad. port. de F. Silveira Ramos. Coimbra: Almedina, 2002, p. 167. Mais recentemente, Frédérique Ferrand usou a expressão inglesa *right to be heard* (direito de ser ouvido) para aludir ao princípio do contraditório (FERRAND, Frédérique. Op. cit., p. 10).

[118] É incontável o número de decisões judiciais em que se afirma que "o magistrado não está obrigado a se manifestar expressamente sobre todos os argumentos levantados pelas partes, pois pode deliberar de forma diversa da pretendida, sob outro prisma de fundamentação, sem incorrer em negativa de prestação jurisdicional". (o trecho entre aspas foi retirado de: BRASIL, STJ, EDcl no AgRg no REsp 1136500/PR, Rel. Min. Jorge Mussi, j. em 02.12.2014). Contra esta prática, porém, houve reação legislativa, a qual é percebida no texto do art. 489, § 1º, IV, do CPC/2015. Não obstante isso, já depois da entrada em vigor do Código de Processo Civil de 2015, o STJ proferiu acórdão (EDcl no MS 21315/DF, j. em 08.06.2016, em que se afirmou expressamente (e, *data venia*, de forma equivocada) que "[o] julgador não está obrigado a responder a todas as questões suscitadas pelas partes, quando já tenha encontrado motivo suficiente para proferir a decisão. A prescrição trazida pelo art. 489 do CPC/2015 veio confirmar a jurisprudência já sedimentada pelo Colendo STJ, sendo dever do julgador apenas enfrentar as questões capazes de infirmar a conclusão adotada na decisão recorrida". Para uma crítica a este pronunciamento, STRECK, Lenio Luiz. Um encontro de titãs: Kelsen, Hart & Cia. analisam acórdão do STJ. Disponível em: <http://www.conjur.com.br/2016-jul-07/senso-incomum-encontro-titas-kelsen-hart-cia-analisam-acordao-stj>. Acesso em: 24 jul. 2016. Registre-se, com apoio em Motta, que "a partir da leitura moral das cláusulas constitucionais que tratam do processo (em especial, as cláusulas do *devido processo legal* e do *contraditório*), pode-se justificar a conclusão de que, nos

Cap. 2 · O MODELO CONSTITUCIONAL DE PROCESSO BRASILEIRO | **99**

mais que um simples 'ouvir falar'. O tribunal deve, na realidade, escutar e estar disposto a ter em conta as exposições feitas ao ensejo da decisão".[119]

Pois é exatamente por conta disso que o princípio do contraditório permite a todos os sujeitos processuais o direito de atuar no processo "com o fim de influir sobre o conteúdo da decisão e sobre o convencimento do juiz".[120] A moderna concepção do contraditório, então, foi responsável por se passar

> à exigência de consagrar formas adequadas de comparticipação ou de colaboração dinâmica das partes no curso do processo inteiro, de modo que lhes é sempre concedida, sobre bases paritárias, uma *possibilidade efetiva de influir, com sua própria atividade de defesa, na formação do convencimento do juiz* (e, portanto, sobre o *iter* formativo) da decisão jurisdicional.[121]

Visto o contraditório como garantia de que as partes poderão, com sua atuação, *influir* na formação do resultado do processo, corolário inafastável dessa percepção é o reconhecimento da existência de uma ligação entre os princípios do contraditório e da fundamentação da decisão judicial, anteriormente já apontado. É que não há outro meio de se aferir se os fundamentos deduzidos pela parte ao longo do processo foram ou não levados em consideração pelo órgão jurisdicional na decisão, senão pela análise da fundamentação da decisão. Daí por que a exigência de que *todos* os fundamentos deduzidos pela parte e que sejam, em tese, capazes de lhe assegurar resultado favorável venham a ser enfrentados de forma expressa na decisão judicial. Pois é exatamente esta a concepção que está por trás do disposto

---

quadros de um Estado Democrático de Direito, as exigências do *autogoverno* (dito num nível mais abstrato: exigências da autonomia e da dignidade) fazem com que as decisões jurídicas devam ser construídas em conjunto com os interessados no seu resultado; e que, para tanto, deve-se garantir a participação destes no processo de resolução das questões que lhes atingem" (MOTTA, Francisco José Borges. Op. cit., p. 260).

[119] HABSCHEID, Walther J. As bases do direito processual civil. Trad. bras. de Arruda Alvim. *Revista de Processo*, São Paulo: RT, vol. 11, p. 141, 1978.

[120] COMOGLIO, Luigi Paolo. *La garanzia costituzionale dell'azione ed il processo civile.* Pádua: Cedam, 1970. p. 118.

[121] COMOGLIO, Luigi Paolo; FERRI, Corrado; TARUFFO, Michele. *Lezioni sul processo civile.* 4. ed. Bolonha: Il Mulino, 2006. vol. I, p. 74, tradução livre. No original: "all'esigenza di consacrare forme adeguate di compartecipazione o di collaborazione dinâmica delle parti nel corso dell'intero processo, talché sia sempre loro accordata, su basi paritarie, una *possibilita effetiva di influire, con le proprie attività di difesa, sulla formazione del convincimento del giudice* (e, quindi, sull'iter formativo) della decisione giurisdizionale".

no art. 489, § 1º, IV, do CPC brasileiro de 2015, por força do qual "[n]ão se considera fundamentada qualquer decisão judicial, seja ela interlocutória, sentença ou acórdão, que [não] enfrentar todos os argumentos deduzidos no processo capazes de, em tese, infirmar a conclusão adotada pelo julgador". Aí se encontra, pois, uma exigência de que a decisão enfrente, de forma expressa, todos os fundamentos deduzidos pela parte capazes de levar a um resultado que lhe seja favorável, o que estabelece um mecanismo de controle sobre o efetivo respeito ao princípio do contraditório dinâmico e efetivo (substancial, enfim), o qual está consagrado no art. 10 do CPC/2015.[122]

Consequência de se perceber o contraditório como direito de influência sobre o conteúdo da decisão judicial é ser ele compreendido como uma *garantia de não surpresa*.[123] É que as decisões surpresa, aquelas que tomam por fundamento matérias que não tenham sido previamente discutidas pelas partes, são decisões que não são o fruto da participação com influência das partes.

O contraditório é, portanto, uma garantia contra o juiz *solipsista*, que produz decisões egoisticamente.[124] Como afirmaram Nunes e Delfino:

> Na literatura jurídica a expressão, malgrado seus contornos peculiares, não perde em essência aquilo que se trabalha em filosofia: fala-se em *solipsismo judicial* para expressar um espaço de subjetividade blindado ao exercício pleno do contraditório, donde decisões judiciais nascem do labor solitário do juiz, ao arrepio do contraditório. O *juiz solipsista* é o arquétipo do decisor que não se abre ao debate processual, aquele que se basta, encapsulado. Atua isoladamente, compromissado com a sua própria consciência, sem perceber as benesses que o espaço processual pode viabilizar em termos de legitimidade e eficiência.[125]

---

[122] "Art. 10. O juiz não pode decidir, em grau algum de jurisdição, com base em fundamento a respeito do qual não se tenha dado às partes oportunidade de se manifestar, ainda que se trate de matéria sobre a qual deva decidir de ofício."

[123] NUNES, Dierle. *Processo jurisdicional democrático* cit., p. 229.

[124] E vale aqui o registro de que o metafórico Juiz Hércules de que fala Dworkin não deve ser interpretado como um juiz solipsista. Como diz Streck, "Hércules definitivamente não é a encarnação do 'juiz/sujeito-solipsista', mas sim, é a antítese do juiz discricionário" (STRECK, Lenio Luiz. O (pós-)positivismo e os propalados modelos de juiz (Hércules, Júpiter e Hermes) – dois decálogos necessários. *Revista de Direitos e Garantias Fundamentais*, n. 7, p. 23, 2010).

[125] NUNES, Dierle; DELFINO, Juiz deve ser visto como garantidor de direitos fundamentais, nada mais. Disponível em: <http://www.conjur.com.br/2014-set-03/juiz-visto-garantidor-direitos-fundamentais-nada>. Acesso em: 22 dez. 2014.

Cap. 2 · O MODELO CONSTITUCIONAL DE PROCESSO BRASILEIRO | 101

Deve-se, pois, considerar que o protagonismo judicial, que põe o juiz como sujeito processual mais importante, acima das partes, viola o princípio do contraditório, já que permite ao magistrado

> construir provimentos solitariamente sem o respaldo da contribuição dos demais sujeitos processuais e, especialmente, sem o respaldo técnico do processo, uma vez que a busca da rapidez procedimental conduz à construção de procedimentos cognitivos que reduzem a dialogicidade e chancelam o solipsismo judicial.[126]

Impende, pois, ver-se no contraditório uma "condição basilar" da validade do processo.[127] Em outros termos, o resultado do processo só é constitucionalmente legítimo (e, portanto, válido), se construído com a plena observância do princípio do contraditório. Daí procede que o resultado do processo precisa ser construído pelo juiz e pelas partes, de forma comparticipativa, assegurando--se às partes o direito de, com sua atuação, influir no conteúdo da decisão. E se assim é, não pode haver decisão surpresa, uma vez que esse tipo de decisão tem um conteúdo que não foi construído com a participação das partes, mas solipsisticamente e, pois, com violação do contraditório.

Disso tudo resulta o dever do juiz de fazer observar o contraditório, trazendo para o debate as questões cognoscíveis de ofício (como, aliás, expressamente consta do art. 10 do CPC/2015). Assim, deparando-se o juiz com a possibilidade de fundamentar decisão em matéria que não tenha sido suscitada pela parte (mas que esteja autorizado a conhecer de ofício), deverá abrir às partes oportunidade para sobre tal matéria se manifestarem. Sobre o ponto, aliás, é expresso o art. 101 do *Codice di Procedura Civile* da Itália, em cuja segunda parte lê-se que:

> Se considera usar como fundamento da decisão uma questão suscitada de ofício, o juiz reserva a decisão, assinando às partes, sob pena de nulidade, um prazo, não inferior a vinte dias, e não superior a quarenta dias da intimação, para o depósito na secretaria de memoriais contendo observações sobre a mesma questão.[128]

---

[126] NUNES, Dierle. Teoria do processo contemporâneo: por um processualismo constitucional democrático. *Revista da Faculdade de Direito do Sul de Minas*, edição especial, p. 25, 2008.

[127] LA CHINA, Sergio. *Diritto processuale civile*. Milão: Giuffrè, 1991. p. 537.

[128] Tradução livre. No original: "Se ritiene di porre a fondamento della decisione una questione rilevata d'ufficio, Il giudice riserva la decisione, assegnando alle parti, a pena di nullità, un termine, non inferiore a venti giorni e nun superiore a cuarenta

São, pois, nulas as decisões construídas sem observância de um contraditório pleno, efetivo e prévio.[129] Daí por que é vedado ao juiz basear sua decisão em razões que ele conheça de ofício sem ter antes convidado as partes a apresentar suas observações sobre elas.[130] São, pois, nulas – por afronta ao princípio do contraditório – as decisões surpresa, já que não são o resultado de um verdadeiro procedimento em contraditório, capaz de assegurar às partes a participação com influência na construção de seu conteúdo, mas se revelam como o fruto do solipsismo judicial.

O STF já tem proferido decisões em que demonstra ser esta a forma como aquela Corte compreende o princípio do contraditório. Merece destaque o acórdão proferido pelo STF no julgamento do MS 24268/MG, assim ementado:

> Mandado de Segurança. 2. Cancelamento de pensão especial pelo Tribunal de Contas da União. Ausência de comprovação da adoção por instrumento jurídico adequado. Pensão concedida há vinte anos. 3. Direito de defesa ampliado com a Constituição de 1988. Âmbito de proteção que contempla todos os processos, judiciais ou administrativos, e não se resume a um simples direito de manifestação no processo. 4. Direito constitucional comparado. Pretensão à tutela jurídica que envolve não só o direito de manifestação e de informação, mas também o direito de ver seus argumentos contemplados pelo órgão julgador. 5. Os princípios do contraditório e da ampla defesa, assegurados pela Constituição, aplicam-se a todos os procedimentos administrativos. 6. O exercício pleno do contraditório não se limita à garantia de alegação oportuna e eficaz a respeito de fatos, mas implica a possibilidade de ser ouvido também em matéria jurídica. 7. Aplicação do princípio da segurança jurídica, enquanto subprincípio do Estado de Direito. Possibilidade de revogação de atos administrativos que não se pode estender indefinidamente. Poder anulatório sujeito a prazo razoável. Necessidade de estabilidade das situações criadas administrativamente. 8. Distinção entre atuação administrativa que independe da audiência do interessado e decisão que, unilateralmente, cancela decisão anterior. Incidência da garantia do contraditório, da ampla defesa e do devido processo legal ao processo administrativo. 9. Princípio da confian-

---

giorni dalla comunicazione, per Il deposito in cancelleria di memorie contententi osservazioni sulla medesima questione".

[129] Ressalve-se, aqui, o caso de algumas tutelas provisórias, em que se excepciona a exigência do contraditório prévio, assegurando-se, porém, o contraditório posterior (art. 9º, parágrafo único, do novo CPC). Não é este, porém, tema que deva ser aqui examinado com profundidade, já que estranho ao objeto da tese.

[130] CADIET, Loïc; JEULAND, Emmanuel. *Droit judiciaire privé*. 5. ed. Paris: Litec, 2006. p. 327.

ça como elemento do princípio da segurança jurídica. Presença de um componente de ética jurídica. Aplicação nas relações jurídicas de direito público. 10. Mandado de Segurança deferido para determinar observância do princípio do contraditório e da ampla defesa (CF art. 5º LV).[131]

No voto do Min. Gilmar Mendes, condutor do acórdão, encontra-se o seguinte elucidativo trecho:

> Apreciando o chamado *Anspruch auf rechtliches Gehör* (pretensão à tutela jurídica) no direito alemão, assinala o *Budesverfassungsgericht* que essa pretensão envolve não só o direito de manifestação e o direito de informação sobre o objeto do processo, mas também o direito de ver os seus argumentos contemplados pelo órgão incumbido de julgar (Cf. Decisão da Corte Constitucional alemã – BVerfGE 70, 288-293; sobre o assunto, ver, também, Pieroth e Schlink, *Grundrechte – Staatsrecht* II, Heidelberg, 1988, p. 281; Battis, Ulrich, Gusy, Christoph, *Einführung in das Staatsrecht*, 3. ed., Heidelberg, 1991, p. 363-364).
>
> Daí afirmar-se, correntemente, que a pretensão à tutela jurídica, que corresponde exatamente à garantia consagrada no art. 5º, LV, da Constituição, contém os seguintes direitos:
>
> 1) *direito de informação* (*Recht auf Information*), que obriga o órgão julgador a informar à parte contrária dos atos praticados no processo e sobre os elementos dele constantes;
>
> 2) direito de manifestação (*Recht auf* Äusserung), que assegura ao defendente a possibilidade de manifestar-se oralmente ou por escrito sobre os elementos fáticos e jurídicos constantes do processo;
>
> 3) *direito de ver seus argumentos considerados* (*Recht auf Berücksichtigung*), que exige do julgador capacidade, apreensão e isenção de ânimo (*Aufnahmefähigkeit und Aufnahmebereitschaft*) para contemplar as razões apresentadas (Cf. Pieroth e Schlink, *Grundrechte – Staatsrechct* II, Heidelberg, 1988, p. 281; Battis e Gusy, *Einführung in das* Staatsrecht, Heidelberg, 1991, p. 363-364; Ver, também, Dürig/Assmann, in: Maunz-Dürig, *Grundgesetz-Kommentar*, art. 103, vol. IV, n. 85-99).
>
> Sobre o direito de ver os seus argumentos contemplados pelo órgão julgador (*Recht auf Berücksichtigung*), que corresponde, obviamente, ao dever do juiz ou da Administração de a eles conferir atenção (*Beachtebspflicht*), pode-se afirmar que envolve não só o dever de tomar conhecimento (*Kenntinisnahmepflicht*), como também o de considerar, séria e detidamente, as

---

[131] BRASIL. STF, MS 24268/MG, Rel. Min. Ellen Gracie, rel. p/ acórdão Min. Gilmar Mendes, j. em 05.02.2004.

razões apresentadas (*Erwägungspflicht*) (Cf. Dürig/Assmann, in: Maunz--Dürig, *Grundgesetz-Kommentar*, art. 103, vol. IV, n. 97).

É da obrigação de considerar as razões apresentadas que deriva o deve de fundamentar as decisões (Decisão da Corte Constitucional – BVerf-GE 11, 218 (218); Cf. Dürig/Assmann, in: Maunz-Dürig, *Grundgesetz--Kommentar*, art. 103, vol. IV, n. 97).

Vê-se, pois, nesta importante decisão do STF, não só a afirmação de que o princípio do contraditório assegura aos interessados o "direito de manifestação" e o "direito de ver seus argumentos considerados", mas também a ligação entre o princípio do contraditório e o princípio da fundamentação das decisões, já que por força do contraditório existiria o "dever do juiz de conferir atenção" aos argumentos das partes, considerando-os séria e detidamente, daí resultando o dever de fundamentar.

Outro pronunciamento do STF acerca do princípio do contraditório em sua moderna acepção pode ser encontrado no acórdão proferido no julgamento do MS 26849 AgRg/DF, de cuja ementa transcreve-se trecho:

> Direito constitucional e administrativo. Agravos regimentais em mandado de segurança. Concurso público para provimento do cargo de auditor do TCU (ministros-substitutos). Segundo agravo regimental. *Decisum* monocrático que extinguiu o *mandamus* ante a perda superveniente do objeto sem oportunizar prévia oitiva ao agravante. Ultraje ao postulado do contraditório (CRFB/1988, art. 5º, LV). Subsistência do interesse processual do agravante no prosseguimento do feito por importar ordem de classificação no certame. Antiguidade no concurso de auditor do TCU como critério para a fruição de direitos e prerrogativas constitucionais, legais e regulamentares. Agravo regimental provido. Primeiro agravo regimental. *Decisum* que negou seguimento ante a ausência de liquidez e certeza do direito vindicado. Fundamentação amparada no fato de que o ato apontado como coator (Edital n. 11/2007), homologando o referido concurso, foi publicado em data anterior ao recurso administrativo interposto pelo agravante que impugnava os pontos atribuídos ao litisconsorte. Necessidade de precisar os contornos da *causa petendi*. Desconformidade das certidões apresentadas pelo litisconsorte, primeiro colocado no certame, com as exigências editalícias. Atribuição indevida de pontos. Impossibilidade de reapreciação pelo Poder Judiciário da valoração engendrada pela comissão do certame. Possibilidade de controle jurisdicional, em bases excepcionais, sempre que se configurar desvio de finalidade quando da atribuição da pontuação ou em casos de manifesta ausência de proporcionalidade. Título: efetivo exercício de magistério superior nas áreas de direito, economia, contabilidade ou administração. Certidões comprobatórias do exercício

de magistério superior pelo litisconsorte perante a Academia Nacional das Agulhas Negras (Aman) e a Escola Superior de Aperfeiçoamento de Oficiais (Esao), na qualidade de instrutor de administração militar. Título: aprovação em todas as etapas de concurso público para provimento de vaga em cargo privativo nas áreas de direito, economia, contabilidade ou administração. Aprovação em concurso público para o cargo de auditor do TCDF. Certidão exarada pela direção de recursos humanos e pela seção de seleção e treinamento do TCDF. Edital que prevê como requisito para a investidura do cargo o bacharelado em direito, economia, contabilidade ou administração. Primeiro agravo regimental desprovido. 1. O contraditório, na sua hodierna concepção, refere-se ao direito de participação e de influência nos rumos do processo (CABRAL, Antônio do Passo. Il principio del contradditorio come diritto d'influenza e dovere di dibattito. *Rivista di Diritto Processuale*. Padova: Cedam, 2005; OLIVEIRA, Carlos Alberto. O juiz e o princípio do contraditório. *Revista do Advogado*, nº 40, p. 35-38, jul. 1993), superando a visão que a restringia à trilateralidade de instância, concebendo o processo como *actus minus trium personarum*. 2. A ideia de contenção do arbítrio estatal, corolário do constitucionalismo, interdita comportamentos e decisões dos órgãos e agentes públicos lesivos ao patrimônio jurídico do cidadão. 3. A garantia do contraditório reclama que, uma vez verificada que uma dada ação estatal possa vulnerar objetivamente a esfera jurídica do cidadão, seja salvaguardada a prerrogativa de pronunciar-se previamente acerca de todas as questões fáticas e jurídicas debatidas no processo com vistas a subsidiar uma decisão amadurecida da controvérsia, inclusive acerca daquelas matérias que o magistrado pode *ex officio* conhecer (COMOGLIO, Paolo. *La garantizia dell' azione ed il processo civil*e. Padova: Cedam, 1970, p. 145-146).[132]

Nesta decisão afirmou o STF, pelo voto do Min. Luiz Fux, que "o contraditório, na sua hodierna concepção, refere-se ao direito de participação e influência nos rumos do processo", superando-se, deste modo, a visão tradicional que o restringia "à trilateralidade de instância, concebendo-se o processo como *actus minus trium personarum*". Aduziu-se, ainda, que

> [a] garantia do contraditório reclama que, uma vez verificada que uma dada ação estatal possa vulnerar objetivamente a esfera jurídica do cidadão, seja salvaguardada a prerrogativa de pronunciar-se previamente acerca de todas as questões fáticas e jurídicas debatidas no processo com vistas a subsidiar uma decisão amadurecida da controvérsia, inclusiva acerca daquelas matérias que o magistrado pode *ex officio* conhecer.

---

[132] BRASIL. STF, MS 26849 AgRg/DF, Rel. Min. Luiz Fux, j. em 10.04.2014.

No voto do relator se lê que

> [esta] exigência encontra-se intimamente atrelada à ideia de contenção do arbítrio estatal, corolário do constitucionalismo, de vez que interdita comportamentos e decisões dos órgãos e agentes públicos lesivos ao patrimônio jurídico do cidadão. Tal imperativo se justifica, pelo menos, por duas razões: em primeiro lugar, por razões de segurança jurídica e de boa-fé objetiva, na medida em que o indivíduo não será surpreendido com uma decisão estatal que lhe seja desfavorável sem seu prévio conhecimento; e, em segundo lugar, a sua prévia manifestação pode fornecer novos argumentos que irão subsidiar o – e influir no – futuro pronunciamento estatal (jurisdicional ou administrativo), tornando a decisão mais consistente e, por conseguinte, legítima.

Vê-se, pois, que o STF expressamente afirmou, na decisão mencionada, que o princípio do contraditório contém as garantias de participação com influência e de não surpresa.

Pois a compreensão do contraditório como garantia de influência e não surpresa é uma expressão da democracia deliberativa no processo.[133] E aqui vale recordar que, segundo Habermas, "o processo da política deliberativa constitui o âmago do processo democrático".[134]

Do quanto se disse pode ser extraída a conclusão de que um contraditório substancial, pleno, efetivo e dinâmico, capaz de viabilizar a comparticipação, é essencial para que o processo se desenvolva de modo compatível com o Estado Democrático de Direito. Daí por que a única concepção de processo compatível com o Estado Constitucional brasileiro é a que o define como *procedimento em contraditório*, visto o contraditório como garantia de participação com influência e de não surpresa. E por conta disso é que o resultado do processo deve, *sempre*, ser produzido por meio de um contraditório participativo, eliminando-se qualquer possibilidade de decisões surpresa, produzidas solipsisticamente.

Pois se todas as decisões judiciais precisam ser construídas em contraditório, como condição de sua validade, não pode ser diferente com

---

[133] CABRAL, Antônio do Passo. Il principio del contraddittorio come diritto d'influenza e dovere di dibattito. *Rivista di Diritto Processuale*, Pádua: Cedam, vol. LX, p. 456, 2005.

[134] HABERMAS, Jürgen. Op. cit., p. 18. Vale aqui o registro de que, segundo Francisco Motta, "o chamado *procedimentalismo* de corte habermasiano não [é] essencialmente conflitante com o substancialismo dworkiniano" (MOTTA, Francisco José Borges. Op. cit., p. 50, o que legitima o emprego, em conjunto, das ideias desses dois jusfilósofos.

aquelas que terão eficácia de precedente vinculante. Daí a razão pela qual já se afirmou que "se concede respeito ao precedente somente se ele for resultado de uma fundamentada e cuidadosa análise judicial baseada em um intenso contraditório exercido pelas partes".[135] E se disse também que "[o] *stare decisis*, pela importância que concede ao precedente, garante que a aplicação deste só pode ocorrer se ele foi fruto de um intenso contraditório e se estiver fundamentado".[136]

Corolário desta concepção democrática de processo é o reconhecimento da existência de um modelo comparticipativo de processo, como, aliás, resulta do art. 6º do CPC/2015.[137] E sendo este modelo um dos marcos teóricos deste estudo, impende aqui tecer sobre ele algumas considerações.

Antes de tudo, impõe-se uma observação de ordem terminológica. Autores há que, tratando desse modelo, fazem uso do termo *cooperação*.[138] Há, de outro lado, quem fale em *colaboração*.[139] A opção terminológica adotada neste trabalho é pelo vocábulo *comparticipação*.[140]

Aqui é preciso ter claro que há, entre os autores que tratam do tema, mais do que apenas uma divergência terminológica. É da terminologia, porém, que se trata neste momento. E a preferência por *comparticipação* em vez de colaboração ou cooperação resulta do fato de que esses outros dois vocábulos transmitem a ideia de auxílio, ajuda, o que não acontece com o termo escolhido para emprego nesta sede. O ponto é importante porque o processo não é, definitivamente, um ambiente propício para que seus sujeitos auxiliem-se mutuamente. Não há, pois, qualquer relação entre o modelo comparticipativo de processo e uma pretensa ideia de que se teria tentado criar para os sujeitos do processo um dever de auxílio mútuo.[141]

---

[135] FINE, Toni M. Op. cit., p. 92.

[136] STRECK, Lenio Luiz; ABBOUD, Georges. Op. cit., p. 73.

[137] "Art. 6º Todos os sujeitos do processo devem cooperar entre si para que se obtenha, em tempo razoável, decisão de mérito justa e efetiva."

[138] Assim, entre outros, SOUSA, Miguel Teixeira de. *Estudos sobre o novo processo civil.* Lisboa: Lex, 1997. p. 62; DIDIER JR., Fredie. *Curso de direito processual civil.* 19. ed. Salvador: JusPodivm, 2017. vol. 1, p. 136.

[139] Por todos, MITIDIERO, Daniel. *Colaboração no processo civil.* 3. ed. São Paulo: RT, 2015. passim.

[140] Que se encontra, entre outros, na obra de: NUNES, Dierle. *Processo jurisdicional democrático* cit., p. 201.

[141] Assim, não há qualquer ligação entre o modelo comparticipativo de processo e a ideia de que este modelo teria "atribu[ído] aos contraditores o dever de colaborarem entre si a fim de perseguirem uma 'verdade superior', mesmo que contrária [à]quilo que

Considerando que o vocábulo *comparticipação* não transmite a ideia de ajuda, auxílio, mas tão somente leva a compreender-se que aqui se pretende sustentar a existência de um modelo processual em que todos os sujeitos participam (*com* + *participam*) da construção dos resultados, é que se fala em processo comparticipativo (e não em cooperativo ou colaborativo).

A concepção comparticipativa do processo toma, como um de seus pontos de partida, a concepção fazzalariana do processo como procedimento em contraditório.[142] Junta-se a essa concepção, porém, o fato de que o processo precisa ser pensado conforme o paradigma do Estado Democrático de Direito (expressamente estabelecido pelo art. 1º da Constituição da República), para a partir daí construir-se essa concepção comparticipativa.

Aqui se volta a recordar, com Dworkin, que é preciso acolher-se uma concepção constitucional de democracia, em que "as decisões políticas são tomadas por uma entidade distinta – o povo enquanto tal – e não por um conjunto qualquer de indivíduos encarados um a um".[143] Pois se assim é, então os resultados do processo jurisdicional não podem ser construídos pelos magistrados isoladamente, exigindo-se a participação democrática dos interessados em tal resultado no processo de sua formação. E essa participação democrática se dá por meio do contraditório.[144]

Impõe-se, portanto, ver no processo uma "comunidade de trabalho" formada por todos os atores do processo: partes e órgão jurisdicional.[145] Essa

---

acreditam e postulam em juízo", como afirmaram, equivocadamente, Lenio Streck, Lúcio Delfino, Rafael Giorgio Dalla Barba e Ziel Ferreira Lopes (STRECK, Lenio Luiz; DELFINO, Lúcio; BARBA, Rafael Giorgio Dalla; LOPES, Ziel Ferreira. A cooperação processual do novo CPC é incompatível com a Constituição. Disponível em: <http://www.conjur.com.br/2014-dez-23/cooperacao-processual-cpc-incompativel--constituicao>. Acesso em: 7 maio 2017).

[142] Como se vê em NUNES, Dierle. *Processo jurisdicional democrático* cit., p. 208, em que se lê que "a teoria fazzalariana, ao garantir uma percepção da importância técnica da participação endoprocessual das partes, permite, juntamente com as novas bases do constitucionalismo e da teoria do direito, novos e importantes horizontes para uma nova etapa da ciência processual, que consiga suplantar os horizontes do liberalismo, da socialização e do neoliberalismo processual, de modo a alcançar uma procedimental democratização do processo".

[143] DWORKIN, Ronald. *O direito da liberdade...* cit., p. 31.

[144] MOTTA, Francisco José Borges. Op. cit., p. 264.

[145] Não se trata, aqui, da comunidade de trabalho como originariamente vislumbrada pela doutrina germânica, mas de uma visão dessa comunidade influenciada pelo paradigma do Estado Democrático de Direito. Sobre a concepção da comunidade de trabalho na doutrina de língua alemã, consulte-se: ROSENBERG, Leo. *Tratado*

comunidade de trabalho permite que o processo se desenvolva sem protagonismos – seja do juiz, seja das partes –, com todos atuando para a construção dos resultados a que o processo se dirige. Tem-se, aí, pois, uma superação do esquema da relação processual (em que é evidente o protagonismo judicial) e se passa a um processo policêntrico.[146]

O modelo comparticipativo de processo exige que todos os seus sujeitos dialoguem incessantemente para que se produza, democraticamente, o resultado final a que o ele se dirige. Neste sentido:

> Com base no princípio do contraditório e, por consequência, no da efetividade normativa, faz-se necessária a implementação do diálogo incessante entre os sujeitos processuais, de modo a impedir decisões surpresa por parte do juiz e a imposição de argumentos estratégicos e persuasivos de uma parte bem assessorada tecnicamente. Somente argumentos normativos e legítimos deveriam formar a decisão compartilhada – ou seja, argumentos que possam ser fundamentados normativamente.[147]

A construção de um modelo comparticipativo e policêntrico de processo, porém, exige mudança de postura de todos os sujeitos do processo.[148] E é esta a base para afirmar-se que tanto as partes como o órgão jurisdicional têm, na formação e aplicação de padrões decisórios, de cumprir papéis específicos.

---

de derecho procesal civil. Trad. esp. de Angela Romera Viera. Lima: Ara, 2007. t. I. p. 45, em que se afirma que tal comunidade de trabalho existe para dar apoio ao juiz na descoberta da verdade. Trata-se de uma concepção de comunidade de trabalho que "deve ser revista em perspectiva policêntrica e comparticipativa, afastando qualquer protagonismo e se estruturando a partir do modelo constitucional de processo" (NUNES, Dierle. *Processo jurisdicional democrático* cit., p. 215).

[146] Como diz Picardi, "a atividade jurisdicional é estruturada necessariamente como processo, entendido como subespécie do procedimento, isto é, como procedimento de estrutura policêntrica e desenvolvimento dialético. [O] processo é policêntrico porque envolve sujeitos diversos, cada um dos quais tem uma colocação particular e desenvolve um papel específico" (PICARDI, Nicola. *Manuale di diritto processuale civile.* Milão: Giuffrè, 2006. p. 100 [tradução livre; no original: "l'attività giurisdizionale è strutturatta necessariamente come processo, inteso come sottospecie del procedimento, cioè come procedimento a struttura policentrica ed a svolgimento dialettico. [Il] processo è policentrico poichè coinvolge soggetti diversi, ognuno dei quali ha una collocazione particolare e svolge un ruolo specifico"]).

[147] NUNES, Dierle. *Processo jurisdicional democrático* cit., p. 241.

[148] Sobre essa mudança de postura, seja permitido remeter a CÂMARA, Alexandre Freitas. O princípio da primazia da resolução do mérito e o novo Código de Processo Civil. *Revista da EMERJ*, vol. 18, n. 70, p. 49-50, 2015.

No que concerne à formação dos padrões decisórios, caberá às partes (empregado o termo aqui em sentido bastante amplo, capaz de englobar todos os sujeitos que atuam no processo defendendo interesses de forma parcial) – como se verá melhor adiante – apresentar todos os argumentos normativos que puderem trazer para contribuir com a formação dos padrões decisórios. Aos integrantes dos órgãos jurisdicionais, será preciso levar esses argumentos em consideração e promover um efetivo debate que permita a criação responsável desses padrões decisórios, os quais deverão ser "a melhor resposta possível" para as situações a que se dirigem.[149] De outro lado, na aplicação desses padrões decisórios caberá às partes desincumbir-se de um específico ônus argumentativo destinado a demonstrar estar-se diante de eventual caso de distinção ou superação. E ao órgão jurisdicional responsável pela aplicação do padrão decisório caberá fundamentar de forma adequada e completa a decisão que o aplica, assim como deverá fazê-lo quando se trata de proferir decisão que o afasta (por distinção ou superação). Este é o ponto central da tese que aqui se busca desenvolver. E mais adiante se procurará demonstrar como tudo isso deve acontecer.

Resulta daí, portanto, a possibilidade de afirmar-se que a formação e aplicação de padrões decisórios vinculantes exige uma *comparticipação qualificada*, tanto do ponto de vista da ampliação subjetiva do contraditório como no que diz respeito à atuação qualitativa dos atores do processo. E o fato de no Brasil haver procedimentos específicos para a criação de pronunciamentos vinculantes permite demonstrar, com apoio no ordenamento jurídico brasileiro, este que é o ponto central desta tese. Disso se tratará com profundidade adiante. Registre-se, porém, e para encerrar esta parte do estudo, que a legitimidade democrática dos padrões decisórios vinculantes não resulta da

---

[149] A referência no texto a "melhor decisão possível" é evidentemente uma alusão à busca da resposta correta dworkiniana. Sobre o ponto, vale lembrar, com Dierle Nunes, Alexandre Bahia e Flávio Quinaud Pedron, que "Dworkin tem por hábito imaginar que decisões judiciais pressupõem um comprometimento moral de todos os envolvidos no processo de decisão e que, por isso, há um esforço normativo, implícito para que não seja apenas uma decisão, mas a melhor decisão possível. O processo de elaboração de uma sentença não pode ser comparado com o ato de escolher que cacho de bananas alguém levará para casa depois da feira; até porque ninguém escolhe qualquer cacho para comprar! Buscamos sempre o melhor em tudo o que fazemos e mostra-se incoerente esperar do Judiciário uma postura diferente" (NUNES, Dierle; BAHIA, Alexandre; PEDRON, Flávio Quinaud. Precedentes no Novo CPC: É possível uma decisão correta? Disponível em: <http://justificando. cartacapital.com.br/2015/07/08/precedentes-no-novo-cpc-e-possivel-uma-decisao- -correta/>. Acesso em: 13 maio 2017).

mera observância de uma forma predeterminada, do procedimento estabe-lecido na lei. É preciso que se desenvolva um método comparticipativo, a ser levado a sério por todos os atores do processo, tanto na sua formação como na sua aplicação. Só assim se terá, com pleno respeito ao devido processo constitucional e de forma compatível com o Estado Democrático de Direito, a formação e aplicação legítimas dos padrões decisórios vinculantes. Afinal, como dizem Motta e Hommerding, "a questão central do direito contempo-râneo está no estabelecimento de condições de sua legitimação democrática [, ou] seja, na problematização das condições de validade/legitimidade do provimento jurisdicional".[150]

Pois se assim é, então se faz necessário buscar mecanismos capazes de atribuir legitimidade democrática aos padrões decisórios vinculantes. E isso passa, necessariamente, por um processo comparticipativo tanto para sua formação como para sua aplicação.

---

[150] MOTTA, Francisco José Borges; HOMMERDING, Adalberto Narciso. Op. cit., p. 189.

Capítulo 3
A HISTÓRIA DA FORMAÇÃO DOS PRECEDENTES NO DIREITO BRASILEIRO

3.1 JURISPRUDÊNCIA E PRECEDENTES NO BRASIL

Ao contrário do que pode parecer, já vai longe no tempo a origem da relação entre o Direito brasileiro e um sistema de precedentes. Deixando de lado aqui qualquer consideração sobre o período colonial (ou mesmo sobre o curto período em que Brasil e Portugal formaram um "reino unido"),[1] e limitando o exame ao Direito brasileiro propriamente dito, formado a partir da Independência decretada em 1822, é preciso reconhecer que desde o início o Direito brasileiro conviveu com os precedentes (o que só confirma a afirmação, anteriormente feita, de que o reconhecimento dos precedentes – ou outros padrões decisórios – como "fontes do Direito" não é fenômeno exclusivo do *common law*).

A Constituição do Império, de 1824, é certo, consagrava expressamente o assim chamado *princípio da legalidade* (art. 179, I, da Constituição Política do Império do Brasil),[2] nos seguintes termos:

> Art. 179. A inviolabilidade dos Direitos Civis, e Politicos dos Cidadãos Brazileiros, que tem por base a liberdade, a segurança individual, e a propriedade, é garantida pela Constituição do Imperio, pela maneira seguinte.

---

[1] Vale aqui reafirmar que não há, no presente trabalho, qualquer intenção de se promover uma reconstrução historiográfica. O que se pretende neste capítulo é demonstrar que o Direito brasileiro sempre se valeu de mecanismos de padronização decisória, não sendo esta propriamente uma novidade do Código de Processo Civil de 2015.

[2] Fala-se, no texto, em "princípio da legalidade", expressão de uso consagrado no jargão jurídico brasileiro, sem que daí resulte a adesão, neste estudo, à ideia de que aí se esteja realmente diante de um princípio, no sentido atribuído a este tipo de norma na obra de Dworkin.

I. Nenhum Cidadão póde ser obrigado a fazer, ou deixar de fazer alguma cousa, senão em virtude da Lei.

Não obstante isso, precedentes judiciais eram capazes de exercer influência sobre a interpretação e construção de sentido das leis, sendo, portanto, valiosas ferramentas para a interpretação.[3] Afirma Souza que foi "neste momento histórico que a função dos precedentes judiciais pass[ou] a ser, tal qual no Direito contemporâneo, a de proporcionar a identificação de uma interpretação legal preferível".[4]

Já naquela altura, então, surgiu no Brasil a questão sobre ser ou não possível a atribuição, aos precedentes judiciais, de eficácia vinculante. Em obra de comentários à Constituição do Império, assim se pronunciou sobre o ponto Pimenta Bueno, tratando da autoridade de decisões proferidas pelo Supremo Tribunal de Justiça no julgamento dos recursos de revista:

> Deverá, porém, uma tal decisão servir de regra obrigatória para o futuro enquanto não houver medida legislativa? Certamente não.
>
> Pode tal decisão laborar em erro, e não convém impedir uma nova discussão quando reapareça questão perfeitamente idêntica, o que será difícil. Se aparecer, aí está o aresto para ser invocado, ele deve ter muita autoridade moral como fruto de uma discussão solene, deve merecer toda a consideração – *non ratione autoritatis, sed autoritate rationis*. Se os tribunais se conformarem com ele, nenhum inconveniente haverá em deixar de ter caráter obrigatório; se tiverem razões para se não conformar cumpre ouvi-las.
>
> Uma decisão obrigatória em caso singular dispõe só dele, mas quando ela vale disposição geral toma o caráter de lei, cria direitos e obrigações, torna-se uma norma social, e isso é da alçada exclusiva do legislador. Este e só este é quem tem o direito e obrigação de estudar, discutir e estabelecer os preceitos gerais.
>
> Seria confiar-lhe uma delegação legislativa e ilimitada, pois que nem ao menos seria possível prever quais os assuntos sobre que a exercia, nem o modo por que os regularia.
>
> Finalmente teríamos dois legisladores, e o Supremo Tribunal reunindo a essa autoridade a que tem por sua instituição de cassar as sentenças, valeria

---

[3] SOUZA, Marcus Seixas. *Os precedentes na história do direito processual civil brasileiro*: Colônia e Império. Dissertação (Mestrado em Direito) – Universidade Federal da Bahia. Salvador, 2014, p. 94.

[4] Idem, p. 94.

um poder temível capaz de pôr-se em luta com os outros poderes, suas decisões seriam leis que abateriam todas as barreiras.[5]

Vê-se, pois, na opinião de jurista que produziu sua obra ao tempo do Império (a primeira edição da obra citada é de 1857), que o principal fundamento para negar eficácia vinculante às decisões do Supremo Tribunal era a exigência de separação dos poderes, já que a incumbência de editar atos normativos de caráter geral seria do Legislativo, não incumbindo ao tribunal ser também legislador. É, porém, também antiga na doutrina de *civil law* a crítica à ideia de que o órgão jurisdicional, ao editar uma decisão que terá eficácia de precedente vinculante, esteja a legislar. Tratando especificamente do sistema inglês de precedentes vinculantes, já afirmava Calamandrei (em tradução livre):

> [N]ão me parece que [seja] reconhecido ao juiz um verdadeiro e próprio poder de querer de forma geral e abstrata, que se possa qualificar de legislativo. O juiz [é] sempre chamado a decidir uma relação singular controvertida, uma controvérsia concreta[:] mas não é chamado a decidir se a sua sentença deve ou não deve para o futuro constituir precedente obrigatório em casos similares, ou se as condições de trabalho formuladas na sua decisão devem ou não devem constituir para o futuro normas obrigatórias para os pertencentes à categoria. Enquanto no declarar o direito sobre a controvérsia concreta a vontade do juiz é soberana, os efeitos gerais que a lei reconhece à sua pronúncia são postos fora do raio da sua vontade. Ele, quando decide a relação singular controvertida, não pode validamente querer que tais efeitos gerais não se produzam: em relação a esses, a sua vontade é indiferente; e enquanto os efeitos especiais do julgado sobre o caso singular remontam à sua vontade, os efeitos gerais sobre todos os casos similares futuros remontam a uma vontade que está fora dele.

> Verifica-se, portanto, também aqui o fenômeno de uma sentença que, enquanto em relação ao caso singular decidido tem o valor de um ato jurídico, vale também para o futuro, de maneira geral para toda uma série de casos hipoteticamente previstos pela lei, como fato jurídico em sentido estrito.[6]

---

[5] BUENO, José Antônio Pimenta. Direito público brasileiro e análise da Constituição do Império. In: _____. *Marquês de São Vicente*. Organização e introdução de Eduardo Kugelmas. São Paulo: 34 Ed., 2002. p. 455.

[6] CALAMANDREI, Piero. Appunti sulla sentenza come fatto giuridico. In: _____. *Opere giuridiche*, Nápoles: Morano, 1965. vol. I, p. 270-271. No original: "[N]on me pare che [sia] riconosciuto al giudice un vero e proprio potere di volere in forma generale ed astratta, che possa qualificarsi legislativo. Il giudice [è] sempre chiamato a decidere un singolo rapporto controverso, una controvérsia concreta[:] ma non è

Em 1850, porém, foi editado o Decreto nº 738 (de 25.11.1850), que atribuiu aos Tribunais de Comércio autorização para que tomassem *assentos*. Veja-se o teor dos dispositivos que versavam sobre o ponto:

> Art. 11. Quando a votação resolver negocio, cujo objecto esteja comprehendido em algum dos casos designados nos artigos 22 e 26, depois de se ter procedido ás diligencias nos mesmos Artigos determinadas, se lavrará assento da decisão que se tomar em hum livro privativamente destinado para esse fim; expendendo-se nelle em termos breves e claros as razões em que a mesma decisão se fundar; e havendo votos dissidentes, delles se fará menção.
>
> Estes assentos serão assignados por todos os Membros do Tribunal, que em casos taes deverá achar-se completo, e pelo Desembargador Fiscal; assignando este em ultimo lugar, com a seguinte declaração - Fui presente - e do seu parecer se fará menção no corpo do assento.
>
> Art. 12. Os referidos assentos serão publicados pela imprensa; e seis mezes depois da sua publicação estabelecerão regra de direito para decisão das questões, que no futuro se suscitarem sobre os usos commerciaes a que os mesmos assentos se referirem: e todos os Juizes e Tribunaes, arbitros, e arbitradores serão obrigados a regular por elles as suas decisões, em quanto não forem derogados ou alterados por decisão do Poder Legislativo.
>
> Art. 13. A disposição do Artigo 11 terá igualmente lugar, sempre que os Membros de algum dos Tribunaes do Commercio se não puderem accordar sobre a intelligencia de algum Artigo do Codigo, Leis, Regulamentos, Instrucções ou assentos commerciaes; ouvindo-se previamente a opinião de pessoas entendidas na materia, e consultando-se os outros Tribunaes do Commercio. Estes assentos, sendo tomados com accordo unanime dos referidos Tribunaes, obrigarão a todos os seus Membros, em quanto o contrario não for determinado pelo Poder Legislativo.

---

chiamato a decidere se la sua sentenza debba o non debba per l'avvenire costituire precedente obbligatorio in casi simili, o se la condizioni di lavoro formulate nella sua decisione debbano o non debbano costituire per l'avvenire norme obbligatorie per gli appartenenti alla categoria. Mentre nel dichiarare Il diritto sulla controvérsia concreta la volontà del giudice è sovrana, gli effetti generali che la legge riconnette alla sua pronuncia sono posti fuori del raggio della sua volontà. Egli, quando decide Il singolo rapporto controverso, non potrebbe validamente volere che tali effetti generali non si producano: in relazione ad essi, sua volontà è indifferente; e mentre gli effetti generali su tutti i casi simili futuri risalgono a una volontà che sta fuori di lui. Si verifica dunque anche Il fenomeno di uma sentenza che, mentre, in relazione al singolo caso deciso, ha il valore di un atto giuridico, vale altresì per l'avvenire, in maniera generale per tutta una serie di casi ipoteticamente previsti dalla legge, come fatto giuridico in senso stretto". Fica, aqui, ressalvada, porém, a discordância acerca das afirmações de Calamandrei sobre a vontade soberana do juiz quando do julgamento do caso concreto.

A leitura do art. 12 do Decreto nº 738/1850 deixa clara a eficácia vinculante dos assentos, já que os mesmos "estabelecerão regras de direito para decisão das questões, que no futuro se suscitarem sobre os usos [comerciais] a que os mesmos assentos se referirem". Vale, ainda, observar que o art. 13 previa a participação de verdadeiros *amici curiae* no procedimento de formação dos assentos.

Esta competência dos Tribunais do Comércio para editar assentos perdurou até a edição do Decreto Legislativo nº 2.684, de 23.10.1875, que atribuiu ao Supremo Tribunal de Justiça competência para tomar assentos em matéria criminal, civil e comercial.[7] Era o seguinte o texto do art. 2º do aludido Decreto Legislativo (que tinha força de lei):

> Art. 2º Ao Supremo Tribunal de Justiça compete tomar assentos para intelligencia das leis civis, commerciaes e criminaes, quando na execução dellas occorrerem duvidas manifestadas por julgamentos divergentes havidos no mesmo Tribunal, Relações e Juizos de primeira instancia nas causas que cabem na sua alçada.
>
> § 1º Estes assentos serão tomados, sendo consultadas previamente as Relações.
>
> § 2º Os assentos serão registrados em livro proprio, remettidos ao Governo Imperial e a cada uma das Camaras Legislativas, numerados e incorporados á collecção das leis de cada anno; e serão obrigatorios provisoriamente até que sejam derogados pelo Poder Legislativo.
>
> § 3º Os assentos serão tomados por dous terços do numero total dos Ministros do Supremo Tribunal de Justiça, e não poderão mais ser revogados por esse Tribunal.

É interessante observar que, por força do disposto no art. 1º do mesmo Decreto Legislativo, os assentos tinham "força de lei em todo o Império", e que o § 3º do art. 2º proibia a revogação dos assentos pelo próprio Tribunal.

Posteriormente, o Decreto nº 6.142, de 10.03.1876, regulou o modo como seriam tomados os assentos do Supremo Tribunal de Justiça, estabelecendo expressamente, em seu art. 2º, parágrafo único, item 2º, que os assentos teriam por objeto "o direito em these ou a disposição da lei, e não a variedade da applicação proveniente da variedade dos factos". E isto se devia ao fato de que os assentos tinham por finalidade "a fundação da jurisprudência nacional, a partir da opinião de seu mais graduado tribunal".[8] Tais assentos,

---

[7]   SOUZA, Marcus Seixas. Op. cit., p. 116.

[8]   Idem, p. 119.

uma vez tomados pelo Tribunal, seriam de observância obrigatória até que fossem derrogados pelo Poder Legislativo, e no processo de sua formação era possível que o Supremo Tribunal de Justiça colhesse manifestações das Relações do Império (ou seja, dos tribunais de segunda instância), do Instituto da Ordem dos Advogados, dos Tribunais do Comércio e de "[j]urisconsultos de melhor nota" (art. 6º, §§ 1º e 2º, do Decreto nº 6.142/1876), o que mostra a possibilidade de intervenção de *amici curiae*.

Os assentos da época do Império, como facilmente se percebe, são muito similares aos enunciados de súmula de jurisprudência predominante, figura surgida no Brasil na década de 1960. Já se afirmou mesmo que "é tão grande a semelhança entre um enunciado de súmula e um assento que, guardando-se as necessárias atualizações vocabulares, um poderia se passar pelo outro".[9]

No período republicano surgiram outros mecanismos destinados a exercer funções análogas às dos antigos assentos. Dentre eles destaca-se o *prejulgado*. Segundo Pontes de Miranda,

> [m]ediante o prejulgado, o exame de uma questão, que deverá ficar a cargo de um tribunal (Câmara ou turma), é devolvido a tribunal superior, para que pr[e]viamente decida. Se o ponto em discussão foi resolvido em primeira instância, e o corpo onde se suscitou o prejulgado havia de conhecer d[e]le em grau de recurso, o prejulgado, apreciação de matéria do recurso, se bem que limitado àquele ponto, recurso é. Em verdade, parte do que se devolvera ao conhecimento do tribunal do recurso escapa a [e]sse e sobe ao julgamento de outro, que lhe é superior.[10]

O prejulgado, que pode ser considerado um "ancestral" do incidente de uniformização de jurisprudência (previsto no Código de Processo Civil de 1973),[11] era um incidente processual que se julgava por meio da prolação de um acórdão "em cuja reda[ç]ão se deve ter em mira a fixação de norma

---

[9] Idem, p. 135.

[10] PONTES DE MIRANDA, Francisco Cavalcanti. *Embargos, prejulgado e revista no direito processual brasileiro*. Rio de Janeiro: A. Coelho Branco Ed., 1937. p. 163. Criticando, corretamente, a afirmação de Pontes de Miranda acerca da natureza recursal do prejulgado, porém, BARBOSA MOREIRA, José Carlos. *Comentários ao Código de Processo Civil [de 1973]*. 14. ed. Rio de Janeiro: Forense, 2008. vol. V, p. 9, nota de rodapé nº 8.

[11] Esta associação é feita, por exemplo, por: MESQUITA, José Ignacio Botelho de. Da uniformização da jurisprudência – Uma contribuição para seu estudo. In: _____. *Teses, estudos e pareceres de processo civil*. São Paulo: RT, 2005. vol. 2, p. 227.

aconselhável para os casos futuros",[12] sendo sua observância obrigatória na Câmara ou Turma que o suscitara.

Com a edição do Código de Processo Civil de 1939, regula-se o prejulgado, afirmando o texto normativo que

> Art. 861. A requerimento de qualquer de seus juízes, a Câmara, ou turma julgadora, poderá promover o pronunciamento prévio das Câmaras reunidas sobre a interpretação de qualquer norma jurídica, se reconhecer que sobre ela ocorre, ou poderá ocorrer, divergência de interpretação entre Câmaras ou turmas.

Tratava-se de meio destinado a "manter a uniformidade na aplicação das leis".[13] Este mecanismo seria, então, substituído pelo incidente de uniformização de jurisprudência, regulado pelos arts. 476 a 479 do CPC/1973. Sobre este, interessante observar a redação do *caput* do art. 479, no qual se lê que o julgamento tomado pela maioria absoluta de votos dos integrantes do tribunal "constituirá precedente na uniformização da jurisprudência". Os comentaristas daquela legislação processual, porém, sempre deixaram claro que este julgamento, ainda que tomado pelo quórum qualificado a que se referia o art. 479, só tinha eficácia vinculativa no próprio caso concreto, isto é, no próprio processo em que o incidente fora instaurado.[14]

Entre a edição do Código de Processo Civil de 1939 e a do Código de Processo Civil de 1973 surgiu, porém, importante figura, que posteriormente se expandiria e à qual o texto do Código de Processo Civil de 2015 faz expressa referência: a súmula da jurisprudência predominante do STF. Seu idealizador, Victor Nunes Leal, afirmou:

> [ter ficado] a Súmula equidistante dos velhos assentos da Casa da Suplicação, regulados nas Ordenações Filipinas (L.I, T. V, § 5º), e dos modernos prejulgados (CPC 1939, art. 861), que perderam importância na prática, não obstante a atenção, com novo rótulo, que lhes deu o Código de 1973.[15]

---

[12] PONTES DE MIRANDA, Francisco Cavalcanti. *Embargos, prejulgado e revista...* cit., p. 190.

[13] LOPES DA COSTA, Alfredo de Araújo. *Direito processual civil brasileiro.* 2. ed. Rio de Janeiro: José Konfino, 1948, vol. 3, p. 238.

[14] Por todos, BARBOSA MOREIRA, José Carlos. *Comentários ao Código de Processo Civil* cit., p. 27.

[15] LEAL, Victor Nunes. Passado e futuro da súmula do STF. Disponível em: <http://www.ivnl.com.br/download/passado_e_futuro_da_sumula_do_stf.pdf>. Acesso em: 23 ago. 2015. p. 7.

Segundo Nunes Leal,[16] a súmula da jurisprudência predominante do STF

> atende, portanto, a vários objetivos: é um sistema oficial de referência dos precedentes judiciais, mediante a simples citação de um número convencional; distingue a jurisprudência firme da que se acha em vias de fixação; atribui à jurisprudência firme conseq[u]ências processuais específicas para abreviar o julgamento dos casos que se repetem e exterminar as protelações deliberadas.

E mais adiante, prossegue:

> A *Súmula* realiza, por outro lado, o ideal do meio-t[e]rmo, quanto à estabilidade da jurisprudência. Como observou o Prof. José Frederico Marques, ela ficou entre a dureza implacável dos antigos *assentos* da Casa da Suplicação, "para a inteligência geral e perpétua da lei", e a virtual inoperância dos atuais prejulgados. É um instrumento flexível, que simplifica o trabalho da Justiça em todos os graus, mas evita a petrificação, porque a *Súmula* regula o procedimento pelo qual pode ser modificada. Ela não estanca o fluxo criador da jurisprudência, nem impede a sua adaptação às condições emergentes. Apenas exige, para ser alterada, mais aprofundado esf[o]rço dos advogados e juízes. Deverão [e]les procurar argumentos novos, ou aspectos inexplorados nos velhos argumentos, ou realçar as modificações operadas na própria realidade social e econômica. Com essa preocupação, a *Súmula* substitui a *loteria judiciária* das maiorias ocasionais pela perseverança esclarecida dos autênticos profissionais do Direito.[17]

Curioso mencionar que a súmula da jurisprudência predominante do STF nasceu a partir da "falta de memória" de seu idealizador, o Min. Victor Nunes Leal. É ele mesmo quem conta:

> Por falta de técnicas mais sofisticadas, a Súmula nasceu – e colateralmente adquiriu efeitos de natureza processual – da dificuldade, para os Ministros, de identificar as matérias que já não convinha discutir de novo, salvo se sobreviesse algum motivo relevante. O hábito, então, era reportar-se cada qual à sua memória, testemunhando, para os colegas mais modernos, que era tal ou qual a jurisprudência assente da Corte. Juiz calouro, com a agravante da falta de memória, tive que tomar, nos primeiros anos, nu-

---

[16] LEAL, Victor Nunes. Atualidades do Supremo Tribunal Federal. *Revista de Direito Processual Civil*, São Paulo: Saraiva, vol. 5, p. 7, 1966.

[17] Idem, p. 77. Note-se, no trecho citado, o reconhecimento da existência de um ônus argumentativo para aquele que pretende afastar-se do enunciado de súmula.

merosas notas, e bem assim sistematizá-las, para pronta consulta durante as sessões de julgamento.

Daí surgiu a id[e]ia da Súmula, que os colegas mais experientes – em especial os companheiros da Comissão de Jurisprudência, Ministros Gonçalves de Oliveira e Pedro Chaves – tanto estimularam.[18]

O que se percebe, então, é que desde as primeiras leis brasileiras, editadas logo após a Independência, até leis mais recentes (como o Código de Processo Civil de 1973), não se trabalhou propriamente com o conceito de precedentes (especialmente no que concerne aos *precedentes vinculantes*) no Brasil, ao menos do modo como este fenômeno é tratado nos ordenamentos ligados à tradição anglo-saxônica. O conceito que por aqui sempre se adotou, reconhecendo-se mesmo ser uma "fonte do Direito", foi outro: o de *jurisprudência*.

Distinguem-se os conceitos de precedente e de jurisprudência. Há, em primeiro lugar, uma distinção *quantitativa*. Quando se fala de precedente, faz-se referência a uma só decisão, relativa a um caso particular, e quando se trata de jurisprudência se faz alusão a uma pluralidade, bastante ampla, de decisões relativas a vários e diferentes casos concretos.[19] E há, também, uma diferença *qualitativa*: o precedente fornece uma norma universalizável que pode ser aplicada como critério de decisão em casos sucessivos, em função da identidade ou da analogia entre os fatos do primeiro caso e os fatos do segundo caso, enquanto na jurisprudência não se emprega a análise comparativa dos fatos (ao menos na maior parte dos casos), mas se identifica uma norma, que é apresentada como enunciado de caráter genérico.[20]

Pois no Direito brasileiro tradicionalmente foi o conceito de jurisprudência – e não o de precedente – que se empregou.

Já ao tempo do Império Brasileiro era assim, sendo possível afirmar, com Seixas Souza,[21] que ali

> [se] consolidou a identificação da jurisprudência constante como o modelo por meio do qual se manifestava o respeito aos precedentes no Direito brasileiro; bem como que a reinstituição dos assentos no Direito brasileiro oportunizou a continuação da tradição oriunda do Direito português de instituir competência aos tribunais para, por intermédio de procedimentos abstratos, firmar sua jurisprudência.

---

[18] LEAL, Victor Nunes. Passado e futuro da súmula do STF cit., p. 24.

[19] TARUFFO, Michele. *Precedente e giurisprudenza* cit., 12.

[20] Idem, p. 14-15.

[21] SOUZA, Marcus Seixas. Op. cit., p. 124.

É possível afirmar, pois, que desde o tempo do Império o Direito brasileiro já se valia da jurisprudência como "fonte", o que permite afirmar que dispositivos de leis recentes (como é o caso do art. 926, *caput*, ou dos §§ 3º e 4º do art. 927 do CPC de 2015) que fazem referência à jurisprudência estão em perfeita consonância com a tradição do ordenamento jurídico brasileiro.

O Código de Processo Civil de 1939, por sua vez, não fazia qualquer alusão ao conceito de precedente.[22] Falava-se ali, porém, em jurisprudência, no texto original do parágrafo único do art. 853 (posteriormente alterado pela Lei nº 1.661/1952, quando o termo passou a aparecer no § 1º do mesmo artigo, ao qual foram acrescentados dois outros parágrafos) e no art. 854.

A redação original do art. 853 do CPC de 1939 era a seguinte:

> Art. 853. Conceder-se-á recurso de revista para as Câmaras Civis reunidas, nos casos em que divergirem, em suas decisões finais, duas (2) ou mais Câmaras, ou turmas, entre si, quanto ao modo de interpretar o direito em tese. Nos mesmos casos, será o recurso extensivo à decisão final de qualquer das Câmaras, ou turmas, que contrariar outro julgado, também final, das Câmaras reunidas.
>
> Parágrafo único. Não será lícito alegar que uma interpretação diverge de outra, quando, depois desta, a mesma Câmara, ou turma, que a adotou, ou as Câmaras reunidas, hajam firmado jurisprudência uniforme no sentido da interpretação contra a qual se pretende reclamar.

Com a edição da Lei nº 1.661/1952 a redação do dispositivo passou a ser a seguinte:

> Art. 853. Conceder-se-á recursos de revista nos casos em que divergirem, em suas decisões finais, duas ou mais câmaras, turmas ou grupos de câmaras, entre si, quanto ao modo de interpretar o direito em tese. Nos mesmos casos, será o recurso extensivo à decisão final de qualquer das câmaras, turmas ou grupos de câmaras, que contrariar outro julgado, também final, das câmaras cíveis reunidas.
>
> § 1º Não será lícito alegar que uma interpretação diverge de outra, quando, depois desta, a mesma câmara, turma ou grupo de câmaras que a adotou,

---

[22] A única vez em que o termo "precedente" foi empregado no texto do CPC de 1939 ocorreu no art. 773, em sentido completamente diferente, já que o texto do dispositivo estabelecia que "[a]s providências do artigo precedente serão também autorizadas nos seguintes casos".

ou as câmaras cíveis reunidas, hajam firmado jurisprudência uniforme no sentido da interpretação contra a qual se pretende reclamar.

§ 2º A competência para o julgamento de recurso, em cada caso, será regulada pela Lei.

§ 3º Do acórdão que julgar o recurso de revista não é admissível interpor nova revista.

O confronto entre os dois textos permite dizer que a alteração não alcançou o conceito de jurisprudência, que era o mesmo na interpretação de ambos, já que a modificação legislativa se limitou a incluir referências aos "grupos de câmaras" (além do acréscimo de dois parágrafos que não têm relevância para o tema deste estudo).

De sua vez, o art. 854 do CPC/1939 estabelecia:

Art. 854. O recurso de revista será interposto perante o presidente do Tribunal, nos dez (10) dias seguintes ao da publicação do acórdão (art. 881), em petição fundamentada e instruída com certidão da decisão divergente ou com a indicação do número e página do repertório de jurisprudência que a houver publicado.

Percebe-se claramente, pela leitura desse texto normativo por último transcrito, que ali o termo jurisprudência aparece tão somente para permitir que se faça referência a publicações coligidas de acórdãos, sem qualquer preocupação com o sentido usualmente atribuído ao termo. Interessa, portanto, saber como se analisava o conceito de *jurisprudência uniforme* do art. 853 (primeiro em seu parágrafo único, depois transformado, como visto, com pequenas alterações redacionais, em § 1º).

Como se vê pela leitura daqueles antigos textos normativos, tornava-se inadmissível o recurso de revista – cuja função era buscar a uniformidade na interpretação da lei – quando o órgão prolator da decisão divergente daquela contra a qual se pretendesse recorrer tivesse "firmado jurisprudência uniforme" no mesmo sentido da decisão que se pretendia impugnar. Pois tratando do tema, assim se manifestava Seabra Fagundes:

A lei exige, para exclusão da divergência, não só a *uniformidade* como a *firmeza* da orientação jurisprudencial em determinado sentido.

Não é possível precisar o número de decisões, que se sucedendo constituam jurisprudência uniforme. Mas devem ser diversas, pois a simples constatação da uniformidade pressupõe uma série de julgados.

A firmeza ou estabilidade da jurisprudência supõe julgados expressivos do pensamento duma constante maioria.

É de dizer, portanto, que está *firmada jurisprudência uniforme* quando constatada a sucessão de vários julgados concordes e subscritos por maioria estável.[23]

Comentando o mesmo dispositivo, e enfrentando o conceito de jurisprudência uniforme ali empregado, afirmava Pontes de Miranda:

> [P]or uniformidade havemos de entender a série de julgados no mesmo sentido, não sendo bastante um só, da câmara, ou turma, ou grupo de câmaras, ou das câmaras cíveis reunidas, nem série "interrompida" de julgados. Se, depois da série uniforme, houve quebra da jurisprudência no sentido da divergência, não se pode falar de uniformidade. *A fortiori*, não é uniformidade a série de casos com elementos que não são *todos os da sentença recorrenda*. Aí, não há exclusão perfeita da divergência.[24]

Percebe-se, assim, muito claramente que ao tempo do Código de Processo Civil de 1939 compreendia-se o conceito de jurisprudência (e, mais precisamente, de *jurisprudência uniforme*) no sentido de uma série constante de decisões judiciais em um mesmo sentido. E este conceito era utilizado à época pelo direito positivo com o objetivo de estabelecer um impedimento à admissibilidade do recurso de revista. E é – para dizer o mínimo – bastante próximo do que se encontra, por exemplo, no § 3º do art. 927 do CPC/2015 (que fala em "jurisprudência dominante") ou no § 4º do mesmo artigo de lei (que emprega a expressão "jurisprudência pacificada").

O Código de Processo Civil de 1973, por sua vez, utilizou o vocábulo *jurisprudência* em diversos dispositivos, uns constantes de seu texto original, outros ali inseridos posteriormente, por diversas leis reformadoras daquele diploma. Assim é que se podia ler o vocábulo nos arts. 120, parágrafo único (que usava a expressão "jurisprudência dominante"); 475, § 3º; 479 (*caput* e parágrafo único, neste último se falando em "jurisprudência predominante"); 541, parágrafo único (no qual se fala em "dissídio jurisprudencial" e em "repositório de jurisprudência"); 542 (cuja redação original, depois substancialmente alterada, falava em "repertório de jurisprudência"); 543-A, § 3º (que falava em "jurisprudência dominante"); 543-C, § 2º (que também falava em "jurisprudência dominante"); 544, § 3º (que, em uma das várias redações que teve ao longo do tempo falava em "jurisprudência dominante"); 544, § 4º,

---

[23] FAGUNDES, M. Seabra. *Dos recursos ordinários em matéria civil.* Rio de Janeiro: Forense, 1946. p. 448-449.

[24] PONTES DE MIRANDA, Francisco Cavalcanti. *Comentários ao Código de Processo Civil [de 1939].* 2. ed. Rio de Janeiro: Forense, 1961. t. XII, p. 52.

b e *c* (que também falavam em "jurisprudência dominante"); 557 (*caput* e § 1º-A, ambos usando a expressão "jurisprudência dominante").

Ressalvados, portanto, os casos em que se fazia alusão a repertório (ou repositório) de jurisprudência – quando a expressão se referia a publicações que contêm coletâneas de acórdãos –, o Código de Processo Civil de 1973 usava o termo jurisprudência (dominante ou predominante) para fazer alusão a *linhas decisórias constantes.*

Por fim, nesse exame (que, como dito, não busca uma reconstrução histórica, mas apenas demonstrar que esses conceitos não são novos no ordenamento jurídico brasileiro) da evolução dos textos normativos da legislação processual civil, deve-se mencionar o fato de que o Código de Processo Civil de 2015 faz alusão tanto a *precedentes* como a *jurisprudência.*

O termo *jurisprudência* aparece, neste Código, nos arts. 489, § 1º, VI; 521, IV (que fala em "súmula da jurisprudência"); 926 (*caput* e § 1º, este último usando a expressão "jurisprudência dominante"); 927, §§ 3º (que usa a expressão "jurisprudência dominante") e 4º (que fala em "jurisprudência pacificada"); 978 (em que se lê a expressão "uniformização de jurisprudência"); 1.029, §§ 1º e 2º (em ambos se encontrando a expressão "dissídio jurisprudencial", enquanto no primeiro desses parágrafos se fala, também, em "repositório de jurisprudência"); 1.035, § 3º, I (em que se lê a expressão "jurisprudência dominante") e 1.043, § 4º (no qual se fala de "repositório oficial ou credenciado de jurisprudência").

Já o termo *precedente* aparece no Código de Processo Civil de 2015 nos seguintes dispositivos: art. 489, § 1º, V e VI; 926, § 2º; 927, § 5º; 988, IV; e 1.042, § 1º, II.

Esta descrição da linha evolutiva do Direito positivo brasileiro indica que inicialmente era apenas a jurisprudência que poderia ser vista como "fonte do Direito", mas que mais recentemente ela passou a conviver com os precedentes, também estes tendo passado a ser vistos como "fontes". Impende, então, examinar como a doutrina brasileira tem trabalhado estes dois conceitos. E isso será fundamental para que, ao longo desse estudo, seja possível buscar identificar os padrões decisórios (aqui compreendidos não só os precedentes, mas também os enunciados de súmula de jurisprudência dominante, o que mostra que no objeto deste trabalho será preciso analisar não só os precedentes, mas também a jurisprudência como "fonte" do ordenamento jurídico brasileiro).

3.1.1   A doutrina brasileira e a jurisprudência como "fonte do Direito"

A doutrina brasileira vem, há muito tempo, estudando o fenômeno da jurisprudência no plano das "fontes do Direito".

Inicialmente, é preciso aqui fazer uma observação acerca da ideia de "fontes do Direito" (e que servirá, inclusive, para justificar o fato de que, ao longo deste trabalho, a expressão vem empregada entre aspas). É tradicional o emprego, pela doutrina jurídica, da metáfora das fontes do Direito. E pela expressão "fonte do Direito" se quer descrever o "lugar" de onde o Direito provém. Assim, por exemplo, R. Limongi França já afirmava que "fonte é o lugar de onde provém alguma coisa. Fonte do direito seria, analogamente, o lugar de onde são oriundos os preceitos jurídicos".[25] Daí a razão pela qual Miguel Reale, ao falar sobre tais "fontes", afirmou que elas seriam "estruturas normativas que implicam a existência de alguém dotado de um *poder de decidir* sobre o seu conteúdo". Em outros termos, para Reale as "fontes do Direito" existem por haver alguém dotado do

> poder de optar entre várias vias normativas possíveis, elegendo-se aquela que é declarada obrigatória, quer *erga omnes*, como ocorre nas hipóteses da *fonte legal* e da *consuetudinária*, quer *inter partes*, como se dá no caso da *fonte jurisdicional* ou na *fonte negocial*.[26]

Ocorre que a metáfora das "fontes do Direito" permite, segundo Luhmann, "uma identificação simples do direito válido, tornando supérflua qualquer outra questão sobre a natureza do direito, sobre a essência do direito ou até mesmo sobre os critérios de delimitação entre o direito e o costume, entre o direito e a moral".[27] Trata-se, portanto, de um conceito que possibilita a identificação do Direito como algo vigente, "independentemente de como sejam as situações de cada caso particular a que se aplique e das pessoas participantes".[28]

Verifica-se, assim, que a metáfora das "fontes do Direito" só é adequada quando se pensa no Direito como algo "pré-dado". Mas não é assim que o Direito funciona. Afinal, a norma jurídica não existe antes ou fora do caso concreto. Como afirma Müller, "[o] que se denomina 'norma jurídica', no processo de realização autêntica do Direito, resulta ser um modelo de ordem de características objetivas que surge, de forma constitutiva, no caso".[29]

---

[25] LIMONGI FRANÇA, R. *Hermenêutica jurídica*. 2. ed. São Paulo: Saraiva, 1988. p. 84.

[26] REALE, Miguel. *Fontes e modelos do direito*. 1. ed. 2. tir. São Paulo: Saraiva, 1999. p. 11.

[27] LUHMANN, Niklas. Op. cit., p. 537.

[28] Idem, ibidem.

[29] MÜLLER, Friedrich. El derecho de creación judicial. Trad. esp. de Luís-Quintín Villacorta Mancebo. *Revista Brasileira de Direito Constitucional*, vol. 20, p. 16, 2012

Ora, se a norma jurídica só existe no caso concreto, sendo o resultado de uma atividade de interpretação e aplicação, então não se pode falar propriamente em "fontes do Direito". Essa metáfora, afinal de contas, impõe um "distanciamento das origens da fonte", e só funciona "quando não se pergunta o que há entre o 'antes da fonte' e o 'depois da fonte'".[30]

Não obstante isso, a metáfora das fontes pode ainda ter alguma utilidade,[31] quando se busca falar dos pontos de partida da construção de uma decisão judicial. E aqui se busca demonstrar que não só a Constituição, as leis, as medidas provisórias, os tratados internacionais ou os decretos (além de outros textos normativos afins) são pontos de partida, mas também os padrões decisórios. Daí a viabilidade da utilização da metáfora das fontes. Mas seu emprego é feito sempre com o cuidado necessário e com a expressão sempre empregada entre aspas.

Visto isso, pode-se passar ao modo como a doutrina brasileira examinou a jurisprudência entre as "fontes do Direito".

Hermes Lima, por exemplo, afirmava que jurisprudência é "o estado atual do direito tal como é revelado pelo conjunto das soluções que sobre dada matéria se encontram consagradas pelas decisões judiciárias".[32] E embora negando eficácia vinculante à jurisprudência, afirmava o autor citado que "os casos julgados represent[a]m poderosa contribuição à unificação e coerência das decisões judiciárias".[33] Merece destaque, aqui, a coincidência entre a terminologia empregada por Hermes Lima (em obra cuja primeira edição data de 1933) e o texto normativo do art. 926 do CPC de 2015.[34]

(tradução livre). No original: "[ló] que se denomina 'norma jurídica', en el proceso de la realización auténtica del Derecho, resulta ser un modelo de orden de características objetivas que surge, de forma constitutiva, en el caso".

[30] LUHMANN, Niklas. Op. cit., p. 537.

[31] Como reconhece o próprio Luhmann no trecho citado na nota anterior.

[32] LIMA, Hermes. *Introdução à ciência do direito*. 28. ed. Rio de Janeiro: Freitas Bastos, 1986. p. 168.

[33] Idem, p. 169.

[34] O que constai no texto resulta do fato de que Hermes Lima falava em coerência, o que – em uma leitura que hoje se faça – remete inevitavelmente ao disposto no art. 926 do CPC e, por consequência, ao dever de coerência de que trata Dworkin, que expressamente afirma que deve haver "coerência na aplicação do princípio que se tomou por base, e não apenas na aplicação da regra específica anunciada em nome desse princípio" (DWORKIN, Ronald. *Levando os direitos a sério* cit., p. 139), de modo a garantir a universalização das decisões judiciais. É que, como afirma Streck, "decisões jurídicas corretas têm de ser universalizáveis, sob pena de contrariarem o

Também Miguel Reale se debruçou sobre o tema, afirmando que por jurisprudência se deve entender "a forma de revelação do direito que se processa através do exercício da jurisdição, em virtude de uma sucessão harmônica de decisões dos tribunais".[35] E prosseguia o autor dizendo que a jurisprudência

> não se forma através de uma ou três sentenças, mas exige uma série de julgados que guardem, entre si, uma linha essencial de continuidade e coerência. Para que se possa falar em jurisprudência de um Tribunal, é necessário certo número de decisões que coincidam quanto à substância das questões objeto de seu pronunciamento.[36]

E afirmava Reale:

> Se uma regra é, no fundo, a sua interpretação, isto é, aquilo que se diz ser o seu significado, não há como negar à Jurisprudência a categoria de *fonte do Direito*, visto como ao juiz é dado armar de obrigatoriedade aquilo que declara ser "de direito" no caso concreto.[37]

Por sua vez, afirma Diniz ser jurisprudência:

> o conjunto de decisões uniformes e constantes dos tribunais, resultantes da aplicação de normas a casos semelhantes, constituindo uma norma geral aplicável a todas as hipóteses similares ou idênticas. É o conjunto das normas emanadas dos juízes em sua atividade jurisdicional.[38]

Segundo a autora, "[a] obra dos tribunais, havendo uma série de julgados que guardem entre si certa continuidade e coerência, converte-se em fonte formal do direito, de alcance geral".[39]

---

fundamento da democracia – a igualdade!" (STRECK, Lenio Luiz. O juiz soltou os presos; já Karl Max deixou de estudar e foi vender droga. Disponível em: <http://www.conjur.com.br/2015-mai-21/senso-incomum-juiz-solta-21-karl-max-deixou-estudar-foi-vender-droga>. Acesso em: 13 maio 2017).

[35] REALE, Miguel. *Lições preliminares de direito*. 14. ed. São Paulo: Saraiva, 1987. p. 167.

[36] Idem, p. 168.

[37] Idem, p. 169.

[38] DINIZ, Maria Helena. *Compêndio de introdução à ciência do direito*. 10. ed. São Paulo: Saraiva, 1998. p. 290.

[39] Idem, p. 291.

Merece referência, ainda, o modo como tratou do tema Limongi França, que em obra destinada a tratar do tema, empregou o termo *jurisprudência* em dois diferentes sentidos, a saber:

> [M]assa geral das manifestações dos juízes e tribunais sobre as lides e negócios submetidos à sua autoridade, manifestações essas que implicam uma técnica especializada e um rito próprio, imposto por lei[; e] conjunto de pronunciamentos, por parte do mesmo Poder Judiciário, num determinado sentido, a respeito de certo objeto, de modo constante, reiterado e pacífico.[40]

França indica, em sua obra, o que considera serem as *funções da jurisprudência*: interpretar a lei; vivificar a lei; humanizar a lei; suplementar a lei; rejuvenescer a lei.[41]

Muitos outros autores poderiam ser citados, mas o que já se apresentou é suficiente, sem dúvida, para demonstrar que a doutrina brasileira tradicionalmente se preocupou em afirmar a jurisprudência como elemento integrante do conjunto de "fontes do Direito", sendo entendida como um *conjunto de decisões, proferidas pelos tribunais, a respeito de uma determinada matéria, de forma uniforme, constante e coerente.* Coincide, portanto, este conceito com o de *jurisprudence constante* do Direito francês.[42]

A jurisprudência firme, constante, dos tribunais brasileiros – muitas vezes coligida em súmulas de jurisprudência predominante – sempre foi tratada como "fonte do Direito" no Brasil.[43]

A sistemática estabelecida mais recentemente no Brasil – especialmente a partir do Código de Processo Civil de 2015 –, portanto, é perfeitamente compatível com a tradição do ordenamento jurídico brasileiro, já que se busca a construção de um sistema de padronização decisória

---

[40] FRANÇA, R. Limongi. *O direito, a lei e a jurisprudência.* São Paulo: RT, 1974. p. 146.

[41] Idem, p. 198-204.

[42] Falando em *jurisprudence constante* para se referir a decisões que compõem uma tendência (*trend*), TROPER, Michel; GRZEGORCZYK, Christophe. Op. cit., p. 122.

[43] Assim, por exemplo, afirma ser a jurisprudência fonte do Direito Constitucional: CARVALHO, Kildare Gonçalves. *Direito constitucional.* 14. ed. Belo Horizonte: Del Rey, 2008. p. 22. No Direito Civil, SERPA LOPES, Miguel Maria de. *Curso de direito civil.* Rio de Janeiro: Freitas Bastos, 1953. vol. 1, p. 85. Afirma ser a jurisprudência uma das fontes do Direito Administrativo: OLIVEIRA, Rafael Carvalho Rezende. *Curso de direito administrativo.* São Paulo: Método, 2013. p. 13. Sustenta ser a jurisprudência fonte do direito processual civil: THEODORO JÚNIOR, Humberto. *Curso de direito processual civil.* 56. ed. Rio de Janeiro: Forense, 2015. vol. I, p. 35.

que tem na jurisprudência (especialmente nos enunciados de súmula de jurisprudência dominante) uma das bases para a construção de padrões decisórios dotados de eficácia vinculante, como ao longo deste estudo se busca demonstrar.

Não basta, porém, compreender como o pensamento jurídico brasileiro lidou – e lida – com o conceito de jurisprudência. Também os precedentes precisam ser examinados (à luz do modo como a doutrina brasileira deles trata), especialmente porque o Código de Processo Civil de 2015 a eles por diversas vezes se refere, tratando-os como padrões decisórios. Daí a necessidade de se passar ao próximo item deste estudo.

3.1.2 A doutrina brasileira e os precedentes

Não obstante a tradicional afirmação de que é a jurisprudência que se apresenta como "fonte do Direito brasileiro" – e reconhecida a diferença conceptual entre jurisprudência e precedente, sobre a qual já se discorreu –, há já alguns anos que vários estudiosos brasileiros têm se debruçado sobre o estudo dos precedentes. Interessa para este estudo verificar como isso tem acontecido, analisando-se pontos de convergência e de divergência entre o que eles sustentam e o que se defende neste trabalho.

Assim é que, por exemplo, Streck e Abboud definem precedente como "uma decisão de um Tribunal com aptidão a ser reproduzida-seguida pelos tribunais inferiores", destacando, porém, que "sua condição de precedente dependerá de ele ser efetivamente seguido na resolução de casos análogos-similares".[44] Estabelecido este conceito, os autores enfrentam a questão atinente à definição de *ratio decidendi* e de *obiter dictum*,[45] para em seguida afirmar:

> [I]nexiste aplicação mecânica ou subsuntiva na solução dos casos mediante a utilização do precedente judicial. Isso porque não existe uma prévia e pronta regra jurídica apta a solucionar por efeito cascata diversos casos futuros. Pelo contrário, a própria regra jurídica (precedente) é fruto de intenso debate e atividade interpretativa, e, após ser localizado, passa-se a verificar se na circunstância do caso concreto que ele virá solucionar é possível utilizá-lo sem que ocorram graves distorções, porque se elas ficarem caracterizadas, o precedente deverá ser afastado.[46]

---

44   STRECK, Lenio Luiz; ABBOUD, Georges. Op. cit., p. 45.

45   Idem, p. 46-48.

46   Idem, p. 49.

É preciso destacar o absoluto acerto da afirmação de Streck e Abboud. Não se pode acreditar na aplicação mecânica de precedentes ou outros padrões decisórios, por meio de uma técnica de mera reprodução ("recorta--e-cola"). Padrões decisórios são princípios argumentativos, e é sempre preciso justificar a aplicação de um deles no caso concreto posterior que se vá examinar. O art. 489, § 1º, V, do CPC/2015, aliás, o exige expressamente ao estabelecer que não estará fundamentada a decisão que se limite a invocar um padrão decisório sem identificar seus fundamentos determinantes nem demonstrar que o caso sob julgamento a eles se ajusta.

Buscam, em seguida, Streck e Abboud estabelecer a distinção entre *precedente* e *súmula vinculante*,[47] afirmando ao final que o julgamento de casos repetitivos não se confunde com o precedente do *common law*.[48]

Outro autor brasileiro a se dedicar ao estudo dos precedentes, em obra monográfica especificamente destinada ao estudo do tema, foi Jaldemiro Rodrigues de Ataíde Júnior.[49] Este jurista, depois de examinar o que chamou de "modelos processuais de *civil law* e *common law*",[50] conceitua precedente como "[uma] decisão judicial, considerada em relação de anterioridade a outras, cujo núcleo essencial, extraível por indução, tende a servir como premissa para julgamentos posteriores de casos análogos".[51]

Em seguida, examina Ataíde Júnior os conceitos de *ratio decidendi, obiter dictum, distinguishing* e *overruling*,[52] para, logo depois, propor uma classificação dos precedentes (obrigatórios ou vinculantes; relativamente obrigatórios; persuasivos).[53]

Ataíde Júnior busca justificar a adoção do precedente vinculante no sistema jurídico brasileiro,[54] afirmando expressamente haver vantagens nessa

---

[47] Idem, p. 55-66.

[48] Idem, p. 94-95. Registre-se, porém, que o fato de o julgamento de casos repetitivos não se confundir com o precedente do *common law* não significa que não possa ser ele empregado como precedente no Direito brasileiro (já que o conceito brasileiro de precedente não precisa necessariamente ser idêntico ao conceito inglês ou norte--americano de *precedent*).

[49] ATAÍDE JÚNIOR, Jaldemiro Rodrigues de. *Precedentes vinculantes e irretroatividade...* cit., passim.

[50] Idem, p. 15-67.

[51] Idem, p. 69.

[52] Idem, p. 69-99.

[53] Idem, p. 99-103. A classificação proposta pelo autor citado, registre-se, não coincide com a adotada neste estudo, em que se fala em padrões decisórios (aí incluídos os precedentes) vinculantes e argumentativos (ou persuasivos).

[54] Idem, p. 105-142.

adoção.[55] O autor, então, mostra existir uma "escalada do sistema brasileiro rumo ao precedente vinculante",[56] apontando uma série de institutos inseridos no ordenamento jurídico brasileiro que permitem afirmar esta tendência.[57] Por fim, examina Ataíde Júnior a questão da eficácia temporal dos precedentes.[58]

Hermes Zaneti Júnior, por sua vez, inicia seu estudo sobre precedentes examinando as tradições jurídicas do *common law* e do *civil law* para sustentar que a experiência constitucional brasileira é a de um "constitucionalismo híbrido".[59] Em seguida, descreve o que seria a "integração do trabalho entre

---

[55] Idem, p. 136-142.

[56] Idem, p. 142.

[57] Idem, p. 143-149. O autor aponta 16 institutos, a saber: (i) permissão para que o relator do recurso especial e do recurso extraordinário julguem monocraticamente, quando o acórdão recorrido contrariar a jurisprudência dominante da Corte; (ii) atribuição de efeitos vinculantes à decisão proferida em ADC; (iii) julgamento monocrático, pelo relator, quanto à inadmissibilidade, provimento ou desprovimento de recurso, quando encontrar fundamento em súmula ou jurisprudência dominante do STJ ou STF; (iv) julgamento monocrático, pelo relator no STJ e STF, para em agravo de instrumento dar provimento ao recurso especial ou recurso extraordinário inadmitido, quando o acórdão recorrido estiver em confronto com súmula ou jurisprudência dominante desses Tribunais; (v) julgamento monocrático pelo relator do conflito de competência quando houver jurisprudência dominante do tribunal sobre a matéria; (vi) dispensa da reserva de plenário quanto à arguição de inconstitucionalidade quando já houver decisão do plenário ou do órgão especial do próprio tribunal ou do plenário do STF; (vii) efeitos vinculantes da declaração de constitucionalidade ou inconstitucionalidade; (viii) efeito vinculante na arguição de descumprimento de preceito fundamental; (ix) afetação de julgamento a órgão indicado no regimento interno; (x) precedente vinculante em controle difuso de constitucionalidade; (xi) súmula impeditiva de recurso; (xii) repercussão geral; (xiii) julgamento por amostragem dos recursos extraordinário e especial; (xiv) súmula vinculante; (xv) inexigibilidade do título executivo judicial fundado em lei ou ato normativo declarado inconstitucional pelo STF; (xvi) ação rescisória por afronta à lei.

[58] ATAÍDE JÚNIOR, Jaldemiro Rodrigues. *Precedentes vinculantes e irretroatividade do direito...* cit., p. 159-269. Vale registrar que o objetivo principal da obra de Ataíde Júnior era enfrentar a questão da eficácia temporal (retroativa ou não) dos precedentes, o que a torna bastante diferente do estudo que aqui se desenvolve.

[59] ZANETI JÚNIOR, Hermes. *O valor vinculante dos precedentes.* Salvador: JusPodivm, 2015. p. 29-71. Afirma o autor, expressamente, que "[d]a ligação entre um sistema da legalidade (*L'État Légal* e *Rechtstaat* – códigos e predominância do Poder Legislativo) e um sistema d[e] controle de poder baseado na Constituição Norte-Americana e no *common law* (*Rule of Law* – controle dos poderes e vinculatividade das decisões judiciais em um sistema de freios e contrapesos) surgiu a particularidade híbrida do ordenamento brasileiro". É inegável a existência de grande influência do Direito

legisladores, juízes e doutrina jurídica", para afirmar a gradativa mudança na "teoria das fontes" e do princípio da legalidade.[60] Estuda o autor a relação entre separação de poderes no Estado Democrático e a adoção de precedentes vinculantes,[61] para, em seguida, tratar do modelo normativo dos precedentes e da vinculação formal a estes na dogmática jurídica brasileira.[62]

Afirma Zaneti que "[a] teoria dos precedentes é uma teoria para as Cortes Supremas".[63] Sustenta que "uma teoria dos precedentes não afeta, pelo menos tendencialmente e se utilizada da forma correta, os postulados da legalidade ou da completude deôntica do ordenamento jurídico", e que a garantia da função jurisdicional "continua a ser *tendencialmente* cognitiva subordinada à legislação, mesmo em um sistema de precedentes".[64]

Para Zaneti,

> [P]arece correto afirmar que as objeções teóricas à adoção de um modelo de precedentes vinculantes, que estão ligadas especialmente ao princípio da legalidade, ao princípio da separação de poderes, e à criação judicial

---

norte-americano na formação do Direito Constitucional brasileiro. O Brasil é uma Federação, em que se adota um regime presidencialista, e no qual se admite o controle incidental da constitucionalidade, passível de ser exercido por qualquer órgão jurisdicional. Isso, porém, não é suficiente para afastar o Direito brasileiro da tradição de *civil law*, como se vem afirmando ao longo deste estudo.

[60] ZANETI JÚNIOR, Hermes. Op. cit., p. 73-201.

[61] Idem, p. 203-308.

[62] Idem, p. 309-380.

[63] Idem, p. 311. Sustenta o autor que "as Cortes Supremas não são mais cortes de controle da exata observância da legislação, mas cortes de interpretação que procuram fornecer uma uniforme interpretação do direito a ser aplicado pelos órgãos inferiores, pelo poder administrativo e pelos particulares nas relações privadas" (Idem, nota de rodapé 666). O que Zaneti sustenta, porém, não é adequado para o Direito brasileiro. Os Tribunais de Superposição no Brasil (STF e Tribunais Superiores) não são órgãos julgadores de teses, mas de casos concretos, ao menos como regra (e as exceções são expressamente previstas: o julgamento da tese nos recursos repetitivos ou no recurso extraordinário em que a repercussão geral já tenha sido reconhecida, na forma prevista no art. 998, parágrafo único, do CPC/2015 ou o julgamento do mérito do incidente de resolução de demandas repetitivas mesmo que tenha havido abandono ou desistência do processo, nos termos do art. 976, § 1º, do mesmo Código, mas é preciso dizer que essas hipóteses são – para dizer o mínimo – de duvidosa constitucionalidade, o que aqui, porém, não se aprofundará por se tratar de questão estranha ao objeto central da tese). Julga-se, pois, o caso concreto, ainda que diante de recursos excepcionais ou do incidente de resolução de demandas repetitivas.

[64] Idem, p. 312.

do direito pelo juiz (vinculação do juiz somente à lei e independência judicial), não afastam a necessidade de uma teoria dos precedentes como modelo normativo formal, tanto no aspecto de densificação de cláusulas gerais, conceitos jurídicos indeterminados e princípios, quanto na correlata função interpretativa e de fechamento das lacunas (*fracas* e *fracas/fortes*) e de resolução das antinomias (*fracas, fracas/fortes* e *fortes*), especialmente porque os objetivos da teoria dos precedentes formalmente vinculantes são o aumento de racionalidade, igualdade, previsibilidade e efetividade do direito.[65]

Acerta Zaneti ao afirmar que a vinculação a precedentes não afasta o princípio da legalidade. Em primeiro lugar, como se tem afirmado ao longo deste estudo, o Direito brasileiro impõe *por lei* o dever de observância de certos padrões decisórios (entre os quais os precedentes vinculantes). Além disso, os padrões decisórios resultam da aplicação, a outros casos concretos, do próprio ordenamento jurídico, e servem de base para a compreensão do modo como esse ordenamento é compreendido, interpretado e aplicado, de forma a permitir que se respeite a história institucional da matéria objeto de decisão, observando-se os deveres de coerência e integridade que, como perpassa toda a obra de Dworkin, são ínsitos ao Direito.

Para Zaneti, os precedentes são "regras formadas racionalmente, com pretensão de universalização". E não são eles meramente persuasivos, havendo

> vinculação normativa institucional aos precedentes, quer pela autoridade hierárquica da corte que exarou a decisão, quer pela inexistência de razões suficientes para afastar o ônus argumentativo estabelecido pela presunção a favor dos precedentes.[66]

E para apresentar a diferença existente entre precedente e jurisprudência, afirma Zaneti:

> Os precedentes judiciais [consistem] no resultado da densificação de normas estabelecidas a partir da compreensão de um caso e suas circunstâncias fáticas e jurídicas. No momento da aplicação, deste caso-precedente, analisado no caso-atual, se extrai a *ratio decidendi* ou *holding*, como o *core* do precedente. Trata-se, portanto, da solução jurídica explicitada argumentativamente pelo intérprete a partir da unidade fático-jurídica do caso-precedente (*material facts* e a solução jurídica dada para o caso)

---

[65] Idem, p. 314-315.
[66] Idem, p. 323.

com o caso-atual. Por esta razão, não se confundem com a jurisprudência, pois não se traduzem em tendências do tribunal, mas na própria decisão (ou decisões) do tribunal com respeito à matéria. De outra sorte, não se confundem com a jurisprudência porque obrigam o próprio tribunal que decidiu, sendo este responsável, tanto quanto as cortes inferiores, por sua manutenção e estabilidade.[67]

Para o autor, a jurisprudência atua de forma meramente persuasiva, "e não há sentido em falar em precedentes 'persuasivos'".[68] Aqui é preciso, porém, discordar de Zaneti. Nem todo precedente é vinculante, sendo perfeitamente possível admitir a existência de precedentes persuasivos (ou argumentativos). Aliás, mesmo na tradição jurídica de *common law* se reconhece a existência de precedentes não vinculantes, meramente persuasivos.[69] E no ordenamento jurídico essa distinção (entre precedentes vinculantes e não vinculantes, persuasivos ou argumentativos) existe, e se liga – como se busca demonstrar ao longo deste estudo – ao modo como tais precedentes são produzidos, exigindo os padrões decisórios vinculantes que na sua formação haja uma comparticipação qualificada, ampliada subjetivamente, além de deverem eles ser o resultado de deliberações também qualificadas, justificados por fundamentações especialmente voltadas a legitimar seu emprego como padrões decisórios.

Sustenta Zaneti, ainda, que nem toda decisão judicial gera um precedente, apontando duas razões para isso: (a) não é precedente a decisão que aplica lei não objeto de controvérsia, apenas refletindo a interpretação dada a uma norma legal vinculativa pela própria força da lei, já que a regra legal é uma razão determinativa, não dependendo da força do precedente para ser vinculante; (b) a decisão pode citar uma decisão anterior, sem fazer qualquer especificação nova para o caso e, portanto, o precedente é a decisão anterior e não esta última.[70] Assim, só seria precedente a decisão de que "resultar efeitos jurídicos normativos para os casos futuros",[71] constituindo "acréscimos ou glosas aos textos legais relevantes para solução de questões jurídicas".[72]

---

[67] Idem, p. 325-327.
[68] Idem, p. 327.
[69] Sobre precedentes vinculantes e persuasivos, BUSTAMANTE. Thomas da Rosa de. *Teoria do precedente judicial* cit., p. 301.
[70] ZANETI JÚNIOR, Hermes. Op. cit., p. 328-329.
[71] Idem, p. 329.
[72] Idem, ibidem.

Zaneti apresenta uma proposta de classificação dos precedentes em três categorias: precedentes normativos vinculantes, precedentes normativos formalmente vinculantes e precedentes normativos formalmente vinculantes fortes.[73] Para ele, a vinculação formal

> "significa que um julgamento que não respeita um precedente vinculante com relevância institucional, ou seja, com relevância constituída e regulada por normas jurídicas, não pode ser considerado juridicamente correto".[74]

Explica, então, o autor que haveria uma primeira categoria (a dos *precedentes normativos vinculantes*), os quais, embora tenham eficácia vinculante horizontal (para o próprio tribunal de que emana) e vertical (para os juízos inferiores), representando uma "presunção a favor do precedente", em relação a eles não existe uma vinculatividade expressa e explícita nos textos legais. Na segunda categoria (*precedentes normativos formalmente vinculantes*), "a vinculatividade é compreendida a partir do ônus argumentativo previsto em lei",[75] o qual reforçaria a existência de uma presunção a favor do precedente por meio da obrigação legal, estabelecida para os órgãos jurisdicionais, de seguir seus próprios precedentes e os oriundos de cortes hierarquicamente superiores.

Por fim, a terceira categoria (*precedentes normativos formalmente vinculantes fortes*), em que a vinculatividade também seria compreendida a partir de ônus argumentativo previsto em lei, mas se distinguiriam dos anteriores por permitir a impugnação da decisão que contraria o precedente por meio de recurso e por via autônoma, diretamente no tribunal e *per saltum*, enquanto na segunda categoria só os recursos poderiam ser empregados para impugnar a decisão.[76]

Uma vez mais, é preciso criticar o entendimento de Zaneti. É que o fato de haver ou não algum mecanismo distinto do recurso para impugnar decisão judicial que se afasta de algum precedente não é, por si só, critério para classificar a eficácia (vinculante ou não, ou ainda alguma "gradação" da vinculatividade) dos precedentes ou de qualquer outro padrão decisório. É certo que em algumas hipóteses há na lei processual a previsão do cabimento de reclamação contra a decisão que deixa de seguir algum tipo de padrão

---

[73]   Idem, p. 341.

[74]   Idem, p. 341-342.

[75]   Idem, p. 344.

[76]   Idem, p. 344-345.

decisório (CPC de 2015, art. 988). No caso específico de decisão que deixa de observar o padrão estabelecido no julgamento de recurso especial repetitivo ou em recurso extraordinário (repetitivo ou não), porém, é preciso antes esgotar as vias recursais ordinárias (art. 988, § 5º, II), o que não acontece no caso de inobservância de padrão fixado em enunciado de súmula vinculante ou decisão do STF tomada em controle direto de constitucionalidade (art. 988, III) ou de acórdão prolatado no julgamento de incidente de resolução de demandas repetitivas ou de incidente de assunção de competência (art. 988, IV). Essa distinção, porém, não guarda qualquer relação com a eficácia vinculante ou não desses pronunciamentos. Aliás, seria perfeitamente possível em tese a existência de decisões dotadas de eficácia vinculante sem que existisse a reclamação ou outro mecanismo análogo. Prova disso é que o ordenamento jurídico brasileiro não é – e isso é notório – o único a reconhecer a eficácia vinculante de alguns pronunciamentos judiciais, mas "a reclamação constitucional é um instituto jurídico genuinamente brasileiro".[77] Assim, qualquer tentativa de determinar se um pronunciamento judicial é ou não dotado de eficácia vinculante a partir dos mecanismos existentes para sua impugnação se revela inadequado.

Na doutrina brasileira também merece referência o trabalho de Thomas da Rosa de Bustamante.[78] O autor inicia seu estudo apresentando o método judicial e o precedente no *common law* e na tradição jurídica continental, apontando uma convergência de perspectivas teóricas.[79] Em seguida, apresenta Bustamante os fundamentos do que descreve como "teoria pós-positivista do precedente judicial".[80] Afirma o autor que existem razões institucionais e morais para se seguir precedentes,[81] os quais devem ser observados "não mais porque eles constituem Direito positivo formalmente produzido por alguma autoridade institucionalmente autorizada a criar Direito",[82] mas pelo fato de que os precedentes são "uma exigência da própria ideia de 'razão prática'".[83] Sustenta, então, que "uma doutrina do precedente absolutamente vinculante não é mais compatível com a exigên-

---

[77] DANTAS, Marcelo Navarro Ribeiro. A reclamação constitucional no direito comparado. In: NOGUEIRA, Pedro Henrique Pedrosa; COSTA, Eduardo José da Fonseca (org.). *Reclamação constitucional.* Salvador: JusPodivm, 2013. p. 335.

[78] BUSTAMANTE, Thomas da Rosa. *Teoria do precedente judicial* cit., passim.

[79] Idem, p. 1-123.

[80] Idem, p. 125-247.

[81] Idem, p. 254.

[82] Idem, ibidem.

[83] Idem, ibidem.

cia de justificabilidade mantida pelas Constituições democráticas",[84] pois sempre seria possível "que em um caso futuro as razões aduzidas para o *overruling* [superem] as que militam em favor da manutenção desta mesma regra".[85] E aduz que "[n]essa nova teoria dos precedentes devemos abandonar não apenas a tese de que há apenas uma *ratio decidendi*, mas também a afirmação de que a *ratio* é sempre absolutamente vinculante".[86]

Bustamante afirma que, por ter optado por uma teoria normativa do precedente, o problema que precisa enfrentar é o de saber "[o] que deve contar como precedente judicial para fins de sua aplicação no raciocínio jurídico".[87] Sustenta, então, que precedentes são "textos dotados de autoridade que carecem de interpretação", sendo trabalho do aplicador do Direito extrair sua *ratio decidendi*, conceito que pareceria "fadado à indeterminação".[88]

Sustenta Bustamante ser chegado o "tempo de rever [a] dicotomia rígida entre *ratio* e *dictum*, entre a parte *absolutamente* vinculante e a parte *não vinculante* de um precedente judicial".[89] E afirma que o Direito brasileiro tem uma legislação sobre precedentes tão complexa que é capaz de abarcar "praticamente todas as diferentes intensidades ou graus de eficácia imagináveis para o *case law*, ou seja, desde o precedente *vinculante* em sentido forte ao meramente *persuasivo*".[90]

Aqui, porém, é preciso apontar um equívoco de Bustamante. É que existe – e sobre isso se tratará mais adiante neste estudo – distinção entre elementos vinculantes (os fundamentos determinantes) e os não vinculantes (fundamentos não determinantes e ementa) dos padrões decisórios. A isto se voltará à frente, nos itens 5.5 e 5.6 deste trabalho.

Outro autor que tem se dedicado a estudar com profundidade os precedentes é Luiz Guilherme Marinoni.[91] Este autor sustenta a ocorrência de

---

[84]   Idem, p. 256.

[85]   Idem, ibidem.

[86]   Idem, p. 258.

[87]   Idem, p. 259.

[88]   Idem, ibidem. Acerta Bustamante ao afirmar que precedentes são textos que dependem de interpretação, aspecto que será mais bem examinado adiante, especialmente na nota de rodapé 122 do Capítulo 5 e no texto que lhe corresponde.

[89]   Idem, p. 276.

[90]   Idem, p. 324.

[91]   Deste autor há pelo menos três livros escritos especificamente sobre o tema que merecem consulta: MARINONI, Luiz Guilherme. *Precedentes obrigatórios*

uma aproximação entre os "sistemas" de *civil law* – especialmente o brasileiro – e de *common law* para daí, extrair a "imprescindibilidade do respeito aos precedentes no sistema pátrio".[92] Afirma que "o *stare decisis* não se confunde com o *common law*, tendo surgido no curso do seu desenvolvimento para, sobretudo, dar segurança às relações jurídicas", sustentando-se "especialmente na igualdade, na segurança e na previsibilidade".[93]

Sustenta Marinoni que "[a] ausência de respeito aos precedentes está fundada na falsa suposição, própria ao *civil law*, de que a lei seria suficiente para garantir a certeza e a segurança jurídicas",[94] havendo a certeza jurídica adquirido feições que qualifica como "antagônicas" nas tradições de *civil law* e de *common law*, e nesta fundamentado o *stare decisis*, enquanto naquela a certeza jurídica teria sido usada para "negar a importância dos tribunais e de suas decisões".[95] Advoga Marinoni, então, que a segurança jurídica no *civil law* "está a exigir o sistema de precedentes, há muito estabelecido para assegurar essa mesma segurança no ambiente do *common law*".[96]

A leitura da obra de Marinoni claramente indica que para o autor o *common law* é melhor do que o *civil law*. Isso, porém, não se sustenta. Como afirma Abboud,

> qualquer afirmação peremptória do tipo "o *common law* é melhor que o *civil law*", ou o seu contrário, somente apresenta algum sentido no campo da estética ou do gosto pessoal daquele que interpreta. Não há nenhum embasamento empírico para realizarmos tal afirmação. Da mesma forma que não podemos asseverar que o *common law* é melhor que o *civil law* porque o sistema jurídico da Inglaterra funciona melhor que o brasileiro, também não podemos dizer que o *civil law* é melhor que o *common law*, porque o sistema da Alemanha é mais preciso que o dos EUA.[97]

---

cit.; MARINONI, Luiz Guilherme. *A ética dos precedentes*. São Paulo: RT, 2014; MARINONI, Luiz Guilherme. *O STJ enquanto Corte de Precedentes* cit.

[92] MARINONI, Luiz Guilherme. *Precedentes obrigatórios* cit., p. 97. Como já se viu, porém, é equivocada a ideia segundo a qual o fato de se reconhecer eficácia vinculante a padrões decisórios aproxima um ordenamento jurídico da tradição de *common law*.

[93] Idem, ibidem.

[94] Idem, p. 98.

[95] Idem, p. 98-99.

[96] Idem, p. 99.

[97] ABBOUD, Georges. *Discricionariedade administrativa e judicial*. São Paulo: RT, 2014. p. 317.

Marinoni estabelece uma distinção entre precedentes com "eficácia absolutamente vinculante" (que impede o juiz de revogar a decisão, ainda que tenha bons fundamentos para não respeitá-la),[98] precedentes com eficácia normalmente vinculante (que admite o poder de *overruling*, isto é de superação do precedente),[99] e precedentes com eficácia persuasiva (que geram "algum constrangimento sobre aquele que vai decidir, [tendo] o órgão decisório alguma obrigação diante da decisão já tomada, [não] podendo ignorar o precedente, devendo apresentar convincente argumento para não adotá-lo").[100]

Fala sobre as eficácias vertical e horizontal dos precedentes,[101] para em seguida apontar uma série de razões para seguir precedentes (segurança jurídica, igualdade, coerência da ordem jurídica, imparcialidade, possibilidade de orientação jurídica, definição de expectativas, desestímulo à litigância, favorecimento de acordo, despersonalização das demandas, maior facilidade de aceitação das decisões, racionalização do duplo grau de jurisdição, contribuição à razoável duração do processo, economia de despesas e maior eficiência do Judiciário),[102] para posteriormente explicitar motivações que poderiam ser contrárias à "força obrigatória dos precedentes" (obstáculo ao desenvolvimento do direito, óbice à realização da igualdade, violação do princípio da separação dos poderes, violação da independência dos juízes, violação do juízo natural, violação da garantia de acesso à justiça), criticando todos esses argumentos.[103]

---

[98] MARINONI, Luiz Guilherme. *Precedentes obrigatórios* cit., p. 110.

[99] Idem, p. 111.

[100] Idem, p. 115-116. É preciso deixar claro, porém, que no ordenamento brasileiro não é possível distinguir entre precedentes "com eficácia absolutamente vinculante" e com "eficácia normalmente vinculante", já que todo padrão decisório vinculante pode, em tese, vir a ser superado, admitindo a lei brasileira, expressamente, a "revisão da tese" firmada em incidente de assunção de competência ou em incidente de resolução de demandas repetitivas (arts. 947, § 3º, e 986 do CPC/2015) ou a "alteração de tese jurídica adotada em enunciado de súmula ou em julgamento de casos repetitivos (art. 927, § 2º, do mesmo Código).

[101] Idem, p. 116-118.

[102] Idem, p. 118-188. Em outra obra, sustenta Marinoni que "[r]espeitar precedentes é uma maneira de preservar valores indispensáveis ao Estado de Direito, assim como de viabilizar um modo de viver em que o direito assume a sua devida dignidade, na medida em que, além de ser aplicado de modo igualitário, pode determinar condutas e gerar um modo de vida marcado pela responsabilidade pessoal" (MARINONI, Luiz Guilherme. *A ética dos precedentes* cit., p. 102.

[103] MARINONI, Luiz Guilherme. *Precedentes obrigatórios* cit., p. 188-210.

Trata depois Marinoni da utilização dos precedentes, apontando para os conceitos de *ratio decidendi* e de *obiter dictum* no *common law*,[104] para buscar, em seguida, estabelecer como esses conceitos devem ser compreendidos no Direito brasileiro.[105] Essa distinção – entre os elementos vinculantes e os não vinculantes dos padrões decisórios –, registre-se, é extremamente importante e será objeto de análise específica nos itens 5.5 e 5.6 deste trabalho.

Marinoni, depois, analisa os conceitos de distinção (*distinguishing*) e superação (*overruling*),[106] para em seguida tratar dos precedentes no atual ordenamento jurídico brasileiro (fazendo alusão, então, aos precedentes do STF, em que examina a repercussão geral no recurso extraordinário e as súmulas; os precedentes no STJ, analisando suas decisões e dando especial destaque às tomadas no julgamento de recursos repetitivos; as decisões dos tribunais de segunda instância e do STJ em que se tenha exercido controle incidental de constitucionalidade; tratando da força dos precedentes sobre as decisões monocráticas do relator e sobre as decisões de casos idênticos pelos juízos de primeiro grau).[107]

O exame da doutrina brasileira que vem se formando em torno da teoria dos precedentes mostra, como se pôde ver por esta exposição, que são dois os pontos principais da atenção dos estudiosos do tema: o conceito de precedente (aí incluída a conceituação de seus elementos, como a *ratio decidendi*) e o modo como o precedente é aplicado (enfrentando-se as técnicas de distinção entre o precedente e o novo caso sob julgamento, tradicionalmente conhecida como *distinguishing*, e as técnicas de superação dos precedentes, o assim chamado *overruling*). Não se observa, porém, qualquer preocupação na doutrina brasileira em se determinar as técnicas empregadas pelo ordenamento jurídico pátrio para estabelecer como são formadas as decisões que terão eficácia vinculante sobre futuros julgamentos. A rigor, nenhuma preocupação se observa com a análise do modo como, no processo de formação dessas decisões, deve desenvolver-se o contraditório, o qual é não só a nota característica de qualquer processo,[108] mas é também elemento essencial para a formação de uma decisão que produzirá efeitos (como precedente) sobre pessoas que não terão participado diretamente do procedimento de sua produção, não tendo podido exercer pessoalmente qualquer poder de

---

[104] Idem, p. 219-252.
[105] Idem, p. 252-292.
[106] Idem, p. 325-456.
[107] Idem, p. 457-521.
[108] FAZZALARI, Elio. Op. cit., p. 76.

influência na sua construção. Além disso, não se vê qualquer preocupação com o modo como se deve dar a deliberação do órgão jurisdicional colegiado nos casos em que a decisão a ser proferida destina-se a se tornar um padrão decisório dotado de eficácia vinculante.

Daí a necessidade, que se busca demonstrar com este estudo, de que é preciso compreender o modo como deve observar-se o princípio constitucional do contraditório na formação das decisões que, no ordenamento brasileiro, têm eficácia formalmente vinculante de decisões futuras, assegurando-se o pleno respeito a este princípio nos procedimentos destinados à sua formação. E a consequência disso será permitir que, a partir do modo como se desenvolve o contraditório no procedimento de formação das decisões, seja permitido compreender as razões pelas quais algumas decisões terão, no Direito brasileiro, eficácia de precedentes vinculantes, enquanto outras terão, apenas, eficácia como precedentes persuasivos (ou argumentativos).

Impende, ainda – e a doutrina brasileira não tem tratado do ponto – examinar como deve dar-se a deliberação do órgão jurisdicional naqueles casos em que já se sabe de antemão que a decisão a ser proferida destina-se a servir como um padrão decisório vinculante (como se dá, por exemplo, nos julgamentos de casos repetitivos). A tudo isso se voltará no desenvolvimento ulterior deste estudo. O que tem de se ter claro, sempre, é que a formação comparticipativa dos padrões decisórios, com uma atuação especificamente voltada à sua legitimação democrática, é essencial para sua formação. Assim como é essencial que haja essa comparticipação qualificada nos casos em que haverá o afastamento (por distinção ou superação) dos padrões decisórios. De tudo isso se tratará adiante.

Tudo isso, porém, implica a necessidade de não só se compreender o modo como se desenvolvem (ou, pelo menos, como devem desenvolver- -se) os procedimentos destinados à formação dos precedentes vinculantes, mas também exige uma mudança no modo como são tomadas as decisões colegiadas,[109] evitando-se a assim chamada "pseudocolegialidade".[110] E para isso é preciso que os órgãos jurisdicionais brasileiros, de todas as instâncias,

---

[109] Sobre o ponto, seja permitido remeter a: CÂMARA, Alexandre Freitas. O novo CPC e os julgamentos colegiados. Disponível em: <http://justificando.com/2015/07/08/o- -novo-cpc-e-os-julgamentos-colegiados/>. Acesso em: 7 set. 2015.

[110] NUNES, Dierle; DELFINO, Lúcio. Novo CPC: enunciados de súmula e pseudocolegialidade. Disponível em: <http://justificando.com/2014/08/28/novo-cpc-enunciados- -de-sumula-e-pseudo-colegialidade/>. Acesso em: 7 set. 2015.

passem a empregar os precedentes como argumentos decisórios, examinando seus fundamentos determinantes e demonstrando como eles se aplicam ao caso em julgamento, não se limitando a invocá-los (nos exatos termos do que determina o art. 489, § 1º, V, do CPC/2015).

Ocorre que tradicionalmente, no Direito brasileiro, precedentes ou enunciados de súmula são empregados como argumentos retóricos. O que se vê geralmente nas decisões judiciais não é o emprego adequado desses padrões, mas um arrolamento de ementas ou a indicação de números de julgados, sem qualquer análise de seus fundamentos determinantes ou tentativa de se demonstrar que a utilização daqueles padrões como base da formação de novas decisões seria adequada. No próximo capítulo se buscará comprovar essa prática equivocada e criticável, para que depois se procure examinar como deveriam ser as práticas adequadas a respeito do ponto.

Capítulo 4

A FORMAÇÃO E O EMPREGO DOS PRECEDENTES NA PRÁTICA FORENSE BRASILEIRA ATUAL: O USO INADEQUADO DOS "PRECEDENTES" PELOS JUÍZES BRASILEIROS (OU "SOBRE A MERA INVOCAÇÃO DE EMENTAS E ENUNCIADOS DE SÚMULA")

Como afirmado no capítulo anterior, o funcionamento adequado (e, pois, constitucionalmente legítimo) de um sistema de precedentes no Brasil exige, entre outras coisas, uma mudança no modo de se decidir. Chama a atenção o fato de que os órgãos jurisdicionais brasileiros, em todas as instâncias, não examinam os precedentes (ou outros padrões decisórios) adequadamente. O que se quer dizer com isso é que não há, na prática forense brasileira, uma cultura de emprego do precedente como *principium* argumentativo.[1] Pois o que se pretende neste ponto do trabalho é demonstrar como esta prática equivocada está consolidada na experiência forense brasileira. E para isso serão apresentados exemplos significativos dela.

Inicialmente, é de se demonstrar como no STF isso tem acontecido. E isto se fará com a apresentação de acórdãos da relatoria de todos os integrantes do STF em que se tenha feito referência ao uso de precedentes.

Uma pesquisa na página de jurisprudência do STF em que sejam buscados acórdãos da relatoria do Min. Celso de Mello, por exemplo, indicou 2.592 pronunciamentos colegiados em que se faz alusão ao termo "precedentes".[2] Veja-se, por exemplo, a ementa de um deles:

---

[1]   NUNES, Dierle. Novo CPC consagra concepção dinâmica do contraditório cit., Afirma o autor que "no sistema do *case law*, o precedente é um *principium* argumentativo. A partir dele, de modo discursivo e profundo, verificar-se-á, inclusive com análise dos fatos, se o precedente deverá ou não ser repetido (aplicado)".

[2]   A pesquisa foi realizada em 10.09.2016.

Embargos de declaração – Inocorrência de contradição, obscuridade ou omissão – Pretendido reexame da causa – Caráter infringente – Inadmissibilidade – Embargos de declaração rejeitados. Não se revelam cabíveis os embargos de declaração, quando a parte recorrente – a pretexto de esclarecer uma inexistente situação de obscuridade, omissão ou contradição – vem a utilizá-los com o objetivo de infringir o julgado e de, assim, viabilizar um indevido reexame da causa. Precedentes.[3]

Pois no corpo do acórdão a referência aos precedentes é feita nos seguintes termos:

É por tal razão que a *jurisprudência* do Supremo Tribunal Federal, *ao versar* os aspectos ora mencionados, *assim se tem pronunciado*:

"*Embargos declaratórios. Inexistência* de omissão, contradição, obscuridade ou dúvida, no acórdão embargado (art. 337 do RISTF).

Embargos *rejeitados*.

O que pretenderam os embargantes foi sustentar o desacerto do julgado e obter sua desconstituição. *A isso não se prestam*, porém, os embargos declaratórios".

(*RTJ* 134/1296, Rel. Min. Sydney Sanches – grifei)

"A *jurisprudência* do Supremo Tribunal Federal *tem ressaltado* que os embargos de declaração *não se revelam cabíveis*, quando, utilizados com a finalidade de sustentar a incorreção do acórdão, *objetivam*, na realidade, a própria *desconstituição* do ato decisório proferido pelo Tribunal. *Precedentes: RTJ* 114/885 – *RTJ* 116/1106 – *RTJ* 118/714 – *RTJ* 134/1296".

(AgInt 153.147-AgR-ED/RS, Rel. Min. Celso de Mello – grifei)

"O recurso de embargos de declaração *não tem cabimento*, quando, a pretexto de esclarecer uma *inocorrente* situação de obscuridade, contradição ou omissão do acórdão, vem a ser utilizado com o objetivo de *infringir* o julgado".

(RE 177.599-ED/DF, Rel. Min. Celso de Mello – grifei)

"*Embargos declaratórios só se destinam a possibilitar a eliminação de obscuridade* (...), *contradição ou omissão* do acórdão embargado (art. 337 do RISTF), *não o reconhecimento* de erro de julgamento.

E como, no caso, é esse reconhecimento que neles se reclama, com a consequente reforma do acórdão, *ficam eles rejeitados*."

(*RTJ* 134/836, Rel. Min. Sydney Sanches – grifei).

---

[3] BRASIL. STF, AgRE 894669 AgR-EDcl, Rel. Min. Celso de Mello, Segunda Turma, j. em 18.08.2015.

Vê-se, pois, que o Tribunal, no caso mencionado, limitou-se a transcrever ementas para afirmar que a matéria já tinha sido objeto de julgamentos anteriores, sem qualquer indicação de quais tenham sido as circunstâncias fáticas dos casos precedentemente julgados. Além disso, não há sequer menção a quais tenham sido os fundamentos determinantes das decisões anteriormente proferidas ou a demonstração de que tais fundamentos também seriam aplicáveis ao caso concreto que estava a ser apreciado pelo Tribunal. Ademais, a leitura do acórdão permite verificar que houve o uso do termo "precedentes" na ementa, mas, no voto do relator, se fez alusão a *jurisprudência*, conceito que – como visto anteriormente – com aquele não se confunde.

Pesquisa idêntica à anterior, feita nos processos de relatoria do Min. Marco Aurélio Mello, apresentou 625 acórdãos em que se faz uso do termo "precedentes".[4] Veja-se a ementa de um deles:

> Servidor temporário – Direitos sociais – Extensão. De acordo com o entendimento do Supremo, o servidor contratado temporariamente tem jus aos direitos sociais previstos no artigo 7º da Constituição Federal. Precedentes: Recurso Extraordinário nº 287.905/SC, da relatoria da ministra Ellen Gracie, redator do acórdão ministro Joaquim Barbosa; Recurso Extraordinário nº 234.186/SP, da relatoria do ministro Sepúlveda Pertence.[5]

Em seu voto, o Min. Marco Aurélio assim se pronunciou:

> A articulação do recorrente não merece prosperar. Como fiz ver na decisão agravada, a conclusão do Tribunal de origem está em consonância com o entendimento adotado por ambas as Turmas do Supremo, no sentido de que o servidor contratado temporariamente tem jus aos direitos sociais previstos no artigo 7º da Constituição Federal. Confiram os seguintes acórdãos:
>
> Agravo regimental em recurso extraordinário com agravo. Direitos sociais previstos no art. 7º da Constituição Federal. Férias e décimo terceiro. Extensão ao servidor contratado temporariamente. Possibilidade. Precedentes. 1. Conforme a jurisprudência do Supremo Tribunal Federal, os servidores contratados em caráter temporário têm direito à extensão de direitos sociais constantes do art. 7º do Magno Texto, nos moldes do

---

4   Também aqui a pesquisa foi realizada em 10.09.2016.
5   BRASIL. STF, AgRE 676665 AgR-EDcl-AgR/PE, Rel. Min Marco Aurélio, j. em 26.05.2015.

inciso IX do art. 37 da Carta Magna. 2. Agravo regimental desprovido. (AgRg no RE com Ag 663.104/PE, da relatoria do Min. Carlos Ayres Britto, julgado na Segunda Turma)

Constitucional. Licença-maternidade. Contrato temporário de trabalho. Sucessivas contratações. Estabilidade provisória. Art. 7º, XVIII da Constituição. Art. 10, II, *b*, do ADCT. Recurso desprovido. A empregada sob regime de contratação temporária tem direito à licença-maternidade, nos termos do art. 7º, XVIII, da Constituição e do art. 10, II, *b*, do ADCT, especialmente quando celebra sucessivos contratos temporários com o mesmo empregador. Recurso a que se nega provimento. (RE 287.905/ SC, da relatoria da Min. Ellen Gracie, redator do acórdão Min. Joaquim Barbosa, julgado na Segunda Turma)

Agravo regimental no agravo de instrumento. Servidor temporário. Contrato prorrogado sucessivamente. Gratificação natalina e férias. Percepção. Possibilidade. Precedentes. 1. A jurisprudência desta Corte é no sentido de que é devida a extensão dos diretos sociais previstos no art. 7º da Constituição Federal a servidor contratado temporariamente, nos moldes do art. 37, inciso IX, da referida Carta da República, notadamente quando o contrato é sucessivamente renovado. 2. Agravo regimental não provido. (AgRg no AgInt 767.024, da relatoria do Min. Dias Toffoli, julgado na Primeira Turma)

Estabilidade provisória da empregada gestante (ADCT, art. 10, II, *b*): inconstitucionalidade de cláusula de convenção coletiva do trabalho que impõe como requisito para o gozo do benefício a comunicação da gravidez ao empregador. 1. O art. 10 do ADCT foi editado para suprir a ausência temporária de regulamentação da matéria por lei. Se carecesse ele mesmo de complementação, só a lei a poderia dar: não a convenção coletiva, à falta de disposição constitucional que o admitisse. 2. Aos acordos e convenções coletivos de trabalho, assim como às sentenças normativas, não é lícito estabelecer limitações a direito constitucional dos trabalhadores, que nem à lei se permite. (RE 234.186/SP, da relatoria do Min. Sepúlveda Pertence, julgado na Primeira Turma)

Ante os precedentes, desprovejo o regimental.

Neste caso, como se pode perceber, o relator limita-se a transcrever uma série de ementas para, em seguida, dizer que "ante os precedentes" vota por se negar provimento ao recurso. Trata-se de decisão proferida nos precisos termos daquilo que pelo inc. V do § 1º do art. 489 do CPC/2015 se busca evitar: a mera transcrição de ementas sem identificação de seus fundamen-

Cap. 4 · FORMAÇÃO E EMPREGO DOS PRECEDENTES NA PRÁTICA FORENSE BRASILEIRA | 149

tos determinantes e a demonstração de que o caso sob julgamento se ajusta àqueles fundamentos.[6-7]

Pesquisa igual às anteriores, feita nos processos de relatoria do Min. Gilmar Mendes, indicou 2.333 acórdãos em que se fez uso do termo "precedentes".[8] Veja-se uma das ementas:

> Agravo regimental em recurso extraordinário. 2. Processo civil. 3. Alegação de cerceamento de defesa decorrente, em tese, do julgamento antecipado da lide. Art. 5º, LVI e LV, da Constituição Federal. Matéria infraconstitucional. Tema 424 da sistemática da repercussão geral. Precedentes. 4. A análise da situação demandaria revolvimento do acervo probatório. 5. Ausência de argumentos capazes de infirmar a decisão agravada. 6. Agravo regimental a que se nega provimento.[9]

No voto do relator lê-se o seguinte:

> Nesse contexto, segundo pacífica jurisprudência desta Corte, mera alegação de violação aos primados constitucionais do contraditório e do devido processo legal são insuficientes a viabilizar o processamento de recurso extraordinário, quando a norma constitucional for atingida apenas de forma mediata.

> A esse propósito, confiram-se os seguintes julgados:

> "Agravo regimental no agravo de instrumento. Processual civil. Recurso extraordinário e recurso especial interpostos simultaneamente. Sobresta-

---

[6] Vale anotar que, na pesquisa realizada, não foi encontrado qualquer acórdão redigido pelo Min. Marco Aurélio após a entrada em vigor do Código de Processo Civil de 2015 em que na ementa se pudesse encontrar referência ao emprego de precedentes como fundamento da decisão. Nos três julgamentos da relatoria daquele Magistrado realizados após a entrada em vigor da nova legislação processual e em cujas ementas se faz alusão a precedentes, o Min. Marco Aurélio proferiu voto vencido, tendo sido outro magistrado designado para a redação do acórdão.

[7] Em interessante decisão monocrática, o Min. Herman Benjamin, do STJ, afirmou que "[n]em esta Egrégia Corte se renderá ao falso discurso do ementismo, pelo qual pretende-se que os acórdãos sejam interpretados conforme suas ementas, quando a ementa é que deve ser um resumo fiel do acórdão", e o fez para criticar uma magistrada, tendo sido afirmado que "ao mal do ementismo sucumbiu [a juíza prolatora de decisão naquele processo]" (STJ, REsp 1195771, j. em 16.02.2011). Também no STJ, porém, é frequente encontrar decisões que padecem do mal do ementismo.

[8] Pesquisa realizada em 10.09.2016.

[9] BRASIL, STF, RE 560294 AgRg/SP, Rel. Min. Gilmar Mendes, j. em 18.08.2015.

mento. Não cabimento. Julgamento antecipado da lide. Indeferimento de diligência probatória. Ausência de repercussão geral. Dano moral coletivo. Configuração. Ofensa reflexa. Precedentes. 1. Segundo a jurisprudência do Supremo Tribunal, o art. 543, § 1°, do Código de Processo Civil, o qual determina seja o recurso especial julgado antes do extraordinário, quando interpostos simultaneamente, somente se aplica quando ambos os recursos são admitidos na origem. 2. A violação da Constituição Federal, em virtude do julgamento antecipado da lide, seria, se ocorresse, indireta ou reflexa, o que não enseja o reexame da matéria em recurso extraordinário. 3. O Plenário da Corte, no exame do ARE n° 639.228/RJ, Relator o Ministro Cezar Peluso, concluiu pela ausência de repercussão geral do tema relativo à suposta violação dos princípios do contraditório e da ampla defesa nos casos de indeferimento de produção de provas no âmbito de processo judicial, dado o caráter infraconstitucional da matéria. 4. Inadmissível, em recurso extraordinário, a análise de legislação infraconstitucional, uma vez que a ofensa à Constituição, caso ocorresse, seria meramente reflexa. 5. Agravo regimental não provido". (AgInt-AgRg 830499, Rel. Min. Dias Toffoli, Segunda Turma, *DJe* 28.4.2015);

"Direito processual civil. Julgamento antecipado da lide. Ausência de oitiva de testemunhas. Alegação de ofensa ao art. 5°, LV, da Constituição da República. Contraditório e ampla defesa. Natureza infraconstitucional da controvérsia. Eventual violação reflexa da Constituição da República não viabiliza o manejo de recurso extraordinário. Acórdão recorrido publicado em 06.03.2013 obstada a análise da suposta afronta ao inciso LV do artigo 5° da Carta Magna, porquanto dependeria de prévia análise da legislação infraconstitucional aplicada à espécie, procedimento que refoge à competência jurisdicional extraordinária desta Corte Suprema, a teor do art. 102 da Magna Carta. As razões do agravo regimental não se mostram aptas a infirmar os fundamentos que lastrearam a decisão agravada, mormente no que se refere à ausência de ofensa direta e literal a preceito da Constituição da República. Agravo regimental conhecido e não provido". (AgRE-AgRg 814512, Rel. Min. Rosa Weber, Primeira Turma, *DJe* 11.11.2014).

Acrescento que o Supremo Tribunal Federal já apreciou a matéria no julgamento do AgRE-Rg 639.228, *DJe* 31.8.2008, oportunidade em que rejeitou a repercussão geral, tendo em vista a natureza infraconstitucional da questão posta, nos seguintes termos:

"Agravo convertido em Extraordinário. Inadmissibilidade deste. Produção de provas. Processo judicial. Indeferimento. Contraditório e ampla defesa. Tema infraconstitucional. Precedentes. Ausência de repercussão geral. Recurso extraordinário não conhecido. Não apresenta repercussão geral recurso extraordinário que, tendo por objeto a obrigatoriedade de observância dos princípios do contraditório e da ampla defesa, nos casos de indeferimento de pedido de produção de provas em processo judicial, versa sobre tema infraconstitucional."

Além disso, a análise da situação autorizadora do julgamento antecipado da lide demandaria revolvimento do acervo probatório, inviável em sede de recurso extraordinário.

Ante o exposto, nego provimento ao agravo regimental.

Uma vez mais o que se vê é o emprego, na ementa, do termo "precedentes" para, no voto, fazer-se alusão à "pacífica jurisprudência" do Tribunal, igualando--se os conceitos de jurisprudência e precedentes, o que é inadequado. Além disso, há a transcrição de algumas ementas, sem a descrição dos fundamentos determinantes de cada um dos acórdãos precedentemente proferidos e sem a demonstração de que tais fundamentos determinantes se ajustavam ao caso em julgamento para, em seguida, negar-se provimento ao recurso.

Quando a pesquisa é feita sobre os acórdãos relatados pelo Min. Ricardo Lewandowski são encontrados 1.939 arestos.[10] Veja-se, à guisa de exemplo, a seguinte ementa:

Agravo regimental. Processual civil. Assistência judiciária gratuita. Pessoa jurídica. Necessidade de comprovação de insuficiência de recursos. Agravo improvido. I – A jurisprudência desta Corte é no sentido de que não basta a mera alegação de que é entidade sem fins lucrativos ou beneficente, devendo ser comprovada a insuficiência de recursos, para solicitar a assistência judiciária gratuita. Precedentes. II – Agravo regimental a que se nega provimento.[11]

Já na ementa se vê alusão tanto à "jurisprudência [da] Corte" como à existência de "precedentes". E no voto do relator se lê o seguinte:

[A] jurisprudência desta Corte é no sentido de que não basta a mera alegação de que é entidade sem fins lucrativos ou beneficente, devendo ser comprovada a insuficiência de recursos, para solicitar a assistência judiciária gratuita, conforme se observa do julgamento do AgInt 637.177-AgRg/SP, de minha relatoria, cujo acórdão foi assim ementado:

---

[10] Pesquisa realizada em 10.09.2016.
[11] BRASIL. STF, MS 27857 AgRg/DF, Tribunal Pleno, Rel. Min. Ricardo Lewandowski, j. em 11.06.2015.

"Agravo regimental em agravo de instrumento. Processual civil. Assistência judiciária gratuita. Pessoa jurídica. Necessidade de comprovação de insuficiência de recursos. Pressupostos de gratuidade de justiça. Ofensa reflexa. Agravo improvido. I – A discussão referente ao momento do indeferimento do pedido de assistência judiciária gratuita, bem como à alegada necessidade de o juízo recorrido ter oportunizado o recolhimento do preparo, demanda a análise de normas processuais, sendo pacífico na jurisprudência desta Corte o não cabimento de recurso extraordinário sob alegação de má interpretação, aplicação ou inobservância dessas normas. A afronta à Constituição, se ocorrente, seria indireta. Incabível, portanto, o recurso extraordinário. Precedentes. II – É necessária a comprovação de insuficiência de recursos para que a pessoa jurídica solicite assistência judiciária gratuita. Precedentes. III – Agravo regimental improvido".

No mesmo sentido, entre outras: AgInt 562.364-AgRg/MG, Rel. Min. Gilmar Mendes; AgInt 667.523-AgRg/RJ, Rel. Min. Eros Grau; AgInt 506.815- AgRg/DF, Rel. Min. Sepúlveda Pertence.

Isso posto, nego provimento ao agravo regimental.

Uma vez mais o que se encontra é a mera transcrição de ementa (no caso em exame, apenas uma), além da indicação dos números de dois outros processos, sem qualquer indicação de quais teriam sido os fundamentos determinantes de tais decisões ou a demonstração de que tais seriam de adequada aplicação no caso concreto que estava a ser decidido.

A prática, como se vê, é encontrada em julgamentos relatados por quase todos os Ministros do STF. Merece referência, porém, o fato de que em votos da relatoria da Min. Cármen Lúcia são encontrados exemplos de pronunciamentos em que o confronto entre o caso precedente e o caso sob julgamento é feito de forma bastante adequada. Na pesquisa feita nos processos de relatoria da Min. Cármen Lúcia foram encontrados 2.895 acórdãos em que se empregou o termo "precedentes".[12] Destes, porém, merece especial destaque o assim ementado:

Agravo regimental na reclamação. Alegado descumprimento da decisão proferida na Ação Direta de Inconstitucionalidade 3.395. Ausência de identidade material. Precedentes. Agravo regimental ao qual se nega provimento.[13]

---

[12] Pesquisa feita em 10.09.2016.

[13] BRASIL. STF, Rcl 19733 AgRg/AL, Segunda Turma, Rel. Min. Carmen Lúcia, j. em 18.08.2015.

No voto da relatora, que conduziu o acórdão citado, lê-se o seguinte:

> Como assentado na decisão agravada, diferente do sustentado pelo Agravante, a natureza do vínculo jurídico entre os agentes comunitários de saúde e o ente público municipal não está em questão na ação civil pública ajuizada pelo Ministério Público do Trabalho com o objetivo de "compelir o demandado a adotar providências no sentido de reconhecer as condições de trabalho insalubres e conferir o adicional de insalubridade aos agentes comunitários de saúde" (doc. 3), pelo que inexistiria contrariedade ao decidido no julgamento da ADIn 3.395/DF.

Encontra-se, no trecho transcrito, a descrição da circunstância fática que deveria ser levada em conta para o julgamento do caso: a natureza do vínculo jurídico entre os agentes comunitários de saúde e o ente público municipal seria irrelevante para a apreciação de ação civil pública ajuizada com o objetivo de compelir o réu a adotar providências no sentido de reconhecer as condições insalubres de trabalho, conferindo a tais agentes comunitários o adicional de insalubridade. Em seguida, a relatora faz alusão ao precedente, nos seguintes termos:

> Em caso análogo ao presente, ao apreciar o alegado desrespeito ao decidido no julgamento da Ação Direta de Inconstitucionalidade n. 3.395, que decorreria do processamento, na Justiça do Trabalho, de ação civil pública ajuizada com o objetivo de compelir o ente público estadual a cumprir normas trabalhistas relativas a saúde, segurança e higiene no trabalho, este Supremo Tribunal decidiu:
>
> "Constitucional. Reclamação. ADI 3.395-MC. Ação civil pública proposta na justiça do trabalho, para impor ao poder público piauiense a observância das normas de saúde, higiene e segurança do trabalho no âmbito do instituto médico legal. Improcedência. 1. Alegação de desrespeito ao decidido na ADI 3.395-MC não verificada, porquanto a ação civil pública em foco tem por objeto exigir o cumprimento, pelo Poder Público piauiense, das normas trabalhistas relativas à higiene, segurança e saúde dos trabalhadores. 2. Reclamação improcedente. Prejudicado o agravo regimental interposto" (Rcl 3.303, Rel. o Min. Ayres Britto, Plenário, *DJe* 16.5.2008).

Não se limitou a relatora, porém, à transcrição da ementa. É que logo em seguida a Min. Cármen Lúcia fez um exame do que foi debatido pelos integrantes do STF no julgamento do caso precedente, o que fez nos seguintes termos:

A partir dos debates travados naquela assentada, reconheceu-se a inexistência de identidade material entre o ato impugnado e a decisão apontada como paradigma de descumprimento. Confiram-se os seguintes trechos:

"O Senhor Ministro Celso de Mello: Há um aspecto interessante: como se cuida de uma ação civil pública, o próprio Ministério Público do Trabalho, que a promove (e interveio neste processo como interessado), destaca a inocorrência de ofensa à nossa decisão proferida na ADI 3.395/DF, ao salientar que a Súmula 736/STF reconhece a competência da Justiça do Trabalho para julgar ações – como esta – 'que tenham como causa de pedir o descumprimento de normas trabalhistas relativas à segurança, higiene e saúde dos trabalhadores' (f. 185).

Observou-se, ainda, que os trabalhadores do IML não têm vínculo estatutário nem estão submetidos a regime especial. Quer dizer, trata-se, no caso, de uma decisão judicial, proferida em sede de ação civil pública ajuizada pelo Ministério Público do Trabalho, contra determinada entidade estatal, em decorrência de suposto descumprimento, pelo Poder Público local, de normas de saúde, de higiene e de segurança do trabalho. Descumprimento que, alegadamente, ocorreria no âmbito de uma determinada autarquia estadual ou mesmo no de um órgão da administração pública centralizada.

O fato é que essa *causa petendi* estaria a sugerir, longe de qualquer debate sobre a natureza do vínculo (se laboral, ou não, se de caráter estatutário, ou não), que se pretende, na realidade, e numa perspectiva de pura metaindividualidade, provocada pela iniciativa do Ministério Público, saber se normas referentes à higiene e à saúde do trabalho estariam sendo observadas, ou não, por determinado ente público.

O Excelentíssimo Senhor Ministro Menezes Direito:

Exatamente por esse aspecto o Relator não enfrentou a questão do vínculo. Examina-se, na realidade, apenas a justiça competente para julgar uma ação civil pública relativa à higiene do trabalho. (...)

O Senhor Ministro Celso de Mello: Na realidade, o próprio fundamento constitucional da pretensão deduzida pelo Ministério Público do Trabalho, em sede de ação civil pública, reside no inciso II do art. 129 da Constituição. Ora, esse dispositivo, ao dispor sobre as funções institucionais do Ministério Público, qualifica o *Parquet* como verdadeiro defensor do povo, ao estabelecer que cabe, ao Ministério Público, 'zelar pelo efetivo respeito dos Poderes Públicos e dos serviços de relevância pública aos direitos assegurados nesta Constituição, promovendo as medidas necessárias a sua garantia.'

Dentre esses direitos de essencialidade inquestionável, está, por sua clara natureza, o direito à saúde. Portanto, não estamos discutindo, no fundo, a natureza do vínculo, nem estamos em face de uma ofensa ou transgressão à autoridade da decisão proferida por esta Corte, em sede cautelar, na ação direta de inconstitucionalidade invocada como paradigma de confronto.

Na realidade, o Ministério Público, legitimado ativamente ao ajuizamento da ação civil pública, invoca a proteção jurisdicional a direitos e a interesses transindividuais, com apoio numa cláusula da Constituição que lhe assegura uma das mais relevantes funções institucionais: a de atuar como verdadeiro defensor do povo. (…)

A Senhora Ministra Cármen Lúcia – Senhora Presidente, só faço uma ressalva: acompanho, mas exclusivamente pelo fundamento de que, na ação civil pública, o que se questionou foi a condição de trabalho desses servidores, os quais estão submetidos a condições especiais de trabalho, que, segundo o Ministério Público, na ação civil pública, não estariam sendo observadas, e, por isso mesmo, penso que não descumpre, absolutamente, a decisão deste Tribunal, porque não há pertinência com o que foi decidido por este Supremo Tribunal Federal na Ação Direta de Inconstitucionalidade n. 3.395" (*DJe* 16.05.2008).

Vê-se, assim, muito claramente, em especial por conta do que se contém nos votos dos Ministros Celso de Mello e Menezes Direito, que no caso precedente não estava em discussão – como não estava, também, no caso posterior sob julgamento – a natureza do vínculo entre os trabalhadores e o ente público para que trabalhavam. E isto justifica a conclusão em seguida anunciada pela relatora:

Ausente a identidade material entre a decisão impugnada e o alegado descumprimento do acórdão proferido na Ação Direta de Inconstitucionalidade n. 3.395 pelo Supremo Tribunal Federal, evidente o desatendimento aos requisitos constitucionais da reclamação (arts. 102, inc. I, al. *l*, e 103-A, § 3º, da Constituição da República), que não pode, então, ter regular processamento.

Daí por que, corretamente, o STF negou provimento ao recurso, o que fez a partir de uma justificação que empregou o precedente como *principium* argumentativo.

Isto é, porém, algo absolutamente excepcional na experiência forense brasileira. Veja-se, por exemplo, o que acontece quando são examinados os acórdãos da relatoria do Min. Dias Toffoli (sendo certo que na pesquisa feita nos acórdãos da relatoria deste magistrado foram encontrados 3.723

acórdãos em que se fez uso do termo "precedentes").[14] Examine-se, a título exemplificativo, um dos acórdãos encontrados nesta pesquisa:

> Embargos de declaração no recurso extraordinário. Nulidade do julgamento do feito por ausência de intimação dos atuais defensores do embargante. Não inclusão pela Secretaria Judiciária da Corte dos novos constituídos na autuação do processo, para fins de publicação no *Diário da Justiça Eletrônico* (art. 1º, inciso I, alíneas *a* e *b*, da Resolução nº 478 de 2011). Impossibilidade de realização da defesa oral na sessão de julgamento. Necessidade de novo pronunciamento judicial pelo Tribunal Pleno. Precedentes. Embargos acolhidos com efeitos modificativos, para, em razão do equívoco apontado, anular o acórdão proferido pelo Tribunal Pleno neste extraordinário, determinando, ainda, sua inclusão em pauta para futuro julgamento.[15]

No corpo do voto do relator não se encontra qualquer referência a precedentes, embora na ementa se tenha feito alusão à sua existência. Ali se lê, porém, que

> Da jurisprudência da Corte [se] colh[e] o entendimento de que "a publicação feita a um dos procuradores da parte é suficiente para efeitos de intimação, *a não ser que exista substabelecimento sem reserva de poderes, caso em que a publicação deve ocorrer em nome do advogado substabelecido*" (AgInt 777.562/GO-AgRg, Primeira Turma, Rel. Min. Rosa Weber, *DJe* de 03.10.2012).

Em seguida, o relator afirma que no mesmo sentido foram proferidas outras decisões (e transcreve o número de três processos), sem examinar seus fundamentos determinantes ou demonstrar que os mesmos se ajustam ao caso em julgamento. Há, aí, como se vê, além da confusão entre os conceitos de precedente e de jurisprudência, uma mera invocação de julgamentos anteriores.

Na mesma linha tem atuado o Min. Luiz Fux. Na pesquisa feita nos processos de sua relatoria foram encontrados 1.973 acórdãos em que se fez uso do termo "precedentes".[16] Entre tais pronunciamentos colhe-se, à guisa de exemplo, o que está assim ementado:

---

[14] Pesquisa efetivada em 10.09.2016.

[15] BRASIL. STF, RE 658312 EDcl/SC, Tribunal Pleno, Rel. Min. Dias Toffoli, j. em 05.08.2015.

[16] Uma vez mais, a pesquisa foi feita em 10.09.2016.

Cap. 4 · FORMAÇÃO E EMPREGO DOS PRECEDENTES NA PRÁTICA FORENSE BRASILEIRA | 157

> Agravo regimental no recurso ordinário em mandado de segurança. Portaria superveniente que tornou sem efeito portaria anulatória de ato de concessão de anistia. Perda do objeto do mandado de segurança. Decadência administrativa. Inexistência. Agravo regimental a que se nega provimento. 1. A anulação de portaria que invalidou ato que anulou a portaria que concedeu a anistia não pode ser conhecida por esta Corte em grau de recurso ordinário, implicando a perda de objeto do mandado de segurança impetrado. (Precedente: RMS 31.062, Rel. Min. Roberto Barroso, *DJe* 14.10.2014). 2. Em relação à decadência, há precedente nesta Corte, no sentido de que a contagem do prazo decadencial pode ser definida a partir de qualquer medida de autoridade administrativa que importe impugnação à validade do ato, nos termos do art. 54, § 2º, da Lei nº 9.784/1999. (Precedentes: RMS 32.116-AgRg, Rel. Min. Teori Zavascki, 2ª Turma, DJe 13.05.2014). 3. Agravo regimental a que se nega provimento.[17]

No voto condutor desse acórdão, lê-se em certo trecho a afirmação de que

> a anulação superveniente não pode ser apreciada por esta Corte, sob pena de indevida supressão de instância, porquanto cabe ao Superior Tribunal de Justiça julgar, originariamente, mandados de segurança contra atos de Ministros de Estado.

E esta afirmação se faz com apoio na transcrição da seguinte ementa:

> Embargos recebidos como agravo regimental em recurso ordinário em mandado de segurança. Portaria Interministerial nº 134/2011. Revisão de anistia. Inexistência de direito líquido e certo. 1. Os embargos de declaração, com caráter infringente, objetivando a reforma da decisão monocrática do relator, devem ser conhecidos como agravo regimental. Jurisprudência majoritária do STF. 2. A jurisprudência do Supremo Tribunal Federal se firmou no sentido de que não viola direito líquido e certo a instauração de procedimento de revisão de atos que concederam anistia política. 3. Não é possível falar em ofensa ao art. 54 da Lei nº 9.784/1999, tendo em vista que a decadência "pode ser afastada caso configurada a má-fé do interessado, o que deve ser analisado em procedimento próprio, com o respeito às garantias da ampla defesa e do devido processo legal" (RMS 31.027 ED/DF, Rel. Min. Dias Toffoli). Precedentes: RMS 31.059-AgR, Rel. Min. Marco Aurélio; RMS 31.114-ED, Rel. Min. Cármen Lúcia; RMS 31.045-AgR, Rel.

---

[17] BRASIL. STF, RMS 32379 AgRg/DF, Primeira Turma, Rel. Min. Luiz Fux, j. em 18.08.2015.

Min. Luiz Fux; RMS 32.542-AgR, Rel. Min. Gilmar Mendes, entre outros. 4. A superveniente anulação da condição de anistiado político não pode ser originariamente conhecida por esta Corte, em grau de recurso ordinário, sob pena de indevida supressão de instância. 5. Agravo regimental a que se nega provimento. (RMS 31062, EDcl, Rel. Min. Roberto Barroso, *DJe* 14.10.2014)

Logo após a transcrição desta ementa, o voto já passa a tratar de outro assunto, a decadência do direito deduzido em juízo, afirmando que sobre o tema "há precedente nesta Corte no sentido de que a contagem do prazo decadencial pode ser definida a partir de qualquer medida de autoridade administrativa que importe em impugnação à validade do ato". E afirma haver decisão neste mesmo sentido, de que se transcreve uma ementa:

> Ademais, em relação à decadência, há precedente nesta Corte no sentido de que a contagem do prazo decadencial pode ser definida a partir de qualquer medida de autoridade administrativa que importe em impugnação à validade do ato, nos termos do art. 54, § 2º, da Lei nº 9.784/1999. Nesse sentido:

> "Ementa: Recurso ordinário. Mandado de segurança. Anistia política. Instauração de procedimento individual destinado a apurar a legitimidade do benefício anteriormente concedido. Decadência. Inviabilidade de juízo prematuro a respeito. Recurso ordinário desprovido. Agravo regimental a que se nega provimento. 1. Conforme reiterada jurisprudência do Supremo Tribunal Federal, em casos análogos, a autorização para abertura de processo administrativo ou a sua efetiva instauração não autoriza, por si só, um juízo antecipado sobre a decadência para a revisão do ato concessivo de anistia política. Primeiro, porque, a teor do art. 54 da Lei 9.784/1999, ressalva-se do prazo decadencial a hipótese de comprovada má-fé, o que, para ficar determinado, depende de apuração no próprio processo instaurado; e, segundo, porque o termo *ad quem* do prazo decadencial não é necessariamente a abertura do processo administrativo, mas, sim, qualquer medida de autoridade administrativa que importe impugnação à validade do ato, conforme expressa o § 2º do mesmo artigo 54, circunstância que também está sujeita à verificação probatória, insuscetível de ser aprofundada na via do mandado de segurança. Precedentes: RMS 31.045 AgRg/DF, Rel. Min. Luiz Fux, 1ª Turma, *DJe* 22.10.2013; RMS 31.570 AgR, Rel. Min. Cármen Lúcia, 2ª Turma, *DJe* 04.10.2012; RMS 31.027 EDcl, Rel. Min. Dias Toffoli, 1ª Turma, *DJe* 14.09.2012; RMS 31.111 AgR, Rel. Min. Ricardo Lewandowski, 2ª Turma, *DJe* 02.04.2012; RMS 30.964 EDcl, Rel. Min. Celso de Mello, 2ª Turma, *DJe* 08.06.2012. 2. Agravo regimental não provido." (RMS 32.116-AgRg, Rel. Min. Teori Zavascki, 2ª Turma, *DJe* 13.05.2014).

Feita essa transcrição, o relator se limita, então, a dizer que "[c]om essas considerações", nega provimento ao recurso. Vê-se, pois, que o relator em momento algum buscou identificar com precisão os fundamentos determinantes das decisões que invocou como precedentes, nem fez entre aquelas decisões anteriores e o caso em exame posteriormente o necessário confronto analítico capaz de permitir verificar se os fundamentos dos precedentes invocados seriam ou não aplicáveis nas circunstâncias do caso em julgamento. Houve, tão somente, a transcrição de ementas, invocando precedentes sem demonstrar que seus fundamentos determinantes eram aplicáveis ao caso em análise.

Vale registrar que, não obstante a atuação do Min. Fux nos trabalhos de elaboração do Código de Processo Civil de 2015 (tendo presidido a comissão de juristas que elaborou o anteprojeto de Código), o quadro não mudou depois da sua entrada em vigor. Veja-se, por exemplo, este outro acórdão, relatado pelo mesmo magistrado, em julgamento proferido depois da entrada em vigor do CPC de 2015:

> Agravo regimental no recurso ordinário em mandado de segurança. Direito administrativo. Processo administrativo disciplinar. Fiscal federal agropecuário. Oitiva das testemunhas. Não realização. Ausência de comparecimento. Reiteração das intimações. Não comparecimento. Prova considerada desnecessária pela comissão processante. Ausência de demonstração de prejuízo. Legalidade. Agravo regimental desprovido. 1. A Comissão Processante tem o poder de indeferir a produção de provas impertinentes à apuração dos fatos, com supedâneo no art. 156, § 1º, da Lei 8.112/1990. 2. O indeferimento de diligência probatória no âmbito do processo administrativo disciplinar, motivado pelo satisfatório conjunto probatório para a elucidação dos fatos ou nas hipóteses em que, a despeito de sucessivas diligências, a testemunha não tenha sido encontrada ou, ainda que intimada, tenha deixado de comparecer à audiência, não constitui cerceamento de defesa. Precedentes do STF. 3. No caso concreto, a comissão processante, além de ter indicado a adoção dos procedimentos para a produção da prova requerida pelo recorrente, fundamentou a desnecessidade da pretendida oitiva. 4. Agravo regimental a que se nega provimento.[18]

Em seu voto, o relator afirmou que "o entendimento firmado pelo STJ [encontra] respaldo na jurisprudência desta Corte", limitando-se, para "confirmar" o que afirma, a transcrever três ementas. Imediatamente após essa transcrição, lê-se no acórdão que "[a]ssim sendo, a insurgência não

---

[18] BRASIL. STF, RMS 33421 AgRg, Primeira Turma, Rel. Min. Luiz Fux, j. em 16.08.2016.

merece acolhida". Vê-se aí, pois, ainda uma vez a confusão entre jurisprudência e precedente, e a não observância do disposto no art. 489, § 1º, V, do CPC/2015.

Nos processos da relatoria da Min. Rosa Weber a pesquisa identificou 1.008 acórdãos em que se fez alusão a precedentes.[19] Tome-se como exemplo destes acórdãos o que está assim ementado:

> Direito processual civil. Ação acidentária. Alegação de ofensa ao art. 5º, XXXV, LIV e LV, da Lei Fundamental. Contraditório e ampla defesa. Devido processo legal. Inafastabilidade da jurisdição. Debate de âmbito infraconstitucional. Eventual violação reflexa da constituição da república não viabiliza o manejo de recurso extraordinário. Negativa de prestação jurisdicional. Artigo 93, IX, da Lei Maior. Nulidade. Inocorrência. Razões de decidir explicitadas pelo órgão jurisdicional. Acórdão proferido pelo Superior Tribunal de Justiça. Preclusão da questão constitucional surgida no *decisum* do tribunal local. Acórdão recorrido publicado em 12.03.2013. 1. Inexiste violação do artigo 93, IX, da Lei Maior. A jurisprudência do Supremo Tribunal Federal é no sentido de que o referido dispositivo constitucional exige a explicitação, pelo órgão jurisdicional, das razões do seu convencimento, dispensando o exame detalhado de cada argumento suscitado pelas partes. 2. O exame da alegada ofensa ao art. 5º, XXXV, LIV e LV, da Constituição Federal, observada a estreita moldura com que devolvida a matéria à apreciação desta Suprema Corte, dependeria de prévia análise da legislação infraconstitucional aplicada à espécie, o que refoge à competência jurisdicional extraordinária, prevista no art. 102 da Magna Carta. 3. O acórdão proferido pelo Superior Tribunal de Justiça, em sede de recurso especial, somente legitima o uso do apelo extremo se versar questão constitucional diversa daquela debatida na anterior instância – o que não se observa na presente hipótese. Precedentes. 4. As razões do agravo regimental não se mostram aptas a infirmar os fundamentos que lastrearam a decisão agravada, mormente no que se refere à ausência de ofensa direta e literal a preceito da Constituição da República. 5. Agravo regimental conhecido e não provido.[20]

Pois neste julgamento se percebe de forma bastante clara o modo como tem sido o emprego de precedentes na prática forense brasileira. Veja-se o seguinte trecho do voto da relatora:

---

[19] Pesquisa efetuada em 10.09.2016.
[20] BRASIL. STF, AgRE 754110 AgR/DF, Primeira Turma, Rel. Min. Rosa Weber, j. em 18.08.2015.

Tal como consignado na decisão agravada, inexiste violação do artigo 93, IX, da Constituição Federal de 1988. Na compreensão desta Suprema Corte, o texto constitucional exige a explicitação, pelo órgão jurisdicional, das razões de seu convencimento, sem necessidade, contudo, do exame detalhado de cada argumento esgrimido pelas partes. Cito precedentes:

"Questão de ordem. Agravo de Instrumento. Conversão em recurso extraordinário (CPC, art. 544, §§ 3º e 4º). Alegação de ofensa aos incisos XXXV e LX do art. 5º e ao inciso IX do art. 93 da Constituição Federal. Inocorrência. O art. 93, IX, da Constituição Federal exige que o acórdão ou decisão sejam fundamentados, ainda que sucintamente, sem determinar, contudo, o exame pormenorizado de cada uma das alegações ou provas, nem que sejam corretos os fundamentos da decisão. Questão de ordem acolhida para reconhecer a repercussão geral, reafirmar a jurisprudência do Tribunal, negar provimento ao recurso e autorizar a adoção dos procedimentos relacionados à repercussão geral" (AgInt 791.292-QO-RG, Rel. Min. Gilmar Mendes, Tribunal Pleno, por maioria, *DJe* 13.08.2010).

"Recurso extraordinário. Matéria fática e legal. O recurso extraordinário não é meio próprio ao revolvimento da prova, também não servindo à interpretação de normas estritamente legais. Recurso extraordinário. Prestação jurisdicional. Devido processo legal. Se, de um lado, é possível ter-se situação concreta em que transgredido o devido processo legal a ponto de se enquadrar o recurso extraordinário no permissivo que lhe é próprio, de outro, descabe confundir a ausência de aperfeiçoamento da prestação jurisdicional com a entrega de forma contrária aos interesses do recorrente. Agravo. Artigo 557, § 2º, do Código de Processo Civil. Multa. Se o agravo é manifestamente infundado, impõe-se a aplicação da multa prevista no § 2º do artigo 557 do Código de Processo Civil, arcando a parte com o ônus decorrente da litigância de má-fé (AgRE 721.783-AgRg/RS, Rel. Min. Marco Aurélio, 1ª Turma, *DJe* 12.03.2013).

Pois imediatamente após a transcrição dos "precedentes", a relatora passa a tratar, em seu voto, de outro assunto (o exame de eventual afronta a preceitos constitucionais cuja análise exigiria a prévia interpretação de normas infraconstitucionais aplicáveis ao caso). Há, pois, a mera invocação de ementas de acórdãos anteriores (qualificados como precedentes), sem a identificação de seus fundamentos determinantes e a demonstração de que estes se ajustam ao caso agora sob apreciação.

Nos processos de relatoria do Min. Teori Zavascki a pesquisa indicou 582 acórdãos em que se fez uso do termo "precedentes".[21] Entre estes acórdãos, cite-se o seguinte a título de exemplo:

> Agravo regimental na ação cível originária. Constitucional. Administrativo. Financeiro. Inscrição de ente federativo no Cadastro Único de Convênio (CAUC). Ofensa ao princípio da intranscendência das medidas restritivas de direitos. Ocorrência. Pendência oriunda do Poder Legislativo estatal. Jurisprudência. Precedentes. ACO 1.612-AgRg, Rel. Min. Celso de Mello, Pleno, *DJe* de 13.02.2015. Agravo regimental a que se nega provimento. 1. O Plenário do Supremo Tribunal Federal uniformizou o entendimento no sentido de que o Estado só pode sofrer restrições nos cadastros de devedores da União por atos praticados pelo Executivo. Em consequência, atos do Legislativo, Judiciário, Ministério Público, Tribunal de Contas e dos entes da Administração Pública indireta (como as autarquias e as empresas públicas) não podem gerar sanções da União contra o Estado, diante da ausência de ingerência direta do Executivo sobre eles. (ACO 1.612-AgRg, Rel. Min. Celso de Mello, Pleno, *DJe* 13.02.2015). 2. Agravo regimental a que se nega provimento.[22]

No voto do relator se lê o seguinte trecho:

> [A] jurisprudência desta Corte consolidou-se no sentido de afastar as restrições impostas ao Estado por descumprimento da Lei de Responsabilidade Fiscal, quando decorrentes de atos estranhos ao Poder Executivo. Nesse sentido, os seguintes precedentes:

> "Siafi/Cadin/Cauc – Impedimento à realização de contratação de operações de crédito destinadas ao Programa Emergencial de Financiamento 2 – PEF2, Ao Profisco e ao Programa de Transportes e de Desenvolvimento Sustentável do Estado de Mato Grosso do Sul – PDE/MS – Restrições que, emanadas da União, incidem sobre o Estado de Mato Grosso do Sul por alegado descumprimento, por parte de seu Poder Judiciário, do limite setorial que a Lei de Responsabilidade Fiscal impõe a tal órgão público (LC nº 101/2000, Art. 20, II, *b*) – Postulado da intranscendência – Impossibilidade de sanções e restrições de ordem jurídica superarem a dimensão estritamente pessoal do infrator – Precedentes – Recurso de agravo improvido.

---

21 Também aqui a pesquisa foi efetuada em 10.09.2016.

22 BRASIL. STF, ACO 2066 AgRg/RR, Segunda Turma, Rel. Min. Teori Zavascki, j. em 18.08.2015.

Cap. 4 · FORMAÇÃO E EMPREGO DOS PRECEDENTES NA PRÁTICA FORENSE BRASILEIRA | 163

O alto significado da Lei de Responsabilidade Fiscal e a questão de sua aplicabilidade ao Estado de Mato Grosso do Sul: limite global e limite setorial em tema de despesa com pessoal (Poder Judiciário).

O Poder Executivo estadual não pode sofrer sanções nem expor-se a restrições emanadas da União Federal, em matéria de realização de operações de crédito, sob a alegação de que o Poder Judiciário, a Assembleia Legislativa, o Tribunal de Contas ou o Ministério Público locais teriam descumprido o limite individual a eles imposto pela Lei de Responsabilidade Fiscal (art. 20, inciso II, *a*, *b* e *d*), pois o Governo do Estado não tem competência para intervir na esfera orgânica de referidas instituições, que dispõem de plena autonomia institucional a elas outorgada por efeito de expressa determinação constitucional. Precedentes." (ACO 1.612-AgR, Rel. Min. Celso de Mello, Pleno, *DJe* 13.02.2015).

"Agravo regimental na ação cível originária. Constitucional. Administrativo. Financeiro. Inscrição de estado-membro em cadastro de inadimplentes. Os tribunais de contas dos estados são órgãos dotados de autonomia institucional, orgânico-administrativa e autogoverno. Atos a eles atribuídos não podem ensejar a inscrição, nos sistemas de restrição ao crédito utilizados pela União, de outro órgão que sobre eles não pode exercer ingerência (Poder Executivo). Aplicação do princípio da intranscendência. Agravo regimental a que se nega provimento.

1. Os Tribunais de Contas dos Estados são órgãos dotados de autonomia institucional, financeira e administrativa, conforme já assentado pelo Plenário deste Tribunal (ADI 4.643, Rel. Min. Luiz Fux, Tribunal Pleno, *DJe* de 28.11.2014).

2. Não se mostra razoável a anotação do Poder Executivo e de órgãos da Administração direta a ele vinculados nos cadastros de restrição ao crédito em razão da inobservância de limites orçamentários por órgãos dotados de autonomia administrativa, financeira e orçamentária, não sujeitos àquele poder.

3. *In casu*, aplica-se o princípio da intranscendência subjetiva das sanções, consoante tem decidido esta Corte em casos análogos (ACO 1.612-AgR, Rel. Min. Celso de Mello, Tribunal Pleno, *DJe* de 12.02.2015).

4. Agravo regimental a que se nega provimento." (ACO 1.501-AgR, Rel. Min. Luiz Fux, Primeira Turma, *DJe* 1º.07.2015).

Pois logo depois de transcrever ementas, afirma o relator que "eventual reiteração da conduta levada a cabo pelo Estado não tem o condão de alterar o panorama fático ora analisado" para, em seguida, votar pela negativa de provimento ao recurso. Nem uma só palavra se encontra, no acórdão, porém, sobre os fundamentos determinantes da decisão invocada como precedente, tendo havido uma pura e simples transcrição de ementas. Por conseguinte, não há qualquer tentativa de se demonstrar que a *ratio decidendi* do precedente é de algum modo aplicável ao caso sob exame.

Nos processos de relatoria do Min. Luís Roberto Barroso foram encontrados 1.143 acórdãos em que se fez uso do termo *precedentes*.[23] Em um deles, o voto do relator foi vazado nos seguintes termos:

> 1. O agravo regimental não pode ser provido, tendo em vista que não se discute, no recurso extraordinário, matéria constitucional.
>
> 2. Para chegar à conclusão pretendida pela parte agravante, seria imprescindível a revisão da interpretação dada pelo Tribunal de origem às normas infraconstitucionais aplicáveis à espécie, o que torna inviável o processamento do recurso extraordinário. Nessa linha, confira-se a ementa do AgRE 764.470-AgRg, julgado sob a relatoria do Ministro Luiz Fux:
>
> "Agravo regimental no recurso extraordinário com agravo. Concurso público. Ingresso no padrão inicial da carreira. Alteração da norma após o edital do certame. Ofensa reflexa. Análise de legislação infraconstitucional.
>
> 1. O enquadramento do servidor público em padrão diverso daquele previsto na norma estadual vigente ao tempo da publicação do edital do certame, quando *sub judice* a controvérsia, implica a análise da legislação infraconstitucional aplicável à espécie. Precedente: AgRE 793.038/RJ, Rel. Min. Gilmar Mendes, *DJe* de 20.02.2014, AgRE 700.928/RJ, Rel. Min. Cármen Lúcia, *DJe* de 19/12/2008, AgRE 655.465-AgRg/MG, Rel. Min. Cármen Lúcia, Primeira Turma, *DJe* de 21.11.2011, e RE 641.602-AgRg, Rel. Min. Luiz Fux, *DJe* 28.09.2012.
>
> 2. A violação reflexa e oblíqua da Constituição Federal decorrente da necessidade de análise de malferimento de dispositivo infraconstitucional torna inadmissível o recurso extraordinário.
>
> 3. *In casu*, o acórdão extraordinariamente recorrido assentou: 'Apelação cível. Concurso público. Pretensão da candidata de ser enquadrada no cargo de auxiliar judiciário, Classe A, índice 1.100, nos termos previstos no edital do certame. Inexistência de direito adquirido a regime jurídico funcional. Candidata convocada após o advento da Lei nº 3898/2002 que dispôs sobre a unificação e reestruturação dos quadros de pessoal do Poder Judiciário. Correta, portanto, a investidura da autora em nível de carreira diverso daquele previsto quando da publicação do edital, na vigência da lei antiga. Negativa de seguimento.'

---

[23] Pesquisa efetivada em 10.09.2016.

Cap. 4 · FORMAÇÃO E EMPREGO DOS PRECEDENTES NA PRÁTICA FORENSE BRASILEIRA | 165

4. Agravo regimental desprovido."

3. Outros precedentes: RE 385.676, Rel. Min. Carlos Velloso; e AgInt 587.787, Rel. Min. Dias Toffoli.

4. Diante do exposto, nego provimento ao agravo regimental.[24]

O que se vê aí é que o relator se limitou a transcrever a ementa de um acórdão e indicar os números de outros dois "precedentes", sem que se tivesse feito qualquer alusão aos fundamentos determinantes daquelas decisões anteriores ou ao fato de que tais fundamentos determinantes se aplicariam ao caso em julgamento.

Por fim, nos processos de relatoria do Min. Edson Fachin foram encontrados apenas 117 acórdãos em que se fez alusão ao termo *precedentes*.[25] Um deles está assim ementado:

> *Habeas corpus* substitutivo reflexamente de recurso extraordinário. Necessidade de exaurimento das vias jurisdicionais antecedentes. Súmula 691/STF. Não conhecimento. Superveniência de julgamento do mérito de *writ* impetrado a tribunal *a quo*. Prejudicialidade. Indícios de autoria. Inviabilidade de agudo revolvimento do quadro probatório no âmbito do *habeas corpus*. Prisão preventiva. Motivação *per relationem*. Possibilidade. Revisão dos fundamentos da custódia processual pelo juiz que a decretou. Admissibilidade. Periculosidade do agente e *modus operandi*. 1. A teor do artigo 102, *i*, CF, a norma constitucional, na perspectiva de regra de distribuição de competências, não consagra a incumbência jurisdicional originária do Supremo Tribunal Federal no que toca ao combate de decisão monocrática proferida por membro de Tribunal Superior. 2. Sob o prisma da autoridade coatora, a competência originária do Supremo Tribunal Federal somente se inaugura com o esgotamento das instâncias antecedentes. Precedentes. 3. A superveniência do julgamento do mérito do *habeas corpus* impetrado a Tribunal *a quo* prejudica o *writ* submetido ao STF. 4. A negativa de autoria delitiva desafia exame aprofundado de fatos e provas, providência incompatível com a cognição estreita do *habeas corpus*. 5. A motivação *per relationem* constitui meio legítimo de incorporação dos elementos de prova ao decreto segregatório. 6. Enquanto não ultimado o ofício jurisdicional, eventual deficiência de fundamentação da prisão

---

[24] BRASIL. STF, AgInt 703611 AgRg/RS, Rel. Min. Roberto Barroso, j. em 04.08.2015.

[25] Pesquisa realizada em 10.09.2016, valendo recordar – para justificar esse número tão menor dos que os encontrados nas pesquisas feitas nos processos relatados pelos demais integrantes do STF, que o Min. Fachin tomou posse no STF em 16.06.2015.

preventiva pode ser suprida pela autoridade judiciária responsável por sua imposição, visto que a submissão jurisdicional da higidez da medida gravosa persiste enquanto perdurar a restrição ao estado de liberdade. 7. O especial modo de execução do crime pode constituir indicação suficiente da periculosidade do agente. 8. *Habeas corpus* não conhecido com revogação da liminar anteriormente deferida.[26]

O Min. Fachin, em seu voto, afirmou divergir do relator originário, e o fez pelo seguinte fundamento:

> [E]sta Corte tem posição firme pela impossibilidade de admissão de *habeas corpus* impetrado contra decisão, proferida por Tribunal Superior, que indefere pedido liminar. De tal modo, em tais hipóteses, a manifestação jurisdicional deste Supremo Tribunal Federal fica condicionada ao enfrentamento do julgamento definitivo do *writ*, a ser empreendido pela Corte Superior. Tal entendimento pode ser extraído a partir da leitura da Súmula 691/STF:
>
> Não compete ao Supremo Tribunal Federal conhecer de *habeas corpus* impetrado contra decisão do Relator que, em *habeas corpus* requerido a tribunal superior, indefere a liminar.
>
> Por questões de índole processual, perfilho do entendimento, já exarado por diversas vezes nesta Primeira Turma, no sentido de que, em casos desse jaez, haveria supressão de instância e risco de desvirtuamento ao sistema recursal predefinido em lei.

Em seguida, para fundamentar sua afirmação de que o cabimento de *habeas corpus* exigiria o esgotamento das vias jurisdicionais antecedentes, havendo necessidade de decisão denegatória imputável ao órgão colegiado, citou a seguinte decisão:

> É certo que a previsão constitucional do *habeas corpus* no artigo 5º, LXVIII, tem como escopo a proteção da liberdade. Contudo, não se há de vislumbrar antinomia na Constituição Federal, que restringiu a competência desta Corte às hipóteses nas quais o ato imputado tenha sido proferido por Tribunal Superior. Entender de outro modo, para alcançar os atos praticados por membros de Tribunais Superiores, seria atribuir à Corte competência que não lhe foi outorgada pela Constituição. Assim, a

---

[26] BRASIL. STF, HC 126661/CE, Rel. Min. Marco Aurélio, Rel. p/ acórdão Min. Edson Fachin, j. em 04.08.2015.

pretexto de dar efetividade ao que se contém no inciso LXVIII do artigo 5º da mesma Carta, ter-se-ia, ao fim e ao cabo, o descumprimento do que previsto no artigo 102, I, *i*, da Constituição como regra de competência, estabelecendo antinomia entre normas constitucionais.

Ademais, com respaldo no disposto no artigo 34, inciso XVIII, do Regimento Interno do Superior Tribunal de Justiça, pode o relator negar seguimento a pedido improcedente e incabível, fazendo-o como porta-voz do colegiado. Entretanto, há de ser observado que a competência do Supremo Tribunal Federal apenas exsurge se coator for o Tribunal Superior (CF, artigo 102, inciso I, alínea *i*), e não a autoridade que subscreveu o ato impugnado. Assim, impunha-se a interposição de agravo regimental. (HC 114557 AgR, Rel. Min. Luiz Fux, Primeira Turma, julgado em 12.08.2014).

Mais adiante, para afirmar que o *habeas corpus* que estava a ser examinado era mero sucedâneo de recurso extraordinário, citou as seguintes ementas:

Contra acórdão exarado em recurso ordinário em *habeas corpus* remanesce a possibilidade de manejo do recurso extraordinário previsto no art. 102, III, da Constituição Federal. Diante da dicção constitucional, inadequada a utilização de novo *habeas corpus*, em caráter substitutivo (HC 120495, Rel. Min. Rosa Weber, Primeira Turma, julgado em 29.04.2014).

A Primeira Turma do Supremo Tribunal Federal não admite a impetração de novo *writ*, em substituição a recurso extraordinário, contra acórdão em que o Superior Tribunal de Justiça julga recurso ordinário constitucional em *habeas corpus*. Precedente. 2. *Habeas corpus* extinto, por inadequação da via eleita. (HC 126316, Rel. Min. Dias Toffoli, Primeira Turma, julgado em 07.04.2015).

E mais à frente, para afirmar que estaria prejudicado o *habeas corpus* em razão de julgamento superveniente de outro *habeas corpus* pelo STJ, colacionou "precedentes [da] Turma":

decisão colegiada de Tribunal Superior corresponde a novo ato a desafiar ação própria" (HC 104.813, Rel. Min. Rosa Weber).

In casu, o exame da impetração revela-se prejudicado com a superveniência da decisão definitiva do Superior Tribunal de Justiça no bojo do *habeas corpus* n. 220.230, julgando-o prejudicado ante a análise do mérito do *writ* manejado na Corte estadual. Nessa senda, o conhecimento da impetração implicaria indevida supressão de instância. (HC 111426, Rel. Min. Marco Aurélio, Rel. p/ Acórdão: Min. Luiz Fux, Primeira Turma, j. em 30.09.2014).

A superveniência do julgamento do mérito do *habeas corpus* impetrado no Tribunal de segundo grau prejudica a análise da impetração. (HC 115.318-AgR/SP, Rel. Min. Roberto Barroso, 1ª Turma, *DJe* 04.04.2014).

Também aí, pois, o que se vê é mera invocação de ementas, como se isto fosse suficiente para demonstrar que a decisão agora proferida estaria de acordo com precedentes, o que não é correto.

Em acórdão posterior,[27] também da relatoria do Min. Edson Fachin, se lê a seguinte ementa:

> Agravo regimental em recurso extraordinário com agravo. Responsabilidade objetiva do estado. Reexame de matéria fática. Súmula 279 do STF. 1. A responsabilidade objetiva se aplica às pessoas jurídicas de direito público pelos atos comissivos e omissivos, a teor do art. 37, § 6º, do Texto Constitucional. Precedentes. 2. O Tribunal de origem assentou a responsabilidade do Recorrente a partir da análise do contexto probatório dos autos e, para se chegar à conclusão diversa daquela a que chegou o juízo *a quo*, seria necessário o seu reexame, o que encontra óbice na Súmula 279 do STF. 3. Agravo regimental a que se nega provimento.

Pois vale, aqui, transcrever o inteiro teor do voto do relator:

> As razões recursais são insuficientes para infirmar a conclusão da decisão agravada.
>
> Com efeito, a jurisprudência desta Corte é firme no sentido de que a responsabilidade objetiva se aplica às pessoas jurídicas de direito público pelos atos comissivos e omissivos, a teor do art. 37, § 6º, do Texto Constitucional. Neste sentido os seguintes precedentes: AgRE 931.411 AgRg, Rel. Min. Dias Toffoli. Segunda Turma, *DJe* 28.04.2016 e RE 677.283 AgRg, Segunda Turma, Rel. Min. Gilmar Mendes, *DJe* 08.05.2012.
>
> Ademais, como ressaltado na decisão agravada, o Tribunal de origem assentou a responsabilidade do Recorrente a partir da análise do contexto probatório dos autos e, para se chegar à conclusão diversa daquela a que chegou o juízo *a quo*, seria necessário o seu reexame, o que encontra óbice na Súmula 279 do STF.
>
> Ante o exposto, nego provimento ao agravo regimental.

---

[27] BRASIL, STF, AgRE 956285 AgR/CE, Primeira Turma, Rel. Min. Edson Fachin, j. em 09.08.2016.

A leitura do voto do relator permite ver não só que ali se confundem os conceitos de precedentes e jurisprudência, como também que na decisão o Tribunal se limitou a invocar ementas de precedentes e um enunciado de súmula, sem identificar seus fundamentos determinantes nem demonstrar que o caso sob julgamento se ajusta àqueles fundamentos (como expressamente impõe o art. 489, § 1º, V, do CPC/2015).

Percebe-se, então, que dos onze ministros da atual composição do STF, é na prática de apenas um deles (a Min. Cármen Lúcia) que se encontra uma preocupação de confronto analítico entre o caso precedente e o novo caso, agora sob julgamento, empregando-se o precedente como *principium* argumentativo. Os demais integrantes do STF limitam-se a transcrever ementas como se isto fosse a forma adequada de se construir um sistema fundado em precedentes. Pode-se mesmo dizer que a grande maioria dessas decisões deve, a rigor, ser reputada como desprovida de fundamentação, nos exatos termos do disposto no art. 489, § 1º, V, do CPC/2015. E isso só demonstra a importância de se enfrentar adequadamente a questão atinente ao modo como se deve decidir com base em padrões decisórios. Aliás, pode-se mesmo dizer que todo o sistema decisório brasileiro, especialmente nos órgãos colegiados, precisa ser repensado, sob pena de se manter uma pseudocolegialidade que é inaceitável. As decisões aqui examinadas – e o mesmo pode ser dito das decisões judiciais brasileiras em geral – não levam em conta de modo adequado a história institucional da matéria a ser decidida, o que inviabiliza a observância dos deveres de integridade e coerência. Essas decisões, portanto, não têm sido elaboradas como capítulos de um romance em cadeia.[28] É que, como lembra Motta, "na metáfora do romance em cadeia, o romancista continua o romance, ao invés de inaugurar um novo livro".[29] Pois as decisões judiciais brasileiras, de um modo geral (e sempre com a ressalva das devidas exceções, já que se tem consciência do perigo das generalizações) não têm sido novos capítulos do romance em cadeia, mas meros contos envolvendo as mesmas personagens.

E este modo de atuar não é limitado ao STF. Também no STJ, por exemplo, encontram-se incontáveis acórdãos em que se faz referência a "precedentes" sem que o confronto entre o caso anteriormente julgado e o novo caso em exame seja feito de forma analítica.

---

[28] Sobre a metáfora do romance em cadeia, DWORKIN, Ronald. *O império do direito* cit., p. 275-279.

[29] MOTTA, Francisco José Borges. Op. cit., p. 228.

Pesquisando acórdãos da Corte Especial do STJ, por exemplo, foram encontrados 2.059 acórdãos em que se fez uso do termo "precedentes".[30] Destes, 25 foram proferidos no julgamento de recursos repetitivos. Tome-se este como exemplo:

> Recurso especial representativo da controvérsia. Art. 543-C do CPC.
>
> Processual civil. Ação rescisória. Termo *a quo*. Data do trânsito em julgado da decisão rescindenda. Termo final em dia não útil.
>
> Prorrogação. Possibilidade. Recurso provido.
>
> 1. O termo *a quo* para o ajuizamento da ação rescisória coincide com a data do trânsito em julgado da decisão rescindenda. O trânsito em julgado, por sua vez, se dá no dia imediatamente subsequente ao último dia do prazo para o recurso em tese cabível.
>
> 2. O termo final do prazo para o ajuizamento da ação rescisória, embora decadencial, prorroga-se para o primeiro dia útil subsequente, se recair em dia de não funcionamento da secretaria do Juízo competente. Precedentes.
>
> 3. "Em se tratando de prazos, o intérprete, sempre que possível, deve orientar-se pela exegese mais liberal, atento às tendências do processo civil contemporâneo – calcado nos princípios da efetividade e da instrumentalidade – e à advertência da doutrina de que as sutilezas da lei nunca devem servir para impedir o exercício de um direito" (REsp 11.834/PB, Rel. Ministro Sálvio de Figueiredo Teixeira, Quarta Turma, julgado em 17.12.1991, *DJ* 30.03.1992).
>
> 4. Recurso especial provido, para determinar ao Tribunal de origem que, ultrapassada a questão referente à tempestividade da ação rescisória, prossiga no julgamento do feito, como entender de direito. Observância do disposto no art. 543-C, § 7º, do Código de Processo Civil, c/c os arts. 5º, inciso II, e 6º, da Resolução 08/2008.[31]

No aludido acórdão, o STJ enfrentava a questão atinente à determinação do modo como deve ser contado o prazo decadencial a que se sujeita o direito à rescisão da sentença (o que era feito, evidentemente, à luz do Código de Processo Civil de 1973). Pois em seu voto, a relatora afirmou:

> [O] termo inicial para o ajuizamento da ação rescisória *coincide* com a data do trânsito em julgado da decisão rescindenda.

---

[30] Pesquisa realizada em 10.09.2016.

[31] BRASIL. STJ, REsp 1112864/MG, Rel. Min. Laurita Vaz, Corte Especial, j. em 19.11.2014.

Nesse sentido, confira-se precedentes desta Corte e do Supremo Tribunal Federal:

"Ação rescisória. Decadência. Consumação. Contagem do prazo. Inclusão do dia do começo. Pronúncia, a despeito de tê-la afastado decisão de saneamento. Admissibilidade. Matéria de ordem pública. Cognição de ofício a qualquer tempo. Não ocorrência de preclusão *pro iudicato*. Processo extinto, com julgamento de mérito. Inteligência do art. 132, *caput* e § 3º, do CC, dos arts. 184 e 495 do CPC e do art. 1º da Lei federal nº 810/1949. Precedente*s. O prazo decadencial para propositura de ação rescisória começa a correr da data do trânsito em julgado da sentença rescindenda, incluindo-se-lhe no cômputo o dia do começo*, e sua consumação deve pronunciada de ofício a qualquer tempo, ainda quando a tenha afastado, sem recurso, decisão anterior". (STF, AR 1412, Rel. Min. Cezar Peluso, Tribunal Pleno, julgado em 26.03.2009, *DJe*-118 divulg. 25.06.2009 public. 26.06.2009, grifei.)

"Decadência – *Ação rescisória* – Biênio – Termo inicial. *O termo inicial de prazo de decadência para a propositura da ação rescisória coincide com a data do trânsito em julgado do título rescindendo.* Recurso inadmissível não tem o efeito de empecer a preclusão – *Comentários ao Código de Processo Civil,* José Carlos Barbosa Moreira, volume 5, Editora Forense". (STF, AR 1472, Rel. Min. Marco Aurélio, Tribunal Pleno, julgado em 17.09.2007, *DJe*-157 divulg. 06.12.2007 public. 07.12.2007, grifei.)

"Ação rescisória. Prazo de decadência (art. 495 do CPC). Inobservância. Data do trânsito em julgado: alegação de que estaria demonstrada em certidão emitida por funcionário do Poder Judiciário. Inadmissibilidade.

1. A decadência do direito de desconstituir, em ação rescisória, a coisa julgada material implementa-se no prazo de dois anos iniciado no dia seguinte ao término do prazo para a interposição do recurso em tese cabível contra o último pronunciamento judicial.

2. Inobservância, quando do ajuizamento da ação rescisória, do prazo bienal de decadência.

3. A certidão emitida por funcionário do Poder Judiciário informa apenas a ocorrência, e não a data exata, do trânsito em julgado.

4. Precedentes específicos das Colendas Primeira e Terceira Seções deste Superior Tribunal de Justiça.

5. Ação rescisória julgada extinta em razão da decadência". (AR 4.374/MA, Rel. Min. Paulo de Tarso Sanseverino, Segunda Seção, julgado em 09.05.2012, *DJe* 05.06.2012.)

E imediatamente em seguida, afirma a relatora:

> Logo, no caso, como o recurso poderia ter sido protocolizado até o último minuto do dia 18.04.2001, o trânsito em julgado se deu no dia seguinte, *19.04.2001*, quinta-feira, como corretamente atestado na certidão de f. 57, termo *a quo* para o ajuizamento da ação rescisória.
>
> E a regra para contagem do prazo bienal é a estabelecida no art. 1º da Lei nº 810/1949, qual seja, "Considera-se ano o período de doze meses contados do dia do início ao dia e mês correspondentes do ano seguinte", fórmula que está em consonância com aquela estabelecida também no art. 132, § 2º, do Novo Código Civil, de onde se lê: "Os prazos de meses e anos expiram no dia de igual número do de início, ou no imediato, se faltar exata correspondência".
>
> Dessa forma, o termo final do biênio decadencial ocorreu em 19.04.2003. Não obstante, a ação rescisória somente foi ajuizada em 22.04.2003.

Percebe-se, pela leitura do voto que conduziu o acórdão, que a invocação dos precedentes se deu pela mera transcrição (com alguns grifos) de ementas de acórdãos anteriormente proferidos. E em todas essas ementas o que se afirma é que o termo inicial do prazo decadencial a que se sujeita o direito à rescisão é "a data do trânsito em julgado". E logo em seguida a relatora afirma que a data do trânsito em julgado é o *dia seguinte à data em que poderia ter sido interposto o recurso*. Ocorre que não há a demonstração de que nos casos precedentes foi também assim que se compreendeu a expressão "data do trânsito em julgado". Não há, portanto, uma fundamentação capaz de demonstrar que aquela é mesmo a melhor forma de se interpretar tal expressão. E isso contraria a exigência de coerência e integridade do Direito.[32]

O exame de um dos precedentes citados (a decisão proferida pelo STF no julgamento da AR 1412, da relatoria do Min. Cezar Peluso), por exemplo, mostra que ali não há a preocupação de se afirmar que a data do trânsito em julgado é o dia seguinte ao último dia do prazo para interposição de recurso contra a decisão (como entendeu o acórdão da Corte Especial do STJ). Tudo o que ali se afirma é que o prazo começa a correr na data do trânsito em julgado (mas sem especificar como se determina essa data). E o mesmo pode ser dito de outro dos precedentes citados (o julgamento prolatado pelo STF na AR 1472, de que foi relator o Min. Marco Aurélio). Ali o que se afirma é que

---

[32] Afinal, é preciso dizer, com Motta, que ao juiz cabe não só conservar a história institucional do Direito, mas também lhe dar a melhor interpretação possível (MOTTA, Francisco José Borges. Op. cit., p. 228-229).

"[a] data em que ocorrida a preclusão fixa o termo inicial dos dois anos para o ajuizamento da rescisória", nada havendo que permita assentar que o termo inicial de tal prazo (isto é, a data do trânsito em julgado) seria o dia seguinte à data em que se esgotou o prazo para a interposição do recurso, e não a própria data em que se deu tal esgotamento de prazo. Não seria, então, possível, naquela decisão da Corte Especial do STJ, empregar os fundamentos determinantes dos "precedentes" citados como princípios argumentativos no caso concreto, já que não houve – e nem poderia ter havido, como se explanou – a demonstração de que aqueles fundamentos determinantes se ajustavam ao caso sob julgamento.

Muitos outros exemplos poderiam ser citados, a confirmar essa tendência já aqui identificada: a de confundir a decisão construída com apoio em precedentes com a decisão em que são citadas ementas de outros acórdãos, como se isto e aquilo fossem o mesmo. Não há, porém, qualquer motivo para apresentar mais exemplos que só serviriam para confirmar o que já se pôde perceber: é realmente necessário que os órgãos jurisdicionais brasileiros passem a decidir valendo-se das técnicas adequadas ao emprego de padrões decisórios como princípios argumentativos, sob pena de o sistema de elaboração de pronunciamentos judiciais a partir de padrões decisórios que vem sendo construído no Brasil tornar-se elemento integrante de uma *prática forense inconstitucional*, já que incompatível com o modelo constitucional de processo civil brasileiro.

E isto se diz por que a mera invocação de ementas de acórdãos (ou de enunciados de súmula) como se isso fosse capaz de demonstrar a existência de precedentes e legitimasse a construção de decisões a partir de tais padrões decisórios é manifestação de uma forma de decidir que a própria lei processual reputa como não fundamentada e, portanto, nula, como se pode ver especialmente pela leitura do art. 489, § 1º, V, do CPC/2015.

Sobre o ponto, Leonardo Carneiro da Cunha já teve oportunidade de afirmar:

> É insuficiente [apenas] invocar o precedente ou o enunciado da súmula. De igual modo, é insuficiente apenas transcrever a ementa de um acórdão. É preciso que, na sentença, o juiz, ao invocar o precedente ou o enunciado de súmula, identifique os fundamentos determinantes do precedente ou os que deram origem ao enunciado de súmula. Além de identificar os fundamentos determinantes, deve o juiz demonstrar que o caso sob julgamento se ajusta àqueles fundamentos.[33]

---

[33] CUNHA, Leonardo Carneiro da. Comentário ao art. 489. In: WAMBIER, Teresa Arruda Alvim; DIDIER JR. Fredie; TALAMINI, Eduardo; DANTAS, Bruno (coord.). *Breves Comentários ao Novo Código de Processo Civil*. São Paulo: RT, 2015. p. 1.235.

No mesmo sentido, manifestam-se Didier Jr., Oliveira e Braga:

> A simples referência a precedentes ou a enunciados de súmula, ou a mera transcrição do seu conteúdo ou da ementa do julgado, não é suficiente para que se diga justificada uma decisão. É preciso – e exigível – que, ao aplicar ou deixar de aplicar um precedente, o órgão jurisdicional avalie, de modo explícito, a pertinência da sua aplicação ao caso concreto, contrapondo as circunstâncias de fato envolvidas aqui e ali e verifique se a tese jurídica adotada outrora é adequada para os casos em julgamento[34]

Afinal, como ensina Rupert Cross,

> Um julgamento [não é] melhor que uma decisão não fundamentada quando se refere a casos conflitantes e não faz mais do que estatuir que alguns serão seguidos e outros não ou, onde possível, superados, sem qualquer indicação de por que este caminho está sendo adotado.[35]

Vê-se, pois, que uma decisão que se limita a citar decisões tomadas em casos anteriores sem indicar os motivos pelos quais é ela empregada, no julgamento de um novo caso, como base para a formação desta decisão posterior é mesmo uma decisão que deve ser equiparada aos pronunciamentos judiciais não fundamentados. Afinal, tem-se aí uma fundamentação constitucionalmente ilegítima, já que insuficiente para justificar a decisão proferida, o que atenta contra o modelo constitucional de processo brasileiro. Repita-se, então, o que vem sendo dito: para que o sistema brasileiro de padrões decisórios vinculantes funcione, é absolutamente necessária uma mudança radical na forma de fundamentar as decisões, tornando-as compatíveis com o modelo constitucional de processo e, por conseguinte, com o Estado Democrático de Direito. Impende, então, que se supere o estágio da mera reprodução de ementas ou do teor de acórdãos e se passe a promover o confronto analítico entre o precedente e o caso posterior sob julgamento, a fim de permitir que se verifique se é adequada a utilização dos fundamentos determinantes daquela decisão anterior como base da formação da decisão posterior. E isto tudo só se legitima se for fruto de um contraditório efetivo, substancial, compatível

---

[34] DIDIER JR., Fredie; OLIVEIRA, Rafael Alexandria de; BRAGA, Paula Sarno. *Curso de direito processual civil*. 10. ed. Salvador: JusPodivm, 2015. vol. 2, p. 338.

[35] CROSS, Rupert. Op. cit., p. 224 (tradução livre). No original: "A judgment is [no] better than an unreasoned decision when it refers to conflicting cases and does no more than state that some will be followed and others not followed or, where it is possible, overruled, without any indication why such a course is being adopted".

com o modelo de processo comparticipativo,[36] em que seja assegurada às partes a possibilidade de previamente debater se aquele precedente contém ou não fundamentos determinantes que se ajustem ao caso concreto, de modo a garantir a possibilidade de que elas participem com influência da formação do resultado do processo.

O contraditório, pois, não deve ser assegurado apenas na formação do precedente, mas também na sua aplicação. E quando aqui se fala em contraditório, tenha-se claro, é ele compreendido como garantia de participação com influência e de não surpresa.[37]

Dito de outro modo: é preciso que, na aplicação do precedente, seja assegurado às partes o direito ao prévio debate acerca de existir ou não um "ajuste" (para empregar aqui o termo usado no texto do inc. V do § 1º do art. 489 do CPC/2015) entre o precedente ou o enunciado de súmula e o caso em julgamento, de modo a garantir sua participação, em contraditório, na decisão que se funda no padrão decisório. É aí, pois, que se cogita de um especial ônus argumentativo para as partes que pretendam demonstrar haver razões para um afastamento do padrão decisório previamente fixado (seja por distinção ou por superação). E desse especial ônus argumentativo se tratará mais adiante.

Como consequência disso, impõe-se ao juiz (ou tribunal) apresentar, na fundamentação da decisão, e nos precisos termos do art. 489, § 1º, do CPC/2015, as razões pelas quais aquele precedente é (inc. V) ou não é (inc. VI) aplicável ao caso concreto, o que garantirá seu emprego como *principium* argumentativo. Só por meio do contraditório como garantia de participação com influência e de não surpresa, pois, é que se revelará possível a aplicação (e não só a formação) adequada dos padrões decisórios no sistema processual brasileiro. Também para o órgão jurisdicional, pois, existe um ônus argumentativo para legitimar o afastamento do padrão decisório.[38]

---

[36] NUNES, Dierle. *Processo jurisdicional democrático* cit., passim.
[37] Idem, p. 227-229.
[38] ALEXY, Robert; DREIER, Ralf. Op. cit., p. 30.

Capítulo 5

FORMAÇÃO DE PADRÕES DECISÓRIOS A PARTIR DO PRINCÍPIO DO CONTRADITÓRIO E DA EXIGÊNCIA DE DELIBERAÇÃO QUALIFICADA

5.1 A FORMAÇÃO DO PADRÃO DECISÓRIO NO DIREITO BRASILEIRO A PARTIR DE UM CONTRADITÓRIO DINÂMICO E EFETIVO

Como vem sendo afirmado ao longo deste estudo, a criação de um sistema de padrões decisórios adequado ao Direito brasileiro exige que, tanto na formação como na aplicação do padrão seja observado o modelo constitucional de processo civil estabelecido pela Constituição da República de 1988,[1] com a observância de uma compartipação qualificada, tanto subjetiva quanto objetivamente. Impende, então, que se reconheça a existência de dois momentos distintos – o da criação do padrão decisório e o de sua aplicação a casos posteriores – e, a partir daí, se busque determinar como o princípio do contraditório, elemento integrante desse modelo constitucional e responsável

---

[1] Registre-se que, nesse estudo, sempre que se fala em modelo constitucional de processo, isso é feito a partir da afirmação de Andolina e Vignera, para quem esse modelo se caracteriza pela expansividade, variabilidade e perfectibilidade (ANDOLINA, Italo; VIGNERA, Giuseppe. Op. cit., p. 14-15), resultando desse modelo a necessidade de "que a criação, reforma e interpretação (filtragem constitucional) do sistema processual ocorra de acordo com os princípios e regras dimensionados pelo texto constitucional, [a fim de permitir afirmar] que a exigência de determinar os limites de aplicação das garantias não se exaure numa pesquisa teórica, mas se move por pressupostos de caráter prático-normativo. [Desse] modo, as normas de garantia devem ser interpretadas de modo qualitativamente diverso das normas ordinárias" (NUNES, Dierle; BAHIA, Alexandre; CÂMARA, Bernardo; SOARES, Carlos Henrique. *Curso de direito processual civil* cit., p. 69-70).

pela característica essencial do processo,[2] deve ser observado em cada um dos dois momentos referidos. Mais do que isso, é preciso também examinar como se dá a deliberação pelo órgão jurisdicional quando da formação do padrão decisório (pois, como se verá, essa é a forma de comparticipação qualificada do órgão jurisdicional na formação dos padrões decisórios vinculantes), e como se manifesta o ônus argumentativo que incide sobre todos os sujeitos do processo nos casos de afastamento do padrão decisório.

Inicialmente, porém, é preciso ter clara a necessidade de distinguir os dois momentos a que se fez referência: o da formação do padrão decisório e o de sua aplicação. É que, como já se teve oportunidade de verificar em passagem anterior, a doutrina brasileira que tem se debruçado sobre o tema dos precedentes volta sua atenção, ao menos como regra geral, para sua aplicação, mas não para sua formação.[3]

Há, é certo, quem faça alusão a um "processo de formação de precedentes",[4] mas com a consideração de que no Brasil não existiriam "mecanismos unificados que possam ser adotados pelos tribunais para se criar e revogar suas orientações jurisprudenciais consolidadas".[5]

De outro lado, há quem tenha dedicado algum esforço a tratar da formação dos precedentes sem, contudo, dar a devida atenção à atuação das partes e de outros sujeitos na formação dessas decisões, dando assim a impressão de que a formação do precedente seria encargo exclusivo dos órgãos jurisdicionais, que o formariam solipsisticamente,[6] o que é evidentemente inaceitável.

Faz Santos uma distinção entre o que chama de "formação dinâmica" e "formação estática" do precedente. Para ele, a formação do precedente pode ser considerada dinâmica quando resulta do "movimento, dentro do sistema jurídico, gerado pela atividade dos tribunais, provocada pelos jurisdicionados, por meio de seus advogados".[7] O autor, é certo, afirma que "os mecanismos para *formação*" do precedente, em um Estado Democrático de

---

[2]   FAZZALARI, Elio. Op. cit., p. 76.

[3]   E que se deixe aqui registrado que a doutrina não tem tratado de precedentes e enunciados de súmula como espécies do gênero padrão decisório.

[4]   LIMA, Tiago Asfor Rocha. Op. cit., p. 225.

[5]   Idem, ibidem. Registre-se, porém, que a obra citada foi escrita antes da aprovação do Código de Processo Civil de 2015.

[6]   Assim, por todos: SANTOS, Evaristo Aragão. Em torno do conceito e da formação do precedente judicial. In: WAMBIER, Teresa Arruda Alvim (coord.). *Direito jurisprudencial*. 1. ed. 2. tir. São Paulo: RT, 2012. p. 154-196.

[7]   Idem, p. 157, nota de rodapé 50.

Cap. 5 · FORMAÇÃO DE PADRÕES DECISÓRIOS A PARTIR DO PRINCÍPIO DO CONTRADITÓRIO | **179**

Direito, devem "evitar a ditadura de certas opiniões", motivo pelo qual "o mais aconselhável parece ser estabelecer-se um processo *democrático* para formação dessa decisão".[8] Ora, com todas as vênias, estabelecer-se um processo democrático não é algo de que se possa dizer que "parece ser aconselhável". A necessidade de um processo democrático para formação de precedentes (ou para a produção de quaisquer outros resultados jurídicos, sejam ou não padrões decisórios) é uma imposição constitucional. Não existe – e isto precisa ser dito com todas as letras – uma *opção* entre ser ou não democrático. A Democracia é uma exigência da Constituição da República, e não se pode cogitar de procedimentos jurídicos que não a observem.[9]

Não obstante sua afirmação de que a existência de um procedimento democrático, "que *viabilize* e o quanto possível *privilegie* a *participação mais ampla possível* de todos aqueles que operam com o sistema jurídico, na dinâmica a partir da qual se obterá a decisão-padrão",[10] Santos dá a impressão de que a única atividade verdadeiramente importante é a dos órgãos jurisdicionais, ao falar sobre a relevância das decisões dos juízes de primeiro grau, sobre a atuação dos tribunais intermediários e dos tribunais superiores, atuando as partes (por intermédio de seus advogados) como meros auxiliares.

Diz ele, ainda, que os precedentes poderiam ser formados de modo "estático", sem tirar proveito da dinâmica que descreve.[11] Diz que neste caso "a atenção se volta muito mais para o estabelecimento de algum entendimento que possa ser adotado, o mais celeremente, como padrão de decisão", o qual poderia ser "imposto aos demais juízes e ao restante da sociedade como solução para o deslinde de diversos casos e consequente desafogo do Judiciário".[12] E analisando o que era, ao tempo em que escreveu seu trabalho,

---

[8] Idem, ibidem.

[9] Registre-se, aqui, que por processo democrático deve-se entender um processo policêntrico, comparticipativo, que atua como mecanismo de controle do exercício da atividade jurisdicional. O processo não é um "instrumento a serviço da jurisdição", mas um método de controle do exercício do poder e, por isso, condição de possibilidade de seu exercício. A propósito: MOTTA, Francisco José Borges; HOMMERDING, Adalberto Narciso. Op. cit., passim.

[10] SANTOS, Evaristo Aragão. Op. cit., p. 157.

[11] Idem, p. 173.

[12] Idem, ibidem. Claramente se nota, pela leitura da obra citada, a preocupação do autor com a utilização de precedentes como mecanismo destinado a desafogar o Judiciário, encurtando caminhos para chegar-se ao resultado final do processo, sem que os padrões decisórios sejam vistos como princípios argumentativos, mas como o desfecho de uma história destinada a resolver os casos submetidos à atividade jurisdicional. Este trabalho é uma manifestação de repúdio a essa concepção.

o projeto que acabaria por resultar no Código de Processo Civil de 2015, afirmou Santos que aquele projeto *"flerta[va]* com aquilo que [designou] por formação estática do precedente",[13] isto é, pela previsão de procedimentos de formação de precedentes que dispensariam a participação efetiva das partes e da sociedade.

Assim não é, porém, e nem poderia ser, sob pena de afrontar-se o modelo constitucional de processo. A formação dos precedentes, no sistema do CPC de 2015, é – e não poderia deixar de ser – perfeitamente compatível com a Constituição da República e, pois, só se pode considerar (para empregar aqui a classificação proposta por Santos) que os precedentes serão formados por meio de procedimentos *dinâmicos*.

Ora, se o precedente é uma decisão judicial,[14] sua formação precisa, necessariamente, dar-se em contraditório, nos precisos termos do disposto nos arts. 7º e 10 do CPC/2015, que exigem, para a construção de qualquer decisão judicial, "efetivo contraditório" (art. 7º), entendido este como *garantia de participação com influência e de não surpresa* (art. 10).[15] E este raciocínio é válido não só para precedentes, mas também para enunciados de súmula, que também são empregados como padrões decisórios.

Há, porém, diferentes procedimentos que podem levar à formação de decisões judiciais capazes de funcionar como padrões decisórios. E aqui se estabelece uma das ideias centrais deste trabalho, no que concerne à formação desses padrões: é que o modo como se desenvolve o contraditório em cada um desses procedimentos será responsável por justificar a razão pela qual para alguns deles se atribui, expressamente, eficácia vinculante (razão pela qual serão eles, no sistema jurídico brasileiro, padrões decisórios [formalmente] vinculantes), enquanto outros não têm esta eficácia vinculante expressamente estabelecida, razão pela qual deverão ser reputados padrões decisórios (meramente) persuasivos ou argumentativos.[16]

---

[13] Idem, p. 175.

[14] Afinal, se nem todas as decisões formam precedente vinculante, de outro lado é preciso reconhecer que *todo precedente é uma decisão.*

[15] NUNES, Dierle. *Processo jurisdicional democrático* cit., p. 227-229.

[16] Os padrões decisórios dotados de eficácia vinculante precisam, necessariamente, ser seguidos. E é necessário reconhecer a existência de mecanismos de controle dessa observância (mecanismos esses cuja análise, frise-se, não constitui objeto desse estudo, mas que devem ser aqui ao menos mencionados). Evidentemente, é possível conceber recurso como mecanismo de controle. Também a reclamação (art. 988, III e IV, do CPC/2015) e a ação rescisória (art. 966, V, e § 5º, do CPC/2015) são mecanismos de controle previstos expressamente no Código de Processo Civil.

Vale, aqui, fazer referência ao texto normativo do art. 927 do CPC/2015, segundo o qual

> Art. 927. Os juízes e os tribunais observarão:
>
> I – as decisões do Supremo Tribunal Federal em controle concentrado de constitucionalidade;
>
> II – os enunciados de súmula vinculante;
>
> III – os acórdãos em incidente de assunção de competência ou de resolução de demandas repetitivas e em julgamento de recursos extraordinário e especial repetitivos;
>
> IV – os enunciados das súmulas do Supremo Tribunal Federal em matéria constitucional e do Superior Tribunal de Justiça em matéria infraconstitucional;
>
> V – a orientação do plenário ou do órgão especial aos quais estiverem vinculados.

Pois nem tudo o que consta dessa enumeração legal pode ser tratado como dotado de eficácia vinculante.[17] Há, aí, o que tenha eficácia meramente persuasiva (ou argumentativa), como se buscará demonstrar. E um dos pontos capazes de legitimar, do ponto de vista constitucional, essa distinção é o modo como, para a formação de cada um desses padrões decisórios (aqui, como sempre, compreendidos os precedentes e os enunciados de súmula que, como se verá melhor adiante, não são precedentes), se desenvolve o contraditório.[18] Como se verá ao longo deste capítulo, porém, não é só isso que distingue os padrões decisórios vinculantes dos não vinculantes. Além dessa forma especial de desenvolvimento do contraditório (que se pode chamar de

---

[17] Bem observou Lenio Luiz Streck, ao se referir ao art. 927 do CPC/2015, que "o CPC fala que juízes e tribunais 'observarão'. Não há a palavra 'vinculação'". STRECK, Lenio Luiz. Crítica às teses que defendem o sistema de precedentes – Parte II. Disponível em: <http://www.conjur.com.br/2016-set-29/senso-incomum-critica-teses-defendem--sistema-precedentes-parte-ii>. Acesso em: 2 out. 2016.

[18] Não é isolada, registre-se, a afirmação que aqui se faz de que nem tudo o que consta do rol do art. 927 teria eficácia vinculante. Também sustentam esta opinião: WAMBIER, Teresa Arruda Alvim; CONCEIÇÃO, Maria Lúcia Lins; RIBEIRO, Leonardo Ferres da Silva; MELLO, Rogério Licastro Torres de. *Primeiros Comentários ao novo Código de Processo Civil:* artigo por artigo. São Paulo: RT, 2015. p. 1.315 e 1.317-1.318. Falam os autores, ali, em "obrigatoriedade forte", "obrigatoriedade média" e "obrigatoriedade fraca". A opinião citada, registre-se, não coincide inteiramente com a sustentada neste trabalho, em que se faz distinção tão somente entre padrões decisórios vinculantes e argumentativos (ou persuasivos).

comparticipação subjetivamente ampliada), há que se destacar, também, o fato de que a formação dos padrões decisórios vinculantes exige uma deliberação qualificada dos órgãos jurisdicionais, tema de que também se tratará.

É preciso, aqui, porém, destacar desde logo que a eficácia vinculante que (alguns) padrões decisórios possuem resulta da expressa imputação de tal eficácia por lei. E isto decorre do fato de que, como já se demonstrou, o ordenamento jurídico brasileiro continua a filiar-se à tradição jurídica do *civil law*, tendo na lei escrita a principal "fonte do Direito", tendo havido, então, a necessidade de que a eficácia vinculante fosse resultado de uma imputação legal.[19]

Pois a Constituição da República de 1988 atribui, expressamente, eficácia vinculante às decisões proferidas pelo STF no julgamento dos processos de controle direto de constitucionalidade (art. 102, § 2º, da Constituição da República) e aos enunciados de súmula vinculante (art. 103-A), aos quais fazem referência os incisos I e II do art. 927 do CPC/2015.

De sua parte, o Código de Processo Civil atribui expressamente eficácia vinculante aos acórdãos proferidos no julgamento do incidente de assunção de competência, no incidente de resolução de demandas repetitivas e na apreciação de recursos especiais e extraordinários repetitivos (art. 927, III). Esta eficácia vinculante está expressamente prevista nos arts. 947, § 3º (para o julgamento do incidente de assunção de competência), 985 (para o julgamento do incidente de resolução de demandas repetitivas) e 1.040 (para o julgamento de recurso extraordinário ou especial repetitivo). Pois apenas estes acórdãos (e os enunciados de súmula vinculante, que não são acórdãos nem podem ser tidos por precedentes) têm eficácia vinculante, enquanto os enunciados das súmulas do STF em matéria constitucional e do STJ em matéria infraconstitucional (art. 927, IV) e a orientação do plenário ou do órgão especial (art. 927, V) devem ser vistos como dotados de eficácia meramente persuasiva. E essas diferentes eficácias, como se demonstrará a seguir, resultam da amplitude do contraditório, muito maior nos procedimentos de produção dos padrões decisórios que têm eficácia vinculante. Em outros termos, a formação dos padrões decisórios vinculantes observa uma comparticipação subjetivamente ampliada que a qualifica. E a legitimidade democrática e constitucional de tais padrões decisórios exige, também, uma forma qualificada de deliberação por parte dos órgãos jurisdicionais. É do exame dessas características que se passa, agora, a tratar.

---

[19] Vale aqui recordar que na tradição jurídica de *civil law* "a lei [ocupa] uma posição privilegiada perante as demais fontes do direito" (STRECK, Lenio Luiz; ABBOUD, Georges. Op. cit., p. 31).

5.2 PROPOSTA PARA DIFERENCIAÇÃO ENTRE PADRÕES DECISÓRIOS VINCULANTES E PERSUASIVOS (ARGUMENTATIVOS) NO DIREITO BRASILEIRO. A DISTINÇÃO ENTRE PADRÕES DECISÓRIOS VINCULANTES E ARGUMENTATIVOS A PARTIR DA AMPLITUDE DO CONTRADITÓRIO

É preciso, então, ter claro este ponto: nem tudo o que está enumerado no art. 927 do CPC/2015 tem eficácia vinculante. Há ali, também, o que tenha eficácia meramente argumentativa (ou, como se costuma dizer, persuasiva).[20] E o que legitima a distinção entre precedentes (ou enunciados de súmula) dotados de eficácia vinculante e precedentes (ou enunciados de súmula) dotados de eficácia meramente argumentativa ou persuasiva é a amplitude do contraditório, capaz de assegurar uma comparticipação qualificada em sua formação. E este é um ponto central para o desenvolvimento do presente estudo.

Como já indicado no item anterior, há expressa imputação de eficácia vinculante para as decisões proferidas pelo STF no julgamento dos processos de controle direto de constitucionalidade, para os enunciados de súmula vinculante e para as decisões proferidas em julgamentos de casos repetitivos (tomada esta expressão no sentido que lhe atribui o art. 928 do CPC/2015) e do incidente de assunção de competência. Pois em todos esses casos – mas não nos demais (isto é, no caso dos enunciados de súmulas do STF em ma-

---

[20] A terminologia "precedente argumentativo" foi proposta pela Professora Doutora Flaviane de Magalhães Barros por ocasião da banca a que foi submetido o projeto que deu origem ao presente trabalho. E tal terminologia realmente parece bem melhor do que a tradicionalmente empregada, "precedente persuasivo". É que, como afirma Chiarloni, os "precedentes persuasivos" são, na verdade, empregados apenas para decidir casos subsequentes do mesmo modo, resguardando-se a uniformidade da jurisprudência e, se não existissem, talvez os casos subsequentes pudessem ser decididos de forma diferente e até melhor (CHIARLONI, Sergio. Funzione nomofilattica e valore del precedente... cit., p. 239). Poder-se-ia, então, dizer que os precedentes "persuasivos" são, na verdade, precedentes "não persuasivos". Afinal, se o órgão jurisdicional vai decidir o caso subsequente no mesmo sentido do precedente não precisaria justificar as razões pelas quais considera as conclusões ali encontradas corretas, bastando demonstrar que os fundamentos determinantes daquela decisão se ajustam às circunstâncias do caso concreto agora sob julgamento (e, de outro lado, para decidir em sentido contrário, o juízo se submete ao ônus argumentativo de demonstrar que aquele precedente não deve ser aplicado por não ter dado ao caso a melhor solução possível). Em outros termos, para aplicar um "precedente persuasivo" o órgão jurisdicional não precisa se mostrar persuadido do acerto da conclusão encontrada na decisão anterior.

téria constitucional e do STJ em matéria infraconstitucional, assim como no caso da "orientação" do plenário ou do órgão especial dos tribunais) – há um *contraditório ampliado* que legitima, do ponto de vista constitucional, a eficácia vinculante que lhes é atribuída.

Perceba-se este ponto, que é crucial, e que já foi neste trabalho destacado: todo precedente é uma decisão judicial. Assim, sua formação deve ser o resultado de um procedimento que se desenvolve em conformidade com o modelo constitucional de processo, observado, especialmente (para os fins deste estudo) o princípio do contraditório, o qual é garantia de democratização da formação da decisão.[21] Ocorre que a imputação, por lei (ou pela Constituição, no caso das decisões do STF em processos de controle direto de constitucionalidade e dos enunciados de súmula vinculante), de eficácia vinculante faz com que tais precedentes e enunciados de súmula tenham aptidão para alcançar – e vincular, como a própria denominação do fenômeno indica – pessoas que não terão sido partes no processo em que proferida a decisão que, em outro processo (já instaurado ou futuro), as vinculará. Daí resulta, então, uma necessidade de compensação sistêmica, consistente em abrir-se espaço para uma maior participação da sociedade no procedimento de construção desses padrões decisórios (precedentes ou enunciados de súmula) dotados de eficácia vinculante.[22]

---

[21] "As partes, através do contraditório, irão influenciar e construir a decisão juntamente com o juiz, fazendo com que a sentença seja o produto dessa comparticipação. Logo, não existirá decisão surpresa no processo constitucional democrático, já que as partes influenciarão o pronunciamento do órgão estatal de forma a verificar se o juiz cumpriu com o seu dever de fundamentar a decisão com argumentos jurídicos" (FIORATTO, Débora Carvalho; BRÊTAS, Ronaldo de Carvalho Dias. A conexão entre os princípios do contraditório e da fundamentação das decisões na construção do Estado Democrático de Direito. *Revista Eletrônica de Direito Processual*, Rio de Janeiro: UERJ, vol. 5, p. 255, 2010, Disponível em: <http://www.e-publicacoes. uerj.br/index.php/redp/article/view/7983/5769>. Acesso em: 27 set. 2015.

[22] Impende, aqui, fazer uma observação importante: há uma relevante distinção entre efeito vinculante e eficácia *erga omnes* de um pronunciamento judicial. Quando se afirma que uma decisão é eficaz *erga omnes* está-se a tratar de uma aptidão para produzir efeitos que resulta de sua parte dispositiva. Assim, por exemplo, se o STF declara inconstitucional, no julgamento de uma ADI, certa lei estadual, a parte dispositiva dessa decisão produz efeitos *erga omnes*, e aquela lei é inconstitucional para todos. O efeito vinculante provém da fundamentação (ou, mais especificamente, do fundamento determinante) da decisão, e faz com que o fato de – por certo fundamento determinante – ter-se afirmado a inconstitucionalidade de uma determinada lei, tenham todos os demais órgãos jurisdicionais de pronunciar a inconstitucionalidade de leis que padeçam do mesmo vício (como seria, por exemplo, o caso de uma lei de outro Estado que tivesse texto idêntico ao da lei declarada inconstitucional pelo

Pois é exatamente para assegurar essa maior amplitude do contraditório, com a possibilidade de participação com influência na construção da decisão de pessoas e entidades (personalizadas ou não) capazes de representar adequadamente os interesses que podem vir a ser alcançados nos processos futuros pela eficácia vinculante dos padrões decisórios (sejam eles precedentes ou enunciados de súmula vinculante) que se prevê que nos procedimentos de construção de tais decisões (e enunciados) haverá espaço para a participação de *amici curiae* e para a realização de audiências públicas, ou até mesmo para que aqueles que se apresentem como *interessados* no resultado se manifestem. Garante-se, assim, uma comparticipação qualificada, já que subjetivamente ampliada, não se limitando aos atores do processo originariamente instaurado. Buscar-se-á, então, demonstrar que a legitimidade constitucional dos padrões decisórios vinculantes se liga à criação de oportunidades para que, nos processos destinados à sua formação, estejam representados todos os interesses (ainda que formalmente não participem do processo todos os interessados).

Impende, então, demonstrar como o *amicus curiae* e a realização de audiências públicas (além da oitiva de outros interessados) podem ampliar a participação democrática na construção dos pronunciamentos que, dotados de eficácia vinculante, produzirão efeitos capazes de alcançar quem não tenha participado do procedimento de sua produção, respeitado, assim, de forma plena o modelo constitucional de processo e o Estado Democrático de Direito, observada a exigência de um processo comparticipativo e democrático.

Examine-se, primeiro, a participação do *amicus curiae*, sujeito que já se chegou a qualificar como "enigmático".[23]

Figura que se desenvolveu com força a partir do Direito norte-americano,[24] o *amicus curiae* é um sujeito cuja intervenção no processo se

---

STF). Sobre a distinção entre efeito vinculante e eficácia *erga omnes*, consulte-se LEAL, Rogério Stiefelmann. *O efeito vinculante na jurisdição constitucional*. São Paulo: Saraiva, 2006. 149-150: "Descabe, assim, interpretar que o efeito vinculante implica a imposição contra todos da sentença final constante da parte dispositiva da decisão proferida. A vinculação da parte dispositiva, por ser efeito extraído da qualidade de coisa julgada, não pode, logicamente, corresponder ao conteúdo do efeito vinculante". Neste estudo se trata do efeito vinculante, e não da eficácia *erga omnes*, tema absolutamente estranho à pesquisa desenvolvida.

[23] BUENO, Cassio Scarpinella. Amicus curiae *no processo civil brasileiro* – Um terceiro enigmático. 3. ed. São Paulo: Saraiva, 2012. passim.

[24] CABRAL, Antonio do Passo. Pelas Asas de Hermes: A intervenção do *amicus curiae*, um terceiro especial. Uma análise dos institutos interventivos similares – O *amicus* e o *Vertreter des öffentlichen* interesses. *Revista de Processo*, São Paulo: RT, vol. 117, p. 12, 2004.

liga exatamente à necessidade de ampliação do contraditório no processo de formação de certas decisões. Sobre o ponto, vale destacar as palavras de Adhemar Ferreira Maciel:

> O *amicus curiae* é um instituto de matiz democrático, uma vez que permite, tirando um ou outro caso de nítido interesse particular, que terceiros penetrem no mundo fechado e subjetivo do processo para discutir objetivamente teses jurídicas que vão afetar toda a sociedade.[25]

É que a possibilidade de que a decisão judicial constitua um precedente (especialmente se dotado de eficácia vinculante) faz com que seja necessária uma abertura para que a sociedade possa participar do processo de sua formação. Daí por que, como diz Cabral,

> a força do precedente judicial pode fazer com que uma decisão proferida em relação a um litígio individual produza de algum modo efeitos a todos os futuros processos de mesma natureza. Surge então a necessidade de possibilitar que setores sociais diversos possam influenciar as decisões judiciais, ainda que não possuam interesse ou relação direta com o objeto do processo em que se manifestam. O fundamento do instituto, portanto, é o permissivo de manifestação de terceiros quando o caso puder afetar toda a sociedade, mesmo em processos cuja demanda seja limitada individualmente, permitindo-se que sejam trazidos ao processo elementos que sejam relevantes para a cognição do órgão julgador.[26]

A intervenção do *amicus curiae* no processo já foi descrita como "uma necessidade do regime democrático",[27] sendo inegável sua aptidão para pluralizar a participação no processo.[28] Mediante a participação do *amicus curiae*, portanto, busca-se legitimar perante a sociedade a decisão judicial que por meio do processo se vai construir.[29]

---

[25] MACIEL, Adhemar Ferreira. *Amicus curiae*: um instituto democrático. *Revista de Informação Legislativa*, Brasília, n. 153, p. 7, 2002.

[26] CABRAL, Antonio do Passo. Pelas Asas de Hermes... cit., p. 12.

[27] CUNHA JÚNIOR, Dirley. A intervenção de terceiros no processo de controle abstrato de constitucionalidade – A intervenção do particular, do co-legitimado e do *amicus curiae* na ADIN, ADC e ADPF. In: DIDIER JR., Fredie; WAMBIER, Teresa Arruda Alvim (coord.). *Aspectos polêmicos e atuais sobre os terceiros no processo civil e assuntos afins*. São Paulo: RT, 2004. p. 162.

[28] AGUIAR, Mirella de Carvalho. *Amicus curiae*. Salvador: JusPodivm, 2005. p. 8.

[29] Aqui é interessante recordar a afirmação de Habermas segundo a qual "o direito coercitivo, talhado conforme o comportamento legal, só consegue garantir sua força

É preciso, porém, registrar desde logo que não se pode aceitar a ideia de que o *amicus curiae* seria um terceiro imparcial, cuja atuação no processo se destinaria tão somente a auxiliar o órgão jurisdicional.[30] Como afirma Collins Jr., "[l]onge de sua tradução literal, porém, manifestações de *amicus curiae* ('amigo da corte') não são fontes neutras de informações".[31]

É que o *amicus curiae* deve ser visto como um sujeito que intervém no processo para defesa de um *interesse institucional*, razão pela qual exige o art. 138 do CPC/2015 que seja ele dotado de representatividade adequada.[32]

Vale registrar, aliás, que na doutrina norte-americana há quem tenha estabelecido uma classificação dos *amici curiae*, falando em seis categorias, a saber: o *amicus* governamental, o advogado do Tribunal, o *amicus* convidado, o *amicus* da parte, o *amicus* independente e o interveniente próximo.[33]

---

integradora se a totalidade dos *destinatários* singulares das normas jurídicas puder considerar-se *autora* racional dessas normas" (HABERMAS, Jürgen. Op. cit., p. 54). A ampliação da comparticipação no processo, pois, é mecanismo que se destina a assegurar a legitimidade de seu resultado, especialmente naqueles casos em que terceiros estranhos aos sujeitos originais do processo serão alcançados pela eficácia vinculante da decisão que se vai produzir.

[30] Como foi originariamente. É o que se lê em: LOWMAN, Michael K. The litigating *amicus curiae:* when does the party begin after the friends leave? *The American University Law Review*, vol. 41, p. 1.244, 1992, que afirma (em tradução livre) que "[t]radicionalmente, o *amicus curiae* não era parte no litígio, mas servia como um assistente imparcial do judiciário, fornecendo conselho e informação a uma corte errada ou em dúvida" (no original: "[t]raditionally, the *amicus curiae* was not a party to the litigation, but served as an impartial assistant to the judiciary, providing advice and information to a mistaken or doubtful court").

[31] COLLINS JR., Paul M. The litigating *amicus curiae:* when does the party begin after the friends leave? *The American University Law Review*, vol. 41, p. 808, 1992, tradução livre. No original: "[f]ar from their literal translation, however, *amicus curiae* ('friend of the court') briefs are not neutral sources of information".

[32] Antes da edição do Código de 2015 manifestou-se contra a exigência de representatividade adequada para a intervenção do *amicus curiae* CABRAL, Antonio do Passo. *Pelas Asas de Hermes...* cit., p. 21.

[33] ANDERSON, Helen A. Frenemies of the Court: the many faces of amicus curiae. *University of Richmond Law Review*, vol. 49, p. 374-384, 2014. Segundo a autora, professora na Faculdade de Direito da Universidade de Washington, o *amicus* governamental (*governmental amicus*) seria a União ou o Estado, atuando como *amicus curiae* por intermédio do seu Procurador-Geral (*Federal or State Attorney General* ou *Solicitor General*) ou do próprio chefe do Executivo (Idem, p. 374-375). O advogado do Tribunal (*Court's Lawyer*) seria um advogado (*advocate*) selecionado pelo tribunal para representar uma particular posição que tenha sido abandonada ou que por nenhuma das partes tenha sido sustentada, ou ainda para sustentar

Esta classificação, como claramente se vê, leva em conta a existência de interesses que são sustentados pelos *amici curiae*. E o fato de que o *amicus curiae* defende interesses, não sendo sujeito imparcial, é reconhecido também na doutrina brasileira, em que se pode ler que "aquele que se habilita para atuar como *amicus* o faz justamente por ter interesse em que um certo ponto de vista prevaleça, o que não deveria ser considerado demérito, mas, sim, vantagem ao sistema".[34]

Há aqui, porém, a necessidade de se fazer uma observação. Nas hipóteses em que se manifesta a assim chamada litigiosidade repetitiva (aquela que se caracteriza pela instauração de muitos processos resultantes do ajuizamento de demandas isomórficas) haverá a atuação de litigantes habituais (*repeat players*), economicamente poderosos – como é o caso de instituições financeiras, empreiteiras ou concessionárias de serviços públicos – que poderão, e certamente buscarão, ter uma atuação estratégica, tentando influenciar os órgãos judiciários, especialmente os tribunais superiores, a decidir em seu favor. E isso se dá também por meio da atuação de *amici curiae*.[35] Como afir-

---

um entendimento que tenha sido acolhido por algum órgão jurisdicional inferior, mas não tenha sido prestigiado por qualquer das partes (Idem, p. 376), afirmando ser este *amicus*, provavelmente, o mais "amigo" da Corte. O *amicus* convidado (*Invited Friend*) seria o participante individual, grupo ou institucional chamado pelo tribunal a apresentar sua perspectiva (Idem, p. 378), sendo considerado pela autora citada o "protótipo do amigo imparcial" (no original: "the prototype of the impartial friend"). O *amicus* da parte (*Friend of a Party*) é aquele que é indicado pela parte a atuar, sendo muitas vezes uma "marionete" (*puppet*) da parte (Idem, p. 378), tendo sido esta a categoria cuja participação mais cresceu no último século (Idem, p. 379). Afirma Anderson que "[e]ste é o protótipico *amicus curiae* que agora vem à mente quando se ouve o termo" (no original: "[t]his is the prototypical *amicus curiae* that now springs to mind when we hear the term"). O *amicus* independente (*Independent Friend*) é uma organização ou um indivíduo que não apoia qualquer das partes (Idem, p. 380). E os intervenientes próximos (*Near Intervenors*) seriam pessoas ou grupos que poderiam ser afetados pela decisão do caso, mas cujo interesse não é suficiente para justificar outro tipo de intervenção (Idem, ibidem), modalidade de *amicus curiae* que não é admitida por todos os tribunais dos EUA. Afirma a autora, porém, que a distinção entre essas categorias não é perfeita, e que, por exemplo, um *amicus* governamental pode ser *amicus* da parte, ou *amicus* convidado (Idem, p. 384).

[34] BAHIA, Alexandre Gustavo Melo Franco. Repercussão geral em recurso extraordinário e o papel do *amicus curiae*. *Revista de Estudos Constitucionais, Hermenêutica e Teoria do Direito (RECHTD)*, vol. 5 (2), p. 170, 2013, nota de rodapé 2.

[35] Sobre o ponto, especificamente, NUNES, Dierle. Novo CPC: fundamentar decisões judiciais com amplitude e profundidade é cada vez mais necessário... Disponível em: <http://justificando.cartacapital.com.br/2014/10/23/fundamentar-decisoes-

mam Larsen e Devins, falando sobre o modo como o fenômeno se manifesta perante a Suprema Corte do EUA,

> [a] manifestação do "amigo da corte" não é mais apenas a ferramenta para lobistas, organicamente desenvolvidos por grupos de interesses desejando pressionar suas preferências políticas junto à Corte. Agora existe uma "estratégia *amicus*", e ela é intencional e coreografada por especialistas na Suprema Corte. Embora seja natural ser cético acerca de qualquer mudança cultural, essa é uma – para a maior parte – benéfica, não perniciosa. A máquina *amicus* cria um mercado de reputação valioso, um importante sinal para a Corte construir seu expediente, e uma ferramenta necessária para juízes interessados em declarar regras em vez de apenas solucionar conflitos.[36]

É preciso, então, buscar mecanismos que evitem que o poderio econômico, a influência política, ou qualquer outra forma de superioridade, gere para os litigantes habituais (*repeat players*), algum tipo de vantagem.[37] Impõe-se, então, ao tribunal, um dever de estabelecer um equilíbrio entre os que são admitidos a participar do processo (seja como *amici curiae*, seja por qualquer outro meio de participação, como é a manifestação em audiências públicas). Neste sentido, merece registro o fato de que no STF brasileiro tem sido identificada essa preocupação, de modo que os Ministros, no exercício da relatoria dos processos em que essas intervenções ocorrem,

---

-judiciais-com-amplitude-e-profundidade-e-cada-vez-mais-necessario/>. Acesso em: 28 maio 2017.

[36] LARSEN, Allison Orr; DEVINS, Neal. The amicus machine. *Virgina Law Review*, n. 102, p. 1.965-1.966, 2016 (tradução livre). No original: "[the] 'friend of court' brief is no longer just the tool for lobbyists, organically grown by interest groups hoping to press their policy preferences at the Court. There is now an 'amicus strategy', and it is intentional and choreographed by Supreme Court specialists. Although it is natural to be skeptical of any cultural shift, this one is – for the most part – beneficial, not pernicious. The amicus machine creates a valuable reputation market, an important signal for the Court to build its docket, and a necessary tool for Justices interested in declaring rules rather than just adjuticating disputes".

[37] E a existência dessas vantagens é inegável. Como diz Galanter, "[um] grupo organizado não é apenas mais capaz de garantir mudanças normativas favoráveis, em tribunais e em qualquer outro lugar, mas é mais capaz de ver que essas boas normas são implementadas" (GALANTER, Marc. Why the "haves" come out ahead: speculations on the limits of legal change. *Law and Society*, n. 9, p. 143, 1974, tradução livre). No original: "[an] organized group is not only better able to secure favorable rule changes, in courts and elsewhere, but is better able to see that good rules are implemented".

têm buscado distribuir e equilibrar os participantes selecionados que se manifestam em favor de cada posicionamento que se possa defender no caso.[38] Só assim se assegurará a necessária igualdade que precisa se fazer presente no processo.[39]

Para isso impende observar, aliás, que assim como há litigantes repetitivos, existem *amici curiae* repetitivos. Em outros termos, há pessoas, órgãos ou entidades que, com grande frequência, se manifestam perante os tribunais na qualidade de *amici curiae*, e muitos deles, evidentemente, atuam na defesa de interesses de litigantes eventuais, e não no dos *repeat players*.[40] E esses *amici* habituais, assim como os litigantes habituais, são capazes de incrementar sua credibilidade e sua legitimação perante os tribunais. Desse modo, com a garantia de equilíbrio entre os *amici curiae* que, no processo, defenderão interesses dos litigantes habituais e daqueles que se manifestarão em prol dos interesses dos litigantes eventuais, será possível evitar que a participação de *amici curiae* promova um desequilíbrio de forças no processo que o tornaria incompatível com o princípio da igualdade.

O que se verifica, de todo modo, é que o *amicus curiae* é um terceiro cuja intervenção permite trazer para o processo uma maior amplitude do debate, promovendo-se deste modo uma ampliação do contraditório. E isto se dá precisamente em razão da *representatividade adequada* que no direito brasileiro se exige como requisito de admissibilidade de sua intervenção.

Representatividade adequada é um conceito que se desenvolveu a partir das *class actions* do Direito norte-americano, em que se admite a possibilidade de que direitos e interesses individuais sejam defendidos em juízo por pessoas distintas de seus titulares, sem que poderes específicos

---

[38] A propósito, expressamente: SOMBRA, Thiago Luís Santos. Supremo Tribunal Federal representativo? O impacto das audiências públicas na deliberação. *Revista Direito GV*, vol. 13, n. 1, p. 9, 2017.

[39] E vale recordar, na esteira de Dworkin, que a igualdade é preservada quando ninguém pode invejar o conjunto de trabalho e recompensa que outrem tenha obtido (DWORKIN, Ronald. *Do values conflict?*, ., p. 253. Pois se assim é, estará preservada a igualdade se houver equilíbrio entre os participantes que defendem cada um dos interesses em conflito, não podendo os sujeitos que titularizam certo tipo de interesse "invejar" os que titularizam os interesses contrários, já que os defensores de seus interesses estarão no processo com paridade de forças.

[40] Afirmando expressamente que a conceituação proposta por Galanter acerca dos *repeat players* também pode ser atualmente aplicada aos *amici curiae*: DEN EYNDE, Laura Van. An empirical look at the *amicus curiae* practice of human rights ngos before the European Court of Human Rights. *Netherlands Quarterly of Human Rights*, Cambridge: Intersentia, vol. 31(3), p. 285, 2013.

lhes tenham sido conferidos para tanto de forma voluntária mediante contrato de mandato ou outra forma de autorização. Não obstante isso, os interessados que não tenham participado do processo (*absent class members*) ficam vinculados aos efeitos do pronunciamento judicial, o que constitui hipótese absolutamente excepcional, já que, no Estado Democrático de Direito, as possibilidades de representação e defesa de direito alheio devem estar associadas à manifestação de vontade do próprio titular.[41] Em razão dessa excepcionalidade, e também para evitar conluios,[42] a atuação do representante de interesse alheio

> só se justifica e se valida na medida em que for exercida devida e adequadamente. Consequentemente, estabeleceu o Estado, enquanto legislador, para os órgãos judiciais, o dever de fiscalizar e zelar, a todo momento, pela observância da denominada representação adequada (*adequacy of representation*).[43]

A Suprema Corte dos Estados Unidos da América, em conhecida decisão,[44] afirmou que a representatividade adequada permite que os efeitos de uma decisão vinculem aqueles que não participaram do processo, mas estiveram adequadamente representados nele, sem que daí resulte qualquer violação à garantia do *due process*. Vale destacar um trecho daquela importante decisão:

> É doutrina familiar dos tribunais federais que membros de uma classe não presentes como partes no processo podem ser vinculados pelo julgamento em que eles estejam de fato adequadamente representados por partes que estejam presentes, ou onde eles realmente participem na condução do processo em que membros da classe estão presentes como partes [,] ou onde o interesse dos membros da classe, alguns dos quais estejam presentes como partes, é comum, ou onde por qualquer outra razão a relação entre as partes presentes e aquelas que estão ausentes é tal que legalmente se pode intitular a primeira por estar em juízo pela segunda [.]
>
> Em todos esses casos, à medida que se pode afirmar que os membros da classe que estão presentes são, por normas jurídicas genericamente reconhecidas, habilitados a estar em juízo por aqueles que não estão, podemos

---

[41] MENDES, Aluisio Gonçalves de Castro. *Ações coletivas e meios de resolução coletiva de conflitos no direito comparado e nacional*. 3. ed. São Paulo: RT, 2012. p. 78.

[42] Idem, p. 79.

[43] Idem, ibidem.

[44] Trata-se do caso Hansbery *vs*. Lee, 311 U.S. 32 (1940).

presumir para os presentes objetivos que este processo garante proteção às partes que estão representadas embora ausentes, o que satisfaria as exigências do devido processo.[45]

O que se verifica, então, é que a representatividade adequada assegura que aqueles que integram o grupo dos que podem vir a ser atingidos por uma decisão, mas não participam pessoalmente do processo de sua construção, atuem em tal processo, dele participando e nele sendo ouvidos por intermédio de seus representantes, "que funcionam como um porta-voz de todo o grupo em juízo".[46] Afinal, como afirma Gidi, "se os membros ausentes serão vinculados pelo resultado de uma ação conduzida por uma pessoa que se declara representante de seus interesses, conceitos básicos de justiça impõem que essa representação seja adequada".[47]

Ora, se este raciocínio é correto para os processos coletivos (em que há vinculação de membros ausentes de uma coletividade à coisa julgada), deve ser também aplicado ao procedimento de formação de padrões decisórios dotados de eficácia vinculante. É que nesses casos aqueles que não tenham participado do processo de construção da decisão judicial, que atuará como padrão decisório, estarão, também, vinculados (não à coisa julgada, mas à *ratio decidendi* do padrão decisório, como se poderá ver adiante, em item deste trabalho especificamente destinado ao exame do ponto) sem que tenham pessoalmente participado do processo de construção do precedente (ou do enunciado de súmula vinculante). É que a atuação dos *amici curiae* viabiliza uma mais ampla atuação da sociedade no processo, permitindo uma efetiva

---

[45] Tradução livre. No original: "It is familiar doctrine of the federal courts that members of a class not present as parties to the litigation may be bound by the judgment where they are in fact adequately represented by parties who are present, or where they actually participate in the conduct of the litigation in which members of the class are present as parties [,]or where the interest of the members of the class, some of whom are present as parties, is joint, or where for any other reason the relationship between the parties present and those who are absent is such as legally to entitle the former to stand in judgment for the latter.

In all such cases, so far as it can be said that the members of the class who are present are, by generally recognized rules of law, entitled to stand in judgment for those who are not, we may assume for present purposes that such procedure affords a protection to the parties who are represented though absent, which would satisfy the requirements of due process".

[46] ROQUE, André Vasconcelos. *Class actions* – Ações coletivas nos Estados Unidos: o que podemos aprender com eles?. Salvador: JusPodivm, 2013. p. 133.

[47] GIDI, Antonio. *A* class action *como instrumento de tutela coletiva dos direitos*: as ações coletivas em uma perspectiva comparada. São Paulo: RT, 2007. p. 99.

participação com influência na construção da decisão judicial. Eis aí, pois, uma forma de se respeitar o princípio do contraditório, o qual estabelece a nota característica do processo.[48] E como já se afirmou,

> Enquanto agir comunicativo, fundamentando-se na teoria do discurso de Habermas, essa participação direta dos cidadãos [por meio de *amici curiae*] em procedimentos de deliberação implementados no interior do sistema judiciário possibilita a legitimidade da norma jurídica jurisdicional produzida.[49]

Ora, se é correta a afirmação de que "o direito extrai sua força integradora, em última instância, de fontes de solidariedade social",[50] então a legitimidade democrática dos padrões decisórios vinculantes, haja vista seu inegável conteúdo normativo, exige a previsão de procedimentos destinados a viabilizar a participação da sociedade na sua construção. Daí se poder afirmar, com Buzingnani e Garcia, que "o *amicus curiae*, influenciando a decisão e produção da norma jurisdicional, gera uma verdadeira democratização que a legitima".[51] Isso, porém, se diz aqui com a necessária lembrança de algo que foi dito anteriormente: é preciso, para legitimar o resultado buscado no processo, que haja um equilíbrio de forças entre os defensores dos interesses de um e outro lado (ou seja, daqueles que buscam um resultado ou outro no processo). Por conta disso, reafirma-se aqui a necessidade de que, no processo, seja garantido um equilíbrio entre os *amici* que se manifestarão em favor de cada um dos interesses em disputa, o que se consegue, por exemplo, por meio da admissão de *amici curiae* habituais, muitos dos quais se predispõem a sustentar os interesses dos litigantes eventuais.[52]

Resulta, pois, do paradigma do Estado Democrático de Direito a necessidade de assegurar a todos os grupos sociais que podem vir a ser afetados pela eficácia vinculante do padrão decisório um espaço garantidor de participação com influência na formação daquela decisão judicial. A ampliação subjetiva da comparticipação que resulta do princípio do contraditório é, pois, essencial

---

48 FAZZALARI, Elio. Op. cit., p. 76.
49 BUZINGNANI, Ana Carolina Silveira; GARCIA, Bianco Zalmora. *Amicus curiae* e a ética do discurso de Jürgen Habermas. *Revista Argumenta*, vol. 13, p. 102, 2010.
50 HABERMAS, Jürgen. Op. cit., p. 62.
51 BUZINGNANI, Ana Carolina Silveira; GARCIA, Bianco Zalmora. Op. cit., p. 112.
52 Veja-se, por exemplo, o caso da Helsinki Foundation for Human Rights, que interveio 24 vezes como *amicus curiae* perante a Corte Europeia de Direitos Humanos entre 1986 e 2013 (cf. DEN EYNDE, Laura van. Op. cit., p. 285).

para a validade democrática – e, pois, constitucional – daqueles padrões. É exatamente por isso que se pode ler em Oliveira que:

> Os grupos sociais que serão afetados pela norma jurídica e, em especial, os grupos vulneráveis e com menor poder [socioeconômico], [têm] de participar do momento de definição da abrangência e do alcance dessas normas. Seja para apresentar os argumentos contrários, seja para demonstrar como determinada interpretação e aplicação pode lhes ser prejudicial, seja para defenderem o seu modo de vida da exclusão que pode resultar de determinado sentido normativo, esses atores sociais necessitam ser ouvidos ou, mais do que ouvidos, esses atores sociais precisam contar com instrumentos concretos de participação nas instâncias públicas de comunicação e de produção de consensos. Além dos eventuais riscos indicados, ainda existe sempre a possibilidade de a interpretação e a aplicação do discurso jurídico recair em algum dos erros do paradigma do direito formal burguês – partir da abstração metafísica de valores formais, tais como a liberdade e a igualdade, o que acaba por reproduzir e ocultar um sem-número de desigualdades materiais – ou do paradigma do Estado providência – que tutela de sobremaneira a vida dos seus cidadãos e, assim, acaba por retirar-lhes a capacidade de deliberação acerca de sua própria vida, incorrendo, assim, em efeitos colaterais não previstos, também geradores de iniquidades materiais. Os riscos, os efeitos colaterais, os danos etc., ou, em uma palavra, as injustiças que podem emergir da aplicação e da interpretação das normas jurídicas, não podem ser bem dimensionadas e adequadamente denunciadas senão por aqueles que, por meio de sua própria experiência viva e vivida de opressão, sentiram na pele aquelas injustiças.[53]

É preciso, então, reconhecer a existência de um espaço público de debates, prévio à formação das decisões que terão, por força de imputação legal, eficácia de precedente vinculante. E este espaço público deve ser compreendido, nas palavras de Benhabib,

> como a criação de processos nos quais aqueles afetados por normas sociais gerais e decisões coletivas políticas podem ter algo a dizer na sua formulação, estipulação e adoção. Esta concepção do público é também diferente da liberal, já que embora Habermas e os pensadores liberais acreditem

---

[53] OLIVEIRA, Igor Lima Goettenauer de. *Uma travessia no direito* – A gênese democrática do discurso jurídico e o *amicus curiae* como manifestação da transição paradigmática do direito. Dissertação (Mestrado) – Universidade de Brasília (UnB). Brasília, 2014. p. 206.

que a legitimação na sociedade democrática possa resultar apenas de um diálogo público, no modelo Habermasiano este diálogo não se põe sob a restrição da neutralidade, mas é julgado de acordo com os critérios, representados pelo modelo de um "discurso prático". A esfera pública passa a existir quando e onde todos os afetados pelas normas gerais políticas e sociais de ação se engajam em um discurso prático, avaliando sua validade. Com efeito, deve haver tantos públicos quantos sejam os debates e controvérsias gerais sobre a validade das normas. A democratização nas sociedades contemporâneas pode ser vista como o aumento e crescimento das esferas públicas autônomas entre participantes.[54]

A previsão da participação de *amici curiae* nos procedimentos de produção de decisões que terão eficácia vinculante, portanto, é um mecanismo destinado a conferir legitimidade democrática e, portanto, validade constitucional a tal eficácia, permitindo-se deste modo a distinção, no ordenamento jurídico brasileiro, entre padrões decisórios vinculantes e não vinculantes (persuasivos ou argumentativos). Vale lembrar, aqui, que a determinação do caráter democrático de uma decisão, segundo Dworkin, exige uma participação igualitária (*equal partnership*) que é essencial na democracia participativa.[55]

---

[54] BENHABIB, Seyla. Models of public space: Hannah Arendt, the liberal tradition and Jürgen Habermas. In: CALHOUN, Craig J. (org.). *Habermas and the public sphere*. Cambridge: MIT Press, 1992. p. 87, tradução livre. No original: "as the creation of procedures whereby those affected by general social norms and collective political decisions can have a say in their formulation, stipulation, and adoption. This conception of the public is also different than the liberal one, for although Habermas and liberal thinkers beli[e]ve that legitimation in a democratic society can result only from a public dialogue, in the Habermasian model this dialogue does not stand under the constraint of neutrality but is judged according to the criteria, represented by the model of a 'practical discourse'. The public sphere comes into existence whenever and wherever all affected by general social and political norms of action engage in a practical discourse, evaluating their validity. In effect, there may be as many publics as there are controversial general debates about the validity of norms. Democratization in contemporary societies can be viewed as the increase and growth of autonomous public spheres among participants".

[55] DWORKIN, Ronald. *Is democracy possible here?* cit., p. 134. DWORKIN, Ronald. The partnership conception of democracy... cit., p. 457. Neste último trecho citado, afirma Dworkin que os cidadãos compartilham suas responsabilidades pelas decisões apenas em democracias que prevejam a cada cidadão igualdade substancial e voz nas decisões coletivas e reconhece a importância igualitária do destino de cada cidadão na deliberação de tais decisões.

Pesquisas realizadas em processos que se desenvolveram perante o STF têm demonstrado que a participação de *amici curiae* tem exercido influência efetiva sobre o resultado do processo. E tais resultados nem sempre favorecem grupos econômica ou politicamente poderosos.[56]

Não é só a intervenção de *amici curiae*, porém, que assegura esta participação democrática, ensejadora da ampliação do contraditório efetivo na formação do padrão decisório vinculante. Também cumprem este papel as audiências públicas, as quais encontram previsão naqueles mesmos procedimentos, destinados à produção de decisões judiciais que serão, por expressa previsão legal, dotadas de eficácia vinculante.

A audiência pública é um mecanismo ligado a práticas democráticas, apto a permitir a tomada de decisões com legitimidade e transparência, após a abertura de espaço para que todos aqueles que possam sofrer os reflexos de tais decisões tenham oportunidade de se manifestar, diretamente ou por intermédio de entidades representativas, antes do desfecho do processo decisório.[57] Trata-se, segundo Cabral, de uma "reunião aberta em que a autoridade responsável colhe da comunidade envolvida suas impressões e demandas a respeito de um tema que será objeto de uma decisão".[58]

Originariamente empregada no processo administrativo, a audiência pública vem sendo, há já algum tempo, utilizada também no processo legislativo e no processo jurisdicional brasileiros, encontrando respaldo no

---

[56] Confira-se, por exemplo, a pesquisa levada a efeito por: MEDINA, Damares. *Amicus curiae* – Amigo da Corte ou amigo da parte? São Paulo: Saraiva, 2010. p. 113-135, tendo a autora concluído que "[os] resultados dos julgamentos do STF no período pesquisado estabelecem uma robusta relação causal entre o ingresso do *amicus curiae* e o aumento das chances de êxito do lado por ele apoiado". A autora aponta, ainda (idem, p. 145-156), um caso paradigmático em que grupos minoritários, formados por vulneráveis, tiveram seus interesses sustentados perante o STF por *amici curiae* que influenciaram a decisão do Tribunal, que acabou por ser desfavorável aos interesses economicamente mais poderosos (promovendo-se, inclusive, a superação do entendimento anterior acerca da matéria pelo STF). Trata-se do caso da proibição total do emprego de amianto, inclusive o amianto branco (ADI 3356 e ADI 3937). Nesse caso, atuou em defesa de interesses de grupos minoritários a Associação Brasileira dos Expostos ao Amianto (Abrea).

[57] SILVEIRA, Flavio Pavlov. *A audiência pública como um instrumento indutor do modelo de democracia deliberativo-procedimental de Jürgen Habermas*. Dissertação (Mestrado) – Universidade Integrada do Alto Uruguai (URI). Santo Ângelo, 2010. p. 21.

[58] CABRAL, Antonio do Passo. Os efeitos processuais da audiência Pública. *Revista de Direito do Estado*, Rio de Janeiro: Renovar, vol. 2, p. 202, 2006.

princípio constitucional do devido processo em seu sentido substancial.[59] A audiência pública, considerada "no marco ampliado da participação cidadã ostenta diversas variantes e ramificações",[60] devendo a autoridade, antes da tomada da decisão, submeter seu projeto de decisão ao debate público.

É inegável a relação entre a audiência pública e o princípio constitucional do contraditório. Assim é que, na precisa lição de Antonio do Passo Cabral:

> Os institutos de consulta pública se inserem na abertura do cânone interpretativo do princípio do contraditório como direito de influenciar a formação da decisão estatal no processo administrativo, sendo este o primeiro grande efeito processual da audiência que procuraremos aqui ressaltar.
>
> Como já tivemos oportunidade de salientar em outra ocasião, conceber as manifestações sociais em processos deliberativos como o direito de condicionar a tomada de decisões estatais vinculativas é uma imagem republicana de uma sociedade policêntrica, em que os polos decisórios não representam nichos de concentração de poder, mas o equilíbrio entre os pontos de vista existentes no corpo comunitário, o balanceamento centrífugo das forças sociais, ainda que divergentes.[61]

Como tem sido reiteradamente dito neste trabalho, o contraditório é a característica essencial de um modelo de processo que deve ser comparticipativo e policêntrico,[62] o que é, a toda evidência, o retrato de uma moderna sociedade policêntrica (como expressamente reconhecido no trecho acima citado). Pois é inegável, então, que em uma sociedade assim constituída, de forma compatível com o Estado Democrático de Direito, a realização de audiências públicas sirva, dentro da garantia do devido processo, para atender "ao interesse dos particulares de poder influir com seus argumentos e provas antes da tomada de uma decisão determinada".[63]

---

[59] GORDILLO, Agustín. *Tratado de derecho administrativo*. 10. ed. Buenos Aires: FDA, 2014. t. II, p. 448.

[60] Idem, p. 449 (tradução livre). No original: "En el marco ampliado de la participación ciudadana ostenta diversas variantes y ramificaciones". A ligação entre audiências públicas e o que Gordillo chama de "participação cidadã" inevitavelmente leva à concepção democrática de Dworkin, marcada pela participação (DWORKIN, Ronald. *Is democracy possible here?* cit., p. 134).

[61] CABRAL, Antonio do Passo. Os efeitos processuais da audiência pública... cit., p. 202.

[62] NUNES, Dierle. *Processo jurisdicional democrático* cit., p. 224-231.

[63] GORDILLO, Agustín. Op. cit., p. 454 (tradução livre). No original: "Al interés de los particulares de poder influir con sus argumentos y pruebas antes de la toma de una decisión determinada".

Vale aqui repetir, então, algo que também já foi dito neste estudo: a realização das audiências públicas não pode ser mera formalidade, destinada a dar uma impressão de legitimidade à decisão (ou uma legitimação meramente formal, como se a mera observância do procedimento fosse capaz de legitimar o resultado final do processo). É absolutamente fundamental que o conteúdo trazido ao processo nas audiências públicas seja levado a sério pelo órgão decisor, sob pena de não se alcançar a legitimidade democrática e constitucional que por meio da comparticipação subjetivamente ampliada se busca obter no processo de formação de padrões decisórios dotados de eficácia vinculante.[64]

A possibilidade de realização de audiências públicas no processo jurisdicional brasileiro tem, na sua origem, ligação com a adoção, pelo STF, de uma concepção baseada na obra de Peter Häberle acerca da assim chamada *sociedade aberta dos intérpretes da Constituição*.[65] É que, segundo Häberle, "[t]odo aquele que vive no contexto regulado por uma norma e que vive com este contexto é, indireta, ou até mesmo diretamente, um intérprete dessa norma".[66] Ora, se assim é, então todos os intérpretes devem

---

[64] Pois aqui, diferentemente do que tem acontecido em relação à participação dos *amici curiae*, a realização de audiências públicas não tem ainda sido capaz de promover resultados práticos relevantes. Basta dizer que, em trabalho publicado no primeiro semestre de 2017, Thiago Sombra analisou as 18 audiências públicas que o STF já havia realizado (sendo que apenas nove delas tinham sido realizadas em processos já julgados). Pois a pesquisa demonstrou que há ministros que jamais convocaram audiências públicas; que raramente ministros que não exerçam a relatoria do processo compareçam às audiências públicas que o relator tenha convocado (a média de ministros presentes é inferior a dois por audiência); e que há parca citação das informações colhidas nas audiências públicas pelos outros ministros que não o relator. No processo em que se discutiu a questão relativa à proibição de queimadas em canaviais (RE 586224, Rel. Min. Luiz Fux), por exemplo, apenas o voto do relator abordou de modo significativo o material colhido na audiência pública. E apenas três outros ministros mencionaram a audiência pública (todos os dados colhidos em SOMBRA, Thiago Luís Santos. Op. cit., passim). Este exemplo mostra que ainda há muito o que avançar na prática para que as audiências públicas sejam mecanismos capazes de promover uma *verdadeira* ampliação da legitimidade democrática dos pronunciamentos.

[65] Isto é expressamente afirmado por: MENDES, Gilmar Ferreira; VALE, André Rufino do. O pensamento de Peter Häberle na jurisprudência do Supremo Tribunal Federal. *Observatório da Jurisdição Constitucional*, ano 2, p. 7, 2008/2009. Disponível em: <http://www.portaldeperiodicos.idp.edu.br/index.php/observatorio/article/viewFile/205/173>. Acesso em: 03 out. 2015.

[66] HÄBERLE, Peter. Hermenêutica constitucional – A sociedade aberta dos intérpretes da Constituição: contribuição para interpretação pluralista e "procedimental" da

Cap. 5 · FORMAÇÃO DE PADRÕES DECISÓRIOS A PARTIR DO PRINCÍPIO DO CONTRADITÓRIO | 199

ter a possibilidade de contribuir para a formação da norma, especialmente quando se trate de uma decisão que pode, direta ou indiretamente, vir a atingi-los (o que se revela mais evidente quando se cogita da atribuição de eficácia vinculante a algumas decisões judiciais).[67] É que, como expressamente afirma Häberle,

> [pr]opõe-se, pois, a seguinte tese: no processo de interpretação constitucional estão potencialmente vinculad[o]s todos os órgãos estatais, todas as potências públicas, todos os cidadãos e grupos, não sendo possível estabelecer-se um elenco cerrado ou fixado com *numerus clausus* de intérpretes da Constituição.[68]

A audiência pública, então, constitui

> expressiva arena para a percepção, identificação e tratamento de problemas que tocam em toda a sociedade ou segmentos específicos desta, integrando o que Habermas denomina um dos "procedimentos formais de formação da opinião e da vontade" do Estado.[69]

Permite, então, a audiência pública a manifestação de qualquer do povo (desde que previamente inscrito, evidentemente, e observadas as disposições procedimentais estabelecidas para seu desenvolvimento, além do requisito da experiência e conhecimento sobre o assunto) acerca da matéria que se discute no processo, o que viabiliza – no caso dos processos de formação de padrões decisórios dotados de eficácia vinculante – que se leve ao órgão jurisdicional o conhecimento acerca dos interesses da coletividade que podem, de algum modo, influenciar a decisão. Evidentemente, o órgão jurisdicional não terá de decidir conforme a vontade manifestada pelos participantes da audiência pública (ou pela maioria deles). Sendo, porém, o caso de se decidir contrariamente à "conclusão popular"[70] sobre o órgão jurisdicional recai um específico ônus argumentativo destinado a

---

Constituição. Trad. bras. de Gilmar Ferreira Mendes. *Revista Direito Público*, vol. 60, p. 28, 2014.

[67] E isso se liga à afirmação habermasiana de que a força integradora do Direito depende de que os destinatários da norma se sintam também seus autores (HABERMAS, Jürgen. Op. cit., p. 54).

[68] HÄBERLE, Peter. Op. cit., p. 27.

[69] SILVEIRA, Flavio Pavlov da. Op. cit., p. 120.

[70] Expressão empregada por CABRAL, Antonio do Passo. Os efeitos processuais da audiência pública... cit., p. 205.

justificar tal decisão, já que devem existir "razões mais fortes" para decidir neste sentido do que em sentido contrário.[71]

Daí se pode dizer, então, com Silveira, que mesmo cabendo ao órgão estatal a tomada da decisão (e não aos cidadãos participantes da audiência pública), "esta não deixa de ser um promissor mecanismo de democracia deliberativa".[72]

Impende, porém, para que esse sistema funcione adequadamente, que a participação de *amici curiae* e a realização de audiências públicas funcionem também como mecanismo destinado a combater a sub-representação dos litigantes vulneráveis ou daqueles grupos não organizados, sob pena de se fortalecer a posição processual de grupos economicamente poderosos ou adequadamente organizados. Daí, por exemplo, a necessidade de se reconhecer a possibilidade de uma instituição como a Defensoria Pública atuar como *amicus curiae*.[73] A participação de *amici curiae* como mecanismo assecuratório da comparticipação de minorias sub-representadas é algo que precisa se consolidar no Brasil.[74]

---

[71] Idem, ibidem. No mesmo sentido, SILVEIRA, Flavio Pavlov da. Op. cit., p. 152. Evidentemente que não pode causar qualquer tipo de estranheza a possibilidade de se proferir decisão em sentido contrário à "conclusão popular", pois isto é perfeitamente compatível com a função contramajoritária que se reconhece à jurisdição constitucional (e, porque não se reconhecer, à jurisdição *tout court*). Sobre a função contramajoritária da jurisdição constitucional, consulte-se: ABBOUD, Georges. *Processo constitucional brasileiro*. São Paulo: RT, 2016. p. 113-122. É interessante, de outro lado, ver que para Bruce Ackerman a "dificuldade contramajoritária" seria um falso problema, uma vez que a decisão aparentemente contramajoritária seria, na verdade, fundada no que uma maioria anterior teria aprovado e, portanto, o que existiria na verdade seria uma "dificuldade intertemporal" (ACKERMAN, Bruce. Storr lectures: discovering the Constitution. *The Yale Law Journal*, vol. 93, p. 1.046, 1984.

[72] SILVEIRA, Flavio Pavlov da. Op. cit., p. 122.

[73] BRASLAVSKY, Luiza Lofiego; SEIXAS, Bernardo Silva de. A legitimidade coletiva da defensoria pública enquanto instrumento fortalecedor da tutela dos múltiplos vulneráveis sociais e a superação do critério meramente econômico. *Actio Revista de Estudos Jurídicos (Faculdade Maringá)*, vol. 11, n. 26, p. 35, 2016.

[74] Vale mencionar, aqui, o caso Grutter *vs*. Bollinger (539 US 306), julgado em 2003, em que a Suprema Corte dos EUA reconheceu como legítima a política de admissão de alunos da University of Michigan Law School, em que se atribuía valor a outros fatores além dos meramente curriculares, como, por exemplo, a etnia do candidato, para a admissão de novos alunos daquela que é uma das faculdades de Direito mais prestigiadas dos Estados Unidos da América (o que é expressamente dito pela própria Suprema Corte na decisão que proferiu). Pois naquele caso houve um recorde

Tratando da participação do *amicus curiae* no processo civil, afirma Bueno que ele

> desempenha função que [se faz] necessária para que vozes sem boca, ao menos no plano do direito processual, possam ser ouvidas, devidamente *representadas*, em prol do aprimoramento e aprofundamento da *qualidade* da cognição jurisdicional.[75]

Na mesma linha, já se afirmou que os cidadãos "podem usar as manifestações do *amicus* para ter suas vozes ouvidas nos tribunais".[76] Verifica-se, portanto, que a atuação dos *amici curiae* – e, na mesma linha, a dos especialistas que serão ouvidos em audiência pública – é, também, mecanismo de compensação da sub-representação, dando voz àqueles que, por dificuldades econômicas ou organizacionais, não conseguiriam se fazer ouvir no processo, especialmente naquele em que se irá construir um padrão decisório dotado de eficácia vinculante.

Claro que para isso sair do mundo meramente ideal para a vida real é necessário que as audiências públicas sejam levadas a sério, não sendo sua realização uma mera formalidade. Na prática do STF, por exemplo, tem havido o que já se qualificou como "baixa adesão às informações [transmitidas na audiência pública]".[77] É preciso, porém, considerar que

> a participação produz melhores resultados substanciais através da produção de um diálogo entre atores com diferentes perspectivas sobre as causas do problema subjacente e o impacto da viabilidade das soluções propostas. A participação assegura uma oportunidade para obter e sintetizar essas variadas perspectivas e compreensões, e formata as visões, tanto dos participantes quanto do decisor.[78]

---

de participações de *amici curiae* (foram 27), os quais – ao menos em sua maioria – buscavam influenciar a Suprema Corte no sentido de decidir em favor da minoria sub-representada, o que afinal acabou por acontecer.

[75] BUENO, Cassio Scarpinella. Amicus curiae *no processo civil brasileiro...* cit., p. 467.

[76] GARCIA, Ruben J. A democratic theory of *amicus* advocacy. *Florida State University Law Review*, vol. 35, n. 2, p. 343, 2008 (tradução livre). No original: "may also use amicus briefs to let their voices be heard in the courts".

[77] SOMBRA, Thiago Luís Santos. Op. cit., p. 13.

[78] STURM, Susan P. The promise of participation. *Iowa Law Review*, vol. 78, p. 997, 1993 (tradução livre). No original: "participation produces better substantive outcomes by producing a dialogue among actors with different perspectives on the causes of the underlying problem and the impact and feasibility of proposed

Exatamente por conta disso é preciso que os tribunais admitam a participação, em audiência pública, daqueles que realmente podem contribuir para a decisão a ser proferida. É que, como diz Sturm, é preciso "identificar os indivíduos, grupos e organizações cuja participação é necessária para desenvolver e implementar uma solução justa e viável".[79]

Lamentavelmente, porém, isso não tem sido visto na prática. No STF, por exemplo, quando há um processo em que se realiza audiência pública, "[apenas] o voto do Ministro Relator aborda de maneira significativa o conteúdo das intervenções dos convidados da audiência pública".[80] Uma mudança aqui se faz absolutamente necessária. Não haverá processo verdadeiramente comparticipativo se a realização de audiência pública for mera formalidade, e o conteúdo trazido ao processo pelos que são ouvidos nessa audiência, todos dotados de experiência e conhecimento sobre a matéria a ser decidida, não for levado a sério na formação da decisão.

Tratando especificamente da atuação de *amici curiae* e da realização de audiências públicas nos processos de controle direto de constitucionalidade perante o STF, Mendes e Vale afirmam que isso, "além de contribuir para a qualidade da prestação jurisdicional, garante novas possibilidades de legitimação dos julgamentos do Tribunal no âmbito de sua tarefa precípua de guarda da Constituição".[81]

Esse mesmo raciocínio, por evidente, se aplica a todos os procedimentos de formação de padrões decisórios dotados de eficácia vinculante. Neles, a ampliação subjetiva do contraditório proporcionada pela intervenção de *amici curiae* e pela realização de audiências públicas assegura não só uma maior qualidade da aplicação do direito, mas amplia a legitimidade constitucional de tais decisões, permitindo que produzam efeitos capazes de alcançar inclusive aqueles que não tenham participado do processo de sua formação.

É de se considerar, pois, que a previsão expressa da possibilidade de intervenção de *amici curiae* e de realização de audiências públicas nos procedimentos de formação das decisões dos processos de controle con-

---

solutions. Participation affords an opportunity to obtain and synthesize these varying perspectives and insights, and shapes the views of both the participant and the decision maker".

[79] STURM, Susan P. Op. cit., p. 1.008 (tradução livre). No original: "identify the individuals, grous,and organizations whose participation is necessary to develop and implement a fair and workable remedy".

[80] SOMBRA, Thiago Luís Santos. Op. cit., p. 13.

[81] MENDES, Gilmar Ferreira; VALE, André Rufino do. Op. cit., p. 8.

Cap. 5 • FORMAÇÃO DE PADRÕES DECISÓRIOS A PARTIR DO PRINCÍPIO DO CONTRADITÓRIO | 203

centrado de constitucionalidade, dos enunciados de súmula vinculante, dos julgamentos de casos repetitivos e dos incidentes de assunção de competência (art. 927, I a III, do CPC/2015) legitima, do ponto de vista constitucional – e, portanto, do Estado Democrático de Direito – a atribuição de eficácia vinculante.

Que fique claro, porém, que aqui não se sustenta uma mera legitimação dos padrões decisórios vinculantes pela observância formalmente correta do procedimento previsto para sua construção. O que se defende é a necessidade de que se observe um processo comparticipativo, e no qual se deve ter uma comparticipação qualificada, tanto subjetiva (pela ampliação do rol dos sujeitos que atuarão no processo em contraditório e exercerão influência sobre a formação do padrão decisório) quanto objetivamente (com a necessidade de uma deliberação qualificada pelo órgão colegiado que emitirá a decisão que servirá como padrão decisório).

Poder-se-ia argumentar que no processo de formação de outras decisões (como, por exemplo, as "orientações do Plenário ou do Órgão Especial do tribunal" a que se refere o inc. V do art. 927 do CPC) poderia haver também a intervenção de *amici curiae* ou a realização de audiência pública. Isto, porém, não permite o reconhecimento de eficácia vinculante a tais decisões. E isto se afirma por dois fundamentos.

Em primeiro lugar, não há – como visto anteriormente – disposição legal que expressamente atribua eficácia vinculante a tais decisões (salvo no caso de se admitir que o próprio art. 927 do CPC o faz, interpretação que aqui, por motivos já expostos, é repudiada). E em segundo lugar, porque se a legitimidade constitucional da eficácia vinculante de um pronunciamento judicial alcançar alguém que não participou do processo de formação da decisão resulta, como se vem demonstrando ao longo deste trabalho, da ampliação subjetiva do contraditório proporcionada pela possibilidade de participação de *amici curiae*, pela realização de audiências públicas ou pela intervenção de outros interessados, então seria preciso – para se verificar se aquelas outras decisões teriam ou não, caso a caso, eficácia vinculante – que se examinar como se desenvolveu o procedimento destinado à sua formação, o que é inviável. Por mais que seja público o processo, e por mais amplo que seja o acesso a informações processuais por meio da rede mundial de computadores, é virtualmente impossível saber como se deu, em detalhes, o desenvolvimento de um processo já encerrado, de forma a saber qual foi a amplitude do debate ali desenvolvido. Daí a razão pela qual é preciso estabelecer a distinção aqui preconizada: só terão eficácia vinculante as decisões formadas em procedimentos em que existam, expressamente, previsões normativas destinadas a regulamentar a participação de *amici curiae*, a realização de audiências públicas e a participação de outros interessados para conferir legitimidade constitucional à previsão expressa da eficácia vinculante das decisões ali proferidas. Nesses casos o padrão decisório que se tenha formado é (ou não seria válido e se poderia até mesmo admitir sua impugnação por meio de ação rescisória fundada no inc. V do art. 966 do CPC/2015) o fruto de um processo que se desenvolve mediante uma comparticipação ampliada subjetivamente que a qualifica. As outras decisões judiciais (ou enunciados de súmula) poderão, no máximo, funcionar como precedentes argumentativos (ou persuasivos), uma vez que a ampliação do contraditório nesses casos *pode acontecer*, mas não acontece *necessariamente*.

Repita-se, porém, o que vem sendo dito ao longo deste estudo: a formação de padrões decisórios vinculantes não se legitima constitucionalmente pela mera observância de procedimento previsto na lei. É preciso que sua formação se dê por meio da realização de um processo dotado de comparticipação qualificada, tanto subjetiva quanto objetivamente.

Apresentada esta proposta de diferenciação entre padrões decisórios vinculantes e não vinculantes (que não se dá apenas com a ampliação subjetiva do contraditório, já que também é preciso – e isto se fará mais à frente neste estudo – examinar como deve se dar a deliberação do órgão jurisdicional, a qual deve ser também produzida de forma capaz de legitimar essa eficácia vinculante), passa-se ao exame dos procedimentos regulados no Direito brasileiro para a formação dos padrões decisórios vinculantes, de forma a demonstrar que neles há a expressa previsão destes dois elementos de ampliação do contraditório: o *amicus curiae* e a audiência pública (além de se prever, também – como se verificará –, a possibilidade de manifestação de outros interessados). Buscar-se-á, aí, examinar o modo como são formados os padrões decisórios vinculantes, com especial foco no modo como será, nestes procedimentos, observado o princípio constitucional do contraditório.

Insista-se, porém, em um ponto: não é a mera observância do procedimento estabelecido em lei que legitima a formação de padrões decisórios vinculantes. É que a observância da forma, por si só, não é garantia de legitimidade democrática da decisão judicial, impondo-se a observância de um processo comparticipativo, em que todos os sujeitos que nele atuam – inclusive o órgão jurisdicional – cooperem para a formação de decisões constitucionalmente adequadas. De todo modo, é preciso examinar os procedimentos de construção de padrões decisórios vinculantes. É o que se passa a fazer.

5.3 TÉCNICAS DE FORMAÇÃO DO PADRÃO DECISÓRIO VINCULANTE NO DIREITO BRASILEIRO

5.3.1 O julgamento dos processos de controle direto da constitucionalidade das leis e atos normativos

Estabelece o art. 102, § 2º, da Constituição da República, que

> [a]s decisões definitivas de mérito, proferidas pelo Supremo Tribunal Federal, nas ações diretas de inconstitucionalidade e nas ações declaratórias de constitucionalidade produzirão eficácia contra todos e efeito vinculante, relativamente aos demais órgãos do Poder Judiciário e à administração pública direta e indireta, nas esferas federal, estadual e municipal.

Expressamente imputada a tais decisões eficácia vinculante, era preciso regulamentar o processo de sua formação, o que foi feito pela Lei nº 9.868/1999, em cujo art. 28, parágrafo único, lê-se que

> A declaração de constitucionalidade ou de inconstitucionalidade, inclusive a interpretação conforme a Constituição e a declaração parcial de inconstitucionalidade sem redução de texto, têm eficácia contra todos e efeito vinculante em relação aos órgãos do Poder Judiciário e à Administração Pública federal, estadual e municipal.

Não é objetivo desta parte do estudo examinar-se o alcance deste efeito vinculante. O que se busca, aqui, é tão somente analisar o procedimento de formação da decisão dotada de eficácia vinculante que se produz nos processos de controle direto da constitucionalidade das leis e atos normativos. E nesse processo, tanto no que diz respeito à ação direta de inconstitucionalidade como no que concerne à ação declaratória de constitucionalidade, fazem-se presentes os principais elementos de ampliação subjetiva do contraditório a que se vem fazendo referência: participação de *amici curiae*, realização de audiências públicas e manifestação de outros interessados.[82] Que fique re-

---

[82] Vale lembrar, com Marcelo Andrade Cattoni de Oliveira, que "a jurisdição constitucional deve garantir, de forma constitucionalmente adequada, a participação, nos processos constitucionais de controle judicial de constitucionalidade da lei e do processo legislativo, dos possíveis afetados por cada decisão, em matéria constitucional, através de uma interpretação construtiva que compreenda o próprio processo constitucional como garantia das condições para o exercício da autonomia jurídica dos cidadãos" (OLIVEIRA, Marcelo Andrade Cattoni de. Quais os pressupostos

gistrado, porém, que não basta a ampliação subjetiva do contraditório para legitimar constitucionalmente a eficácia vinculante de padrões decisórios. Também se exige, aqui, uma deliberação especialmente qualificada, tema sobre o qual se tratará adiante. Impõe-se, porém, o exame do modo como se dá a *ampliação subjetiva do contraditório* na formação de padrões decisórios vinculantes, já que este é um dos elementos da comparticipação qualificada de que se vem tratando neste estudo.

A Lei nº 9.868/1999, ao regular o processo da ação direta de inconstitucionalidade, estabelece expressamente a inadmissibilidade de intervenção de terceiros (art. 7º: "Não se admitirá intervenção de terceiros no processo de ação direta de inconstitucionalidade"). Não obstante isso, sempre se entendeu admissível a intervenção de *amici curiae*, por força do disposto no § 2º do mesmo artigo de lei (segundo o qual "[o] relator, considerando a relevância da matéria e a representatividade dos postulantes, poderá, por despacho irrecorrível, admitir, observado o prazo fixado no parágrafo anterior, a manifestação de outros órgãos ou entidades"). O mesmo, aliás, pode ser dito do processo da ação declaratória de constitucionalidade, em relação ao qual há expressa vedação à intervenção de terceiros (art. 18: "Não se admitirá intervenção de terceiros no processo de ação declaratória de constitucionalidade"), e não há dispositivo análogo ao § 2º do art. 7º.[83]

---

de legitimidade da jurisdição constitucional no Estado Democrático de Direito? Devido processo legislativo e Estado Democrático de Direito: uma justificação democrática do controle jurisdicional de constitucionalidade das leis e do processo legislativo – 15 anos depois. Disponível em: <http://s3.amazonaws.com/academia. edu.documents/37304512/CATTONI_Quais_os_pressupostos_de_legitimidade_da_jurisdicao_constitucional_no_Estado_Democratico_de_Direito.pdf?AWS AccessKeyId=AKIAIWOWYYGZ2Y53UL3A&Expires=1494797933&Signature=u kD1QqAU%2F2tieO7pMnOd4s2XFDo%3D&response-content-disposition=inlin e%3B%20filename%3DDevido_Processo_Legislativo._Quais_os_pr.pdf>. Acesso em: 14 maio 2017).

[83] Esse dispositivo existia no texto da lei que foi aprovado pelo Congresso Nacional, e seria o § 2º do art. 18 da Lei nº 9.868/1999, mas tal parágrafo foi vetado pelo Presidente da República. O texto vetado era o seguinte: "O relator, considerando a relevância da matéria e a representatividade dos postulantes, poderá, por despacho irrecorrível, admitir, observado o prazo estabelecido no parágrafo anterior, a manifestação de outros órgãos ou entidades". A razão do veto, expressada pelo Presidente da República, foi que "constitui conseq[u]ência ao veto ao § 1º. Resta assegurada, todavia, a possibilidade de o Supremo Tribunal Federal, por meio de interpretação sistemática, admitir no processo da ação declaratória a abertura processual prevista para a ação direta no § 2º do art. 7º".

Cap. 5 · FORMAÇÃO DE PADRÕES DECISÓRIOS A PARTIR DO PRINCÍPIO DO CONTRADITÓRIO | **207**

Tratando especificamente da intervenção do *amicus curiae* nos processos da ação direta de inconstitucionalidade e da ação declaratória de constitucionalidade (em texto escrito antes da aprovação do Código de Processo Civil de 2015), assim se manifestaram Didier Júnior, Braga e Oliveira:

> A intervenção do "amigo do tribunal" serve, na ADIN e na ADC, para proporcionar ao Supremo Tribunal Federal "pleno conhecimento de todas as suas implicações ou repercussões" dos seus julgamentos. É possível a intervenção de mais de um *amicus curiae*.[84]

Afirmam os autores citados que o *amicus curiae*, nos processos da ação direta de inconstitucionalidade e da ação declaratória de constitucionalidade, "[m]unicia o tribunal com elementos mais consistentes para que mais bem possa aplicar o direito ao caso concreto. Auxilia-lhe na tarefa hermenêutica".[85] E dizem, ainda, que se pode chegar à seguinte conclusão:

> [A] possibilidade de intervenção do *amicus curiae* justifica-se como forma de aprimoramento da tutela jurisdicional; reconhece-se que o tribunal não detém, por vezes, conhecimentos necessários e suficientes para a prestação da melhor e mais adequada tutela jurisdicional.[86-87]

É preciso, aqui, tecer uma crítica à opinião dos autores citados: afirmam eles que a intervenção do *amicus curiae* no processo de controle direto de constitucionalidade se justifica como mecanismo de aprimoramento das decisões por conta do fato de os tribunais não deterem conhecimentos suficientes para a melhor e mais adequada prestação da tutela jurisdicional. Resulta daí ao menos a impressão de que para aqueles autores não haveria razão para se admitir a participação de *amici curiae* se o tribunal tivesse tal conhecimento.

---

[84] DIDIER JÚNIOR, Fredie; OLIVEIRA, Rafael Alexandria de; BRAGA, Paula Sarno Aspectos processuais da ADIN (ação direta de inconstitucionalidade) e da ADC (ação declaratória de constitucionalidade In: DIDIER JR., Fredie (org.). *Ações constitucionais*. 3. ed. Salvador: JusPodivm, 2008. p. 457.

[85] Idem, p. 458.

[86] Idem, p. 459.

[87] Registre-se, porém, que é preciso modificar a prática de realizar audiências públicas ou admitir a intervenção de *amici curiae* apenas *pro forma*, sem levar seriamente em consideração os argumentos ali colhidos. Veja-se, como exemplo dessa prática equivocada, que no caso da proibição das queimadas em canaviais (STF, RE 586224, Rel. Min. Luiz Fux) "[a]penas o voto do Ministro Relator aborda de maneira significativa o conteúdo das intervenções dos convidados da audiência pública" (SOMBRA, Thiago Luís Santos. Op. cit., p. 13).

Assim não é, porém. Não se trata de uma questão ligada à capacidade técnica ou ao conhecimento dos integrantes do tribunal. Trata-se, isto sim, de uma exigência democrática de comparticipação no processo de formação da decisão judicial. Nem mesmo um metafórico juiz onisciente poderia, em um Estado Democrático de Direito, produzir solipsisticamente suas decisões, sob pena de violar-se um comezinho princípio democrático: o da participação. É por isso, por exemplo, que nem mesmo o Juiz Hércules proposto por Ronald Dworkin é um juiz solipsista.[88] Sobre o ponto, aliás, afirmam Nunes, Bahia e Pedron que

> Para se fazer mais claro, Dworkin usa uma figura de linguagem, um "juiz imaginário" (e não um método de decisão) para exemplificar a postura que uma sociedade democrática espera dos magistrados. Ele batiza essa metáfora de juiz Hércules, de modo que ele é capaz de usar sua sabedoria e paciência para buscar a resposta correta para suas sentenças. Seu magistrado, então, terá que ao decidir levar em conta todos os argumentos trazidos pelas partes no processo, bem como tudo aquilo que foi construído do ponto de vista probatório-fático. Mas isso não basta, Hércules irá também procurar reconstruir a história institucional para verificar como os outros juízes decidiram no passado casos semelhantes, ampliando o diálogo processual para justificar em sua decisão essa história.
>
> Hércules institucionaliza um pressuposto interpretativo contrafático, que pode ser evidenciado mediante a necessidade de um processo democrático e comparticipativo de formação decisória, amplamente embasado pelo contraditório e fundamentação dinâmicos, contrariamente a um suposto de isolamento decisório e diretamente ligado ao que o Novo CPC estabelece nos arts. 7º a 10 e 489.[89]

Verifica-se, assim, que o Juiz Hércules só cumpre seu papel *no processo*, e respeitando seu caráter democrático e comparticipativo. Não é ele, pois, um juiz solipsista.

Equivocam-se, portanto, aqueles que veem no Juiz Hércules um juiz "engenheiro social", que se põe acima das partes.[90] Hércules não é solipsista porque ele só faz sentido no processo e pelo processo. Afinal, só por meio do

---

[88] Como percebeu: STRECK, Lenio Luiz. A interpretação do direito e o dilema acerca de como evitar juristocracias: a importância de Peter Häberle para a superação dos atributos (*Eigenschaften*) solipsistas do direito. *Observatório da Jurisdição Constitucional*, Brasília: IDP, ano 4, p. 12, 2010/2011.

[89] NUNES, Dierle; BAHIA, Alexandre; PEDRON, Flávio Quinaud. Precedentes no Novo CPC... cit.

[90] Como expressamente afirmaram Humberto Dalla Bernardina de Pinho e Karol Araújo Durço (A mediação e a solução dos conflitos no Estado Democrático de

Cap. 5 · FORMAÇÃO DE PADRÕES DECISÓRIOS A PARTIR DO PRINCÍPIO DO CONTRADITÓRIO | 209

processo é que ele poderia conhecer todos os argumentos necessários para a construção da resposta correta para o caso concreto.

Em outros termos: ainda que o STF detivesse o conhecimento necessário para proferir uma decisão juridicamente adequada, esta só poderia ser considerada constitucionalmente legítima (e, pois, a decisão correta do caso) se produzida em um processo com rigorosa observância do modelo constitucional de processo. E este modelo exige, no caso do controle direto de constitucionalidade, em que se visa a produzir decisões dotadas de eficácia formalmente vinculante, a possibilidade de utilização de mecanismos de ampliação do contraditório, entre os quais a intervenção do *amicus curiae*.[91]

Outro autor a tratar da intervenção do *amicus curiae* no processo de controle direto de constitucionalidade de leis e atos normativos é Daniel Amorim Assumpção Neves. Afirma ele:

> Apesar da expressa vedação legal às intervenções de terceiro, prevista no art. 7º, *caput*, da Lei 9.868/1999, o mesmo dispositivo legal, em seu § 2º, admite que o relator, considerando a relevância da matéria e a represen-

---

Direito. O "juiz Hermes" e a nova dimensão da função jurisdicional. *Quaestio Iuris*, vol. 4, n. 1, p. 252).

[91] Um dado relevante para a compreensão do que se está a sustentar aqui é que não se pretende defender que só seria vinculante um padrão decisório produzido por meio de um processo em que tenha havido a intervenção de *amici curiae* ou a realização de audiências públicas. Não é isso. Pode acontecer, por exemplo, de haver processo em que ninguém se habilita a intervir como *amicus curiae*. Também haverá casos em que não existirá qualquer especialista a ser ouvido em audiência pública (e disso se tratará melhor adiante). O que se afirma é que a legitimidade constitucional da atribuição de eficácia vinculante a alguns padrões decisórios, como os aqui examinados, depende (não exclusivamente, mas também) da *possibilidade* de que tais manifestações ocorram. Assim como é legítimo que, em um processo que versa exclusivamente sobre interesses individuais das partes, o réu fique revel, e nem por isso terá sido violado o princípio do contraditório (que se satisfaz com a mera *possibilidade de manifestação* do réu), também aqui a exigência de um processo de compartição subjetivamente ampliada se satisfaz com a *possibilidade de manifestação* de *amici curiae* ou com a *possibilidade de realização* de audiências públicas. Não houvesse sequer essa possibilidade, porém, e não seriam constitucionalmente legítimos os padrões decisórios vinculantes. Vale, sobre o ponto, recordar – com Dierle Nunes – que "[o] contraditório não constitui uma obrigação, mas, sim, uma faculdade que se resolve em ônus processual, pois não existe a necessidade do seu exercício, mas, sim, a possibilidade de fazê-lo atuar de modo a garantir a cada um dos interessados uma equivalência e correspondência nas respectivas posições" (NUNES, Dierle. O princípio do contraditório. *Revista Síntese de Direito de Direito Civil e Processual Civil*, vol. 5, n. 29, Porto Alegre: Síntese, 2004. p. 79-80).

tatividade dos postulantes, possa, por despacho irrecorrível, admitir a manifestação de outros órgãos ou entidades. Essa previsão é entendida como a admissão de intervenção do *amicus curiae*.[92]

É interessante notar que Assumpção Neves, ainda que não faça expressa referência à ligação entre a intervenção do *amicus curiae* e a ampliação do contraditório, deixa clara sua compreensão da atuação deste sujeito como destinada a influir na formação do resultado do processo. Esse autor, ao tratar da questão relacionada ao momento limite da admissão do ingresso do *amicus curiae* no processo, afirma que o momento da intervenção é objeto de divergência, havendo uma parcela da doutrina que admite a intervenção até o início do julgamento da causa, "entendendo-se que os atos admitidos ao *amicus curiae* após esse momento procedimental, tais como apresentação de memoriais e sustentação oral, limitam-se àqueles sujeitos que já tiverem sido admitidos no processo". Afirma Assumpção Neves haver outro entendimento, que qualifica como "mais liberal", segundo o qual a intervenção do *amicus curiae* pode se dar a qualquer momento do procedimento, mesmo que o processo já tenha sido encaminhado para julgamento. Nessa hipótese, segundo o mesmo autor, "encerrada a fase escrita de instrução do processo, admitir-se-ia a intervenção do terceiro por meio de sustentação oral". E prossegue o autor:

> O Supremo Tribunal Federal, após adotar uma visão mais restritiva, pacificou o entendimento de que o momento limite para a admissão do *amicus curiae* é a data da remessa dos autos à mesa para julgamento, considerando-se que, nesse momento, o relator já firmou sua convicção e dificilmente mudará sua opinião em razão dos argumentos do *amicus curiae*, que dessa forma pouco seriam aproveitados. O entendimento também se funda no risco de um número elevado de terceiros pretender ingressar no processo, com indesejado tumulto procedimental, além de permitir, com intervenções tardias, que o *amicus curiae* se torne o regente do processo.

> Particularmente, não concordo com o entendimento do Supremo Tribunal Federal, sendo no mínimo inapropriado o fundamento de que o relator já tem sua convicção firmada e que, em razão disso, será inútil a participação do *amicus curiae*. Parece um entendimento no mínimo fantasioso imaginar que o Ministro seja infalível, e que nada do que seja levado ao seu conhecimento possa lhe passar despercebido. Se assim fosse, a intervenção do *amicus curiae* seria injustificável em qualquer hipótese. Prefiro

---

[92] ASSUMPÇÃO NEVES, Daniel Amorim. *Ações constitucionais*. São Paulo: Gen--Método, 2011. p. 31.

posições minoritárias expostas na decisão mencionada, pela qual alguns ministros reconhecem a possibilidade da vinda de novos elementos de convicção, o que ensejaria ao relator um novo pedido de conclusão dos autos para melhor analisar a questão.[93]

Tem inteira razão Assumpção Neves. Imaginar que o relator, ao considerar o processo em condições de ser julgado, tem já um entendimento formado e inabalável tornaria inútil, por exemplo, qualquer sustentação oral. Ora, não seria possível ao relator, após ouvir os argumentos expostos pelo advogado da tribuna, mudar a opinião que formara ao examinar originariamente os autos? Ou fazê-lo após ouvir o voto de algum dos outros integrantes do órgão colegiado?[94] Além disso, o *amicus curiae* – como, aliás, qualquer outro sujeito do contraditório – não participa com influência apenas da formação do voto do relator. O direito ao contraditório é o direito de participar com influência na formação do convencimento de cada um dos integrantes do órgão colegiado a que compete o julgamento do processo. Por esta razão, correto o entendimento segundo o qual a intervenção do *amicus curiae* deve ser admitida mesmo depois de levado o processo a julgamento. Tal intervenção, aliás, deve ser admitida até mesmo depois de iniciado o julgamento (caso venha ele a ser, por qualquer razão, suspenso, como se daria por força de um pedido de vista de algum dos integrantes do colegiado),[95] pois só assim se garante a observância, de forma ampla e efetiva, do contraditório constitucionalmente assegurado.

Gilmar Ferreira Mendes, que expressamente admite – não obstante o veto ao § 2º do art. 18 da Lei nº 9.868/1999 – a intervenção do *amicus curiae*

---

[93] Idem, p. 34-35.

[94] Registre-se, aliás, que é expresso o art. 941, § 1º, do CPC/2015 ao afirmar que "[o] voto [de qualquer integrante do órgão colegiado] poderá ser alterado até o momento da proclamação do resultado pelo presidente, salvo aquele já proferido por juiz afastado ou substituído". E adiante haverá oportunidade, neste estudo, para o exame do modo como deve dar-se a deliberação colegiada do órgão jurisdicional, especialmente nos casos em que a decisão a ser tomada destina-se a ter eficácia de padrão decisório vinculante.

[95] Embora não se tratasse de processo de controle direto de constitucionalidade, mas de um processo destinado à resolução de um litígio entre particulares, vale – a título de exemplo – mencionar o fato de que o Tribunal de Justiça do Estado do Rio de Janeiro admitiu intervenção de *amicus curiae* depois do julgamento do recurso, em razão da oposição de embargos de declaração ao acórdão e, com apoio na manifestação do *amicus curiae*, acabou por prover os embargos de declaração atribuindo ao julgamento destes efeitos infringentes: AgInt 0041825-31.2014.8.19.2000, rel. Des. Alexandre Freitas Câmara, j. em 04.11.2015.

no processo da ação declaratória de constitucionalidade,[96] afirma, ao tratar dessa intervenção no processo da ação direta de inconstitucionalidade, que embora o texto da lei dê a entender que o ingresso do *amicus curiae* deva dar-se no prazo das informações,

> [é] possível [cogitar] de hipóteses de admissão de *amicus curiae* fora desse prazo, especialmente diante da relevância do caso ou, ainda, em face da notória contribuição que a manifestação possa trazer para o julgamento da causa.[97]

Outro autor a tratar da intervenção do *amicus curiae* no processo de controle direto de constitucionalidade é Gustavo Binenbojm, que afirma que essa intervenção "se insere no contexto de *abertura* da interpretação constitucional no país, permitindo que os indivíduos e grupos sociais participem ativamente das decisões do Supremo Tribunal Federal que afetem seus interesses".[98] Fica clara, aí, a ligação entre a participação de *amici curiae* no processo de controle direto de constitucionalidade das leis e a ampliação do contraditório de que aqui se tem tratado, assegurando-se a abertura para a (com)participação da sociedade no processo de construção das decisões do STF sobre o controle direto da constitucionalidade das leis e atos normativos, o que confere legitimidade democrática (e constitucional) à eficácia vinculante que a decisão proferida nesses processos é capaz de produzir.

As razões que justificam a participação do *amicus curiae* no processo de controle direto de constitucionalidade das leis e atos normativos foram compreendidas de forma absolutamente precisa pelo Min. Celso de Mello, do STF, que sobre o tema se pronunciou no voto que proferiu em diversos processos, aqui valendo destacar o prolatado no julgamento (não unânime) da ADI 2321-MC/DF, relatada pelo referido magistrado, julgada em 25.10.2000. No voto do relator se lê o seguinte:

---

[96] MENDES, Gilmar Ferreira. *Controle abstrato de constitucionalidade:* ADI, ADC e ADO – Comentários à Lei n. 9.868/99. 1. ed. 2. tir. São Paulo: Saraiva, 2012. p. 492.

[97] Idem, p. 241. Menciona o autor, na nota de rodapé 323, votos vencidos neste mesmo sentido proferidos pelos Ministros Ilmar Galvão e Carlos Velloso na ADI 2.238/DF, "sob o fundamento de que o controle abstrato de normas demanda uma perspectiva pluralista".

[98] BINENBOJM, Gustavo. *A nova jurisdição constitucional brasileira* – Legitimidade democrática e instrumentos de realização. 4. ed. Rio de Janeiro: Renovar, 2014. p. 162.

Não se pode perder de perspectiva que a regra inscrita no art. 7º, § 2º da Lei nº 9.868/1999 – que contém a base normativa legitimadora da intervenção processual do *amicus curiae* – tem por objetivo essencial pluralizar o debate constitucional, permitindo que o Supremo Tribunal Federal venha a dispor de todos os elementos informativos possíveis e necessários à resolução da controvérsia, visando-se, ainda, com tal abertura procedimental, superar a grave questão pertinente à legitimidade democrática das decisões emanadas desta Corte [,] quando, no desempenho de seu extraordinário poder de efetuar, em abstrato, o controle concentrado de constitucionalidade.

Tenho presente, neste ponto, o magistério de Gilmar Ferreira Mendes (*Direitos fundamentais e controle de constitucionalidade*, 2. ed., Celso Bastos Editor, 1999, p. 503-504), expendido em passagem no qual põe em destaque o entendimento de Peter Häberle, segundo o qual o Tribunal "há de desempenhar um papel de intermediário ou de mediador entre as diferentes forças com legitimação no processo constitucional" (p. 498), em ordem a pluralizar, em abordagem que deriva da abertura material da Constituição, o próprio debate em torno da controvérsia constitucional, conferindo-se, desse modo, expressão real e efetiva ao princípio democrático, sob pena de se instaurar, no âmbito do controle normativo abstrato, um indesejável *deficit* de legitimidade das decisões que o Supremo Tribunal Federal venha a pronunciar no exercício, *in abstracto*, dos poderes inerentes à jurisdição constitucional.

Daí, segundo entendo, a necessidade de assegurar, ao *amicus curiae*, mais do que o simples ingresso formal no processo de fiscalização abstrata de constitucionalidade, a possibilidade de exercer a prerrogativa da sustentação oral perante esta Suprema Corte.

E, mais adiante, prossegue o relator, Min. Celso de Mello:

Na verdade, consoante ressalta Paolo Bianchi, em estudo sobre o tema (Un'amicizia interessata: l'amicus curiae davanti alla Corte Suprema degli Stati Uniti, *Giurisprudenza Costituzionale*, Giuffrè, fasc. 6, ano XI, nov.--dez. de 1995), a admissão do terceiro, na condição de *amicus curiae*, no processo objetivo de controle normativo abstrato, qualifica-se como fator de legitimação social das decisões do Tribunal Constitucional, viabilizando, em obséquio ao postulado democrático, a abertura do processo de fiscalização concentrada de constitucionalidade, em ordem a permitir que nele se realize a possibilidade de participação de entidades e de instituições que efetivamente representem os interesses gerais da coletividade ou que expressem os valores essenciais e relevantes de grupos, classes ou estratos sociais.

E o relator, ao concluir sua manifestação acerca do ponto, assim disse:

> Tenho para mim, Senhor Presidente, que o Supremo Tribunal Federal, em assim agindo, não só garantirá maior efetividade e atribuirá maior legitimidade às suas decisões, mas, sobretudo, valorizará, sob uma perspectiva eminentemente pluralística, o sentido essencialmente democrático dessa participação processual, enriquecida pelos elementos de informação e pelo acervo de experiências que o *amicus curiae* poderá transmitir à Corte Constitucional, notadamente em um processo – como o de controle abstrato de constitucionalidade – cujas implicações políticas, sociais, econômicas, jurídicas e culturais são de irrecusável importância, de indiscutível magnitude e de inquestionável significação para a vida do País e a de seus cidadãos.

Na manifestação do Min. Celso de Mello se percebe, com absoluta precisão, a vinculação entre a participação do *amicus curiae* no processo de controle direto de constitucionalidade e a ampliação do contraditório, entendida esta como mecanismo de ampliação da participação da própria sociedade na formação dos resultados do processo (resultados estes que produzirão eficácia vinculante perante todos, inclusive aqueles que não tenham participado do processo). Daí o acerto de afirmações daquele eminente Magistrado no sentido de que a participação do *amicus curiae* no processo da ação direta de inconstitucionalidade (ou, registre-se, no da ação declaratória de constitucionalidade), é "fator de legitimação social das decisões do Tribunal Constitucional", viabilizando o "postulado democrático, a abertura do processo de fiscalização concentrada de constitucionalidade", de modo a permitir a participação de pessoas e entidades que "efetivamente representem os interesses gerais da coletividade ou que expressem os valores essenciais e relevantes de grupos, classes ou estratos sociais", garantindo-se não só "maior efetividade [e atribuindo] maior legitimidade às decisões" do STF, mas valorizando, "sob uma perspectiva eminentemente pluralística, o sentido essencialmente democrático dessa participação processual".[99]

É inegável, pois, que o espaço para atuação de *amici curiae* no processo de controle direto de constitucionalidade de leis e atos normativos funciona como mecanismo de ampliação do contraditório, alargando o caráter policêntrico e comparticipativo desse processo e, por conseguinte, conferindo legitimidade democrática e constitucional à eficácia vinculante das decisões que nele são proferidas.

---

[99] E nunca é demais recordar que a democracia exige a participação igualitária (*equal partnership*) de todos (DWORKIN, Ronald. *Is democracy possible here?* cit., p. 134).

Cap. 5 · FORMAÇÃO DE PADRÕES DECISÓRIOS A PARTIR DO PRINCÍPIO DO CONTRADITÓRIO | 215

Não é só a intervenção de *amici curiae*, porém, que cumpre tal papel. Também há, nos processos de controle direto de constitucionalidade de leis e atos normativos, a previsão da realização de audiências públicas (que, no caso específico do processo da ação direta de inconstitucionalidade, está prevista no art. 9º, § 1º, da Lei nº 9.868/1999, enquanto para o processo da ação declaratória de constitucionalidade a previsão se encontra no art. 20, § 1º, da mesma lei).

A ligação entre a normatização das audiências públicas e a intervenção do *amicus curiae* é reconhecida por Vieira e Corrêa, que em trabalho especificamente voltado ao exame do ponto assim se manifestaram:

> O surgimento da audiência pública jurisdicional não se deu num vazio conceitual, ao contrário, teve como fonte inspiradora a [C]onstituição e até certo ponto se mostrou como conseq[u]ência natural da expansão do espírito democrático por todas as instâncias do poder estatal.
>
> O novo instituto foi normatizado conjuntamente com outro instrumento que visa à abertura da jurisdição constitucional à sociedade: o *amicus curiae* (amigo da corte) – que é simplificadamente, um terceiro interveniente no processo de controle de constitucionalidade, que oferece sua perspectiva sobre a questão constitucional controvertida à Corte julgadora.[100]

Vale registrar aqui, ainda, que existe expressa previsão também da realização de audiência pública no processo da arguição de descumprimento de preceito fundamental (art. 6º, § 1º, da Lei nº 9.882/1999).

Vieira e Corrêa, no artigo há pouco mencionado, apontam três semelhanças entre as disposições acerca da audiência pública nos processos da ADI, da ADC e da ADPF: (i) quanto à aplicabilidade da audiência pública jurisdicional; (ii) quanto à competência para a convocação; (iii) quanto aos participantes da audiência pública.[101] Quanto à aplicabilidade, afirmam que a audiência pública, em todos os três casos, se realiza no bojo dos processos, atuando como ferramenta de instrução do julgamento e de fornecimento de subsídios para a formulação de votos. No que concerne à competência para a convocação, afirmam ser exclusiva do relator, que a convocará se lhe parecer

---

[100] VIEIRA, José Ribas; CORRÊA, Letícia França. A audiência pública jurisdicional no Supremo Tribunal Federal. In: CARVALHO, Flávia Martins de; VIEIRA, José Ribas (org.). *Desafios da Constituição* – Democracia e Estado no século XXI. Rio de Janeiro: FAPERJ, 2011. p. 38.

[101] Idem, p. 41.

necessário. Por fim, no que diz respeito às pessoas que participarão da audiência, devem ser aquelas que tenham autoridade e experiência na matéria.[102]

O art. 21, XVII, do Regimento Interno do STF estabelece ser atribuição do relator "convocar audiência pública para ouvir o depoimento de pessoas com experiência e autoridade em determinada matéria, sempre que entender necessário o esclarecimento de questões ou circunstâncias de fato, com repercussão geral ou de interesse público relevante". O procedimento da audiência pública está descrito no parágrafo único do art. 154 do RISTF. Segundo esse dispositivo, o despacho que convoca a audiência pública deve ser amplamente divulgado, fixando prazo para a indicação das pessoas a serem ouvidas (art. 154, parágrafo único, I). Havendo defensores e opositores relativamente à matéria objeto da audiência, será garantida a participação das diversas correntes de opinião (art. 154, parágrafo único, II). A presidência dos trabalhos caberá a um Ministro (o relator), devendo ele selecionar as pessoas que serão ouvidas, divulgar a lista dos habilitados, determinar a ordem dos trabalhos e fixar o tempo de que cada um disporá para se manifestar (art. 154, parágrafo único, III). Cada depoente tem o dever de se limitar ao tema ou questão em debate (art. 154, parágrafo único, IV). A audiência pública deve ser transmitida pela TV Justiça e pela Rádio Justiça (art. 154, parágrafo único, V), e seus trabalhos serão registrados e juntados aos autos do processo ou arquivados no âmbito da Presidência do STF (art. 154, parágrafo único, VI).

A primeira audiência pública realizada no STF foi a que se fez no processo da ADI 3510, em que se impugnou o art. 5º da Lei nº 11.105/2005 (conhecida como Lei da Biossegurança). Pois no acórdão, por meio do qual se julgou o mérito do aludido processo de controle direto de constitucionalidade, o relator, Min. Ayres Britto, fez expressa referência à audiência pública realizada nos seguintes termos:

> Convencido de que a matéria centralmente versada nesta ação direta de inconstitucionalidade é de tal relevância social que passa a dizer respeito a toda a humanidade, determinei a realização de audiência pública, esse notável mecanismo constitucional de democracia direta ou participativa. O que fiz por provocação do [professor] Cláudio Fonteles e com base no § 1º do artigo 9º da Lei nº 9.868/1999, mesmo sabendo que se tratava de experiência inédita em toda a trajetória deste Supremo Tribunal Federal. Dando-se que, no dia e local adrede marcados, 22 (vinte e duas) das mais acatadas autoridades científicas brasileiras subiram à tribuna para discorrer sobre os temas *agitados* nas peças jurídicas de

---

[102] Idem, ibidem.

Cap. 5 · FORMAÇÃO DE PADRÕES DECISÓRIOS A PARTIR DO PRINCÍPIO DO CONTRADITÓRIO | 217

origem e desenvolvimento da ação constitucional que nos cabe julgar. Do que foi lavrada a extensa ata de fls., devidamente reproduzida para o conhecimento dos senhores ministros desta nossa Corte Constitucional e Suprema Instância Judiciária. Reprodução que se fez acompanhar da gravação de sons e imagens de todo o desenrolar da audiência, cuja duração foi em torno de 8 horas.

Vê-se aí, pois, o expresso reconhecimento, no voto do relator, da audiência pública como mecanismo de participação e de democracia direta (e, pois, de legitimação democrática da decisão que no processo se profere).

Já no processo da ADPF 54 (que versou sobre a possibilidade de antecipação do parto de fetos anencefálicos), o relator, Min. Marco Aurélio, que também determinou a realização da audiência pública, ao proferir seu voto assim se manifestou:

> É assim que voto, ressaltando a valia maior da audiência pública realizada e do fato de ter colocado intencionalmente na prateleira o processo, já que não envolvia interesses subjetivos, sendo um processo objetivo, no que, em janeiro de 2004, em uma página – continuo convencido – repleta da maior tristeza, este Tribunal lançou as mulheres brasileiras em geral em uma verdadeira *via crucis* para, caso a caso, pleitearem em Juízo o que normalmente é deferido: a autorização para a interrupção da gravidez.
>
> Presidente, quando assentamos – em escore apertado, é certo – a possibilidade de ter-se a pesquisa com células-tronco, vislumbrei sensibilidade do Colegiado para enfrentar a matéria. Então, retomei a direção do processo, realizando audiência pública, ouvindo os diversos segmentos da sociedade, como convém em um Estado Democrático de Direito, em uma República, verdadeiramente República, e, aparelhado o processo, trouxe-o a julgamento.

Vê-se também aí, no voto do Min. Marco Aurélio Mello, a afirmação do caráter republicano da audiência pública, capaz de permitir a oitiva dos diversos segmentos da sociedade, o que seria essencial ao Estado Democrático de Direito. E assim é por ser fundamental que, no Estado Democrático de Direito, a construção das decisões judiciais se dê de forma compartipativa, assegurada a participação de todos aqueles que serão vinculados pela decisão judicial no procedimento destinado à sua construção. Pois se assim é, então a audiência pública é elemento essencial da formação da decisão que, proferida em sede de controle direto de constitucionalidade, se destina a produzir eficácia vinculante e *erga omnes*, já que se revela como mecanismo de garantia de participação de setores representativos de toda a sociedade, ampliando o debate constitucional e a participação em contraditório na formação daquelas decisões.[103]

Um registro se impõe aqui, porém. Não seria viável a realização de audiências públicas em todos os processos em trâmite perante o STF. Nem é essa, frise-se, a proposta aqui sustentada. Em primeiro lugar, o que se afirma é que a audiência pública é relevante mecanismo de ampliação da comparticipação nos processos destinados à formação de padrões decisórios vinculantes, e nem todo processo que tramita perante o STF levará a tal resultado. Em segundo lugar, mesmo nos processos em que se busca construir um padrão decisório vinculante (como é o caso dos julgamentos por amostragem de recursos repetitivos ou nos processos de controle direto da constitucionalidade) a audiência pública só deve ser realizada quando for capaz de permitir que se traga ao tribunal argumentos que de outro modo a ele não chegariam. Pense-se, por exemplo, em uma ação direta de inconstitucionalidade em que se debate acerca da inconstitucionalidade formal de uma determinada lei (por exemplo, por se tratar de lei estadual que regula matéria de competência legislativa da União). Parece evidente que em um caso assim, em que a discussão se cinge exclusivamente a questões jurídicas, não há razão para a designação de audiências públicas. Aliás, isso permite compreender as razões pelas quais no STF, quando se realiza audiência pública, tem-se a manifestação dos participantes sobre argumentos não jurídicos, mas técnicos.[104] Dito de outro modo: a realização de audiências públicas só se faz necessária naqueles casos em que há a necessidade de colher-se a manifestação de especialistas em questões não jurídicas relevantes para o conteúdo da decisão (como se deu, por exemplo, nos casos em que se discutia a queimada de canaviais ou os danos causados pelo emprego do amianto).

Dito de outro modo: só faz sentido cogitar-se da realização de audiência pública quando por meio desta se puder trazer ao processo algum tipo de informação que dele não conste ou a defesa de algum tipo de interesse que nele não esteja ainda representado. Pensar de outro modo inviabilizaria por completo a atuação não só do Supremo Tribunal Federal como de qualquer outro tribunal.

---

[103] Afinal, como diz Motta, um dos modos de se confirmar a legitimidade de uma decisão judicial é "[a] observância de um procedimento no qual se garantia a participação (constitucionalmente adequada) de todos os interessados na formação do provimento" (MOTTA, Francisco José Borges. Op. cit., p. 182).

[104] SOMBRA, Thiago Luís Santos. Op. cit., p. 9, em que se lê que "[um] dos aspectos positivos reiteradamente observados foi a ausência de debates ou exposições com argumentos predominantemente jurídicos por parte dos intervenientes nas audiências. Isso aponta para a maior associação das audiências com a efetiva obtenção de informações de ordem técnica, não jurídica".

Cap. 5 • FORMAÇÃO DE PADRÕES DECISÓRIOS A PARTIR DO PRINCÍPIO DO CONTRADITÓRIO | **219**

Confirma-se, pois, o que aqui vem sendo sustentado: há, no processo de controle concentrado de constitucionalidade das leis e atos normativos, uma ampliação do contraditório resultante da participação de *amici curiae* e da realização de audiências públicas que confere ao resultado de tais processos legitimidade democrática para produzir efeitos vinculantes e *erga omnes*. Está-se aí, portanto, diante de um processo que se caracteriza por uma comparticipação qualificada, subjetivamente ampliada, um dos fatores – como vem sendo dito ao longo deste trabalho – de aferição da legitimidade democrática e constitucional da eficácia vinculante de padrões decisórios.

Evidentemente, tudo quanto foi dito até aqui pressupõe um comprometimento de todos os atores do processo, inclusive dos juízes que participarão da deliberação acerca do padrão decisório que será dotado de eficácia vinculante. Vale aqui, aliás, lembrar, com Nunes, Bahia e Pedron, que

> Dworkin tem por hábito imaginar que decisões judiciais pressupõem um comprometimento moral de todos os envolvidos no processo de decisão e que, por isso, há um esforço normativo, implícito para que não seja apenas uma decisão, mas a melhor decisão possível. O processo de elaboração de uma sentença não pode ser comparado com o ato de escolher que cacho de bananas alguém levará para casa depois da feira; até porque ninguém escolhe qualquer cacho para comprar! Buscamos sempre o melhor em tudo o que fazemos e mostra-se incoerente esperar do Judiciário uma postura diferente.[105]

Pois impende recordar, com Dworkin, que "[d]izer como as coisas são significa, até certo ponto, dizer como elas devem ser".[106] Afinal, numa democracia constitucional, deve haver um comprometimento moral com um direito universal de igual consideração e respeito,[107] o que deve necessariamente levar os órgãos judiciários a buscar proferir, em cada caso, a melhor decisão possível.

Visto o modo como se desenvolve o procedimento de construção de decisões no processo de controle direto da constitucionalidade, deve-se passar ao exame do procedimento de edição de enunciados de súmula vinculante, por meio do qual também se criam padrões decisórios dotados de eficácia vinculativa.

---

[105] NUNES, Dierle; BAHIA, Alexandre; PEDRON, Flávio Quinaud. Precedentes no Novo CPC... cit.

[106] DWORKIN, Ronald. *O direito da liberdade...* cit., p. 59.

[107] MCCAFFERY, Edward J. Ronald Dworkin, inside-out. *California Law Review*, vol. 85, n. 4, p. 1.048, 1997.

5.3.2 A súmula vinculante. Súmula não é precedente

O texto normativo do art. 927 do CPC/2015 inclui entre os padrões decisórios que devem ser observados pelos juízos e tribunais (inc. II) os enunciados de súmula vinculante. É preciso, porém, e antes de tudo, deixar claro um ponto: súmula não é precedente. A isto já se fez alguma referência em passagem anterior deste estudo, mas é preciso agora voltar ao ponto.

Como vem sendo dito ao longo deste estudo, precedente é uma decisão judicial, proferida para resolução de um caso, e que é empregada como *principium* argumentativo na construção da decisão de um caso posterior. Como lecionam MacCormick e Summers, "[p]recedentes são decisões prévias que funcionam como modelos para decisões posteriores".[108] O enunciado de súmula, de outro lado, não é uma decisão tomada em um caso prévio. O que se tem ali é um *extrato* de diversas decisões.

Esclareça-se melhor este ponto. A súmula é, na verdade, um repositório de enunciados que representam um resumo da jurisprudência dominante de um tribunal.[109] Em outras palavras, é na súmula que cada tribunal enuncia, pelos *verbetes* (ou *enunciados*), as teses que foram identificadas nas linhas de jurisprudência constante identificadas em sua atuação.

Tome-se como exemplo a súmula da jurisprudência predominante do STF, a qual é composta por mais de 700 enunciados. Ali se pode encontrar a afirmação, por exemplo, de que "a cláusula de inalienabilidade inclui a incomunicabilidade dos bens" (enunciado 49); que "o usucapião pode ser arguido em defesa" (enunciado 237); ou que "o mandado de segurança não é substitutivo de ação de cobrança" (enunciado 269).

Todos estes enunciados – como qualquer outro de súmula, seja lá qual for o tribunal de que se origine – são um extrato da jurisprudência daquela Corte. A súmula é, pois, um *extrato da jurisprudência dominante* de um tribunal.

Deve-se ter claro, então, este ponto, essencial para a compreensão do texto normativo do Código de Processo Civil de 2015: súmula não é juris-

---

[108] MACCORMICK, Neil; SUMMERS, Robert S. Op. cit., p. 1 (tradução livre). No original: "[p]recedents are prior decisions that function as models for later decisions".

[109] Como afirma, com a habitual propriedade, José Carlos Barbosa Moreira, a palavra *súmula* "não é empregada com referência a *cada uma* das proposições ou teses jurídicas consagradas pela Corte [, senão] para designar o respectivo *conjunto*, que lhe resume a jurisprudência" (BARBOSA MOREIRA, José Carlos. Súmula, jurisprudência, precedente: uma escalada e seus riscos. *Temas de direito processual (nona série)*. São Paulo: Saraiva, 2007. p. 303).

prudência, mas um extrato da jurisprudência dominante de um tribunal. E, principalmente, *súmula não é precedente*.[110]

O enunciado de súmula não é nem mesmo *jurisprudência*. Ele é, como vem sendo reiteradamente afirmado, um extrato da jurisprudência dominante de um tribunal.[111]

Como cediço, a EC nº 45 instituiu no ordenamento jurídico brasileiro os enunciados de súmula vinculante. Isto se deu com a inclusão no texto constitucional do art. 103-A:

> Art. 103-A. O Supremo Tribunal Federal poderá, de ofício ou por provocação, mediante decisão de dois terços dos seus membros, após reiteradas decisões sobre matéria constitucional, aprovar súmula que, a partir de sua publicação na imprensa oficial, terá efeito vinculante em relação aos demais órgãos do Poder Judiciário e à administração pública direta e indireta, nas esferas federal, estadual e municipal, bem como proceder à sua revisão ou cancelamento, na forma estabelecida em lei.

Examinando o instituto da súmula vinculante, afirma André Ramos Tavares que esta é "uma espécie de ponte de ligação entre decisões [proferidas] numa dimensão concreta e uma decisão (sumulada) proferida com caráter geral (abstrato)".[112] É que, segundo o autor, "os detalhes dos casos concretos, suas particularidades e interesses, apreciados pelas decisões anteriores, serão descartados para fins de criação de um enunciado que seja suficientemente abstrato para ter efeitos *erga omnes*".[113]

Isto se dá pelo fato de que os enunciados de súmula têm sido produzidos pelos tribunais brasileiros de forma totalmente desvinculada das decisões que lhes dão origem. Não é por outra razão que Ramires afirma que

---

[110] RAMIRES, Maurício. *Crítica à aplicação de precedentes no direito brasileiro*. Porto Alegre: Livraria do Advogado, 2010. p. 89.

[111] Quando se fala, no texto, em jurisprudência, deve-se entender que o termo vem empregado no sentido de conjunto de decisões proferidas pelos tribunais, em diversos casos concretos, nas quais se tenha tratado de uma determinada questão no mesmo sentido. Há aí, pois, uma pluralidade, bastante ampla, de decisões relativas a vários e diferentes casos concretos, em que não se emprega a análise comparativa dos fatos (ao menos na maior parte dos casos), mas se identifica uma norma, que é apresentada como enunciado de caráter genérico (sobre o tema, TARUFFO, Michele. *Precedente e giurisprudenza* cit., p. 12-15).

[112] TAVARES, André Ramos. *Nova Lei da Súmula Vinculante* – Estudos e Comentários à Lei 11.417, de 19.12.2006. São Paulo: Método, 2007. p. 13.

[113] Idem, p. 13.

A súmula [é] por definição um pronunciamento judicial com pretensão de abstração e generalidade (e, por vezes, vinculação). Na súmula, o enunciado sempre se autonomiza dos fatos que lhe deram origem, se é que deram.[114]

Assim não deveria ser, porém.[115] Basta ver que o § 2º do art. 926 do CPC/2015 expressamente estatui que "[a]o editar enunciados de súmula, os tribunais devem ater-se às circunstâncias fáticas dos precedentes que motivaram sua criação". O que se vê na prática, todavia, é a formulação de textos dotados de generalidade, redigidos de forma rigorosamente equivalente à de um texto de lei.[116]

Os enunciados de súmula vinculante, como se depreende do texto constitucional, são padrões decisórios dotados de eficácia vinculante em relação aos órgãos do Poder Judiciário e à Administração Pública direta e indireta. E sua aprovação exige, por força do que dispõem os arts. 103-A da Constituição da República e 2º, *caput* e § 1º, da Lei nº 11.417/2006, o preenchimento de alguns requisitos, todos cumulativos,[117] a saber: (i) reiteradas decisões; (ii) atualidade da controvérsia entre órgãos jurisdicionais; (iii) grave insegurança jurídica; (iv) multiplicação de processos idênticos.[118]

Interessa a este ponto do estudo, porém, tão somente a análise do processo de edição dos enunciados de súmula vinculante, a fim de se verificar

---

[114] RAMIRES, Mauricio. Op. cit., p. 62.

[115] Interessante reproduzir aqui uma observação de Guilherme Lunelli: "Imaginemos que um advogado ou juiz deixe o Brasil por alguns anos, desvinculando-se totalmente do cenário jurídico. Ao retornar, o jurista é apresentado a um impresso que, sem identificar o que é o que, contém variados enunciados de súmula e artigos de lei, emitidos ou sancionados no período em que o personagem se encontrava no exterior. Indaga-[se]: somente pela semântica, conseguiria o jurista separar os textos sumulares dos textos legais?" (LUNELLI, Guilherme. *Direito sumular e fundamentação decisória no CPC/2015*. Belo Horizonte: Fórum, 2016. p. 108, nota de rodapé 108).

[116] Tomem-se aqui, à guisa de exemplo, os textos dos enunciados de Súmula Vinculante n. 5 ("A falta de defesa técnica por advogado no processo administrativo disciplinar não ofende a Constituição") e n. 15 ("O cálculo de gratificações e outras vantagens do servidor público não incide sobre o abono utilizado para se atingir o salário mínimo").

[117] NOGUEIRA, Gustavo Santana. Das súmulas vinculantes: uma primeira análise. In: WAMBIER, Teresa Arruda Alvim; WAMBIER, Luiz Rodrigues; GOMES JR., Luiz Manoel; FISCHER, Octavio Campos; FERREIRA, Wiliam Santos (coord.). *Reforma do Judiciário* – Primeiras reflexões sobre a Emenda Constitucional n. 45/2004. São Paulo: RT, 2005. p. 271.

[118] TAVARES, André Ramos. *Nova Lei da Súmula Vinculante...* cit., p. 31.

Cap. 5 · FORMAÇÃO DE PADRÕES DECISÓRIOS A PARTIR DO PRINCÍPIO DO CONTRADITÓRIO | **223**

como se dá, nele, a ampliação do contraditório que legitima,[119] do ponto de vista do Estado Democrático de Direito constitucionalmente estabelecido, a eficácia vinculante de que tais enunciados são dotados.

A Lei nº 11.417/2006, que regulamenta o procedimento de edição, revisão e cancelamento de enunciado de súmula vinculante, pouco dispõe sobre o tema. Lê-se, porém, no art. 3º, § 2º, que "[n]o procedimento de edição, revisão ou cancelamento de enunciado da súmula vinculante, o relator poderá admitir, por decisão irrecorrível, a manifestação de terceiros na questão, nos termos do Regimento Interno do Supremo Tribunal Federal".

Pois não pode haver dúvida que se tem, aí, a expressa previsão da participação, no procedimento de edição de enunciado de súmula vinculante, de *amici curiae*. Veja-se o que afirma, ao comentar o § 2º do art. 3º da Lei nº 11.417/2006, André Ramos Tavares:

> Este dispositivo parece inserir-se no recente contexto de abertura dos processos, no STF, que culminam com decisões dotadas de eficácia geral e efeito vinculante, e que teve início com a Lei 9.868/1999, no que previu a figura do *amicus curiae*, em seu art. 7º, § 2º.
>
> A terminologia "terceiros", importada do processo civil ordinário, deve ser compreendida como "participantes" ou "colaboradores" do processo objetivo, cujo universo será determinado pelo RISTF. A Lei 9.868/1999 fala na manifestação de "outros órgãos ou entidades".
>
> [Não] se trata de ampliação da legitimidade ativa (para a qual a Constituição é expressa no exigir lei em sentido estrito, cf. a reserva de Parlamento). Tem-se, aqui, mais precisamente, uma hipótese, prevista em lei, de pluralização do debate (da questão) constitucional submetida ao STF. A Lei quer a inclusão de outras manifestações, que devem ser, evidentemente, pertinentes e adequadas. A abertura é uma exigência legalmente estabelecida.[120]

No mesmo sentido se manifesta Daniel Ustárroz:

> Recentemente, a partir da Emenda Constitucional nº 45/2004, o Supremo Tribunal Federal foi autorizado a atribuir efeito vinculante frente à Administração Pública e aos órgãos inferiores do Judiciário, das suas pronúncias

---

[119] Contraditório que, sempre vale a pena lembrar, é visto aqui como nota característica do processo (FAZZALARI, Elio. Op. cit., p. 76), devendo ser compreendido como garantia de participação com influência e de não surpresa (NUNES, Dierle. *Processo jurisdicional democrático* cit., p. 227-229).

[120] TAVARES, André Ramos. *Nova Lei da Súmula Vinculante...* cit., p. 60-61.

em sede de controle difuso. Dentro do sistema brasileiro, com profundas raízes de *civil law*, a "inovação" gerou intensos debates na doutrina e na jurisprudência; afinal, em linha de princípio, na cultura constitucional brasileira os efeitos *erga omnes* e a vinculação aos precedentes ocorriam especialmente no controle concentrado-abstrato de constitucionalidade. Nos casos repetitivos, em que figurassem autor e réu, o Supremo Tribunal Federal não poderia emitir provimento que atingisse terceiros, em razão do "ineditismo do caso concreto".

[A] despeito [do] extenso rol de legitimados [para postular a edição de enunciado de súmula vinculante], a lei ainda autoriza a participação dos amigos da Corte. Com efeito, o art. 3º, § 2º, da [Lei nº 11.417/2006] prevê expressamente que no procedimento de edição, revisão ou cancelamento de enunciado de súmula vinculante o relator poderá admitir, por decisão irrecorrível, a manifestação de terceiros na questão. Justifica-se a orientação, novamente, pelo efeito transcendental da orientação sumulada.[121]

Como se percebe, é entendimento assente que o art. 3º, § 2º, da Lei nº 11.417/2006, responsável pela regulamentação do processo de edição (e também do destinado à revisão e ao cancelamento) dos enunciados de súmula vinculante, prevê a intervenção de *amici curiae* em tal processo. E essa intervenção, evidentemente, amplia o contraditório na formação do texto do enunciado de súmula vinculante,[122] o que confere legitimida-

---

[121] USTÁRROZ, Daniel. A experiência do *amicus curiae* no direito brasileiro. *Anuario de Derecho Constitucional Latinoamericano*. Montevidéu, ano XV, p. 376-377, 2009.

[122] Enunciados de súmula são textos e, como tal, devem ser interpretados. É frequente ler-se que tais enunciados não seriam passíveis de interpretação. Há notícia, por exemplo, no *site* do STF, de que na sessão em que se aprovou o enunciado de Súmula Vinculante n. 14 a Min. Ellen Gracie teria afirmado, *verbis*: "A súmula vinculante é algo que não deve ser passível de interpretação, deve ser suficientemente clara para ser aplicada sem maior tergiversação" (Disponível em: <http://www.stf.jus.br/portal/cms/verNoticiaDetalhe.asp?idConteudo=102548>. Acesso em: 31 out. 2015). O idealizador da criação da súmula da jurisprudência predominante do STF, Min. Victor Nunes Leal, afirmava que os enunciados "não devem ser *interpretados*, isto é, *esclarecidos* quanto ao seu correto significado. O que se interpreta é a norma da lei ou do regulamento, e a *Súmula* é o resultado dessa interpretação, realizada pelo Supremo Tribunal" (LEAL, Victor Nunes. Passado e futuro da súmula do STF. *Revista de Direito Administrativo*, vol. 145, p. 11, 1981). Com todas as vênias devidas aos ministros do STF que sustentaram essas ideias, e a qualquer outro jurista que o faça, mas enunciados de súmula são textos, e não há texto que não seja passível de interpretação (sobre a possibilidade de interpretação dos enunciados de súmula, BAHIA, Alexandre Gustavo Melo Franco. Súmulas estão sujeitas a diversas interpretações. Disponível em: <http://www.conjur.com.br/2009-ago-24/sumula-mesmo-vinculante-

Cap. 5 · FORMAÇÃO DE PADRÕES DECISÓRIOS A PARTIR DO PRINCÍPIO DO CONTRADITÓRIO | 225

de democrática à eficácia vinculante que a ele se atribui. Neste sentido, manifesta-se Saadi:

> [É] indiscutível que a súmula vinculante não podia ficar à parte da mais democrática alteração ocorrida na hermenêutica constitucional desde a promulgação da Constituição de 1988. Por conseguinte, deve ser aplaudido o dispositivo constante da lei regulamentar que prevê a possibilidade de participação dos *amici curiae* quando da elaboração, da modificação ou do cancelamento das súmulas vinculantes, uma vez que dessa forma os avanços relativos ao aumento da democracia e do pluralismo na jurisdição constitucional pátria foram maximizados. Permitir-se-á, dessa maneira, que os diferentes grupos que compõem a heterogênea sociedade brasileira atuem ativamente no curso de processos cujos efeitos incidirão sobre todos, o que contribuirá decisivamente para que as súmulas editadas aufiram legitimidade nos princípios da democracia e do Estado Democrático de Direito.[123]

Não é só pela intervenção de *amici curiae* que se amplia o contraditório – e, por conseguinte, se confere mais ampla legitimidade constitucional e democrática – no processo de edição dos enunciados de súmula vinculante. Também ali há que se cogitar da realização de audiências públicas.

O texto normativo da Lei nº 11.417/2006, é certo, não faz expressa alusão à realização de audiência pública nesse processo. Não obstante isso, já houve quem tenha sustentado a necessidade de sua realização, afirmando que

> [p]roposta a edição, a revisão ou o cancelamento de súmula vinculante, deverá [ser] colhida a manifestação do Procurador-Geral da República (art. 2º, § 2º) a respeito. Também poderá ser admitida pelo relator, em decisão irrecorrível, a manifestação de terceiros na questão. Estes terceiros são o que a doutrina chama de *amicus curiae* e a sua admissão é

-sujeita-diversas-interpretacoes>. Acesso em: 31 out. 2015). Modernamente, não há como deixar de reconhecer a distinção entre texto e norma, como se vê, por exemplo, pela obra de Friedrich Müller (MÜLLER, Friedrich. El derecho de creación judicial. Trad. esp. de Luís-Quintín Villacorta Mancebo. *Revista Brasileira de Direito Constitucional*, vol. 20, p. 16, 2012), para quem a interpretação é parte do procedimento de produção da norma jurídica, a qual só existe no caso concreto, não sendo possível dissociar interpretação de aplicação. Ora, se a interpretação é parte do procedimento de produção da norma (junto com sua aplicação no caso concreto), e se o texto não é a norma, então não há texto jurídico que não se sujeite a interpretação. Nem mesmo o texto de um enunciado de súmula.

[123] SAADI, Bernardo de Vilhena. A constitucionalidade da súmula vinculante. *Revista de Direito Administrativo*, São Paulo: Atlas, vol. 244, p. 41-42, 2007.

extremamente importante para o desenvolvimento de uma sociedade mais democrática, na medida em que abre o Poder Judiciário ao diálogo com os cidadãos.

Por essa razão que pensamos que, embora não haja previsão na Constituição ou na Lei, seria salutar também se admitir no procedimento da súmula vinculante a audiência pública, lançando-se mão, por analogia, do previsto no art. 6º, § 1º, da Lei 9.882/1999, e no art. 9º, § 1º, da Lei 9.868/1999.[124]

Com a edição do Código de Processo Civil de 2015, porém, não pode mais haver qualquer dúvida acerca da existência de espaço para realização de audiências públicas no processo de edição de enunciados de súmula vinculante que se desenvolve perante o STF. É que o § 2º do art. 927 do Código expressamente prevê a realização de audiências públicas (assim como a intervenção de *amici curiae*) no processo de alteração de tese jurídica adotada em enunciado de súmula. Ora, não haveria qualquer sentido em se realizar audiência pública antes de alterar a tese adotada no enunciado, mas não se realizar audiência análoga antes da própria edição do enunciado. O procedimento de edição dos enunciados de súmula vinculante, portanto, deve desenvolver-se de forma comparticipativa, de modo a observar um contraditório efetivamente ampliado – por meio da realização de audiências públicas e da intervenção de *amici curiae* – o que confere legitimidade democrática e compatibilidade constitucional ao efeito vinculante que seu resultado produz.

Percebe-se, então, que também no procedimento de edição dos enunciados de súmula vinculante se faz presente essa exigência de comparticipação qualificada pela ampliação subjetiva do contraditório que tem sido apontada, ao longo deste estudo, como um dos fatores de aferição da legitimidade democrática da atribuição de eficácia vinculante a padrões decisórios. Insista-se, porém, uma vez mais em um ponto relevante: a ampliação subjetiva do contraditório, com a garantia de atuação comparticipativa da sociedade na formação desses padrões decisórios, embora essencial, não é suficiente, fazendo-se mister também que a deliberação do órgão jurisdicional se dê de modo qualificado. Mas este é ponto a que se voltará mais adiante. Agora, é preciso verificar como se dá, no ordenamento jurídico brasileiro vigente, a ampliação do contraditório no procedimento destinado ao julgamento de recursos especial e extraordinário repetitivos.

---

[124] FIORENZA, Fábio Henrique Rodrigues de Moraes. Aspectos básicos da súmula vinculante. *Revista do Tribunal Regional Federal da 1ª Região*, vol. 23, n. 4, p. 33, abr. 2011.

5.3.3 O julgamento dos recursos excepcionais repetitivos

O Código de Processo Civil de 2015 contém em seu bojo um microssistema de solução de casos repetitivos, formado pelo incidente de resolução de demandas repetitivas e pelo julgamento dos recursos extraordinário e especial repetitivos. E este microssistema é construído a partir do que dispõe o art. 928 do Código, segundo o qual "[p]ara os fins [do CPC], considera-se julgamento de casos repetitivos a decisão proferida em [incidente] de resolução de demandas repetitivas [e em] recursos especial e extraordinário repetitivos".

Pois é inegável que as decisões proferidas no julgamento dos casos repetitivos têm eficácia vinculante. No que concerne aos recursos excepcionais repetitivos, isto resulta expressamente do disposto no art. 1.040 do CPC/2015. Isto por que, nos termos daquele dispositivo, publicado o acórdão paradigma, deverá ser negado seguimento a recurso especial ou extraordinário que estivesse sobrestado no tribunal de origem, sempre que o acórdão recorrido coincidir com a orientação fixada pelo tribunal superior (art. 1.040, I); deverá haver retratação do órgão prolator da decisão atacada pelo acórdão impugnado por recurso especial ou extraordinário sobrestado no tribunal de origem sempre que aquele pronunciamento não estiver em conformidade com a decisão paradigma (art. 1.040, II); a tese fixada no acórdão paradigma será aplicada aos processos ainda não julgados que estivessem suspensos perante qualquer órgão jurisdicional (art. 1.040, III), assim como será a mesma tese aplicada aos processos que posteriormente vierem a ser instaurados.[125]

Pois também aqui, no procedimento que se desenvolve perante o STJ e o STF para que sejam julgados os recursos excepcionais repetitivos haverá necessariamente uma comparticipação qualificada pela ampliação subjetiva do contraditório que legitimará do ponto de vista constitucional – e, por conseguinte, democrático – a eficácia vinculante do acórdão paradigma que será proferido.

Esta ampliação do contraditório, como vem sendo visto, é absolutamente essencial para que se tenha a produção de decisões que, dotadas de eficácia vinculante, possam legitimamente alcançar terceiros, estranhos ao processo em que produzidas. É que só por meio de um processo em que haja comparticipação qualificada pela ampliação subjetiva do contraditório como a que aqui se descreve é possível assegurar-se a participação, em contraditório, de

---

[125] ROCHA, Felippe Borring. *Curso do novo processo civil*. Coord. Luis Carlos de Araujo e Cleyson de Moraes Mello Rio de Janeiro: Freitas Bastos, 2015. p. 859.

todos os setores da sociedade, garantindo-se a atuação comparticipativa de sujeitos capazes de representar adequadamente os interesses de todos aqueles que poderão vir a ser diretamente atingidos pelos resultados das decisões que nesses procedimentos serão produzidas.

O Código de Processo Civil de 2015 estabelece, em seu art. 1.036, que sempre que houver multiplicidade de recursos extraordinários ou especiais "com fundamento em idêntica questão de direito",[126] haverá afetação para julgamento de dois ou mais recursos representativos da controvérsia. Neste caso, então, haverá um "julgamento por amostragem",[127] cabendo ao Tribunal de Superposição[128] – STJ ou STF – julgar dois (ou mais) recursos representa-

---

[126] Não se desconhece, aqui, a impossibilidade de se separar as "questões de fato" das "questões de direito". Afinal, como diz Friedrich Müller, "[a] premissa de um dos erros mais fundamentais do positivismo na ciência jurídica, a compreensão e o tratamento da norma jurídica como algo que repousa em si e preexiste, é a separação da norma e dos fatos, do direito e da realidade" (MÜLLER, Friedrich. *Teoria estruturante do direito*. Trad. bras. de Peter Naumann e Eurides Avance de Souza. 2. ed. São Paulo: RT, 2009. vol. I, p. 16). Certo é, porém, que em algumas situações no processo a apreciação do órgão jurisdicional fica limitada a aspectos "de direito", os quais são aplicados aos fatos como estes já tenham sido descritos e definidos. É o que se dá, por exemplo, no julgamento dos recursos excepcionais, em que os tribunais de superposição aplicam o direito aos fatos considerando que estes se passaram do modo como o tribunal inferior os tenha compreendido. Esta separação entre questões de fato e questões de direito, ainda reconhecida pela lei brasileira, será levada em conta neste estudo.

[127] Esta é expressão de uso já consagrado para designar a técnica utilizada para julgar os recursos afetados, os quais são representativos da controvérsia repetitiva. Empregam-na, por exemplo, NUNES, Dierle; FREIRE, Alexandre; GODOY, Daniel Polignano; CARVALHO, Danilo Corrêa Lima de. Precedentes: alguns problemas na adoção do *distinguishing* no Brasil. *Libertas – Revista de Pesquisa em Direito do Departamento de Direito da UFOP*, Ouro Preto: UFOP, vol. 1, n. 1, p. 12, 2014, .

[128] Tribunais de Superposição, mas não "cortes de vértice", como têm sido chamados por alguns juristas (como, por exemplo, se vê em MITIDIERO, Daniel. *Cortes Superiores e Cortes Supremas*. São Paulo: RT, 2013. p. 53, e já foi usado até pelo STF, como se pode ver pela leitura da ementa do acórdão proferido no RE 655265/DF, j. em 13.04.2016), pois tal expressão contraria o conceito matemático de vértice. Vértice é um ponto em que linhas se encontram e, portanto, indica as "esquinas" de um polígono (chamando-se "lados" às linhas que ligam dois vértices). Um quadrado, portanto, tem quatro vértices, e um triângulo tem três vértices. Em *website* dedicado a temas da matemática, aliás, pode-se ler (em tradução livre) que "vértice é algumas vezes usado para indicar o 'topo' ou ponto alto de alguma coisa, como o vértice de um triângulo isósceles, que é o ângulo alto, oposto à sua base, *mas esta não é sua definição matemática estrita*" (sem grifos no original, onde se lê: "Vertex is sometimes used to indicate the 'top' or high point of something, such as the vertex of an isosceles triangle, which is the 'top' corner opposite its base, but this is not its

tivo da controvérsia e produzir uma decisão que servirá de paradigma para a solução de casos idênticos (seriais ou repetitivos), nos quais se discute *a mesma* questão de direito.[129]

O art. 1.038, I, do CPC de 2015 expressamente estabelece que o relator (dos recursos excepcionais repetitivos afetados para julgamento) poderá "solicitar ou admitir manifestação de pessoas, órgãos ou entidades com interesse na controvérsia, considerando a relevância da matéria e consoante dispuser o regimento interno". A interpretação deste dispositivo leva, em primeiro lugar, à afirmação do cabimento da intervenção de *amici curiae* no procedimento destinado ao julgamento por amostragem dos recursos excepcionais repetitivos. Neste sentido, comentando o dispositivo afirma Dierle Nunes:

> Em conformidade com os arts. 138 e 1.038, inc. I, o relator poderá em face da relevância da matéria admitir a manifestação de pessoa natural

---

strict mathematical definition"). Disponível em: <http://www.mathopenref.com/vertex.html>. Acesso em: 12 out. 2016. Registre-se, porém, que a palavra *vertex*, em latim, significa "o mais alto" (LEWIS, Charlton T. T. *An elementary Latin Dictionary*. Disponível em: <http://www.perseus.tufts.edu/hopper/text?doc=Perseus%3Atext%3A1999.04.0060%3Aentry%3Dvertex>. Acesso em: 12 out. 2016). É preciso, porém, ter claro que a expressão aqui repudiada se liga a uma concepção estatalista, hiperpublicista, em que se acredita numa pretensa capacidade dos tribunais de dizer o que é o Direito, fixando interpretações por meio do estabelecimento de "teses" (e se valendo do caso concreto como mero pretexto). Fica aqui, portanto, apontada uma crítica não só à expressão, mas também – e principalmente – à concepção que ela representa.

[129] Deve-se, aqui, fazer uma crítica ao texto normativo: o art. 1.036 do CPC/2015 fala de múltiplos recursos com fundamento em "idêntica" questão de direito. Não se trata disso, porém. O que se tem nos casos repetitivos é uma multiplicidade de casos nos quais se discute *a mesma* questão de direito. A mesma questão, e não questões idênticas. Perdoe-se a obviedade, mas não se pode confundir "questões idênticas" com "a mesma questão". Este, porém, é erro que o texto do Código de Processo Civil de 2015 reiteradamente comete. Veja-se, por exemplo, o § 2º do art. 337 (segundo o qual "[u]ma ação é idêntica a outra quando possui as mesmas partes, a mesma causa de pedir e o mesmo pedido"). Ora, se são *as mesmas partes, a mesma causa de pedir* e o *mesmo pedido*, não se trata de duas demandas idênticas, mas da *mesma demanda* duas vezes proposta. Confundir "mesmo" e "idêntico" não permitiria, por exemplo, que se entendesse a diferença entre afirmar que duas mulheres ficaram constrangidas por terem ido a uma festa com vestidos idênticos (mas jamais seria possível que tivessem ambas ido com o *mesmo vestido*); ou se entender que é possível abrir uma caixa de fósforos e acender 40 palitos de fósforo idênticos (mas evidentemente não seria possível acender 40 vezes o *mesmo palito de fósforo*). O caráter repetitivo dos recursos excepcionais se manifesta quando em múltiplos recursos se discute *a mesma questão de direito*.

ou jurídica, órgão ou entidade especializada, com representatividade adequada, no prazo de 15 dias da sua intimação: os *amici curiae*.

A manifestação do *amicus* soma-se às demais, possuindo a finalidade de ampliação discursiva dos fundamentos a serem levados em consideração pelo tribunal superior ao julgar e fundamentar os recursos representativos da controvérsia.[130]

Esta não é posição isolada. Também interpretam o inc. I do art. 1.038 do CPC/2015 no sentido de que ali se autoriza a intervenção de *amici curiae* Marinoni, Arenhart e Mitidiero, ao afirmar que

> [c]om o objetivo de tornar a decisão mais aberta e completa possível, o relator poderá [solicitar] ou admitir a manifestação de pessoas, órgãos ou entidades com interesse na controvérsia (vale dizer, poderá admitir a participação de *amicus curiae*, arts. 138 e 1.038, I).[131]

É que há aí, como se vê, uma necessidade de ampliação do contraditório que atrai, naturalmente, a possibilidade de participação de *amici curiae*. E é inegável tal possibilidade. Deve-se considerar, porém, que o inc. I do art. 1.038 do CPC/2015 tem um alcance ainda maior, e sua interpretação vai muito além da abertura para a atuação de *amici curiae*. É que no texto do dispositivo legal de que ora se trata não há (como se tem no art. 138 do Código, por exemplo), a exigência de que os terceiros que poderão se manifestar sejam dotados de *representatividade adequada*. E isto, no estrito campo dos processos repetitivos, não pode ser interpretado como se fosse mero "esquecimento" ou "silêncio eloquente" do texto normativo. Definitivamente não. Há aí um elemento a mais a ser levado em consideração.

É que uma vez afetados os recursos (pelo menos dois) que serão julgados pelo Tribunal de Superposição (STJ ou STF) para que se produza aquilo que a lei processual denominou "acórdão paradigma", deverão ser suspensos todos os processos em curso (em todo o território nacional) em que haja controvérsia sobre a mesma questão de direito (art. 1.037, II, do CPC/2015). Pois aqueles que são partes nos processos não afetados – e, pois, suspensos – enquadram-se no conceito de "pessoas, órgãos ou entidades com interesse na

---

[130] NUNES, Dierle. Comentário ao art. 1.038. In: WAMBIER, Teresa Arruda Alvim; DIDIER JR., Fredie; TALAMINI, Eduardo; DANTAS, Bruno (coord.). *Breves comentários ao novo Código de Processo Civil*. São Paulo: RT, 2015. p. 2.333.

[131] MARINONI, Luiz Guilherme; ARENHART, Sergio Cruz; MITIDIERO, Daniel. *O novo processo civil*. São Paulo: RT, 2015. p. 540-541.

controvérsia" e, portanto, poderão manifestar-se no procedimento destinado ao julgamento do recurso excepcional repetitivo, nos termos do inc. I do art. 1.038 do CPC/2015.

E não poderia mesmo ser diferente. Afinal, não há como assegurar que os recursos afetados, por mais que sejam "representativos da controvérsia", e contenham "abrangente argumentação e discussão a respeito da questão a ser decidida" (art. 1.036, § 6º, do CPC/2015), sejam capazes de conter *todos* os fundamentos da tese jurídica debatida, favoráveis ou contrários ao seu acolhimento. E é fundamental que se criem mecanismos destinados a assegurar que o maior número possível de fundamentos seja levado à cognição do Tribunal, a fim de assegurar que ele possa julgar *menos e melhor*.[132] Além disso, só assim se poderá assegurar que haja possibilidade de uma deliberação qualificada, capaz de produzir uma decisão que analisa a matéria objeto do debate de forma panorâmica, tão completa quanto possível, o que se revela essencial para a estabilidade do entendimento que será fixado pelo padrão decisório que será criado.

Admitir-se, então, a intervenção de todos aqueles que são partes dos processos suspensos e nos quais se discute a mesma questão de direito, a fim de viabilizar a dedução, perante o Tribunal (STJ ou STF), de *todos os fundamentos* da tese jurídica que está a ser debatida, é um poderoso mecanismo de ampliação do contraditório, destinado a assegurar a construção comparticipativa do acórdão paradigma que será empregado, posteriormente, como padrão decisório dotado de eficácia vinculante em processos outros, distintos destes em que se produz a decisão paradigma. Busca-se, assim, respeitar o paradigma do Estado Democrático de Direito, garantindo-se uma participação igualitária que é, como já visto, essencial para a democracia.[133]

---

[132] Como afirma Dierle Nunes, "[j]ulgar melhor para julgar menos à medida que um precedente aborde todos os fundamentos, favoráveis ou contrários (dever de consideração: art. 489, § 1º, IV), em contraditório amplo, com participação de *amici curiae*, oitiva de argumentos em audiências públicas e respeito a um dever de congruência entre o que se fixou para julgamento e o que se efetivamente julgou, poderá induzir uma efetiva redução do retrabalho e, inclusive, diminuição da litigiosidade pela existência de uma verdadeira opinião da corte sobre o caso, de modo a se assegurar uma jurisprudência coerente, íntegra e estável (art. 926)". Cf., pois, NUNES, Dierle. Proposta de reforma do novo Código de Processo Civil apresenta riscos. Disponível em: <http://www.conjur.com.br/2015-nov-26/dierle-nunes-proposta-reforma-cpc--apresenta-riscos>. Acesso em: 23 dez. 2015.

[133] DWORKIN, Ronald. *Is democracy possible here?* cit., p. 134.

Vale registrar que esta possibilidade de intervenção daqueles que são partes nos outros processos em que se discute a mesma questão de direito só faz sentido nos procedimentos destinados à formação de precedentes vinculantes que se desenvolvem em processos repetitivos, já que neles há uma reprodução, em múltiplos processos, da mesma questão de direito. Por conta disso, como se verá adiante, participação como esta será admissível também no procedimento do incidente de resolução de demandas repetitivas (por força do que dispõe o art. 983 do CPC de 2015, sobre o qual se falará adiante).

No procedimento destinado ao julgamento de recursos excepcionais repetitivos, além da intervenção de *amici curiae* e da possibilidade de participação de todos aqueles que são partes nos processos alcançados pela suspensão e nos quais se discute a mesma questão jurídica que será objeto de resolução por meio do acórdão paradigma, existe outro mecanismo de ampliação do contraditório: a audiência pública. É que, nos termos do disposto no art. 1.038, II, incumbe ao relator dos recursos afetados para julgamento por amostragem "fixar data para, em audiência pública, ouvir depoimentos de pessoas com experiência e conhecimento na matéria, com a finalidade de instruir o procedimento".

Tratando da audiência pública no procedimento destinado ao julgamento dos recursos especiais repetitivos sob a égide do Código de Processo Civil de 2015, Vinícius Silva Lemos afirma o seguinte:

> A forma de participação da sociedade pode ser por meio de audiências públicas sobre a matéria. O relator do recurso repetitivo, se entender pertinente, marca audiência pública, com data fixada e com ampla divulgação, para neste momento ouvir pessoas sobre a matéria, principalmente pessoas com experiência e conhecimento sobre a questão de direito controversa.
>
> A possibilidade de uma audiência pública demonstra uma abertura à sociedade, com um procedimento com fácil acesso, com ampla discussão, concedendo a palavra a pessoas com *expertise* na matéria, mas que não teria[m] como atuar perante o processo em si, atuando como *amicus curiae*. Esses debates visam ampliar visões das mais variadas possibilidades dos afetados, dos possíveis autores ou réus, peritos, estudiosos, pessoas comuns.
>
> Um procedimento menos formal diante do processamento do julgamento por amostragem, em rito repetitivo. Uma abertura processual para ampliar os debates, para uma decisão mais próxima de realidade da causa, com uma pluralidade de conhecimentos. Quando o julgamento for proferido pelos ministros, com base em toda essa participação da sociedade, certamente

Cap. 5 · FORMAÇÃO DE PADRÕES DECISÓRIOS A PARTIR DO PRINCÍPIO DO CONTRADITÓRIO | **233**

estão mais preparados para embasar juridicamente suas decisões, com uma visão dos impactos sociais nas partes daquela decisão.[134]

Percebe-se, pela leitura do trecho citado, que Lemos estabelece a ligação que vem sendo frequentemente feita – e que também neste trabalho se reconhece – entre as audiências públicas e a necessidade de abertura do procedimento de interpretação e aplicação do Direito para a sociedade, o que se liga diretamente às ideias de Peter Häberle acerca do que este jurista chama de *sociedade aberta dos intérpretes da Constituição*. Como afirma Häberle,

> O processo de interpretação constitucional deve ser ampliado para além do processo constitucional concreto. O raio de interpretação normatiza amplia-se graças aos "intérpretes da Constituição da sociedade aberta". Eles são os participantes fundamentais no processo de *Trial and error*, de descoberta e de obtenção do direito. A sociedade torna-se aberta e livre, porque todos estão potencial e atualmente aptos a oferecer alternativas para a interpretação constitucional. A interpretação constitucional jurídica traduz (apenas) a pluralidade da esfera pública e da realidade (*die pluralistiche Öffentlichkeit und Wirklichkeit*), as necessidades e as possibilidades da comunidade, que constam do texto, que antecedem os textos constitucionais ou subjazem a eles.[135]

Não é só a interpretação constitucional, porém, que se faz por uma sociedade aberta. Na verdade, é preciso reconhecer a existência de uma sociedade aberta de intérpretes jurídicos, apta a atuar sobre todas as "fontes do Direito", e não só sobre a Constituição.[136] Justifica-se, assim, a necessidade de realização

---

[134] LEMOS, Vinicius Silva. *Recursos e processos nos tribunais no Novo CPC*. São Paulo: Lexia, 2015. p. 374-375.

[135] HÄBERLE, Peter. Op. cit., p. 43-44.

[136] O que, aliás, é afirmado pelo próprio Häberle (Op. cit., p. 29, na qual se lê que "[e] xperts e 'pessoas interessadas' da sociedade pluralista também se convertem em intérpretes do direito estatal. Isso significa que apenas o processo de formação, mas também o desenvolvimento posterior, revela-se pluralista: a teoria da ciência, da democracia, uma teoria da Constituição e da hermenêutica propicia, aqui, uma mediação específica entre Estado e sociedade"). Bem perceberam o ponto: MOREIRA, Nelson Camatta; TOVAR, Leonardo Zehuri. Hermenêutica e decisão judicial: em busca de respostas adequadas à Constituição. *Derecho y Cambio Social*, n. 40, 2015. Lima. Disponível em: <http://www.derechoycambiosocial.com/revista040/ HERMENEUTICA_E_DECISAO_JUDICIAL.pdf>. Acesso em: 24 dez. 2015), que definem a obra de Häberle como "contemporâneo texto [que] versa sobre uma sociedade aberta de intérpretes, não só da Constituição, como do Direito".

de audiências públicas no procedimento destinado ao julgamento dos recursos excepcionais repetitivos. Há, porém, um ponto do trecho anteriormente citado, da obra de Lemos, que exige aqui uma contundente crítica: é que o autor fala ali na possibilidade de designação da audiência pública "se o relator entender pertinente", o que levaria à conclusão de que seria discricionário o poder do relator de designar a audiência pública. Ocorre que, em tempos de pós-positivismo,[137] é inadmissível reconhecer qualquer tipo de discricionariedade judicial.

Isto se dá porque na interpretação e aplicação do Direito é preciso reconhecer a existência de uma interpretação correta (ou, para usar expressão já consagrada, de uma "resposta correta").[138] E isto é absolutamente incompatível com o reconhecimento de qualquer tipo de discricionariedade judicial.[139]

---

[137] A expressão pós-positivismo, como sabido, é usada a partir da obra de Friedrich Müller, e deve ser compreendida como designação de uma visão do Direito que supera todas as escolas positivistas (ainda que esta superação não seja um fim em sim mesmo). Sobre o ponto, seja permitido citar o que diz o próprio Müller: "A 'superação' do positivismo não é de modo nenhum um fim legítimo em si mesmo. Enquanto concepção *sistematicamente pós-positivista, a teoria estruturante do direito* não aposentou apenas a redução da norma ao seu texto, do ordenamento jurídico a uma ficção artificial, da solução do caso a um processo logicamente inferível por meio do silogismo, mas desenvolveu, partindo da estruturação de normas jurídicas, a proposta de um modelo de teoria e práxis que abrange a dogmática, a metódica, a teoria do direito e a teoria constitucional e não continua devendo resposta ao positivismo" (MÜLLER, Friedrich. *Metodologia do direito constitucional*. Trad. bras. de Peter Naumann. 4. ed. São Paulo: RT, 2010. p. 150.

[138] Trata-se, evidentemente, da expressão empregada na obra de Ronald Dworkin, especialmente no texto a que deu o título "Não existe mesmo nenhuma resposta certa em casos controversos?", agora incorporado a DWORKIN, Ronald. *Uma questão de princípio* cit., p. 175-216. Sobre o sentido da expressão "resposta certa" (ou "resposta correta") vale considerar o pensamento de Lenio Streck, que equipara a resposta correta a uma resposta constitucionalmente adequada, como se pode ver no seguinte trecho: "Em síntese, a superação do positivismo implica a incompatibilidade da hermenêutica com a tese das múltiplas ou variadas respostas. Afinal, a possibilidade da existência de mais de uma resposta coloca essa escolha no âmbito da discricionariedade judicial, o que é antitético ao Estado Democrático de Direito. Em outras palavras, a partir da hermenêutica filosófica e de uma crítica hermenêutica do Direito, é perfeitamente possível alcançar uma resposta hermeneuticamente adequada à Constituição ou, se for almejado, uma resposta constitucionalmente adequada – *espécie de resposta hermeneuticamente correta* – a partir do exame de cada caso" (STRECK, Lenio Luiz. Hermenêutica, constituição e autonomia do direito. *Revista de Estudos Constitucionais, Hermenêutica e Teoria do Direito*, I (I), p. 75-76, 2009.

[139] E é sempre preciso, ao tratar do ponto, lembrar da advertência de Dworkin, que afirmou que "a ideia de poder discricionário infiltrou-se na comunidade jurídica" (DWORKIN, Ronald. *Levando os direitos a sério* cit., p. 49). Mas não se pode esquecer,

Cap. 5 · FORMAÇÃO DE PADRÕES DECISÓRIOS A PARTIR DO PRINCÍPIO DO CONTRADITÓRIO | 235

Admitir a existência de poder discricionário é, em última análise, reconhecer a possibilidade de alguém escolher, conforme critérios pessoais, subjetivos, entre duas ou mais soluções, *todas igualmente legítimas*. No caso da designação de audiência pública no procedimento destinado ao julgamento dos recursos excepcionais repetitivos, por exemplo, admitir que o poder do relator de realizar essa audiência seria discricionário é o mesmo que afirmar que para o Direito "tanto faz" se a audiência é ou não realizada, sendo indiferente se o relator determina sua realização ou não (já que ambas as escolhas seriam legítimas).

O Direito não pode, porém, conviver com a indiferença. Não pode ser indiferente para o Direito se uma audiência se realiza ou não (assim como se uma liminar é deferida ou não; se uma prova é ou não produzida; se alguém é ou não condenado a cumprir uma obrigação). Não pode haver, pois, indiferença no Direito. E, pois, não pode haver discricionariedade. É que, como ensina Abboud,

> se o direito servir apenas para considerar como incorretas as decisões absurdas e ilegais, então o direito fracassou. Se toda decisão que fosse abarcada por um *bom senso jurídico* (*sic*) puder ser considerada legítima em nosso sistema, então, infelizmente, o direito serve para muito pouca coisa. Se o direito for utilizado apenas para apontar bizarrices, nosso projeto constitucional democrático está fracassado.[140]

Limitando a exposição à questão da designação da audiência pública no procedimento destinado ao julgamento dos recursos excepcionais repetitivos (mas sendo certo que este mesmo raciocínio se aplica a qualquer outra questão jurídica), é preciso então considerar que não é discricionário o poder do relator de designar aquela audiência. Seria mesmo um contrassenso defender-se com tanto ardor a necessidade de ampliação do contraditório como mecanismo de legitimação democrática do procedimento destinado a produzir padrões decisórios dotados de eficácia vinculante, como forma de abrir tais procedimentos para a participação da sociedade, e em seguida afirmar ser discricionário o poder do relator de decidir se a audiência

---

também, que para Dworkin existem dois sentidos (forte e fraco) da discricionariedade, e que para ele a discricionariedade em sentido fraco é legítima, não se admitindo, porém, a discricionariedade em sentido forte (Idem, p. 51-52). É que, como afirma o jusfilósofo norte-americano, "o positivismo nos remete a uma teoria do poder discricionário que não leva a lugar algum e nada nos diz" (Idem, p. 71-72).

[140] ABBOUD, Georges. *Discricionariedade administrativa e judicial* cit., p. 43.

pública se realizará ou não. É que isso colocaria o juiz em uma posição de supremacia para determinar o modo como se desenvolve o processo que seria incompatível com a concepção comparticipativa e policêntrica de processo que aqui se adota.[141]

Permita-se insistir no ponto: afirmar o caráter discricionário do poder do relator de designar a audiência pública implicaria atribuir ao relator o poder de decidir, conforme critérios pessoais, subjetivos (e, por conseguinte, incontroláveis), se a formação do acórdão que será, posteriormente, usado como paradigma no julgamento de causas repetitivas seguirá ou não os parâmetros necessários para que aquele pronunciamento seja dotado da necessária legitimidade democrática. Pois isto seria absolutamente incompatível com o Estado Democrático de Direito. A legitimação democrática do procedimento, que deve desenvolver-se de forma comparticipativa, não é uma opção, uma escolha do magistrado. A democracia é uma imposição constitucional, e tem necessariamente de ser respeitada.

Assim, sempre que se verifique a existência de "pessoas com experiência e conhecimento na matéria" dispostas a se manifestar, e que não tenham intervindo de algum outro modo no processo, será obrigatória a designação da audiência pública, a fim de permitir que venham para o processo aqueles que podem se manifestar pelos titulares de interesses ainda não representados. Frise-se bem este ponto: não é em todo e qualquer caso que se deve designar audiência pública. Tal audiência só deverá realizar-se quando houver necessidade de se criar um espaço para manifestações daqueles que defendem interesses ainda não representados no processo. O importante, portanto, para que se garanta a legitimidade constitucional da eficácia vinculante dos padrões decisórios não é que todas as pessoas participem do processo, *mas que todos os tipos de interesses que podem ser atingidos pelo padrão decisório a ser formado estejam representados no processo.*

Voltando à audiência pública: são diferentes as legitimidades para intervir como *amicus curiae*, como "interessado", ou para participar de audiência pública.

A legitimidade para intervir como *amicus curiae*, como já se viu em passagem anterior deste trabalho, e resulta do art. 138 do CPC/2015, exige *representatividade adequada* para a defesa de um interesse institucional. A intervenção como "interessado" (art. 1.038, I), como também já visto, exige a condição de parte em processo no qual se discuta a mesma questão de direito,

---

[141] NUNES, Dierle. *Processo jurisdicional democrático* cit., p. 208. FAZZALARI, Elio. Op. cit., p. 8.

Cap. 5 • FORMAÇÃO DE PADRÕES DECISÓRIOS A PARTIR DO PRINCÍPIO DO CONTRADITÓRIO | **237**

a fim de permitir que estes tragam ao procedimento destinado ao julgamento de recursos excepcionais repetitivos outros fundamentos além daqueles que tenham sido deduzidos nos recursos afetados.

Na audiência pública, porém, serão ouvidas outras pessoas. Aí se trata, necessariamente, de pessoas naturais (afinal, só essas podem ser ouvidas em audiência), que não são dotadas de representatividade adequada – ou, tendo tal representatividade, não tenham intervindo como *amici curiae* – e não sejam partes em processos nos quais se discuta a mesma questão de direito. Além disso, exige-se que tenham *expertise* na matéria (ou, como se lê no texto normativo do inc. II do art. 1.038 do CPC/2015, "experiência e conhecimento na matéria"). Só essas pessoas (que, pois, ainda não atuam no processo de algum outro modo) é que estarão legitimadas a prestar depoimento em audiência pública. E só haverá razão para sua participação se elas forem capazes de trazer para o processo algum elemento que dele não conste ou para promover a defesa de interesses ainda não representados no processo.

Vê-se, deste modo, que a audiência pública é um mecanismo de ampliação da participação na formação da decisão judicial que servirá de paradigma, a ser empregado como precedente dotado de eficácia vinculante para causas nas quais se discuta a mesma questão de direito. E essa ampliação da participação é fator de democratização do resultado do processo. Afinal, é inegável a relação entre democracia e participação.[142] Vale, aqui, lembrar o ensinamento de Habermas:

> No paradigma procedimentalista do direito, a esfera pública é tida como a [antessala] do complexo parlamentar e como a periferia que *inclui* o centro-político, no qual se originam os impulsos: ela exerce influência sobre o estoque de argumentos normativos, porém sem a intenção de conquistar partes do sistema político. Através dos canais de eleições gerais e de formas de participação específicas, as diferentes formas de opinião pública convertem-se em poder comunicativo, o qual exerce um duplo efeito: a) de autorização sobre o legislador, e b) de legitimação sobre a administração reguladora; ao passo que a crítica do direito, mobilizada publicamente, impõe obrigações de fundamentação mais rigorosas a uma justiça engajada no desenvolvimento do direito.[143]

---

[142] DWORKIN, Ronald. *Is democracy possible here?* cit., p. 134.

[143] HABERMAS, Jürgen. Op. cit., p. 187. No mesmo sentido: OLIVEIRA, Marcelo Andrade Cattoni de. Republicanismo e liberalismo – Da relação entre constitucionalismo e democracia no marco das tradições do pensamento político moderno. *Virtuajus*, Belo Horizonte: PUCMINAS, ano 2, vol. 2, 2003. Disponível em: <http://www.fmd.

Pode-se afirmar, com apoio em Darci Guimarães Ribeiro e Felipe André Scalabrin, que

> a democracia participativa é a verdadeira democracia do Terceiro Milênio, onde o adjetivo *participação* passa a ser o novo referencial em termos democráticos, inserção da (re)qualificação do povo, para além de mero ícone, catapultando-o, assim, para o cenário democrático como ator principal e não mais como mero coadjuvante, como aquele que está apto de fato a reivindicar sua posição proeminente em uma sociedade livre, solidária e justa.[144]

Fica, assim, demonstrado que o procedimento de formação do acórdão paradigma dos recursos especiais e extraordinários repetitivos – que no sistema do Código de Processo Civil de 2015 é formalmente dotado de eficácia vinculante – tem a estrutura comparticipativa que confere legitimidade democrática ao seu resultado, tornando-o conforme com o modelo constitucional de processo. E isto por que aquele acórdão paradigma é produzido por meio de um procedimento em que se assegura a necessária abertura para a participação da sociedade, legitimando a produção de eficácia vinculante capaz de alcançar também pessoas que estão além dos estreitos limites subjetivos da demanda que tenha sido julgada no(s) caso(s) concreto(s) submetidos a julgamento pelos Tribunais de Superposição.

O microssistema de julgamento de casos repetitivos, porém, é formado não só pelos recursos excepcionais repetitivos, mas também pelo incidente de resolução de demandas repetitivas. Faz-se necessário, então, verificar como este procedimento incidental é tratado na legislação processual.

5.3.4 O incidente de resolução de demandas repetitivas

Outro dos integrantes do microssistema de julgamento de casos repetitivos estabelecido pelo Código de Processo Civil de 2015, como dito, é o incidente de resolução de demandas repetitivas, instituto sem previsão na legislação processual brasileira anterior. Pois também este incidente se destina a produzir uma decisão dotada de eficácia vinculante, como se verifica pela leitura do disposto no art. 985 do CPC/2015:

---

pucminas.br/Virtuajus/ano2_2/Republicanismo%20e%20Liberalismo.pdf>. Acesso em: 25 dez. 2015.

[144] RIBEIRO, Darci Guimarães; SCALABRIN, Felipe André. O papel do processo na construção da democracia: para uma nova definição da democracia participativa. *Revista do Direito UNISC*, n. 32, p. 116, 2009.

> Art. 985. Julgado o incidente, a tese jurídica será aplicada:
>
> I – a todos os processos individuais ou coletivos que versem sobre idêntica questão de direito e que tramitem na área de jurisdição do respectivo tribunal, inclusive àqueles que tramitem nos juizados especiais do respectivo Estado ou região;
>
> II – aos casos futuros que versem idêntica questão de direito e que venham a tramitar no território de competência do tribunal, salvo revisão na forma do art. 986.

O incidente de resolução de demandas repetitivas é de competência dos tribunais de segunda instância,[145] motivo pelo qual a eficácia vinculante da decisão que por meio dele se produz é limitada territorialmente à área de competência do tribunal que o tenha julgado. Pode ocorrer, porém, de ter sido interposto – e admitido – recurso especial ou extraordinário contra o acórdão que julgou o incidente, caso em que a decisão proferida no julgamento do recurso, a qual substitui a decisão recorrida, produzirá efeitos vinculantes em todo o território nacional (art. 987, § 2º, do CPC/2015).

Para legitimar democraticamente essa eficácia vinculante, porém, é preciso que o procedimento do incidente de resolução de demandas repetitivas se desenvolva de modo comparticipativo,[146] com a observância de um contraditório ampliado, em que se assegure a participação daqueles que poderão vir a ser alcançados pelos efeitos vinculantes da decisão que ali será construída. Uma vez mais, pois, impende examinar como se dá o tratamento da ampliação do contraditório nesse procedimento, de modo a qualificar a comparticipação que nele se desenvolverá.

Impõe-se, então, e antes de tudo, o exame do disposto no *caput* do art. 983 do CPC/2015:

> Art. 983. O relator ouvirá as partes e os demais interessados, inclusive pessoas, órgãos e entidades com interesse na controvérsia, que, no prazo comum de 15 (quinze) dias, poderão requerer a juntada de documentos,

---

[145] Pode-se admitir, porém, a instauração de incidente de resolução de demandas repetitivas perante os Tribunais de Superposição quando estes atuam como órgãos dotados de competência originária ou quando apreciam recursos ordinários. Assim, por exemplo, no caso de impetração de mandados de segurança repetitivos contra atos do Presidente da República, seria possível a instauração do incidente perante o STF. Não se admite, porém, a instauração do IRDR perante esses Tribunais quando do julgamento dos recursos excepcionais, pois a técnica a ser aí empregada para a apreciação de casos repetitivos é a dos recursos extraordinário e especial repetitivos.

[146] NUNES, Dierle. *Processo jurisdicional democrático* cit., passim.

bem como as diligências necessárias para a elucidação da questão de direito controvertida, e, em seguida, manifestar-se-á o Ministério Público, no mesmo prazo.

O incidente de resolução de demandas repetitivas é sempre instaurado em um processo que esteja em curso perante o tribunal. Evidentemente, de seu procedimento participarão, como sujeitos do contraditório, as partes do próprio processo em que o incidente tenha sido instaurado. Isto é essencial para legitimar a produção de efeitos da decisão que neste processo se produzirá sobre a esfera jurídica dessas partes. Não é este, porém, o ponto de que este estudo se ocupa (e, perdoe-se a observação, a afirmação de que as próprias partes do processo em que instaurado o incidente dele participarão soa evidente). O que aqui interessa é o exame da *ampliação do contraditório* destinada a conferir legitimidade constitucional e democrática à eficácia vinculante de que dotada a decisão a ser produzida por meio deste procedimento.

Pois o mencionado art. 983 do CPC/2015 expressamente estabelece que, além das partes do processo original, o relator abrirá espaço para manifestação dos "demais interessados", aí incluídos "pessoas, órgãos e entidades com interesse na controvérsia". Trata-se, como facilmente se percebe, de dispositivo análogo ao art. 1.038, I, do CPC/2015 (que se refere aos recursos excepcionais repetitivos), mas de redação evidentemente superior. É que o texto normativo aqui examinado claramente indica que não será admitida apenas a intervenção de *amici curiae* ("pessoas, órgãos e entidades com interesse na controvérsia"), mas de todo e qualquer interessado no resultado do processo. É o que resulta da interpretação da expressão "demais interessados, *inclusive pessoas, órgãos e entidades com interesse na controvérsia*".

É claro o sentido da disposição legal: qualquer interessado será ouvido, inclusive aqueles que estão legitimados – na forma do art. 138 do CPC/2015 – a intervir na qualidade de *amicus curiae*. Inclusive eles, mas não só eles. É que também poderão ser ouvidos, na forma do art. 983, todos aqueles que sejam partes (ou estejam na iminência de o ser) em demandas isomórficas, ou seja, em demandas integrantes da mesma série daquela que originou o processo em que instaurado o incidente de resolução de demandas repetitivas.[147]

---

[147] Pense-se, por exemplo, no caso de vir a instaurar-se um incidente como este em um processo em que sejam partes, de um lado, um correntista de um banco e, de outro, uma instituição bancária, e no qual se discuta a validade da cobrança de certa tarifa exigida por determinado serviço bancário. Qualquer correntista e qualquer banco seriam, então, interessados na matéria e, por isso, estariam legitimados a intervir nesse incidente de resolução de demandas repetitivas.

A primeira forma de ampliação do contraditório que se prevê para o incidente de resolução de demandas repetitivas, portanto, é a *participação daqueles que são (ou podem vir a ser) partes em processos de demandas idênticas.*

Há quem sustente, é certo, que aqueles que são partes nos demais processos repetitivos poderão intervir no procedimento do incidente de resolução de demandas repetitivas na qualidade de *assistentes litisconsorciais* das partes do processo em que o incidente tenha sido instaurado.[148] Assim não é, porém. O assistente litisconsorcial, como cediço, é sujeito da *própria relação jurídica* substancial que se discute no processo.[149] Pois não é este o caso de quem é parte em processo instaurado por demanda isomórfica àquela que tenha levado à instauração do processo no qual se tenha suscitado o incidente de resolução de demandas repetitivas. As partes dos processos seriais, instaurados por força de demandas repetitivas, podem ter *interesses iguais.* Não terão, porém, o *mesmo interesse,* já que não são sujeitos *da mesma relação jurídica.* Não se tem aí, evidentemente, assistência litisconsorcial.

Nem de assistência simples se poderia aí cogitar, já que nesta modalidade de intervenção de terceiro o assistente é sujeito de relação jurídica distinta, mas vinculada à que se discute no processo em que intervém.[150] Pois não existe

---

[148] CAVALCANTI, Marcos. *Incidente de resolução de demandas repetitivas e ações coletivas.* Salvadors: JusPodivm, 2015. p. 549. No mesmo sentido, CAMBI, Eduardo; FOGAÇA, Mateus Vargas. Incidente de resolução de demandas repetitivas no Novo Código de Processo Civil. In: DIDIER JR., Fredie (coord.); MACÊDO, Lucas Buril de; PEIXOTO, Ravi; FREIRE, Alexandre (org.). *Processo nos tribunais e meios de impugnação às decisões judiciais* Salvador: JusPodivm, 2015. p. 287 (Coleção Novo CPC – Doutrina Selecionada, vol. 6).

[149] Este é entendimento que se pode considerar pacífico na doutrina brasileira, desde os tempos do Código de Processo Civil de 1973: CARNEIRO, Athos Gusmão. *Intervenção de terceiros.* 16. ed. São Paulo: Saraiva, 2006. p. 188; BUENO, Cassio Scarpinella. *Partes e terceiros no processo civil brasileiro.* São Paulo: Saraiva, 2003. p. 139. Também na doutrina que se vem formando à luz do Código de Processo Civil de 2015 este entendimento vem sendo seguido. Veja-se, por todos, o que diz PANTALEÃO, Izabel Cristina Pinheiro Cardoso. A intervenção de terceiros no CPC/15. DIDIER JR., Fredie (coord.); MACÊDO, Lucas Buril de; PEIXOTO, Ravi; FREIRE, Alexandre (org.). *Parte Geral.* Salvador: JusPodivm, 2015. p. 870 (Coleção Novo CPC – Doutrina Selecionada, vol. 1).

[150] Por todos, DIDIER JÚNIOR, Fredie. *Curso de direito processual civil* cit., 17. ed., 2015, p. 481. Mas afirma ser admissível assistência simples no procedimento do incidente de resolução de demandas repetitivas, e o faz com apoio no art. 983 do CPC/2015; DANTAS, Bruno. Comentário ao art. 983. In: WAMBIER, Teresa Arruda Alvim; DIDIER JR., Fredie; TALAMINI, Eduardo; DANTAS, Bruno (coord.). *Breves comentários ao Novo Código de Processo Civil.* São Paulo: RT, 2015. p. 2.193.

qualquer vinculação entre a relação jurídica deduzida no processo em que se tenha instaurado o incidente de resolução de demandas repetitivas e aquela outra, deduzida no processo instaurado por outra demanda, isomórfica, de que outro sujeito é parte. Afinal, o que se decidir na parte dispositiva da sentença do primeiro processo não será capaz de afetar, nem direta nem indiretamente os sujeitos do segundo processo. Não há, aí, pois, qualquer tipo de assistência.[151]

Também não se trata, evidentemente, de intervenção de *amicus curiae*. Afinal, não se trata de admitir alguém no processo em razão de sua representatividade adequada (art. 138 do CPC/2015). Diferentemente disso, trata-se de aceitar sua intervenção pelo simples fato de ser parte (ou poder vir a ser parte) em processo instaurado por demanda isomórfica e, por tal razão, ser um interessado na fixação da tese que, uma vez determinada, será aplicada ao seu caso concreto com eficácia vinculante.

A sujeitabilidade daquele terceiro à eficácia vinculante da decisão que será produzida por meio do procedimento do incidente de resolução de demandas repetitivas, portanto, é suficiente para legitimar sua intervenção naquele procedimento, como resultado do modelo constitucional de processo, de modo a ampliar subjetivamente o contraditório que, como sabido, é característica essencial do processo.[152] É que se não for assim, ter-se-á de considerar que a decisão produzida no incidente de resolução de demandas repetitivas produz efeitos vinculantes sobre a esfera jurídica de pessoas que não foram, nem puderam ser, atores do procedimento de construção do padrão decisório paradigma. E isto vai contra todo o modelo de processo comparticipativo,[153] de contraditório substancial e efetivo, que se constrói a partir da Constituição da República de 1988 e do paradigma do Estado Democrático de Direito. Afinal, não se terá aí assegurada a participação igualitária (*equal partnership*) apontada por Dworkin como elemento essencial da democracia.[154]

---

[151] Também considera que não se trata de assistência Antonio do Passo Cabral, que ao comentar o art. 983 do CPC/2015 afirma que "[p]or 'interessado' deve-se compreender pessoas, órgãos ou entidades que tenham interesse econômico ou indireto (e que, portanto, não configuraria o 'interesse jurídico' para fins de intervenções de terceiros, art. 119) e, bem assim, aqueles que demonstrarem *interesse na formação do precedente*, por exemplo, partes de processos individuais em que se discuta a questão comum objeto do incidente" (CABRAL, Antonio do Passo. Comentário ao art. 983. In: CABRAL, Antonio do Passo; CRAMER, Ronaldo (coord.). *Comentários ao Novo Código de Processo Civil*. Rio de Janeiro: Gen-Forense, 2015. p. 1.441).

[152] FAZZALARI, Elio. Op. cit., p. 8.

[153] NUNES, Dierle. *Processo jurisdicional democrático*. cit, p. 241.

[154] DWORKIN, Ronald. *Is democracy possible here?* cit., p. 134.

Cap. 5 · FORMAÇÃO DE PADRÕES DECISÓRIOS A PARTIR DO PRINCÍPIO DO CONTRADITÓRIO | **243**

A participação desses interessados, portanto, é um poderoso mecanismo – provavelmente o mais importante – de se evitar que a formação de um padrão decisório vinculante se dê de modo a atingir interesses sub-representados. É fundamental, portanto, que haja um espaço de oportunidade, no procedimento de formação dos padrões decisórios vinculantes, para a participação de quem fale por todos os tipos de interesses que poderão vir a ser alcançados pela eficácia vinculante do padrão decisório a ser formado. Fundamental, insista-se, não é que todas as pessoas interessadas participem, mas que *todos os interesses possam estar representados no processo de formação do padrão decisório vinculante.*

Impõe-se, aqui, porém, estabelecer-se um limite (além do temporal, já fixado no art. 983 do CPC/2015, que fixa um prazo de 15 dias para essa manifestação) para a participação daqueles que são sujeitos de demandas isomórficas. É que não se pode deixar de lado o fato de que em muitos casos em que se cogita de demandas repetitivas se trata de situações em que há verdadeiramente centenas de milhares de processos repetitivos instaurados.[155] Isto permitiria, em tese, que centenas de milhares de petições fossem apresentadas ao relator nesse exíguo prazo de 15 dias, e que todos os sujeitos que as apresentassem passassem, daí por diante, a ser tratados como sujeitos do contraditório no incidente de resolução de demandas repetitivas. Isto, porém, poderia até mesmo inviabilizar o cumprimento da regra que impõe o julgamento do incidente de resolução de demandas repetitivas no prazo de um ano (art. 980).

Luiz Norton Baptista de Matos, em trabalho escrito ainda antes da aprovação do Código de Processo Civil de 2015 (no qual analisou o então *projeto de novo CPC*) já sustentava que se deveria admitir a manifestação de partes dos processos idênticos, em situação fática similar à das partes dos processos afetados, "desde que sua participação seja útil, desejável ou producente, ou seja, o seu pronunciamento no incidente deve trazer elementos, argumentos, fundamentos, enfoques, abordagens adicionais, diferentes" daqueles já deduzidos no incidente.[156]

---

[155] É o caso, por exemplo, dos processos que versam sobre perdas resultantes dos planos econômicos. Estima-se que existam mais de setecentos mil processos em curso com esse objeto (Disponível em: <http://g1.globo.com/Noticias/Economia_Negocios/0,,MUL1391243-9356,00-STJ+SUSPENDE+ACOES+INDIVIDUAIS+POR+PERDAS+COM+PLANOS+ECONOMICOS.html>. Acesso em: 4 jan. 2016).

[156] MATOS, Luiz Norton Batista de. O Projeto de Novo CPC e o incidente de resolução de demandas repetitivas. In: MENDES, Aluisio Gonçalves de Castro; MARINONI, Luiz Guilherme; WAMBIER, Teresa Arruda Alvim (coord.). *Direito jurisprudencial.* São Paulo: RT, 2014. vol. II, p. 832.

Aqui é preciso considerar, por exemplo, que é muito frequente que haja vários litigantes em causas repetitivas que são representados pelo mesmo escritório de advocacia. Pois neste caso é perfeitamente possível exigir que todos eles sejam instados a apresentar uma manifestação comum, em que se apresentem os argumentos comuns à defesa da tese que a todos interessa. Só assim terão eles se comportado de acordo com a boa-fé (art. 5º do CPC/2015) e cooperado para que se obtenha, em tempo razoável, decisão de mérito justa e efetiva (art. 6º do CPC/2015). É que a boa-fé objetiva e o princípio da cooperação impõem a todos os sujeitos – inclusive aos advogados – que se conduzam no processo de modo a contribuir de modo eficiente para a formação do resultado do processo, evitando-se condutas que só serviriam para tumultuar ou procrastinar o desfecho do incidente (e, por conseguinte, a fixação do padrão decisório). Não há qualquer sentido em permitir que partes diferentes representadas pelo mesmo escritório de advocacia inter-venham no incidente com petições distintas, na maioria das vezes de teor absolutamente idêntico.

Estes mesmos dois princípios, que são normas fundamentais do processo civil, devem ser empregados como base da afirmação de que qualquer sujeito que pretenda intervir no incidente de resolução de demandas repetitivas só terá interesse em fazê-lo se tiver algum argumento novo, ainda não dedu-zido, a suscitar. Caso sua intervenção tenha por fim a mera reprodução de argumentos já suscitados (o que não ampliaria o contraditório do ponto de vista objetivo), não deve ela ser deferida.

Perceba-se: a lei processual, lida em conformidade com o princípio constitucional do contraditório, assegura a qualquer interessado a possibi-lidade de intervir no procedimento do incidente de resolução de demandas repetitivas. Outros princípios constitucionais, porém, como o da duração razoável do processo (art. 5º, LXXVIII), permitem o reconhecimento de exceções à possibilidade individual de intervenção, o que faz concluir que essa intervenção só será admitida quando for capaz de verdadeiramente ampliar o debate, trazendo novos argumentos para a apreciação do tribu-nal que julgará o incidente de resolução de demandas repetitivas e fixará o padrão decisório vinculante. É que a participação dos interessados deve ser elemento capaz de contribuir para uma deliberação panorâmica acerca da questão objeto da decisão, a fim de permitir a prolação da melhor decisão possível sobre o tema.[157]

---

[157] Sobre a concepção de resposta correta como "a melhor decisão possível", consulte--se: NUNES, Dierle; BAHIA, Alexandre; PEDRON, Flávio Quinaud. Precedentes no

Os demais argumentos, anteriormente suscitados, serão sustentados no processo por quem os tenha deduzido e pelos *amici curiae*, não havendo qualquer utilidade (e, sempre vale lembrar, quando não há utilidade não existe interesse processual) na admissão dessa especial intervenção de sujeitos que são titulares de interesses individuais, mas não são dotados nem de *expertise* nem de representatividade adequada. Insista-se uma vez mais: fundamental não é que todos participem, mas que todos os interesses estejam representados no processo de formação do padrão decisório vinculante.

Pois é exatamente por isso que também no procedimento do incidente de resolução de demandas repetitivas é necessária a intervenção do *amicus curiae* e a realização de audiências públicas. É que os *amici curiae* e os especialistas que se manifestam nas audiências públicas garantem a mais ampla compartilpação da sociedade, assegurando – ao lado daqueles que são (ou podem vir a ser) partes em demandas isomórficas – que o tribunal tenha acesso ao maior número possível de argumentos relacionados à matéria que será objeto de discussão e julgamento por meio do incidente.

Antonio do Passo Cabral, ao comentar o art. 983 do CPC/2015, expressamente se manifesta sobre a participação do *amicus curiae* no procedimento do incidente de resolução de demandas repetitivas, afirmando que "[a]o lado dos interessados, podem se manifestar – por escrito e também oralmente em audiência pública – os *amici curiae* admitidos no incidente de resolução de demandas repetitivas".[158] Afirma o autor que essa possibilidade decorre de várias diferentes disposições no novo Código de Processo Civil, encaixando-se, antes de tudo, "nos pressupostos do permissivo geral do art. 138, até porque o procedimento do IRDR tem espectro subjetivo alargado e evidente repercussão social". Prossegue o autor afirmando que o art. 138, § 3º, atribui ao *amicus curiae* legitimidade para recorrer da decisão que julga o incidente de resolução de demandas repetitivas, uma das poucas prerrogativas processuais expressamente disciplinadas em favor do *amicus curiae,* o que seria duplamente sintomático. Primeiro, por ter a lei considerado o IRDR um procedimento que, pelo interesse público envolvido, deve ter o debate oxigenado e pluralizado pela maior possibilidade de participação. Além disso, se o *amicus* pode recorrer é porque sua intervenção foi admitida, e deveria ter sido admitida, no próprio IRDR, e não no processo individual (que a essa altura deve estar suspenso). Na sequência de seu trabalho, afirma Cabral que "a previsão da legitimidade recursal para o *amicus* é a maior prova de que sua

---

Novo CPC... cit.

[158] CABRAL, Antonio do Passo. Comentário ao art. 983... cit., p. 1.441.

participação no incidente de resolução de demandas repetitivas é cabível e até mesmo recomendável". Por outro lado, o microssistema dos casos repetitivos reforçaria essa conclusão, pois, como afirma Cabral

> a intervenção do *amicus curiae* é prevista no art. 1.038, I, na disciplina dos recursos repetitivos, e também no art. 896-C, § 8º, da CLT (ainda que a regra trabalhista atecnicamente tenha denominado a intervenção de "assistência simples"). Por fim, o próprio art. 983, *caput* e § 1º, do CPC, norma específica para o IRDR, autoriza a participação de órgãos, pessoas e entidades que tenham conhecimento e *expertise* na matéria objeto do incidente. Partindo da restrição legal do IRDR às questões jurídicas (e, portanto, excluída a participação de perito, que seria ligada à questão fática), é claro que o dispositivo remete ao potencial de influência que o *amicus curiae*, pelo seu conhecimento, pode emprestar à solução da questão comum.[159]

E é o mesmo autor que afirma, textualmente, que a participação do *amicus curiae* no procedimento do incidente de resolução de demandas repetitivas (assim como a possibilidade de participação de outros interessados e a realização de audiências públicas) está em plena conformidade com uma das linhas mestras do Código de Processo Civil de 2015 ("ampliar, valorizar e democratizar a participação processual").[160]

Em sentido análogo manifesta-se Bruno Dantas, afirmando que

> [a] justificativa para intervenção do *amicus curiae* [é] o interesse social do julgamento da tese repetitiva, que se projetará para uma infinidade de casos idênticos presentes e futuros, em vez de ter sua eficácia circunscrita às partes processuais, como ocorre na processualística clássica.[161]

É inegável, pois, que a participação de *amici curiae* no procedimento do incidente de resolução de demandas repetitivas permite que se dê, nos tribunais, a ampliação subjetiva do contraditório que confere aos pronunciamentos ali prolatados legitimidade constitucional para produzirem eficácia vinculante na área de competência territorial do tribunal perante o qual se tenha desenvolvido aquele procedimento. Ter-se-á, deste modo, um procedimento verdadeiramente comparticipativo, em que se abre à sociedade – por intermédio de pessoas, órgãos ou entidades especializadas,

---

[159] Idem, ibidem.

[160] Idem, ibidem.

[161] DANTAS, Bruno. Comentário ao art. 983... cit., p. 2.193.

com representatividade adequada (art. 138 do CPC/2015) – a possibilidade de exercer influência na formação do resultado de um padrão decisório que terá eficácia vinculante sobre casos presentes e futuros instaurados por força de demandas isomórficas.

O procedimento do incidente de resolução de demandas repetitivas prevê, também, a realização de audiência pública. É que, conforme o texto do § 1º do art. 983 do CPC/2015, "[p]ara instruir o incidente, o relator poderá designar data para, em audiência pública, ouvir depoimentos de pessoas com experiência e conhecimento na matéria".

Aqui, uma vez mais, é preciso deixar claro que o fato de o texto normativo estabelecer que o relator "poderá" designar a audiência pública não significa a existência de uma faculdade ou de um poder discricionário do relator. Já se tinha enfrentado este ponto quando do exame da designação de audiência pública no procedimento dos recursos excepcionais repetitivos, mas também aqui é preciso demonstrar a inexistência de discricionariedade.

Em tempos de pós-positivismo, como já se viu em passagem anterior deste trabalho, não se pode admitir qualquer tipo de discricionariedade judicial. Com Georges Abboud, deve-se defender a inexistência de qualquer tipo de discricionariedade administrativa ou judicial, uma vez que

> a resposta correta para o caso concreto [é] um direito do cidadão e uma obrigação para o Poder Público que encontra amparo na boa-fé objetiva. Afinal, de que adianta a boa-fé objetiva se, para meu caso concreto, a solução depender de uma questão de escolha do Poder Público? Escolha esta colocada dentre diversas possibilidades inclusive conflitantes?[162]

Admitir a existência de discricionariedade judicial é considerar possível que o juiz, no momento da aplicação da norma, escolha – segundo critérios pessoais seus, de conveniência e oportunidade – entre duas ou mais soluções, todas a princípio legítimas. Pois isto é uma postura tipicamente positivista de matiz kelseniano, como demonstra Friedrich Müller, para quem "[a] norma como ordem não oferece mais do que um quadro para uma série de possibilidades decisórias logicamente equivalentes".[163] Afirma esse autor que

> Cada ato, que preenche esse quadro em qualquer sentido logicamente possível, está em conformidade com o direito, ficando eliminada aqui a

---

[162] ABBOUD, Georges. *Discricionariedade administrativa e judicial* cit., p. 337.
[163] MÜLLER, Friedrich. *Teoria estruturante do direito* cit. p. 27.

pergunta pela correção quanto ao conteúdo. Conhecimento e decisão são também rigorosamente separados no âmbito da interpretação autêntica. A interpretação não vai além da constatação, por assim dizer, do descobrimento de várias normas individuais equivalentes no quadro da norma geral. Nem a ponderação de interesses nem os convencionais recursos auxiliares de método como a analogia ou o *argumentum a contrario* fornecem critérios objetivos. O que é reconhecido na hermenêutica moderna como a coexistência, prenhe de tensões, de elementos cognitivos e volitivos de uma concretização do direito por meio da jurisprudência e da doutrina, permanece separado com toda a pureza em Kelsen. A discussão científica é atribuída à área do conhecimento lógico na interpretação não autêntica; a interpretação autêntica (e.g., na sentença judicial) é concluída por meio de um ato de geração da norma, que aparece como mero ato de vontade, cujas medidas não propõem nenhum problema de teoria jurídica ou genericamente de direito positivo, mas apenas um problema de política jurídica. Excluem-se aqui liminarmente a racionalização de teores materiais normativos, a descoberta de elementos de política jurídica na interpretação. Não se consegue compreender como a geração judicial do direito no quadro lógico da norma genérica deva continuar sendo ao mesmo tempo a "aplicação" da lei, por meio de atos de vontade de teor juspolítico.[164]

E prossegue Müller dizendo que

[O] fato da norma "aplicanda" ou o sistema de normas deixarem em aberto várias possibilidades, é compreendido por Kelsen como pressuposto da possibilidade de interpretação. O seu enfoque aqui esboçado permite compreender porque a teoria pura do direito não pode dar nenhuma contribuição para uma teoria aproveitável da interpretação. Kelsen deixa expressamente em aberto como a "vontade da norma" deve ser concretamente determinada no caso de um sentido da norma linguisticamente não unívoco. Por intermédio de uma cadeia de postulados dualistas, os problemas materiais da concretização da norma são liminarmente eliminados. Em muitos casos pode-se defender, lado a lado, várias soluções, não só "em termos lógicos", mas também em termos material-jurídicos. No entanto, o vazio de conteúdo da compreensão kelseniana da norma é mantido mesmo diante da plurivocidade de textos de normas. Também o positivismo reconhece que uma norma genérica formulada em linguagem permite quase sempre várias interpretações. Mas também aqui a separação de ser e dever ser, do conhecimento e do ato volitivo, de pontos de vista

---

[164] Idem, p. 27-29.

do direito positivo e de pontos de vista da "política jurídica" elimina toda e qualquer possibilidade de desenvolver meios concretos de interpretação e aplicação. Os critérios de aferição da decisão volitiva são empurrados na direção da dimensão metajurídica.[165]

Admitir, portanto, que pelo fato de o texto normativo do art. 983, § 1º, do CPC/2015 estabelecer que o relator "poderá" designar data para realização de audiência pública se deveria considerar que a realização de tal ato é mera faculdade do relator, que a designa "se quiser", seria fazer com que ao Direito fosse *indiferente* se a audiência pública será ou não realizada.

Ora, fosse este raciocínio correto, e não seria possível haver qualquer tipo de controle sobre o ato do relator que deixasse de designar audiência pública no procedimento do incidente de resolução de demandas repetitivas. Afinal, tanto seria legítimo designar a audiência como não a designar. E isto acabaria por fazer com que o Direito servisse para quase nada. Afinal, como diz Georges Abboud, "se o direito servir apenas para apontar teratologia ou bizarrice, o direito, então, não servirá para quase nada".[166]

Deve-se, então, considerar que a audiência pública será *obrigatoriamente* realizada sempre que sejam identificadas pessoas com experiência e conhecimento na matéria que será decidida e que ainda não tenham se manifestado a algum outro título no processo, e que, além disso, sejam capazes de trazer para o processo elementos que dele ainda não constam ou falar na defesa de interesses que ainda não estejam representados nele.

O procedimento da audiência pública neste caso deverá estar regulado no Regimento Interno de cada tribunal de segunda instância, já que o Código de Processo Civil de 2015 não o regula. Na ausência de previsão regimental, porém, deve-se empregar como parâmetro a regulamentação já existente no regimento interno do STF (arts. 154, parágrafo único, e 155, do RISTF).

Em trabalho de comentários ao Código de Processo Civil de 2015, Teresa Wambier, Maria Lúcia Lins Conceição, Leonardo Ferres da Silva Ribeiro e Rogério Licastro Torres de Mello afirmam, ao tratar do § 1º do art. 983, que "com o objetivo de estabelecer o contraditório mais amplo possível, em função do elevado grau de interesse público envolvido no incidente", se encontra na lei processual a previsão da realização de audiência pública "para ouvir, mais uma vez, a sociedade, por meio de depoimentos de pessoas com experiência

---

[165] Idem, p. 27-29.

[166] ABBOUD, Georges. *Discricionariedade administrativa e judicial* cit., p. 44.

e conhecimento ligado ao tema do incidente".[167] Vê-se aí, pois, a ligação que vem de ser feita entre a realização de audiência pública no procedimento do incidente de resolução de demandas repetitivas e a necessidade de ampliação do contraditório para que se tenha a necessária abertura, para a sociedade, de um espaço de (com)participação na construção do pronunciamento judicial que será empregado como padrão decisório dotado de eficácia vinculante. Não é por outra razão, aliás, que Leonardo de Faria Beraldo, ao elogiar a previsão de realização de audiências públicas no procedimento do incidente de resolução de demandas repetitivas, afirma que "[a] boa instrução permitirá que seja proferida decisão [com] maior legitimidade perante a sociedade e a magistratura".[168]

Vale frisar, aliás, que a ampliação do contraditório nos procedimentos destinados à construção de pronunciamentos judiciais que no ordenamento jurídico brasileiro são dotados de eficácia formalmente vinculante não tem apenas a função de legitimar essa eficácia, de modo a compatibilizar do ponto de vista constitucional o alcance de seus efeitos a um espectro maior de pessoas, capaz de transcender o rol das partes do processo em que produzidos. Há, aí, também, outro aspecto que sempre merece destaque: a ampliação do contraditório permite que se deduza perante o órgão julgador uma maior quantidade de argumentos acerca da matéria objeto da decisão, o que viabiliza a produção de decisões qualitativamente melhores (porque fruto da análise de mais argumentos), já que, nos termos do art. 489, § 1º, IV, do CPC/2015, não se considera fundamentada a decisão judicial que "não enfrentar todos os argumentos deduzidos no processo capazes de, em tese, infirmar a conclusão adotada pelo julgador" e, no caso específico do incidente de resolução de demandas repetitivas, estabelece o art. 984, § 2º, do CPC/2015 que "[o] conteúdo do acórdão abrangerá a análise de todos os fundamentos suscitados concernentes à tese jurídica discutida, sejam favoráveis ou contrários"). A ampliação do contraditório, portanto, garante também uma melhoria qualitativa da decisão que servirá como paradigma para o julgamento de casos idênticos. E como afirmou Nunes, é preciso julgar melhor para poder julgar menos:

> Julgar melhor para julgar menos à medida que um precedente que aborde todos os fundamentos, favoráveis ou contrários (dever de consideração: artigo 489, § 1º, IV), em contraditório amplo, com participação de *amici curiae*, oitiva de argumentos em audiências públicas e respeito a um dever

---

[167] WAMBIER, Teresa Arruda Alvim; CONCEIÇÃO, Maria Lúcia Lins; RIBEIRO, Leonardo Feres da Silva; MELLO, Rogério Licastro Torres de. Op. cit., p. 1.409.

[168] BERALDO, Leonardo de Faria. *Comentários às inovações do Código de Processo Civil.* Belo Horizonte: Del Rey, 2015. p. 385.

Cap. 5 · FORMAÇÃO DE PADRÕES DECISÓRIOS A PARTIR DO PRINCÍPIO DO CONTRADITÓRIO | 251

de congruência entre o que se fixou para julgamento e o que se efetivamente julgou, poderá induzir uma efetiva redução do retrabalho e, inclusive, diminuição da litigiosidade pela existência de uma verdadeira opinião da corte sobre o caso, de modo a se assegurar uma jurisprudência coerente, íntegra e estável (artigo 926).[169]

A ampliação do contraditório no procedimento do incidente de resolução de demandas repetitivas, pois, é mecanismo essencial de conformação dos pronunciamentos que ali são produzidos ao modelo constitucional de processo, assegurando sua compatibilidade com o paradigma do Estado Democrático de Direito e, por conseguinte, legitimando a eficácia vinculante que a tais pronunciamentos é expressamente atribuída pelo Código de Processo Civil de 2015.

Há, porém, fora do microssistema de julgamento de casos repetitivos, outro procedimento destinado à formação de padrões decisórios vinculantes: o incidente de assunção de competência. É preciso, também, examiná-lo, a fim de verificar sua compatibilidade com tudo que se vem desenvolvendo neste estudo.

5.3.5 O incidente de assunção de competência

O último procedimento a ser examinado neste estudo, dentre aqueles que se dirigem a formar pronunciamentos judiciais destinados a formalmente produzir eficácia vinculante, é o do *incidente de assunção de competência*, regulado pelo art. 947 do CPC/2015. E não pode haver qualquer dúvida acerca da referida eficácia vinculante, diante dos precisos termos do § 3º do aludido art. 947:

> Art. 947. É admissível a assunção de competência quando o julgamento de recurso, de remessa necessária ou de processo de competência originária envolver relevante questão de direito, com grande repercussão social, sem repetição em múltiplos processos.
>
> (...)
>
> § 3º. O acórdão proferido em assunção de competência vinculará todos os juízes e órgãos fracionários, exceto se houver revisão de tese.

Em primeiro lugar, é preciso ter claro que, não obstante o teor do texto normativo do *caput* do art. 947, o incidente de assunção de competência exige que a matéria nele discutida seja, sim, matéria repetitiva. E isto, insista-se, não

---

[169] NUNES, Dierle. Proposta de reforma do novo Código de Processo Civil... cit.

obstante do texto normativo constar expressamente a cláusula "sem repetição em múltiplos processos". É preciso interpretar corretamente esse texto.

Para isso, deve-se ter em mente, antes de tudo, que o incidente de assunção de competência não integra o microssistema de resolução de casos repetitivos (art. 928 do CPC/2015). Assim, é preciso estabelecer-se uma exclusão: não será cabível o incidente de assunção de competência quando se estiver diante de *processos repetitivos* (e é esta a correta interpretação da cláusula final do *caput* do art. 947 do CPC/2015). Dito de forma mais clara: é admissível a assunção de competência quando houver relevante questão de direito, com grande repercussão social, que não seja objeto de processos repetitivos. Quando a matéria for objeto de processos repetitivos, o tribunal deverá instaurar o *incidente de resolução de demandas repetitivas*.

Há, porém, questões repetitivas que surgem em processos não repetitivos. Explique-se melhor: há casos de processos instaurados por demandas heteromórficas (ou seja, demandas que não são seriais, isomórficas), nos quais pode surgir discussão sobre uma mesma questão de direito. Pense-se, por exemplo, nos incontáveis processos, instaurados por demandas completamente diferentes umas das outras, em que pode surgir controvérsia acerca de alguma questão atinente ao procedimento da desconsideração da personalidade jurídica. Outro exemplo de que se pode cogitar é o dos processos de família (que definitivamente não se enquadram no conceito de "demandas repetitivas"), nos quais podem surgir, por exemplo, reiteradas discussões a respeito dos requisitos para a fixação de guarda compartilhada ou para a exoneração de alimentos. Ou, ainda, nos incontáveis processos, absolutamente diferentes uns dos outros, em que pode surgir controvérsia sobre uma mesma questão de direito processual, como o modo como deve ser computado determinado prazo.[170] Pois em casos assim, nos quais não seria cabível a instauração do incidente de resolução de demandas repetitivas (afinal, perdoe-se o truísmo, só se pode instaurar o incidente de resolução de demandas repetitivas quando for o caso de *resolver demandas repetitivas*), será adequada a utilização do incidente de assunção de competência.

---

[170] É certo que o art. 928, parágrafo único, do CPC/2015 estabelece que "[o] julgamento de casos repetitivos tem por objeto questão de direito material ou processual". Conforme a interpretação aqui proposta, porém, apenas por meio de recursos especial ou extraordinário repetitivos é que se poderá ter o julgamento de casos *processuais* repetitivos, e este recurso poderia ser interposto (também, mas não somente) contra decisões proferidas no incidente de assunção de competência. Não é possível, porém, e com as devidas vênias aos que pensam diferentemente, admitir a instauração de incidente de resolução *de demandas repetitivas* nos casos figurados no texto, ou outros análogos, simplesmente por não haver, ali, *demandas repetitivas*.

Cap. 5 • FORMAÇÃO DE PADRÕES DECISÓRIOS A PARTIR DO PRINCÍPIO DO CONTRADITÓRIO | 253

A interpretação aqui proposta resulta do teor do § 4º do art. 947 do CPC/2015, segundo o qual se aplica "o disposto neste artigo quando ocorrer relevante questão de direito a respeito da qual seja conveniente a prevenção ou a composição de divergência entre câmaras ou turmas do tribunal".[171] É preciso, então, conjugar o *caput* do art. 947 do CPC/2015 com seu § 4º. Bem compreenderam o ponto Teresa Arruda Alvim Wambier, Maria Lúcia Lins Conceição, Leonardo Ferres da Silva Ribeiro e Rogério Licastro Torres de Mello:

> Os requisitos para que se configure a *hipótese de cabimento deste incidente* estão no § 4º: deve haver relevante questão de direito – ou seja, questão que possa ser decidida independentemente das *peculiaridades* do caso concreto – em relação à qual seja conveniente a prevenção ou a composição de divergência entre câmaras ou turmas do Tribunal, ou seja, órgãos fracionários.
>
> No *caput*, diz-se também sobre a necessidade de a questão gerar grande repercussão social.
>
> Requisitos, portanto, são os seguintes:
>
> (a) Recurso, remessa necessária ou ação de competência originária;
>
> (b) Questão de direito – relevante e revestida de repercussão social;
>
> (c) Divergência interna do Tribunal ou a possibilidade de esta divergência existir;
>
> (d) Que *não* se trate de direito de massa/causas repetitivas – o que não impede, é claro, que a mesma questão jurídica possa se repetir ou tenha-se repetido em outras ações, mas não às dezenas, às centenas, aos milhares![172]

---

[171] Parecem divergir deste entendimento Leonardo Carneiro da Cunha e Fredie Didier Jr., que, em comentário ao art. 947 do CPC/2015, afirmam que o incidente de assunção de competência, "[a]lém de ser aplicável quando ocorrer relevante questão de direito a respeito da qual seja conveniente a prevenção ou a composição de divergência entre câmaras ou turmas do tribunal (CPC, art. 947, § 4º), é admissível quando o julgamento do recurso, da remessa necessária ou de processo de competência originária envolver relevante questão de direito, com grande repercussão social, sem repetição em múltiplos processos" (CUNHA, Leonardo Carneiro; DIDIER JR., Fredie. Comentário ao art. 947. In: CABRAL, Antonio do Passo; CRAMER, Ronaldo (coord.). *Comentários ao Novo Código de Processo Civil*. Rio de Janeiro: Gen-Forense, 2015, p. 1.364. Pela interpretação proposta pelos autores citados, então, haveria dois casos distintos de cabimento do incidente de assunção de competência: (i) o defendido também neste estudo; (ii) o das causas de grande repercussão social, que envolvam relevante questão de direito, sem qualquer caráter repetitivo.

[172] WAMBIER, Teresa Arruda Alvim; CONCEIÇÃO, Maria Lúcia Lins; RIBEIRO, Leonardo Feres da Silva; MELLO, Rogério Licastro Torres de. Op. cit., p. 1.345.

Pois é exatamente disto que se trata no incidente de assunção de competência: de questões de direito que se repetem, mas a repetição se dá em processos instaurados por demandas heteromórficas, o que exclui o cabimento, nesses casos – nos tribunais de segunda instância –, do incidente de resolução de demandas repetitivas.

Havendo, pois, questão de direito que se repita em processos de demandas heteromórficas em relação à qual se deva prevenir ou compor divergência *intra muros* (isto é, divergência entre órgãos do mesmo tribunal), será o caso de instaurar-se o incidente de assunção de competência, pelo qual se produzirá um pronunciamento judicial dotado de eficácia vinculante para todos os demais processos que se desenvolvam dentro da área de atuação daquele Tribunal e nos quais se venha a discutir a mesma questão de direito.

De todos os procedimentos destinados a produzir padrões decisórios dotados de eficácia vinculante, o procedimento do incidente de assunção de competência é o único para o qual o Código de Processo Civil de 2015 não previu expressamente a existência de mecanismos de ampliação do contraditório (como a intervenção de *amicus curiae* ou a realização de audiências públicas). Daí não se pode, porém, extrair a conclusão de que tal ampliação não ocorreria.

É preciso ter claro, então, que o Código de Processo Civil de 2015 regula um *microssistema de formação de precedentes*.[173] Pois este microssistema é formado pelo incidente de resolução de demandas repetitivas, pelo procedimento de julgamento dos recursos excepcionais repetitivos e pelo incidente de assunção de competência.

Nesse microssistema, como em qualquer outro, as disposições acerca de um de seus integrantes devem ser usadas para integrar a normatização dos demais. Assim é, portanto, que as disposições sobre ampliação do contraditório, previstas expressamente para o incidente de resolução de demandas repetitivas e para o julgamento de recursos extraordinário e especial repetitivos, devem ser consideradas aplicáveis também no procedimento do incidente de assunção de competência.

Pois foi exatamente isso que levou Didier Jr. e Cunha, que expressamente incluem o incidente de assunção de competência entre os procedimentos de formação concentrada de precedentes obrigatórios, a afirmar que as regras refe-

---

[173] A existência deste microssistema já vem sendo reconhecida em sede doutrinária. Entre outros, afirma sua existência: DIDIER JR., Fredie. Sistema brasileiro de precedentes judiciais obrigatórios e os deveres institucionais dos tribunais: uniformidade, estabilidade, integridade e coerência da jurisprudência. *Revista da Faculdade Mineira de Direito – PUCMINAS*, vol. 18, n. 36, p. 119, 2015.

rentes aos procedimentos que integram este microssistema "se complementam reciprocamente", razão pela qual a ele se aplica o que os autores chamaram de "ampliação do debate", com incremento da participação e do contraditório.[174]

Os mesmos autores, ao comentarem o art. 947 do CPC/2015, expressamente afirmam que no incidente de assunção de competência deve haver participação de *amici curiae*. Dizem Didier Jr. e Cunha que "[a] exemplo do que ocorre no julgamento de casos repetitivos, o relator, no incidente de assunção de competência, deve solicitar ou admitir a manifestação de *amici curiae*". E em seguida os mesmos autores dizem, com razão:

> Além da participação de *amici curiae*, o relator poderá designar audiências públicas para colher depoimentos de pessoas com experiência e conhecimento na matéria a ser discutida no incidente de assunção de competência. A assunção de competência tem, como um de seus objetivos, a formação de um precedente. Para a formação de precedente, é preciso ampliar a cognição e ter um debate de qualidade. A designação de audiências públicas está prevista nos arts. 983, § 1º, e 1.038, II. Tais dispositivos referem-se, respectivamente, ao processamento do incidente de resolução de demandas repetitivas e dos recursos repetitivos. Embora não mencionem expressamente o incidente de assunção de competência, devem a este ser aplicados, por formarem todos eles o microssistema de formação concentrada de precedentes obrigatórios.[175]

Deve-se, então, considerar que são aplicáveis ao incidente de assunção de competência as regras previstas nos arts. 983 e 984.[176] E é o art. 983 que prevê, para o incidente de resolução de demandas repetitivas, a oitiva das "partes e demais interessados, inclusive pessoas, órgãos e entidade com interesse na controvérsia" (art. 983, *caput*), bem assim a realização de audiência pública (art. 983, § 1º).

Além disso, a aplicabilidade, ao incidente de assunção de competência, do disposto no *caput* do art. 983 traz para este procedimento de formação de padrões decisórios dotados de eficácia vinculante a possibilidade de oitiva dos

---

[174] DIDIER JR., Fredie; CUNHA, Leonardo Carneiro da. Intervenção do Ministério Público no Incidente de Assunção de Competência e na Reclamação: interpretando um silêncio e um exagero verborrágico do novo CPC. *E-Paraná Judiciário – Revista Eletrônica do Tribunal de Justiça do Paraná*, vol. 4, n. 9, p. 32-33, 2015.

[175] CUNHA, Leonardo Carneiro; DIDIER JR., Fredie. Comentário ao art. 947... cit., p. 1.367.

[176] CÂMARA, Alexandre Freitas. *O novo processo civil brasileiro*. 3. ed. São Paulo: Gen-Atlas, 2017. p. 447.

"demais interessados". Isto permite que pessoas que não têm a *expertise* que as legitimaria a manifestar-se em audiência pública, nem a representatividade adequada que as legitimaria a intervir como *amici curiae* (como seria, por exemplo, o caso de alguém que é parte em outro processo, distinto daquele em que se instaurou o incidente de assunção de competência, e no qual se discute a mesma questão de direito) possam também manifestar-se, o que dar-se-á, neste procedimento, nos termos em que esse tipo de intervenção é admissível nos outros procedimentos destinados à formação de padrões decisórios vinculantes (e sobre os quais já se tratou neste estudo), de modo que tal participação só deverá ser admitida se o interessado demonstrar ter argumentos sobre a matéria objeto de apreciação no incidente que não tenham sido suscitadas por qualquer outro sujeito atuante no procedimento, ampliando-se, deste modo, o debate. Evita-se, assim, o tumulto que certamente resultaria da admissão de toda e qualquer pessoa que se dissesse interessada na matéria, ainda que pretendendo apenas reproduzir argumentos já trazidos aos autos, o que iria contra os princípios constitucionais da eficiência e da duração razoável do processo. Mas se garante a participação de interessados, de modo a fazer com que haja um espaço procedimental para a defesa, no processo de formação de padrões decisórios vinculantes por meio do incidente de assunção de competência, de todos os interesses que podem vir a ser atingidos. Permita-se a insistência: é fundamental, para a legitimidade da eficácia vinculante de um padrão decisório, que *todos os interesses estejam representados no processo*.

5.4 A COLEGIALIDADE DA DECISÃO QUE SERVIRÁ COMO PADRÃO DECISÓRIO VINCULANTE

A formação dos padrões decisórios vinculantes não se contenta com o procedimento comparticipativo de contraditório ampliado de que se tratou até aqui. Também a decisão exige uma colegialidade qualificada, que vai além do que se tem visto tradicionalmente nos tribunais brasileiros.

É preciso, então, dizer que nos tribunais brasileiros tem-se adotado um método de deliberação *seriatim*, em que são simplesmente somadas as conclusões dos votos proferidos pelos integrantes do órgão colegiado a fim de se verificar qual foi o resultado do processo, ignorando-se a fundamental questão de saber se os fundamentos de cada voto são ou não coincidentes.

Como afirma Vale,

> o modelo de decisão *seriatim* se caracteriza pela produção de um agregado das posições individuais de cada membro do colegiado, cujos votos são expostos "em série" em um *texto composto* – aí está o significado do termo em latim *seriatim*. Nos tribunais que adotam esse modelo, a deli-

beração comumente não se desenvolve com o objetivo de produzir um texto final com uma única *ratio decidendi* que possa representar a posição institucional da Corte (unívoca e impessoal), mas como uma proclamação sucessiva das decisões individuais dos membros do tribunal, normalmente precedidas de um discurso que cada juiz tem o direito de realizar, seja através de um texto escrito por ele preparado previamente ou por meio da improvisação oral, para apresentar publicamente sua própria argumentação e seu julgamento individual do caso. O resultado da deliberação é apresentado em texto composto pelos diversos votos e suas respectivas *ratio[nes] decidendi*, tornando bastante complicada em algumas ocasiões a tarefa de definir com precisão o fundamento determinante da decisão do tribunal, a qual normalmente pode ser realizada pela extração do "mínimo comum" entre os distintos argumentos individuais.[177]

Este é o modelo de deliberação tradicionalmente empregado no Brasil, inclusive no STF.[178]

Este modelo de deliberação, porém, faz com que a decisão seja produzida sem um verdadeiro diálogo entre os integrantes do colegiado. Cada um deles profere seu voto sem dialogar com os votos dos demais, fazendo com que o acórdão seja uma "sucessão de monólogos".[179] O sistema de deliberação *seriatim*, porém, acrescenta "uma camada de confusão desnecessária aos entendimentos do tribunal".[180] Tal "camada de confusão" evidentemente vem da dificuldade de se identificar os fundamentos determinantes de um pronunciamento judicial (a fim de determinar se ele é ou não um precedente e para que casos), como se verá melhor no item seguinte deste estudo.

A identificação dos fundamentos determinantes de um acórdão pode ser vista como um procedimento de dois passos: em primeiro lugar, identifica-se o fundamento determinante de cada voto; em seguida, comparam-se os votos

---

[177] VALE, André Rufino. *Argumentação constitucional* – Um estudo sobre a deliberação nos Tribunais Constitucionais. Tese (Doutorado) – Universidade de Brasília. Brasília--Alicante, 2015, p. 115.

[178] Idem, ibidem.

[179] Interessante notar que Conrado Hübner Mendes distingue a decisão *seriatim* de uma "genuína deliberação judicial" (tradução livre, no original "genuine deliberative judicial opinion"). Confira-se: MENDES, Conrado Hübner. Not last word, but dialogue. Disponível em: <http://ssrn.com/abstract=1911835>. Acesso em: 21 maio 2017.

[180] HENDERSON, M. Todd. *From seriatim to consensus and back again: a theory of dissent.* University of Chicago Law School – Chicago Unbound, 2007, p. 13. Disponível em: <http://chicagounbound.uchicago.edu/cgi/viewcontent.cgi?article=1217&context=law_and_economics>. Acesso em: 12 out. 2016. (tradução livre do original: "a layer of unnecessary confusion to the opinions of [the] court").

para determinar a extensão do consenso entre os membros do colegiado que tenham chegado à mesma conclusão. Quando todos os membros do colegiado, ou a maioria, concordam com um específico fundamento, a tarefa é simples. Todavia, quando esse consenso não pode ser encontrado, torna-se impossível identificar o fundamento determinante.[181] Quando o tribunal se divide quanto aos fundamentos de uma decisão, portanto, torna-se muito difícil, quiçá impossível, identificar os fundamentos determinantes de um acórdão.

Há, porém, outro sistema de deliberação, que elimina a maior parte das dificuldades: o sistema de deliberação *per curiam*.[182] Adotado este método, a decisão deve ser apresentada ao público "como sendo a expressão unívoca do órgão judicial considerado como uma unidade institucional indivisível, desconsideradas as posições individuais dos membros do colegiado".[183]

Nas deliberações *per curiam* os integrantes do órgão colegiado devem, portanto, dialogar entre si de modo a identificar qual é o entendimento a ser adotado pelo tribunal (por maioria ou unanimidade) e o divulgar como sendo a decisão *do tribunal*. Evidentemente, nada impede que algum integrante do tribunal emita uma declaração de voto ou apresente um voto divergente. Mas isto não afasta a ideia básica de que existe uma decisão tomada *pelo tribunal*.

Pode-se dizer, então, que nas deliberações tomadas *per curiam* o órgão colegiado funciona "como um time". É que na atuação de um time "cada participante deve considerar e responder a seus colegas ao cumprir suas tarefas. Colaboração e deliberação são as marcas registradas da iniciativa colegiada, e o objetivo da iniciativa colegiada frequentemente alcança uma precisão além de outras medidas de qualidade",[184] como se dá, por exemplo, quando vários cientistas desenvolvem juntos uma pesquisa ou quando juristas escrevem em coautoria um artigo.

---

[181] THURMON, Mark Alan. When the Court divides: reconsidering the precedential value of Supreme Court plurality decisions. *Duke Law Journal*, vol. 42, p. 426.

[182] Como diz Thurmon, órgãos colegiados podem evitar essa dificuldade exarando uma decisão que apresente simplesmente o entendimento da Corte (*Opinion of the Court*) e trabalhando como se cada colegiado fosse, na verdade, um juiz singular (Idem, p. 427).

[183] VALE, Rufino. *Argumentação constitucional...* cit., p. 109.

[184] KORNHAUSER, Lewis A.; SAGER, Lawrence G. The one and the many: adjudication in Collegial Courts. *California Law Review*, vol. 81, p. 4, 1993 (tradução livre do original: "each participant must consider and responde to her colleagues as she performs her tasks. Collaboration and deliberation are the trademarks of collegial enterprises, and the objective of collegial enterprises often reaches beyond accuracy to other measures of quality").

Sendo a decisão tomada *per curiam*, portanto, tem-se a expressão do entendimento (unânime ou majoritário) do tribunal, o que permite afirmar mais facilmente qual é (ou quais são) o fundamento determinante de uma decisão. E, como se verá no próximo item, apenas esses fundamentos determinantes podem ser dotados de eficácia vinculante.

A deliberação *per curiam*, portanto, resulta de uma atuação cooperativa dos membros integrantes do órgão jurisdicional colegiado, o que permite afirmar que se trata de método de deliberação muito mais compatível com um sistema processual comparticipativo, que se apoia no disposto no art. 6º do CPC/2015, que expressamente prevê que "[t]odos os sujeitos do processo devem cooperar entre si para que se obtenha, em tempo razoável, decisão de mérito justa e efetiva". Resulta daí, portanto, um dever de todos os integrantes do colegiado (já que também os magistrados que atuam no processo se sujeitam a esse dever de cooperação) de atuar juntos na construção da decisão, especialmente (mas não exclusivamente) daquela que será empregada como padrão decisório dotado de eficácia vinculante. Somente com a adoção do sistema de deliberação *per curiam*, é que se conseguiria evitar "o grande problema da identificação da *ratio decidendi* ao final do julgamento", que é o mais grave defeito do método de deliberação *seriatim*.[185]

Vale aqui narrar uma experiência prática. O Tribunal de Justiça do Estado do Rio de Janeiro criou, há poucos anos, um sistema eletrônico de preparação das sessões de julgamento. Neste sistema, acessível apenas aos magistrados que integram o órgão colegiado em que cada processo será julgado, o relator disponibiliza, com antecedência, uma minuta do voto que pretende proferir na sessão de julgamento (minuta esta que no sistema é chamada de "pré-voto").[186] A partir do momento em que o pré-voto é disponibilizado, os demais integrantes do órgão colegiado têm acesso ao seu teor, e podem informar, eletronicamente, se concordam com a solução proposta ou não, além de poder manifestar dúvidas ou divergências, e fazer perguntas e observações. Isto tem permitido um diálogo prévio à sessão de julgamento

---

[185] BUSTAMANTE, Thomas da Rosa de et al. (coord.). *A força normativa do direito judicial:* uma análise da aplicação prática do precedente no direito brasileiro e dos seus desafios para a legitimação da autoridade do Poder Judiciário. Brasília: Conselho Nacional de Justiça, 2015. p. 86.

[186] Trata-se, porém – e é bom que isso fique claro – de um "pré-voto", de uma minuta daquilo que será apresentado na sessão de julgamento. Não é, ainda, porém – e evidentemente – a versão final do voto, que poderá ser alterada durante a sessão de julgamento, levando-se em conta elementos trazidos nas sustentações orais ou em manifestações de outros integrantes do colegiado.

entre os integrantes do colegiado, de modo que muitas vezes acontece de o voto proferido na sessão de julgamento em nada se parecer com aquele pré-voto que havia sido anteriormente inserido no sistema. Casos já houve, por exemplo, de o relator lançar seu pré-voto indicando que votaria pelo provimento do recurso e, em razão dos debates travados entre os magistrados antes mesmo da sessão de julgamento, ali se indicar que se iria votar por não conhecer do recurso, a partir de fundamentos apresentados por outro magistrado, distinto do relator.

A partir deste sistema, torna-se bastante mais fácil (e, na prática, frequente) a inclusão, no acórdão, de fundamentos relevantes e que não constam do voto originariamente elaborado pelo relator. E evita, também, a necessidade de que, para assegurar o acesso ao entendimento de todo o órgão colegiado, seja transcrito no acórdão todo o diálogo travado durante a sessão de julgamento, transcrição esta que torna extremamente cansativa a leitura do julgado.[187]

Deliberações *per curiam*, portanto, são capazes de permitir a precisa identificação dos fundamentos que tenham sido adotados pela unanimidade ou pela maioria dos integrantes do órgão julgador, o que é essencial para a correta utilização dessas deliberações como padrões decisórios (dotados de eficácia vinculante ou mesmo persuasiva), evitando-se confusão entre esses fundamentos determinantes (*rationes decidendi*) e eventuais fundamentos não determinantes do acórdão (*obiter dicta*), já que apenas aqueles – como se verá no item seguinte deste trabalho – podem ser dotados de eficácia vinculante.

Interessante trazer, aqui, à colação uma decisão proferida pela Quarta Turma do STJ, já após a entrada em vigor do Código de Processo Civil de 2015, em que se parece ter o marco inicial do que pode ser uma auspiciosa caminhada dos julgamentos *seriatim* para as decisões *per curiam*. Trata-se do acórdão prolatado no julgamento do AgInt no REsp 1481917/RS, julgado em 04.10.2016, assim ementado:

---

[187] Apenas para esclarecer: o sistema do pré-voto criado no TJRJ não substitui a sessão de julgamento. Ele se limita a permitir que os integrantes da turma julgadora já possam conversar sobre os casos a serem julgados, e em alguma medida os debater, ainda antes da sessão de julgamento, o que garante uma verdadeira colegialidade. A deliberação final, porém, se dá em sessão pública de julgamento, após a oitiva das partes por meio de suas sustentações orais. Não há nenhum tipo de julgamento "prévio" ou "secreto", o que não só seria ofensivo à Constituição (que assegura a publicidade dos atos processuais [art. 5º, LX] e de todos os julgamentos [art. 93, IX]) como acabaria por transformar a sessão de julgamento em uma encenação. Definitivamente não é isso que acontece.

Agravo Interno no Recurso Especial – Compensação de verba honorária sob a égide do CPC/1973 – Ação revisional de contrato de cartão de crédito – Juros remuneratórios considerados abusivos – Instâncias ordinárias que limitaram o encargo à taxa média de mercado para operações da espécie cheque especial – Recurso especial provido para limitar as taxas de juros remuneratórios à taxa média apurada pelo Banco Central em operações da espécie contratada (cartão de crédito), mantida a verba honorária fixada na origem, com a possibilidade de compensação nos termos do art. 21 do CPC/1973.

Insurgência do autor.

Hipótese: Controvérsia limitada à possibilidade de compensação da verba honorária *in casu*, levando-se em consideração a discussão relativa à aplicação das normas do NCPC (direito intertemporal), notadamente o art. 85, § 14, que expressamente vedou a compensação.

1. Os honorários advocatícios possuem natureza tanto processual quanto material (híbrida). Processual por somente poderem ser fixados, como os honorários sucumbenciais, no bojo de demanda judicial cujo trâmite se dá com amparo nas regras de direito processual/procedimental. Material por constituir direito alimentar do advogado e dívida da parte vencida em face do patrono da parte vencedora.

2. A despeito do caráter híbrido (processual/material) dos honorários e de esses não interferirem no modo como a tutela jurisdicional é prestada no processo, é certo que o provimento conferido às partes no âmbito material, somada à análise do grau de zelo do profissional, o lugar da prestação do serviço, a natureza e a importância da causa, o trabalho realizado pelo advogado e o tempo exigido para o seu serviço – questões essas eminentemente processuais – não só interferem como delineiam os honorários sucumbenciais fixados pelo magistrado. Com a entrada em vigor no novo CPC, tais critérios de valoração não se modificaram, pois previstos de forma específica no diploma processual civil revogado (artigo 20, § 3º) e estão delineados, igualmente, no novel normativo processual (artigo 85, § 2º).

3. Diversamente do que ocorreu com os artigos 1º-D da Lei nº 9.494/1997 e 29-C da Lei nº 8.036/1990, os artigos 82, § 2º, e 85 do NCPC, não extirparam/excluíram/suprimiram/reduziram o direito do advogado aos honorários advocatícios, mas apenas estabeleceram uma nova ordem para a aplicação da distribuição da verba sucumbencial.

Por não ter havido exclusão de direito, mas apenas modificação no formato de sua estipulação, não há falar em direito adquirido a fim de conclamar incida o novo diploma normativo apenas às demandas ajuizadas após a data de sua entrada em vigor, porquanto, consoante estabelecido no artigo 14 do NCPC, o novel diploma normativo processual incidirá imediatamente aos processos em curso.

4. A evolução jurisprudencial operada nesta Corte que passou a evidenciar serem os honorários advocatícios verba alimentar e pertencerem exclusivamente aos advogados denotava e clamava a superação do entendimento sumulado no enunciado 306/STJ, porquanto incongruente com as mais novas conclusões jurídicas afetas à matéria, porém, tal enunciado permaneceu hígido até a edição do artigo 85, § 14 do NCPC: "os honorários constituem direito do advogado e têm natureza alimentar, com os mesmos privilégios dos créditos oriundos da legislação do trabalho, sendo vedada a compensação em caso de sucumbência parcial".

5. A sucumbência rege-se pela lei vigente à data da deliberação que a impõe ou a modifica, na qual ficarão estabelecidas a sucumbência entre os pedidos das partes, bem ainda todos os requisitos valorativos para a fixação da verba sucumbencial (honorários advocatícios). Esse pronunciamento não se confunde com a sentença *strito sensu*, notadamente porque na hipótese de provimento recursal com a modificação da sucumbência, face à determinação legal de que a norma processual é aplicável imediatamente aos processos em curso (artigo 14 do NCPC), o novel diploma normativo processual incidirá, independentemente de o reclamo ter sido manejado sob a égide do revogado código processual. Tal entendimento se coaduna/não contrasta com os enunciados aprovados pelo Plenário do STJ na sessão de 9 de março de 2016.

6. No caso, a despeito do provimento monocrático do reclamo ter se dado sob a égide do NCPC, não existiu qualquer modificação na sucumbência das partes, mas apenas o adequado enquadramento na jurisprudência desta Corte Superior acerca de direito já considerado pelas instâncias ordinárias, motivo pelo qual adequada a manutenção da compensação de honorários estabelecida na origem, nos termos do enunciado 306 da Súmula do STJ.

7. Agravo interno desprovido.

(AgInt no REsp 1481917/RS, Rel. Min. Luis Felipe Salomão, Rel. p/ Acórdão Min. Marco Buzzi, Quarta Turma, Julgado em 04.10.2016, *DJe* 11.11.2016).[188]

No aludido acórdão o que importa examinar não é o conteúdo da decisão, mas o modo como se tomou a deliberação. Veja-se, então, a certidão de julgamento:

Certifico que a egrégia Quarta Turma, ao apreciar o processo em epígrafe na sessão realizada nesta data, proferiu a seguinte decisão:

---

[188] Registre-se desde logo que tal acórdão não é dotado de eficácia vinculante, sendo aqui empregado apenas a título de exemplo de uma técnica de deliberação.

Prosseguindo no julgamento, após o voto-vista do Ministro Marco Buzzi negando provimento ao agravo interno, por fundamentos diversos do relator, e o voto antecipado da Ministra Maria Isabel Gallotti no mesmo sentido, e o voto do Ministro Raul Araújo acompanhando a fundamentação divergente do Ministro Marco Buzzi, e a retificação do voto do Ministro Antonio Carlos Ferreira, para acompanhar a fundamentação do Ministro Marco Buzzi, a Quarta Turma, por unanimidade, negou provimento ao agravo interno, nos termos da fundamentação divergente do Ministro Marco Buzzi. Vencido o relator quanto à fudamentação. Lavrará o acórdão o Ministro Marco Buzzi.

Votaram com o Sr. Ministro Marco Buzzi o Sr. Ministros Raul Araújo, a Sra. Ministra Maria Isabel Gallotti (Presidente) e o Sr. Ministro Antonio Carlos Ferreira.

Como se vê, então, todos os votos proferidos chegaram à mesma conclusão, a de que se deveria negar provimento ao agravo interno que estava a ser apreciado. Houve, porém, divergência na fundamentação, tendo prevalecido os fundamentos indicados pelo Min. Marco Buzzi sobre aqueles apresentados pelo relator, Min. Luís Felipe Salomão. E exatamente por isso, designou-se para a lavratura do acórdão o Min. Marco Buzzi. Pois isto leva a uma necessária releitura do art. 941 do CPC/2015, segundo o qual "[p]roferidos os votos, o presidente anunciará o resultado do julgamento, designando para redigir o acórdão o relator ou, se vencido este, o autor do primeiro voto vencedor". Em um sistema de deliberação *seriatim*, em que relevantes são as conclusões dos diversos votos, o acórdão do agravo interno supramencionado deveria ter sido redigido pelo relator. Afinal, todos os outros integrantes da turma julgadora acompanharam sua conclusão. Em um sistema de deliberação *per curiam*, de outro lado, faz todo o sentido que, mesmo sendo unânime a conclusão, considere-se vencido o magistrado que tenha chegado à mesma conclusão dos demais por fundamento diverso e, neste caso, o acórdão só pode ser redigido pelo relator se foi o seu fundamento que prevaleceu (ou, como no caso mencionado acima, não tendo prevalecido o fundamento empregado pelo relator, deverá o acórdão ser redigido por quem tenha proferido o primeiro voto *com fundamentação vencedora*). Isto certamente facilita a identificação de quais são os fundamentos determinantes do acórdão – e certamente entre estes não estará o empregado no voto de fundamentação vencida – e, por conseguinte, identificarem-se quais dentre seus elementos podem ser dotados de eficácia vinculante.

O Tribunal de Justiça da Bahia, aliás, estabeleceu no art. 204 de seu regimento interno que

> [d]ivergindo os julgadores quanto às razões de decidir, mas convergindo na conclusão, caberá ao Desembargador que primeiro deduziu o fundamento determinante vencedor redigir o acórdão; o Desembargador que deduziu fundamento vencido declarará seu voto vencido.

Não se pode, porém, evidentemente, afirmar que o STJ adote o sistema *per curiam* de deliberação. Nenhum tribunal brasileiro o faz. Mas o acórdão aqui citado, assim como o sistema de "pré-voto" descrito anteriormente, e que vem sendo adotado no Tribunal de Justiça do Estado do Rio de Janeiro, são fenômenos que permitem acreditar que poderá haver, futuramente, uma modificação da sistemática que tradicionalmente se empregou para a formação dos julgamentos colegiados que são proferidos pelos órgãos jurisdicionais brasileiros.

Não se pode, porém, deixar de registrar aqui que o sistema *per curiam* de deliberação não é imune a críticas. Ele tem defeitos, evidentemente. E o maior deles é, certamente, o anonimato da deliberação (afinal, se a decisão é tomada *per curiam*, não haveria razão para se divulgar quem a redigiu). Ocorre que esse anonimato reduz a transparência, exclui a responsabilidade pessoal e estimula a redação de acórdãos qualitativamente ruins.[189] De outro lado, um acórdão assinado por seu autor garante responsabilidade individual, eis que seu signatário acaba por prestar contas não só às partes, mas à sociedade.[190]

É preciso, aqui, registrar que em um Estado Democrático os juízes têm um dever de prestar contas de sua atuação (*accountability*).[191] Assim, é criticável qualquer método deliberativo de um tribunal que diminua (ou exclua) a

---

[189] ROBBINS, Ira P. Hiding behind the cloak of invisibiliity: the Supreme Court and *per curiam* opinions. *Tulane Law Review,* vol. 86, p. 1.215, 2012.

[190] Como diz Robbins, "[a] decisão assinada provê o público com uma janela para dentro dos trabalhos internos dos tribunais que abriga a prestação de contas judicial através de um ambiente de responsabilidade individual" (Idem, p. 1.197 (tradução livre). No original: "[the] signed opinion provides the public with a window into the inner workings of the courts that fosters judicial accountability through an environment of individual responsibility". É que a indicação do autor de um texto lhe impõe responsabilidade sobre ele (FISK, Catherine L. Credit where it's due: the Law and the norms of attribution. *The Georgetown Law Journal*, vol. 95, p. 62, 2006).

[191] STRECK, Lenio Luiz. Quanto vale o narcisismo judicial? Um centavo? Disponível em: <http://www.conjur.com.br/2012-mai-17/senso-incomum-quanto-vale-narcisismo--judicial-centavo?pagina=3>. Acesso em: 18 jul. 2017.

responsabilidade pessoal do magistrado por meio da criação de obstáculos a essa prestação de contas. E como diz Tushnet, "[um] juiz completamente livre para atuar irá implementar seus julgamentos pessoais sobre boa política pública, ou sobre o que o Direito deve ser, ou sobre o que faria sua vida mais fácil"[192]

Esse inconveniente, porém, pode ser facilmente superado com a manutenção do sistema brasileiro, em que se atribui ao relator a função de redigir o acórdão sempre que seu voto for vencedor, e ao prolator do primeiro voto vencedor (quando o relator for vencido), de modo a permitir que se atribua a alguém a responsabilidade – e o correlato dever de prestar contas, *accountability* – pelo que conste do pronunciamento judicial.

É insuficiente, porém, que se delibere *per curiam* em vez de pelo método *seriatim*. A compartização que se impõe para legitimar a formação de padrões decisórios vinculantes exige um especial cuidado com o conteúdo daquilo que será objeto de deliberação.

Resulta do disposto no art. 984, § 2º, do CPC/2015 que o acórdão proferido no julgamento do incidente de resolução de demandas repetitivas "abrangerá a análise de todos os fundamentos suscitados concernentes à tese jurídica discutida, sejam favoráveis ou contrários". Havia disposição análoga no texto original do Código para o julgamento dos recursos repetitivos (art. 1.038, § 3º), mas esse dispositivo foi modificado pela Lei nº 13.256/2016, que alterou o Código de Processo Civil de 2015 ainda antes de sua entrada em vigor. Não obstante essa modificação, porém, essa exigência permanece, não só pelo fato de serem aplicáveis aos recursos excepcionais repetitivos as disposições do incidente de resolução de demandas repetitivas (o que é consequência do reconhecimento da existência de um microssistema de julgamento de casos repetitivos), mas também por força do que dispõe o art. 489, § 1º, IV, do Código, segundo o qual não se considera fundamentada a decisão judicial que "não enfrentar todos os argumentos deduzidos no processo capazes de, em tese, infirmar a conclusão adotada pelo julgador".

É fundamental, por exemplo, que os integrantes do colegiado examinem, em seus votos, os argumentos trazidos ao processo pelos *amici curiae* ou pelos participantes das audiências públicas (ou de nada terá servido a abertura do procedimento para essa participação subjetivamente ampliada que neste estudo se tem sustentado ser essencial). A (com)participação desses sujeitos que ampliam o contraditório e, com isso, qualificam o processo, não

---

[192] TUSHNET, Mark. Judicial accountability in comparative perspective. In: BAMFORTH, Nicholas; LEYLAND, Peter (ed.). *Accountability in the contemporary Constitution*. Oxford: Oxford University Press, 2013. p. 69.

pode ser uma mera garantia formal, mas precisa ser vista como mecanismo de efetivação de um direito de todos a um contraditório dinâmico e efetivo, essencial em uma sociedade policêntrica.[193]

Em estudo especificamente voltado ao exame das audiências públicas realizadas no STF e sua influência nos julgamentos produzidos naquela Corte já se afirmou que

> nas audiências públicas [os] *experts* não exerceram uma influência decisiva ou, se o fizeram, ela ocorreu em parâmetros pouco impactantes para merecer destaque, pois em geral não são nem ao menos citados na grande maioria dos votos dos Ministros. Ao contrário, observa-se a citação descontextualizada de estudos de especialistas estrangeiros, mas pouca alusão ao conteúdo das informações transmitidas nas audiências públicas.[194]

A produção de padrões decisórios por meio de decisões que não levam em conta os aportes trazidos para o processo por *amici curiae* ou por outros atores, como os participantes das audiências públicas, compromete sobremaneira o caráter democrático e, portanto, a legitimidade constitucional de tais padrões. É essencial que tais elementos sejam considerados, como resultado de um processo comparticipativo, que se desenvolve por um contraditório substancial, efetivo, sob pena de não se poder legitimamente reconhecer eficácia vinculante a tais decisões.

Vale lembrar, aliás, que o próprio sistema processual cria mecanismos de controle, destinados a assegurar que a deliberação leve em conta todos esses aportes. Como já se viu, o art. 489, § 1º, IV, do CPC exige que em todas as decisões judiciais haja fundamentação completa, exauriente. No caso de padrões decisórios vinculantes essa fundamentação exige a análise de todos os fundamentos favoráveis e contrários à tese acolhida pelo tribunal (art. 984, § 2º, do CPC). Ocorre que o art. 1.022, parágrafo único, II, do CPC/2015 considera omissa, para fins de cabimento de embargos de declaração, a decisão que incorre em qualquer das condutas descritas no art. 489, § 1º, do Código. Assim, a decisão que, destinando-se a funcionar como padrão decisório vinculante, não apreciar todos os argumentos trazidos ao processo, não só pelas partes originais, mas também por outros interessados, *amici curiae* ou especialistas ouvidos em audiência pública, será impugnável por meio de embargos declaratórios. Confirma-se, assim, em primeiro lugar, que não é a

---

[193] CABRAL, Antonio do Passo. *Os efeitos processuais da audiência pública* cit., p. 202.
[194] SOMBRA, Thiago Luís Santos. Op. cit., p. 25.

Cap. 5 · FORMAÇÃO DE PADRÕES DECISÓRIOS A PARTIR DO PRINCÍPIO DO CONTRADITÓRIO | **267**

mera observância do procedimento que legitima seu resultado (que, no caso em exame, é a formação de padrões decisórios vinculantes); e em segundo lugar, que o processo deve mesmo ser considerado o mecanismo de controle do exercício do poder dos juízes.[195]

É necessário, também que a deliberação do tribunal seja verdadeiramente colegiada. A tradição – mantida até hoje em diversos tribunais, como é o caso do STF – de só se revelar o voto do relator aos demais integrantes do colegiado no momento do julgamento, por exemplo, é "extremamente antideliberativa".[196] E é perfeitamente possível mudar-se essa prática, bastando aqui recordar o exemplo, anteriormente apresentado, do sistema de pré-voto adotado no Tribunal de Justiça do Rio de Janeiro, que permite a cada integrante do colegiado ter acesso ao teor da minuta de voto do relator antes da sessão de julgamento.

Uma deliberação verdadeiramente colegiada e que leve em conta todos os aportes trazidos ao processo, então, deve ser vista como um mecanismo de legitimação da eficácia vinculante atribuída a padrões decisórios. E essa colegialidade deve ser efetivamente comparticipativa, com todos os argumentos relevantes sendo considerados nos votos de todos os juízes que integram o colegiado, os quais devem, portanto, dialogar entre si para a legítima formação do padrão decisório. Afinal, como diz Virgílio Afonso da Silva, "[se] boas práticas deliberativas são uma fonte de legitimidade da jurisdição constitucional [, a] Suprema Corte Brasileira tem um déficit de legitimidade".[197]

Em síntese: a legitimidade constitucional dos padrões decisórios vinculantes depende da conjugação de um procedimento em que se observa uma comparticipação qualificada não só do ponto de vista subjetivo, com a abertura para participação de interessados, *amici curiae* e especialistas a serem ouvidos em audiências públicas, mas exige, também, uma deliberação especialmente qualificada, com análise de todos os argumentos trazidos por

---

[195] MOTTA, Francisco José Borges; HOMMERDING, Adalberto Narciso. Op. cit., p. 195.

[196] SILVA, Virgílio Afonso da. Deciding without deliberating. *International Journal of Constitutional Law*, Oxford: Oxford Academic, vol. 11, 2013, p. 570.

[197] Idem, p. 584 (tradução livre; no original: "[IF] good deliberative practices are a source of legitimacy for the judicial review of legislation [, the] Brazilian Supreme Court has a legitimacy deficit". Registre-se aqui, porém, que o *déficit* não é só do STF, nem limitado ao exercício da jurisdição constitucional. Ele se manifesta em todos os tribunais, qualquer que seja a natureza do caso sob julgamento, salvo se houver efetiva deliberação colegiada e comparticipada.

esse atores processuais, e com efetiva colegialidade, de modo a permitir a identificação dos fundamentos determinantes do padrão decisório. Só assim tais padrões poderão ser legitimamente empregados como base para a construção de futuras decisões, sendo aplicados adequadamente.

Impende, porém, considerar que não é todo o teor do acórdão que atua como padrão decisório que será dotado de eficácia vinculante. Há elementos vinculantes e elementos não vinculantes em qualquer padrão decisório. É preciso, então, passar a tratar desse ponto.

5.5 OS ELEMENTOS VINCULANTES DOS PRECEDENTES: FUNDAMENTOS DETERMINANTES OU *RATIONES DECIDENDI* (OU "SOBRE O QUÊ VINCULA NO PRECEDENTE VINCULANTE")

Formado um padrão decisório vinculante, é preciso saber o que nele terá, propriamente, aptidão para produzir esse "efeito vinculante". Em outros termos, é preciso buscar determinar o que, exatamente, será aplicado aos outros casos em que o precedente vinculante incida. Impõe-se, portanto, examinar quais são exatamente os elementos vinculantes de um precedente no sistema do processo jurisdicional brasileiro.

Para isso se impõe, inicialmente, excluir qualquer possibilidade de que o elemento vinculante do precedente esteja na parte dispositiva da decisão.[198] E não poderia mesmo ser de outro modo. A parte dispositiva de uma decisão se aplica, tão somente, ao caso que por aquele pronunciamento é julgado. Quando se trata de examinar esse mesmo pronunciamento judicial como um *precedente*, pouco importa saber quem saiu vencedor ou vencido no processo em que aquele precedente foi construído. O que importa é saber os fundamentos que determinaram a conclusão a que ali se chegou.

Um exemplo será, aqui, bastante ilustrativo: quando se trata de exercer o controle incidental da constitucionalidade de lei ou ato normativo, não há precedente mais conhecido do que a decisão proferida pela Suprema Corte dos Estados Unidos da América no julgamento de Marbury *vs.* Madison.[199] Pois no julgamento daquele caso concreto, a Suprema Corte dos EUA decidiu no sentido de não ter competência para dirimir o conflito entre

---

[198] Sobre o ponto, expressamente: MARINONI, Luiz Guilherme. *Precedentes obrigatórios* cit., p. 258 (em que se lê que "[o] verdadeiro valor do precedente – seja qual for ele – não está na parte dispositiva da decisão, mas na essência das razões apresentadas para justificá-la").

[199] 5 US 137 (1803).

Cap. 5 · FORMAÇÃO DE PADRÕES DECISÓRIOS A PARTIR DO PRINCÍPIO DO CONTRADITÓRIO | **269**

William Marbury (o demandante) e o Secretário de Estado dos Estados Unidos da América (e posteriormente Presidente da República daquele país), James Madison e, com isso, indeferiu o *writ of mandamus* postulado por Marbury.[200]

Ora, se naquele caso concreto o *writ of mandamus* postulado por William Marbury foi ou não concedido, isto é algo que interessa apenas às partes do processo. São elas que ficam vinculadas pelo conteúdo da parte dispositiva da decisão. Não é disso que aqui se trata, porém. Quando se cogita da eficácia de um pronunciamento judicial como precedente não é para seu dispositivo que se deve olhar, mas para a fundamentação. Pois é exatamente por isso que Edward D. Re afirma que "[a]penas os fundamentos da decisão merecem reconhecimento e acatamento com força vinculativa".[201]

O Código de Processo Civil de 2015, ao tratar da exigência de fundamentação analítica das decisões judiciais, estabelece que não se considera fundamentado o pronunciamento que se limita a invocar algum padrão decisório "sem identificar seus fundamentos determinantes nem demonstrar que o caso sob julgamento se ajusta àqueles fundamentos" (art. 489, § 1º, V). Exige, ainda, a lei processual que os padrões decisórios resultantes do julgamento de incidentes de resolução de demandas repetitivas sejam cadastrados em bancos de dados mantidos pelos tribunais e pelo Conselho Nacional de Justiça, devendo tal registro conter "os fundamentos determinantes da decisão" (art. 979, §§ 1º e 2º).[202]

Não deve, pois, haver dúvida de que a eficácia vinculante dos padrões decisórios que formalmente são dela dotados reside em seus fundamentos determinantes (ou, caso se prefira empregar expressões que não estão em

---

[200] Uma análise da decisão pode ser encontrada, na doutrina brasileira, em: BARROSO, Luís Roberto. *O controle de constitucionalidade no direito brasileiro*. São Paulo: Saraiva, 2004. p. 3-10.

[201] RE, Edward D. Op. cit., p. 49.

[202] A regra resultante da interpretação desse dispositivo, evidentemente, é aplicável também aos padrões decisórios formados pelo incidente de assunção de competência e do julgamento de recurso especial ou extraordinário repetitivos. Vale registrar, aliás, que o Tribunal de Justiça do Estado do Rio de Janeiro criou um banco de dados como este, que pode ser consultado em <http://portaltj.tjrj.jus.br/web/guest/consultas/banco-conhecimento/banco-conhecimento/jurisprudencia/precedentes1:>e no qual podem ser encontradas informações acerca das decisões proferidas pelo STF em julgamento de recursos extraordinários dotados de repercussão geral, bem assim as decisões proferidas por STF e STJ no julgamento de recursos repetitivos e as decisões oriundas do próprio TJRJ e prolatadas em incidentes de resolução de demandas repetitivas e em incidentes de assunção de competência.

língua portuguesa, *ratio decidendi*, como dizem os britânicos, ou *holding*, como preferem os norte-americanos).[203] Afinal, como afirma Rupert Cross, "a única parte de um caso prévio que é vinculante é a *ratio decidendi* (razão de decidir)".[204]

Fica, porém, a questão de se determinar o que deve, efetivamente, ser considerado como *fundamento determinante* do padrão decisório que será, no Direito brasileiro, dotado de eficácia vinculante.

Na doutrina estrangeira há diversas opiniões divergentes acerca do que deva ser considerado a *ratio decidendi*. É bastante conhecido, por exemplo, o critério proposto por Eugene Wambaugh (conhecido como teste de Wambaugh) para definir o que é ou não *ratio decidendi*. Veja-se o que disse este autor:

> Ainda pela experiência, até o iniciante pode determinar se é possível a uma dada proposição jurídica ser envolvida em um caso dado. Com o fim de fazer o teste, deixe-o primeiro enquadrar cuidadosamente a suposta proposição jurídica. Deixe-o então inserir na proposição uma palavra invertendo seu significado. Deixe-o então perguntar se, caso a corte tivesse admitido esta nova proposição como boa, e a tivesse em mente, a decisão teria sido a mesma. Se a resposta for afirmativa, então, ainda que a proposição original pudesse ser excelente, o caso não é um precedente para aquela proposição, mas se a resposta é negativa o caso é um precedente para a proposição original e possivelmente para outras proposições também.[205]

---

[203] Sobre o ponto, inclusive a respeito da terminologia empregada no Reino Unido e nos Estados Unidos da América: WAMBIER, Teresa Arruda Alvim. Precedentes e evolução do direito. In: _____ (coord.). *Direito jurisprudencial*. 1. ed. 2. tir. São Paulo: RT, 2012. p. 43, do qual se destaca a afirmação da autora de que "[a] parte da decisão que realmente vincula é a *ratio decidendi*".

[204] CROSS, Rupert. Op. cit., p. 33 (tradução livre). No original: "the only part of a previous case which is binding is the *ratio decidendi* (reason for deciding)".

[205] WAMBAUGH, Eugene. *The study of cases*. 2. ed. Boston: Little, Brown, 1894. p. 17 (tradução livre). No original: "Yet by experiment even the begginer can determine whether it is possible for a given proposition of law to be involved in a given case. In order to make the test, let him first frame carefully the supposed proposition of law. Let him then insert in the proposition a word reversing its meaning. Let him then inquire whether, if the court had conceived this new proposition to be good, and had had it in mind, the decision could be the same. If the answer be affirmative, then, however excellent the original proposition may be, the case is not a precedent for that proposition, but if the answer be negative the case is a precedent for the original proposition and possibly for other propositions also".

Pela proposta de Wambaugh, então, a *ratio decidendi* seria "a proposição ou regra sem a qual o caso seria decidido de forma diversa".[206]

Outra conhecida proposição é a de Herman Oliphant, para quem o elemento previsível (*predictable element*) das decisões – que constitui o que o autor denomina *stare dictis* (expressão que segundo ele deveria substituir a tradicional *stare decisis*) é "o que os tribunais fizeram em resposta ao estímulo dos fatos dos casos concretos perante eles".[207]

Também é bastante conhecida a proposição sustentada por Arthur Goodhart a respeito do tema. E é interessante observar que para este autor "a razão que o juiz dá para sua decisão nunca é a parte vinculante do precedente".[208] É que, segundo Goodhart, "[a] lógica do argumento, a análise de casos prévios, a fixação da base histórica podem ser todos comprovadamente incorretos em um julgamento, mas o caso permanece ainda assim um precedente".[209]

Para Goodhart, o princípio estabelecido em uma decisão que será usada como precedente é encontrado levando-se em consideração os fatos tidos pelo juiz como materiais e sua decisão baseada nesses fatos. Para encontrar esse princípio, seria também necessário estabelecer quais fatos foram considerados imateriais, pois o princípio depende tanto da exclusão quanto da inclusão. E para definir os que são considerados materiais e quais são imateriais, é preciso considerar o seguinte: todos os fatos acerca de pessoas, tempo, lugar, tipo e quantidade são imateriais, salvo se expressamente indicado o contrário; se a fundamentação não faz alusão aos fatos, então todos os fatos indicados no relatório devem ser considerados materiais; se a fundamentação faz alusão aos fatos, então eles devem ser apreciados como fixados na fundamentação, não podendo esta fixação ser contrariada pelo relatório; se a fundamentação omite um fato que aparece no relatório, isto terá resultado de descuido ou de se ter implicitamente considerado aquele fato como imaterial, devendo-se presumir esta segunda possibilidade se não há elementos que demonstrem

---

[206] NOGUEIRA, Gustavo Santana. *Stare decisis et non quieta movere...* cit., p. 170.

[207] OLIPHANT, Herman. A return to stare decisis. *American Law Jounal*, vol. 14, p. 159, 1928, (tradução livre). No original: "what courts have done in response to the stimuli of the facts of the concrete cases before them".

[208] GOODHART, Arthur. Determining the *ratio decidendi* of a case. *Yale Law Journal*, vol. 40, p. 162, 1930 (tradução livre). No original: "the reason which the judge gives for his decision is never the binding part of the precedent".

[209] Idem, ibidem (tradução livre). No original: "[t]he logic of the argument, the analysis of prior cases, the statement of the historical background may all be demonstrably incorrect in a judgment, but the case remains a precedent nevertheless".

que houve descuido; todos os fatos que o juiz especificamente afirmar serem imateriais devem ser assim considerados; todos os fatos que o juiz implicitamente tratar como imateriais assim devem ser tratados; todos os fatos que o juiz especificamente tratar como materiais assim devem ser considerados; se a fundamentação não distingue entre fatos materiais e materiais então todos os fatos expostos devem ser considerados materiais; se em um caso há opiniões divergentes que concordam quanto à conclusão, mas diferem sobre os fatos materiais, então o princípio do caso é limitado à soma de todos os fatos reputados materiais pelos juízes; uma conclusão baseada em um fato hipotético, assim considerado aquele cuja existência não tenha sido determinada ou aceita pelo juiz, não integra o princípio.[210]

Vê-se, pois, que para Goodhart a *ratio decidendi* resulta da determinação de quais seriam os fatos que ele chama de "materiais" (e que poderiam ser mais bem designados, no jargão jurídico brasileiro, *fatos essenciais*) e da verificação de qual foi a decisão proferida acerca deles. E isto se faz porque, como afirma o próprio autor, estabelecido o princípio do caso, será ele vinculante ou não conforme os fatos materiais (*rectius*, essenciais) do caso precedente sejam ou não idênticos aos do segundo caso. Caso sejam idênticos os fatos, o precedente seria vinculante e o julgamento do segundo caso deverá chegar à mesma conclusão do primeiro.[211]

Além destes três métodos, universalmente citados, para determinar o que seja a *ratio decidendi*, o fundamento determinante de um precedente, muitos outros podem ser encontrados. Aliás, vale aqui registrar a afirmação de Bustamante, para quem "[t]alvez este seja o ponto mais polêmico da teoria dos precedentes e de toda a teoria jurídica produzida no *common law*".[212]

Marinoni, por exemplo, que descreve em sua obra sobre precedentes os métodos (aqui já apresentados) de Wambaugh e de Goodhart, e não chega a apresentar uma definição própria do que seja a *ratio decidendi*, afirma que

> a *ratio* não se confunde com o dispositivo e com a fundamentação, mas constitui algo externo a ambos, algo que é formulado a partir do relatório, da fundamentação e do dispositivo. O conceito de *ratio decidendi* sempre foi muito discutido. Na verdade, a dificuldade sempre esteve na sua identificação na decisão judicial.[213]

---

[210] Idem, p. 182-183.
[211] Idem, p. 180.
[212] BUSTAMANTE, Thomas da Rosa de. *Teoria do precedente judicial* cit., p. 259.
[213] MARINONI, Luiz Guilherme. *Precedentes obrigatórios* cit., p. 221.

Cap. 5 · FORMAÇÃO DE PADRÕES DECISÓRIOS A PARTIR DO PRINCÍPIO DO CONTRADITÓRIO | 273

Rupert Cross, ao tratar do tema, afirma que a *ratio decidendi* seria "toda norma jurídica expressa ou implicitamente tratada pelo juiz como passo necessário para alcançar sua conclusão, levando-se em conta a linha de fundamentação por ele adotada".[214] Esta concepção, porém, é criticada por Neil Duxbury, que afirma não ser ela "exatamente correta" (*quite correct*).[215] E prossegue afirmando:

> Quando, por exemplo, um juiz interpreta uma lei no processo de formação da decisão, a *ratio* é o que o juiz acredita ser a melhor interpretação da lei – a norma do juiz, em outras palavras, e não a norma legal. Sem dúvida juízes às vezes irão expressa ou implicitamente tratar decisões específicas como necessárias para conclusões específicas; mas isto é exatamente como eles algumas vezes tratarão decisões específicas como seus meios preferidos pelos quais alcançaram aquelas conclusões. Testes de necessidade, embora formulados, fornecem apenas concepções inadequadas da *ratio decidendi*.[216]

Toda esta dificuldade em determinar o que seja, exatamente, a *ratio decidendi* (ou, como se deve preferir, o *fundamento determinante*) do precedente, não pode, porém, inibir a fixação de um conceito adequado para o sistema processual brasileiro, especialmente a partir da edição do Código de Processo Civil de 2015. Vale, aliás, registrar que o texto normativo do Código de Processo Civil expressamente faz alusão, por duas vezes, aos fundamentos determinantes dos padrões decisórios: no art. 489, § 1º, V (no qual se lê que não é considerada fundamentada a decisão judicial que se limita a invocar precedente ou enunciado de súmula "sem identificar seus fundamentos determinantes nem demonstrar que o caso sob julgamento se ajusta àqueles fundamentos") e no art. 979, § 2º, por força do qual, "[p]ara possibilitar a identificação dos processos abrangidos pela decisão do [IRDR], o registro eletrônico das teses jurídicas constantes do cadastro [a ser feito pelo CNJ]

---

[214] CROSS, Rupert. Op. cit., p. 75 (tradução livre). No original: "any rule of law expressly or impliedly treated by the judge as a necessary step in reaching his conclusion, having regard to the line of reasoning adopted by him".

[215] DUXBURY, Neil. Op. cit., p. 77.

[216] Idem, p. 77-78 (tradução livre). No original: "When, for example, a judge interprets a statute in the process of reaching a decision, the *ratio* is what the judge believes to be the best interpretation of the statute – the judge's ruling, in other words, rather than the legal rule. No doubt judges sometimes will expressly or impliedly treat particular rulings as necessary to particular conclusions; but it is just as likely that they will sometimes treat particular rulings as their preferred means by which to reach those conclusions. Necessity tests, however formulated, provide only inadequate conceptions of the *ratio decidendi*".

conterá, no mínimo, os fundamentos determinantes da decisão e os dispositivos normativos a ela relacionados".

Pois para a conceituação do que sejam, *no direito brasileiro*, os fundamentos determinantes dos padrões decisórios dotados de eficácia vinculante, é preciso ter em conta, em primeiro lugar, que apenas pronunciamentos oriundos de órgãos colegiados podem ter tal eficácia obrigatória. Em razão disso, deve-se considerar que o fundamento determinante de um padrão decisório é aquele que tenha sido acolhido, expressa ou implicitamente, pelo menos na maioria dos votos formadores do acórdão. Neste sentido, vale mencionar a afirmação de Montrose, segundo quem "em um tribunal de cinco juízes, não há *ratio decidendi* do tribunal, a não ser que pelo menos três juízes proponham a mesma *ratio decidendi*".[217]

Evidentemente em um julgamento colegiado só se pode considerar existir algum fundamento determinante da decisão se tal foi acolhido *pelo menos* pela maioria dos integrantes da turma julgadora. E isto leva, necessariamente, a que se tenha de reformular o modo como se dão os julgamentos colegiados no Judiciário brasileiro. É que, tradicionalmente, o que se fez no Brasil foi "somar conclusões de votos", de modo que se reputa majoritário um entendimento quando uma conclusão é manifestada *pelo menos* pela maioria dos votantes.[218] Pode haver, porém, casos em que uma conclusão tenha sido alcançada pela maioria (ou unanimidade) dos integrantes do tribunal, mas os juízes que a hajam sustentado se tenham valido de fundamentos completamente diferentes.

Bom exemplo disso é o que se tem no julgamento, pelo Pleno do STF, do pedido de medida cautelar na ADI 1576, que se deu em 16.04.1997, da relatoria do Min. Marco Aurélio. O acórdão ficou assim ementado:

> Tutela antecipada – Servidores – Vencimentos e vantagens – Suspensão da medida – Prestação jurisdicional. Ao primeiro exame, inexiste relevância jurídica suficiente a respaldar concessão de liminar, afastando-se a eficácia do artigo 1º da Medida Provisória nº 1.570/1997, no que limita o cabimento da tutela antecipada, empresta duplo efeito ao recurso cabível e viabiliza

---

[217] MONTROSE, J. L. *Ratio decidendi* and the House of Lords. *The Modern Law Review*, vol. 20, p. 130, 1957 (tradução livre). No original: "in a five judge court 'there is no *ratio decidendi* of the court unless at least three judges propound the same *ratio decidendi*".

[218] Afinal, como diz Virgílio Afonso da Silva, o procedimento de produção de decisões brasileiro é *purely aggregative*, ou seja, resultado de uma pura e simples votação, em que as conclusões são somadas.

a suspensão do ato que a tenha formalizado pelo Presidente do Tribunal a quem competir o julgamento deste último. Liminar – Prestação jurisdicional antecipada – Caução – Garantia real ou fidejussória. Na dicção da ilustrada maioria, concorrem a relevância e o risco no que o artigo 2º da Medida Provisória nº 1.570/1997 condicionou a concessão da liminar, ou de qualquer medida de caráter antecipatório, à caução, isso se do ato puder resultar dano a pessoa jurídica de direito público. Sentença – Eficácia – Ação civil pública. Em princípio, não se tem relevância jurídica suficiente à concessão de liminar no que, mediante o artigo 3º da Medida Provisória nº 1.570/1997, a eficácia *erga omnes* da sentença na ação civil pública fica restrita aos limites da competência territorial do órgão prolator.

Nesse pronunciamento do STF, votaram pela suspensão de um dos dispositivos legais impugnados (o art. 2º da Medida Provisória nº 1.570/1997) os Ministros Celso de Mello, Maurício Corrêa, Ilmar Galvão, Carlos Velloso, Néri da Silveira e Sepúlveda Pertence. E ficaram vencidos os Ministros Marco Aurélio, Nelson Jobim, Octavio Gallotti, Sydney Sanches e Moreira Alves. Foi proclamado, então, o resultado (seis votos pela suspensão do dispositivo e cinco votos contrários). Ocorre que dos seis votos que compuseram a "maioria" três (os dos Ministros Maurício Corrêa, Carlos Velloso e Néri da Silveira) tiveram por fundamento a incompatibilidade entre a possibilidade de se exigir caução para o deferimento da medida liminar contra o Poder Público e o art. 5º, XXXV, da Constituição da República, enquanto outros três (os dos Ministros Celso de Mello, Ilmar Galvão e Sepúlveda Pertence) tiveram fundamento distinto: o de que a matéria não deveria ter sido objeto de medida provisória, já que lhe faltava o requisito, constitucionalmente exigido, da urgência.[219]

Perceba-se, então, que em um caso como este não há, a rigor, um fundamento determinante. Caso alguém perguntasse "por que o STF suspendeu a eficácia do art. 2º da Medida Provisória nº 1.570/1997", não seria possível responder a tal pergunta com exatidão.

Por tal razão, impende que os órgãos colegiados formem suas decisões de forma dialogal, isto é, promovendo um verdadeiro diálogo entre seus integrantes (o que justificaria o emprego do vocábulo "acórdão" para designar seu pronunciamento). Não se pode mais admitir que se insista na velha técnica, incompatível com um sistema voltado à formação de precedentes (vinculantes ou persuasivos), em que, após o voto do relator, cada um dos outros

---

[219] O inteiro teor do acórdão pode ser consultado em: <http://redir.stf.jus.br/paginadorpub/paginador.jsp?docTP=AC&docID=347137>. Acesso em: 14 fev.. 2016.

integrantes do colegiado passe a proferir seu voto indicando seus próprios fundamentos, muitas vezes completamente distintos dos empregados pelos que se manifestaram anteriormente, limitando-se o presidente da sessão a verificar se as conclusões coincidem. É essencial que, em um julgamento colegiado, cada fundamento do voto do relator seja enfrentado de forma individualizada. E no caso de algum outro integrante do colegiado suscitar algum fundamento que não tenha sido expressamente enfrentado nos votos anteriores, é essencial que se devolva a palavra aos que já haviam votado, para que se pronunciem sobre este novo fundamento. Só assim se terá uma colegialidade verdadeira, e será possível identificar quais fundamentos foram acolhidos (ou rejeitados) por votos suficientes para formar a maioria.[220] Este tema, porém, já foi tratado anteriormente neste estudo.

Diante de um acórdão em que nenhum fundamento tenha sido expressa ou implicitamente acolhido por votos suficientes para formar a maioria, não se pode dizer que se esteja verdadeiramente diante de um precedente (ou de um padrão decisório a ser posteriormente observado). Como afirma Bustamante,

> [e]m um caso como esse não se pode falar em um precedente *da corte* acerca das normas (gerais) adscritas que constituem as premissas normativas adotadas por cada um dos juízes da maioria, embora se possa falar, eventualmente, de uma decisão comum constante na norma individual que corresponde rigorosamente aos fatos do caso e às conclusões adotadas. Apenas há um precedente do *tribunal* em relação às questões que foram objeto de consenso dos seus membros.[221]

É que, não havendo maioria na formação do fundamento determinante do julgamento, "tem-se uma decisão despida de *discoverable ratio*, e, portanto, *não vinculante* no que concerne à solução dada ao caso".[222]

Só se pode, portanto, considerar vinculante o fundamento que tenha, no acórdão, sido acolhido – expressa ou implicitamente – por um número de votos suficiente para formar a maioria. Este (ou estes, no caso de haver mais de um) será o fundamento determinante daquele padrão decisório, e

---

[220] Sobre este ponto, seja permitido remeter a: CÂMARA, Alexandre Freitas. O Novo CPC e os julgamentos colegiados cit., *passim*. Combatendo a "pseudocolegialidade", NUNES, Dierle. É preciso repensar o modo como os tribunais vêm atuando. Disponível em: <http://www.conjur.com.br/2014-jun-11/dierle-nunes-preciso-repensar--modo-tribunais-atuam>. Acesso em: 14 fev. 2016.

[221] BUSTAMANTE Thomas da Rosa de. *Teoria do precedente judicial* cit., p. 272.

[222] CRUZ E TUCCI, José Rogério. *Precedente judicial como fonte do direito*. São Paulo: RT, 2004. p. 178.

será empregado posteriormente em casos idênticos àquele que tenha gerado o aludido padrão.

É a *ratio decidendi* do padrão decisório, portanto, que precisa ser examinada nas decisões judiciais que, posteriormente, vierem a aplicá-lo. Daí o disposto no inc. V do art. 489, § 1º, do CPC/2015 ("[n]ão se considera fundamentada qualquer decisão judicial, seja ela interlocutória, sentença ou acórdão, que [se] limitar a invocar precedente ou enunciado de súmula, sem identificar seus fundamentos determinantes nem demonstrar que o caso sob julgamento se ajusta àqueles fundamentos"). E isto reafirma algo que vem sendo dito ao longo deste estudo: o precedente é um *principium* argumentativo. Como afirma Edward Re,

> [é] preciso compreender que o caso decidido, isto é, o precedente, é quase universalmente tratado como apenas um *ponto de partida*. Diz-se que o caso decidido estabelece um *princípio*, e ele é na verdade um *principium*, um começo, na verdadeira acepção etimológica da palavra. [Um] princípio é uma suposição que não põe obstáculo a maiores indagações. Como ponto de partida, o juiz no sistema do *common law* afirma a pertinência de um princípio extraído do precedente considerado pertinente. Ele, depois, trata de aplicá-lo moldando e adaptando aquele princípio de forma a alcançar a realidade da decisão do caso concreto que tem diante de si. O processo de aplicação, que resulte numa expansão ou numa restrição do princípio, é mais do que apenas um verniz; representa a contribuição do Juiz para o desenvolvimento e evolução do Direito.[223]

A afirmação final de Edward Re no trecho citado remete diretamente à metáfora do *romance em cadeia*, de Ronald Dworkin,[224] e isto deixa claro que a fixação de um padrão decisório dotado de eficácia vinculante não pode ser visto como o "fim da história", mas como um *principium* a partir do qual se desenvolverá, na apreciação dos casos seguintes, a história institucional da matéria nele enfrentada. Daí concordar-se com Nunes e Bahia quando afirmam que um dos principais equívocos na análise da tendência de utilização dos precedentes no Brasil seria "a credulidade exegeta [de que] o padrão formado [representa] o fechamento da discussão jurídica, quando se sabe que [o] precedente é um *principium* argumentativo".[225]

---

[223] RE, Edward. Op. cit., p. 48.

[224] DWORKIN, Ronald. *Uma questão de princípio*. Op. cit., p. 235-242.

[225] NUNES, Dierle; BAHIA, Alexandre. Formação e aplicação do direito jurisprudencial: alguns dilemas. *Revista TST*, Brasília, vol. 79, n. 2, p. 124, 2013.

5.6 OS ELEMENTOS NÃO VINCULANTES DOS PRECEDENTES: *OBITER DICTA* OU FUNDAMENTOS NÃO DETERMINANTES E EMENTA

Estabelecido o modo pelo qual se determina quais são os fundamentos determinantes (*rationes decidendi*) dos padrões decisórios, tudo o mais que em sua fundamentação se encontrar será *obiter dictum*, isto é, *fundamento não determinante*. Aí se incluem os fundamentos não acolhidos (expressa ou implicitamente) por um número de votos que seja suficiente para formar a maioria do colegiado. Mas aí se incluem também aqueles empregados pelos juízes que tenham prolatado votos vencidos (os quais, nos termos do disposto no art. 941, § 3º, constituem parte integrante do acórdão para todos os fins legais).

Não só isto, porém. Mesmo nos votos que compuseram a maioria (ou a unanimidade), podem ser encontrados *obiter dicta*. É que assim devem ser considerados aqueles argumentos de reforço, que não são essenciais para servir de base à conclusão alcançada. Afinal, muitas vezes poderá acontecer de os integrantes do colegiado, para reforçarem suas fundamentações, apresentarem argumentos que não são necessários para o julgamento do caso concreto. Pense-se, por exemplo, em um acórdão em que se tenha julgado uma causa tributária, tendo o tribunal decidido pela inexistência da obrigação tributária por ter sido o tributo cobrado no mesmo exercício financeiro em que publicada a lei que o instituiu (violando-se, assim, o disposto no art. 150, III, *b*, da Constituição da República). Pois nada impediria que dos votos constasse ainda um argumento do tipo "e ainda que assim não fosse, o fato gerador, na hipótese, seria a aquisição de papel destinado à impressão de jornais, o que viola o art. 150, VI, *d*, da Constituição Federal". Ora, facilmente se percebe que, no caso concreto, isto é mero argumento de reforço, e sua retirada da fundamentação da decisão não alteraria a conclusão a que se chegou. Pois isto deve ser considerado mero *obiter dictum*, e não tem qualquer autoridade como padrão decisório, ainda que possa ser invocado como fundamento dotado de uma autoridade equivalente, por exemplo, à de um trabalho doutrinário.[226]

---

[226] WAMBAUGH, Eugene. Op. cit., p. 19: "No *dictum* is authority of the highest sort. [Nevertheless], some weight is very properly given to a *dictum*, a weight similar to that assigned to the sayings of learned text-writers; and in this sense a *dictum* is authority" (em tradução livre: "Nenhum *dictum* tem autoridade da mais alta espécie. [Não obstante isso], algum peso é muito apropriadamente dado a um *dictum*, um peso similar ao atribuído às afirmações de sábios escritores; e neste sentido um *dictum* tem autoridade").

Outro elemento que não integra o precedente é a ementa do acórdão. Já se teve oportunidade de demonstrar, em passagem anterior deste estudo, que é frequente a mera invocação de ementas na fundamentação de decisões proferidas pelos órgãos jurisdicionais brasileiros. Sobre a ementa, vale lembrar a lição de Barbosa Moreira:

> Consiste a ementa no enunciado sintético da tese jurídica (ou das várias teses jurídicas) esposada(s) no julgamento. É útil por mais de um aspecto: permite a rápida identificação do tema versado e da posição adotada a respeito, simplifica a consulta da jurisprudência e favorece a aplicação das técnicas de armazenamento de dados, hoje tão importantes. [A] redação da ementa é tarefa mais delicada do que à primeira vista parece: nem sempre constitui fácil empresa resumir sem desfigurar. O relator há de esforçar-se por captar a verdadeira substância da decisão, traduzindo-a em fórmula concisa, que permita apreensão imediata. Não deve escamotear as possíveis singularidades da espécie, nem, por outro lado, perder-se na catalogação de aspectos acidentais e irrelevantes. É inútil a mera reprodução de textos legais; inadequada, a enunciação de simples fatos – *v.g.*, a afirmação de que "a jurisprudência se orienta em tal sentido", o que a rigor nada revela daquilo que o órgão julgador entendeu *in casu*. [Há] grande perigo em ementa redigida com má técnica: o de criar um falso "precedente", despistando os estudiosos da matéria e – máxime quando se trata de acórdão de tribunal superior – exercendo sobre outras decisões um tipo de influência que o teor autêntico do julgamento não abonaria.[227]

Veja-se, por exemplo, um caso encontrado em pesquisa realizada no sítio eletrônico do Tribunal de Justiça do Distrito Federal e Territórios.[228] A ementa do acórdão teve o seguinte teor:

> Civil e processual civil. Revisional de contrato de consórcio. Prazo para devolução dos valores pagos. Cláusula abusiva. Taxa de administração. Não limitação. Honorários. Sucumbência recíproca.
>
> 1. O art. 47 do Código de Defesa do Consumidor especifica que as cláusulas contratuais serão interpretadas de maneira mais favorável ao consumidor, havendo ambiguidade não pode ser adotada a interpretação que for mais gravosa ao aderente.

---

[227] BARBOSA MOREIRA, José Carlos. *Comentários ao Código de Processo Civil [de 1973]* cit., p. 709.

[228] BRASIL. TJDFT, 1ª Câm.Cív., AgRg na AR 20130020289472ARC, Rel. Des. Sebastião Coelho, j. em 10.02.2014.

2. Os embargos de declaração não se prestam à rediscussão do mérito da causa. Portanto, não sendo demonstradas nos embargos a omissão, contradição ou obscuridade, necessárias à sua oposição, a rejeição é medida que se impõe.

3. Embargos rejeitados.

Tal ementa ali foi inserida, certamente, por engano. O acórdão proferido pela Primeira Câmara Cível do TJDFT nesse caso versava sobre uma ação rescisória destinada a impugnar pronunciamento oriundo de processo que teve por objeto o reconhecimento de uma união estável. Isto foi corrigido em sede de embargos de declaração, tendo-se determinado que a ementa fosse substituída pela seguinte:

> Ação rescisória. Documento novo. Art. 485 VII do CPC [1973]. Indeferimento da inicial. Agravo regimental.
>
> 1. A ação rescisória é via excepcional de relativização da coisa julgada, sendo cabível apenas nas hipóteses previstas no rol restritivo do artigo 485 do CPC.
>
> 2. O inciso VII do artigo 485 do CPC [1973], invocado como fundamento para a propositura do caso em exame, prevê a possibilidade de rescisão da sentença de mérito transitada em julgado quando "depois da sentença, o autor obtiver documento novo, cuja existência ignorava, ou de que não pôde fazer uso, capaz, por si só, de lhe assegurar pronunciamento favorável", hipótese não caracterizada na espécie.
>
> 3. A ação rescisória não se caracteriza como meio para oportunizar uma segunda chance de produção de provas àquele que dela não fez uso no juízo *a quo*, quando já se fazia viável a utilização dos documentos apresentados nesta via excepcional.
>
> 4. Agravo Regimental desprovido.

No *site* do Tribunal de Justiça do Distrito Federal, porém, a correção não foi feita, e quem empreender uma pesquisa naquele tribunal correrá o sério risco de, a se limitar à leitura das ementas e sem consultar o inteiro teor dos acórdãos, invocar um "precedente" sobre revisão de contrato de consórcio que é, na verdade, um julgamento sobre cabimento de ação rescisória fundada em prova nova. Daí a importância da advertência de Nunes e Bahia:

> Os juízes, assim, devem estar vinculados somente por fundamentos confiáveis sobre questões jurídicas que aparecem nas decisões, não podendo haver o contentamento do sistema apenas com o dispositivo ou a ementa das decisões judiciais: citar ementa não é trabalhar com precedentes,

da mesma forma que citar Súmula diz pouco sobre a *ratio decidendi* ali contida, se não são trazidos os casos e os debates que lhe deram origem.[229]

Trabalhar com precedentes exige a análise dos fundamentos determinantes (e, para isto, é preciso distingui-los dos elementos não vinculantes do pronunciamento judicial) para usá-lo como *principium* argumentativo, confrontando o caso julgado no precedente com o caso posteriormente submetido à apreciação, a fim de verificar se é ou não legítima a aplicação do padrão decisório anteriormente fixado no caso novo que agora deve ser decidido. E isto não se faz com a mera alusão a ementas (ou a enunciados de súmula). É preciso fazer um exame do inteiro teor do precedente (ou, no caso de enunciado de súmula, dos casos que lhe tenham dado origem) para se poder verificar se as circunstâncias que lá estavam presentes se manifestam, também, no caso a ser posteriormente julgado. Não fazer isto é trabalhar equivocadamente com os padrões decisórios (sejam eles vinculantes ou argumentativos) ou, mais propriamente, não fazer isto é *não trabalhar com padrões decisórios*.

Até aqui, dedicou-se este estudo à análise da formação dos padrões decisórios vinculantes, buscando demonstrar que sua legitimidade constitucional depende não só da observância de um procedimento que se desenvolve por um contraditório subjetivamente ampliado (com a participação de *amici curiae*, ou com a realização de audiências públicas, por exemplo), mas também por meio de uma colegialidade comparticipativa capaz de permitir efetiva deliberação dos tribunais acerca dos temas que constam dos padrões a serem formados. Nem todo padrão decisório, porém, é dotado de eficácia vinculante. Há padrões decisórios (precedentes ou enunciados de súmula) meramente argumentativos, sobre os quais é preciso também tratar. É o que se faz a seguir.

5.7 PADRÕES DECISÓRIOS NÃO VINCULANTES (ARGUMENTATIVOS OU PERSUASIVOS) E ÔNUS ARGUMENTATIVO

Além dos padrões decisórios vinculantes, já examinados, há – como dito – padrões decisórios que não são dotados de eficácia vinculativa. São os *padrões decisórios persuasivos* (ou argumentativos). Tal eficácia, vale registrar, é a que tradicionalmente se reconheceu aos precedentes e enunciados de súmula no direito brasileiro. Assim é que, por exemplo, José Rogério Cruz e

---

[229] NUNES, Dierle; BAHIA, Alexandre Melo Franco. Precedentes no CPC-2015: por uma compreensão constitucionalmente adequada do seu uso no Brasil. In: MACÊDO, Lucas Buril de; PEIXOTO, Ravi; FREIRE Alexandre (org.); DIDIER JR. Fredie (coord.). *Novo CPC – Doutrina selecionada.* Salvador: JusPodivm, 2015. vol. 2, p. 735.

Tucci escreveu, em texto publicado sob a égide do Código de Processo Civil de 1973, que "os precedentes judiciais constituem valioso subsídio que auxilia a hermenêutica de casos concretos, embora careçam de eficácia vinculante".[230]

Pois mesmo com a entrada em vigor do Código de Processo Civil de 2015 é preciso reconhecer que existem padrões decisórios que não são dotados de eficácia vinculante. É o que se dá, por exemplo, com os enunciados de súmula (não vinculante) do STF e do STJ, mencionados no inc. IV do art. 927 do CPC, ou com a "orientação do plenário ou do órgão especial" dos tribunais (art. 927, V). É preciso, porém, compreender a razão de não haver, nesses casos, eficácia vinculante e, além disso, impende saber como se manifesta a eficácia persuasiva (ou, em outros termos, é preciso saber como deve funcionar, na prática decisória, a eficácia persuasiva de um padrão decisório).

Em primeiro lugar, então, é preciso reafirmar que o mero fato de um padrão decisório estar inserido no rol contido no art. 927 do CPC/2015 não é suficiente para lhe atribuir eficácia vinculante.[231] A eficácia vinculante de *alguns* padrões decisórios não provém do fato de estarem no art. 927 do CPC/2015, mas do regime próprio de cada um desses padrões decisórios. Ocorre que não existe, para os enunciados de súmula (art. 927, IV) e para as orientações do plenário ou órgão especial dos tribunais (art. 927, V), qualquer disposição que se possa ter por análoga às que se encontram nos arts. 102, § 2º, e 103-A da Constituição da República (para as decisões definitivas proferidas em processos de controle concentrado de constitucionalidade e para os enunciados de súmula vinculante), ou nos arts. 947, § 3º, 985, II, e 1.040 do CPC/2015 (aplicáveis ao incidente de assunção de competência, ao incidente de resolução de demandas repetitivas e ao julgamento de recursos repetitivos, respectivamente).

Os padrões decisórios persuasivos (ou argumentativos) não têm, portanto – e nem poderiam ter – eficácia vinculativa. É que na sua elaboração não se observa procedimento caracterizado pela ampliação do contraditório que se vê naqueles outros procedimentos, já examinados, de construção de padrões decisórios vinculantes. Ali não há exigência de obrigatória abertura para a participação de interessados ou *amici curiae*, ou para a realização de

---

[230] CRUZ E TUCCI, José Rogério. Parâmetros de eficácia e critérios de interpretação do precedente judicial. In: WAMBIER, Teresa Arruda Alvim (coord.). *Direito jurisprudencial*. 1. ed. 2. tir. São Paulo: RT, 2012. p. 113.

[231] Vale lembrar, com Lenio Streck, que "o CPC fala que juízes e tribunais 'observarão'. Não há a palavra 'vinculação'" (STRECK, Lenio Luiz. Crítica às teses que defendem o sistema de precedentes – Parte III. Disponível em: <http://www.conjur.com.br/2016--set-29/senso-incomum-critica-teses-defendem-sistema-precedentes-parte-ii>. Acesso em: 11 nov. 2016).

Cap. 5 · FORMAÇÃO DE PADRÕES DECISÓRIOS A PARTIR DO PRINCÍPIO DO CONTRADITÓRIO | 283

audiências públicas. É certo que tal abertura até *pode* acontecer. Não seria possível, porém, exigir que antes do emprego de um padrão decisório como esses se exigisse dos sujeitos do processo posterior que pesquisassem o modo como se desenvolveu o procedimento de construção do padrão decisório a fim de verificar se houve ou não, ali, oportunidade de expansão do contraditório capaz de legitimar constitucionalmente a eficácia vinculante do padrão decisório que se tenha formado. Não se pode, portanto, reconhecer eficácia vinculante a tais padrões decisórios.

Disto não resulta, porém, que eles possam ser simplesmente ignorados. É que, mesmo não tendo eficácia formalmente vinculante, os padrões decisórios têm de ser observados na construção de futuras decisões como forma de se cumprir os deveres de uniformidade, coerência e integridade da atividade jurisdicional a que se refere o art. 926 do CPC/2015.[232]

Como determina a lei processual, e não poderia mesmo ser diferente, os órgãos jurisdicionais (não só os tribunais, como se lê no texto normativo, mas todos os órgãos, inclusive os de primeira instância)[233] têm o *dever* de uniformizar sua jurisprudência e de a manter estável, íntegra e coerente. Pois se é assim, então não é admissível, pois violaria tal comando, que os juízes e tribunais simplesmente ignorem os padrões decisórios a que se referem os incisos IV e V do art. 927 do CPC/2015 (enunciados das súmulas do STF em matéria constitucional e do STJ em matéria infraconstitucional; orientações do Plenário ou Órgão Especial dos tribunais), como se tais padrões não existissem. A inexistência de eficácia vinculante aqui deve ser compreendida, pois, não como uma *liberdade decisória plena* (que não existe), mas como uma afirmação da possibilidade de se admitir como correta uma decisão que não aplica aquele padrão decisório, mas com ele dialoga.

Perceba-se, para clareza do discurso, que não se trata aqui de distinção (*distinguishing*) ou superação (*overruling*), mas de um afastamento do entendimento fixado como fundamento determinante do padrão decisório. Em outros termos, nos casos previstos nos incisos IV e V do art. 927 poderá o órgão jurisdicional, reconhecendo a existência do padrão decisório, decidir de forma diferente.

---

[232] E por tal razão seria até possível – embora não seja esta a opção deste estudo – falar-se aqui em uma "vinculatividade fraca", em contraposição a uma "vinculatividade forte" dos padrões decisórios *verdadeiramente vinculantes*.

[233] Afinal, não haveria qualquer lógica em se considerar que um juízo de primeiro grau possa decidir a mesma matéria de maneiras diferentes, modificando seu entendimento sobre o tema o tempo todo, por não estar jungido ao dever jurídico de estabilidade a que se refere o art. 926 do CPC.

É que uma vez fixado um padrão decisório, ainda que não vinculante, juízes e tribunais deverão levá-lo em conta, e decidir aplicando seus fundamentos determinantes, *salvo quando houver algum argumento novo, ainda não submetido a discussão no tribunal superior.*[234] Não se pode, pois, admitir que o órgão jurisdicional decida com base em entendimento já rejeitado pelos tribunais quando já houver sido fixado algum daqueles padrões decisórios a que se referem os incisos IV e V do art. 927. Isto violaria os deveres de estabilidade, coerência e integridade da atividade jurisdicional. Em outros termos, uma decisão que simplesmente ignorasse o fato de que certo fundamento já foi rejeitado anteriormente pelos tribunais, e o repetisse como se nada tivesse acontecido, desrespeitaria a história institucional da matéria, não se inserindo adequadamente no "romance em cadeia" que acerca do tema vem sendo produzido.[235]

Havendo, porém, fundamento novo, que jamais tenha sido apreciado pelo tribunal, caberá ao órgão jurisdicional, demonstrando o ineditismo do fundamento que agora invoca – e, portanto, dialogando com os padrões decisórios já existentes – proferir decisão que chega a resultado distinto.

Perceba-se, então, a diferença entre o que acontece quando existe um padrão decisório vinculante e quando há padrão decisório não vinculante: fixado o padrão decisório vinculante (por exemplo, um enunciado de súmula vinculante), caberá ao órgão jurisdicional vinculado confrontar as circunstâncias do caso que deu origem àquele padrão decisório com as do caso posteriormente submetido à apreciação. Sendo análogas tais circunstâncias, o novo caso será necessariamente decidido com aplicação dos mesmos fundamentos determinantes do padrão decisório já fixado (ainda que haja, sobre a matéria, argumentos novos, que o tribunal responsável pela criação do padrão decisório vinculante jamais tenha apreciado). Ao órgão jurisdicional vinculado só será possível afastar-se do padrão decisório vinculante quando ficar demonstrado que os casos são diferentes (distinção ou *distinguishing*) ou que o próprio tribunal responsável pela edição do padrão decisório vinculante já não o aplica mais (superação ou *overruling*).[236]

---

[234] O autor deste trabalho defendeu este entendimento pela primeira vez em trabalho publicado em 2003: CÂMARA, Alexandre Freitas. Exercício impessoal da jurisdição civil. *Revista da EMERJ*, vol. 6, n. 24, p. 181, 2003.

[235] Sobre o romance em cadeia, DWORKIN, Ronald. *Uma questão de princípio* cit., p. 235-238.

[236] Mas é legítimo, nesses casos, que o juiz se valha da técnica da ressalva de entendimento, o que pode servir até mesmo como fornecimento de subsídios para uma futura superação do padrão decisório vinculante anteriormente fixado. Registre-se, a

Já no caso de se ter um padrão decisório não vinculante (como os enunciados de súmula do STF em matéria constitucional e do STJ em matéria infraconstitucional), será legítimo que o órgão jurisdicional a que se tenha submetido caso posterior, demonstrando na fundamentação do julgado que está a valer-se de um argumento não examinado quando da fixação do padrão decisório e, portanto, com ele dialogando necessariamente, afaste-se dos fundamentos determinantes daquele padrão decisório e decida de modo diverso.

Vale frisar que isto não afronta os deveres de coerência e integridade, uma vez que a nova decisão, que se afasta do padrão decisório anteriormente fixado, terá necessariamente de levar em conta aquele padrão, demonstrando respeito à história institucional das decisões judiciais acerca da matéria. E se deve insistir em ponto essencial: o órgão jurisdicional inferior ao que fixou um padrão decisório não vinculante só pode decidir de modo diverso daquele que se estabeleceu quando demonstrar que a nova decisão é baseada em argumentos não explorados quando da fixação do padrão decisório. Isto, aliás, certamente servirá como mecanismo de facilitação do acesso do novo processo ao tribunal responsável pela fixação daquele padrão decisório não vinculante, que poderá – diante do exame que agora se fará dos novos argumentos, anteriormente não enfrentados – até mesmo superar o padrão que inicialmente fixara. Vê-se, pois, que a decisão que se afasta de um padrão decisório não vinculante tendo com ele dialogado é um legítimo novo capítulo do romance em cadeia que se produz por pronunciamentos que respeitam a história institucional da matéria que vem de ser decidida.

Resulta do quanto vem sendo dito, pois, um especial ônus argumentativo[237] para o órgão jurisdicional que, ao analisar um caso para o qual já exista

---

propósito, que há resolução do CNJ que expressamente estabelece que o emprego da técnica da ressalva de entendimento deve ser levada em conta pelos tribunais quando da análise do merecimento do magistrado para fins de promoção (Resolução nº 106/2010 do CNJ, em cujo art. 10, parágrafo único, se lê que "[a] disciplina judiciária do magistrado, aplicando a jurisprudência sumulada do Supremo Tribunal Federal e dos Tribunais Superiores, com registro de eventual ressalva de entendimento, constitui elemento a ser valorizado para efeito de merecimento, nos termos do princípio da responsabilidade institucional, insculpido no Código Ibero-Americano de Ética Judicial (2006)").

[237] Usa-se, neste trabalho, a expressão "ônus argumentativo" por ser ela de emprego comum quando se trata da situação aqui descrita. Impende ter claro, porém, que não se está, aí, diante de um ônus no sentido estrito do termo, mas de um *dever jurídico*: o dever do órgão jurisdicional de fazer o confronto de que se cuida no texto. E se deve considerar que a inobservância deste dever acarreta a nulidade da decisão judicial por violação do disposto nos arts. 926 e 489, § 1º, VI, do CPC/2015.

um padrão decisório não vinculante, decide de modo diverso do que fora "padronizado": o de confrontar o novo caso com aqueles que deram origem ao padrão decisório e demonstrar que o argumento que agora se emprega não foi examinado (e rejeitado) pelos pronunciamentos que levaram à fixação daquele padrão.

Dito em outros termos: sempre que se submeter a um órgão jurisdicional um caso a que seja aplicável um padrão decisório argumentativo, não vinculante (que são, como visto, os padrões decisórios indicados nos incs. IV e V do art. 927 do CPC/2015), caberá ao órgão julgador, na decisão que profira, aplicar o padrão ou, demonstrando que existem argumentos que não foram levados em consideração na construção daquele padrão decisório, neles se basear para decidir de forma distinta daquela que o padrão estabeleceu.

É preciso, agora, examinar as situações em que legitimamente se promoverá a distinção ou a superação de padrões decisórios vinculantes, o que também exigirá a observância de pressupostos necessários à sua conformidade constitucional. Passa-se, assim, ao último capítulo deste estudo.

Capítulo 6

APLICAÇÃO DOS PADRÕES DECISÓRIOS A PARTIR DO PRINCÍPIO DO CONTRADITÓRIO E DA EXIGÊNCIA DE DELIBERAÇÃO QUALIFICADA

6.1 A DISTINÇÃO: MANIFESTAÇÃO DO PADRÃO DECISÓRIO COMO *PRINCIPIUM* ARGUMENTATIVO (OU "SOBRE COMO APLICAR O PADRÃO DECISÓRIO")

Como já foi dito em passagem anterior deste estudo, precedentes (ou quaisquer outros padrões decisórios, como os enunciados de súmula) não podem ser vistos como o "fim da história", isto é, como o encerramento da história institucional da resolução das questões neles versadas. Este, aliás, tem sido um dos principais equívocos na análise da tendência ao uso de precedentes (ou de outros tipos de padrão decisório) no Direito brasileiro.[1]

É que, conforme aponta Abboud, "não há aplicação mecânica ou subsuntiva na solução dos casos mediante a utilização do precedente judicial. Do contrário, não será decisão por precedente".[2] E é exatamente por isso que se deve reforçar a ideia, consagrada na tradição de *common law*, de que o precedente (assim como o enunciado de súmula) é um *principium*.[3]

---

[1] NUNES, Dierle. Novo CPC consagra concepção dinâmica do contraditório cit., passim, merecendo destaque o seguinte trecho: "Não se pode olvidar um dos principais equívocos na análise da tendência de utilização dos precedentes no Brasil, qual seja, a credulidade exegeta (antes os Códigos, agora os julgados modelares) que o padrão formado (em RE, *v.g.*) representa o fechamento da discussão jurídica, quando se sabe que, no sistema do *case law*, o precedente é um *principium* argumentativo. A partir dele, de modo discursivo e profundo, verificar-se-á, inclusive com análise dos fatos, se o precedente deverá ou não ser repetido (aplicado)".

[2] ABBOUD, Georges. *Discricionariedade administrativa e judicial* cit., p. 311.

[3] RE, Edward. Op. cit., p. 48.

Não se pode, então, cogitar da aplicação dos padrões decisórios sem levar em conta que a atividade de interpretação se desenvolve, necessariamente, em três etapas: "pré-interpretativa", interpretativa e pós-interpretativa.[4] Na etapa "pré-interpretativa" são identificados as regras e os padrões que fornecem o conteúdo experimental da prática, exigindo-se aí grande consenso se se espera que a atividade interpretativa renda frutos, de modo que as classificações nessa etapa estabelecidas devem ser vistas como um dado na reflexão e argumentação. Esta é, então, etapa que pode ser abstraída.[5]

Na etapa interpretativa, os intérpretes se concentram numa justificativa geral para os principais elementos da prática identificada na etapa "pré-intepretativa", de modo a permitir a argumentação sobre a conveniência ou não de se buscar uma prática com essa forma geral. Essa justificativa deve ajustar-se o suficiente para que os intérpretes possam ver-se como quem *interpreta* essa prática, não como quem *inventa uma nova prática*.[6]

Por fim, na etapa pós-interpretativa, busca-se ajustar a ideia daquilo que a prática realmente exige para melhor servir à justificativa aceita na etapa interpretativa.[7]

Vem daí, então, a necessidade de se excluir qualquer possibilidade de aplicação automática, subsuntiva, dos padrões decisórios, sendo fundamental não só sua interpretação (que não pode partir de um grau zero de sentido, já que não se estará aí a inventar algo novo, mas na interpretação do padrão decisório anteriormente estabelecido), mas na exigência de uma etapa pós-interpretativa, em que se vai ajustar o resultado da interpretação do padrão decisório às circunstâncias do novo caso sob apreciação no processo posterior. É daí, também, que surge a necessidade de se promover um diálogo hermenêutico para a aplicação dos padrões decisórios, com os sujeitos do processo atuando de modo comparticipativo na construção do resultado que advirá dessa aplicação. Afinal, "[o] diálogo hermenêutico acontece na relação entre parceiros, não com espectadores passivos, interlocutores indiferentes

---

[4]   DWORKIN, Ronald. *O império do direito* cit., p. 81-82. É do próprio Dworkin a exigência de que a expressão "pré-interpretativa" venha entre aspas, pois aí já acontece alguma atividade de interpretação.

[5]   Idem, p. 81.

[6]   Idem, ibidem. Em outras palavras, e com apoio em Streck, pode-se afirmar aqui que não existe grau zero de sentido (STRECK, Lenio Luiz. Hermenêutica e possibilidades críticas do Direito: ensaio sobre a cegueira positivista. *Revista da Faculdade de Direito da UFMG*, Belo Horizonte, p. 150, 2008).

[7]   DWORKIN, Ronald. *O império do direito* cit., p. 82.

Cap. 6 · APLICAÇÃO DOS PADRÕES DECISÓRIOS A PARTIR DO PRINCÍPIO DO CONTRADITÓRIO 289

ou ditadores".[8] E essa ideia se liga, indissociavelmente, à concepção comparticipativa de processo, em que todos, partes e órgão jurisdicional, atuam juntos, em simétrica paridade, sem qualquer subordinação, na construção do resultado do processo.

Assim sendo, impende estabelecer o modo como, diante de um caso concreto, o órgão jurisdicional deverá trabalhar com o precedente (ou outro padrão decisório), a fim de verificar se é ou não caso de aplicá-lo. E é aí que se manifesta com toda a força o fenômeno da *distinção* (ou, como frequentemente se diz, *distinguishing*, termo de utilização consagrada, mas que deve ser substituído pelo vocábulo "distinção", já que se impõe o emprego de termos integrantes do vernáculo sempre que possível).[9]

Padrões decisórios, tenham eles eficácia vinculante ou meramente persuasiva, são dotados de uma "força gravitacional". Esta "força gravitacional", como afirma Dworkin, "não pode ser apresentada por nenhuma teoria que considere que a plena força do precedente está em sua força de promulgação, enquanto uma peça de legislação". Tal força só pode ser explicada pela necessidade de "tratar os casos semelhantes do mesmo modo".[10] Daí resulta a importância de, diante de um caso concreto ao qual podem ser aplicados os fundamentos determinantes de um padrão decisório anteriormente estabelecido, o juiz ou o tribunal verificar se as circunstâncias que levaram à formação daquele padrão decisório estão ou não presentes neste novo processo. Caso não estejam, torna-se imperioso estabelecer-se a distinção entre os casos e, a partir daí, negar aplicação ao precedente (ou enunciado de súmula).

---

[8] ALVES, Marcos Alexandre; NASRALLA, Patrícia Duarte. O diálogo hermenêutico como condição de possibilidade do filosofar. Disponível em: <http://pibid.unifra.br/wp-content/filosofia/ANEXO%206%20-%20O%20DI%C3%81LOGO%20HERMEN%C3%8AUTICO%20COMO%20CONDI%C3%87%C3%83O%20DE%20POSSIBILIDADE%20DO%20FILOSOFAR.pdf>. Acesso em: 14 jul. 2017.

[9] Sobre o ponto, vale lembrar a precisa lição de José Carlos Barbosa Moreira: "Os comentários à Constituição de 1988 não têm extraído muito do texto do art. 13, mas vale a pena explorar-lhe as virtualidades. Designar um idioma como 'oficial' ou nada significa – conclusão inaceitável – ou só pode significar que se lhe atribui condição jurídica especial, diferente da condição jurídica de quaisquer outros idiomas. Visto que a língua é essencialmente instrumento de comunicação, infere-se com mais facilidade que, no território nacional, o português deve ser considerado o *instrumento de comunicação por excelência*; em outras palavras, a comunicação há de fazer-se prioritariamente nessa língua" (BARBOSA MOREIRA, José Carlos. A ação civil pública e a língua portuguesa. In: MILARÉ, Édis (coord.). *Ação civil pública:* Lei 7.347/1985 – 15 anos. São Paulo: RT, 2001. p. 305.

[10] DWORKIN, Ronald. *Levando os direitos a sério* cit., p. 176.

A distinção entre casos, portanto, não é uma forma de se deixar de aplicar o padrão decisório, mas – ao contrário – uma forma de respeitá-lo, estabelecendo com precisão em que casos seus fundamentos determinantes devem incidir. É que, como ensina Bustamante, a distinção

> pode ser descrit[a] como uma *judicial departure* que se diferencia do *overruling* porque o afastamento do precedente não implica seu abandono – ou seja, sua validade como norma universal não é infirmada –, mas apenas sua não aplicação em determinado caso concreto, seja por meio da criação de uma exceção à norma adscrita estabelecida na decisão judicial ou de uma interpretação restritiva dessa mesma norma, com o fim de excluir suas consequências para quaisquer outros fatos não expressamente compreendidos em sua hipótese de incidência.[11]

Em outros termos, e ainda com apoio em Bustamante, o emprego da técnica da distinção não infirma o precedente ou o enunciado de súmula, que permanece válido, mas não é aplicado no caso concreto, seja por se estabelecer uma distinção ao que ali se fixou, seja por se concluir que as consequências do padrão decisório não podem ser aplicadas a fatos que estejam fora de seu âmbito de incidência.[12] Ou, como afirma Duxbury, "a atividade de distinção deixa a autoridade do precedente imperturbável, pois o tribunal não está declarando que a decisão anterior é direito ruim, mas que é direito bom, mas inaplicável".[13]

Em razão desta necessidade de se verificar, caso a caso, se o padrão decisório anteriormente estabelecido é ou não aplicável, cabe sempre ao órgão jurisdicional, ao proferir uma decisão, *dialogar com o precedente ou enunciado de súmula.*

Característica fundamental dos sistemas que se valem dos precedentes como "fontes do Direito" é a *autorreferência*, a qual pode ser compreendida como "dever de fundamentação específico, pelo qual o magistrado precisa, necessariamente, referir-se ao que foi realizado anteriormente pelos seus pares para decidir adequadamente uma questão similar".[14]

---

[11] BUSTAMANTE, Thomas da Rosa de. *Teoria do precedente judicial* cit., p. 469.

[12] Idem, p. 473.

[13] Duxbury, Neil. Op. cit., p. 114 (tradução livre). No original: "the activity of distinguishing leaves the authority of precedent undisturbed, for a court is declaring an earlier decision not to be bad law, but to be good but inapplicable law".

[14] MACÊDO, Lucas Buril de. O regime jurídico dos precedentes judiciais no Projeto do novo Código de Processo Civil. *Revista de Processo*, São Paulo: RT, vol. 237, p.

Nos ordenamentos jurídicos filiados à tradição do *common law* se pode afirmar que os julgamentos se caracterizam por esta autorreferência, impondo-se que o tribunal "invoque, para acolher ou rejeitar, julgado ou julgados anteriores", de modo que "a fundamentação de uma decisão deve, necessariamente, conter expressa alusão à jurisprudência de tribunal superior ou da própria corte".[15]

Pois esta exigência de diálogo com as decisões anteriores resulta do dever de integridade a que se submetem os tribunais, e que se encontra expressamente previsto no art. 926 do CPC/2015 ("[o]s tribunais devem uniformizar sua jurisprudência e mantê-la estável, íntegra e coerente").

O dever de autorreferência resulta da exigência de integridade das decisões judiciais, o que remete, inevitavelmente, à conhecida metáfora do romance em cadeia (*chain novel*) de Ronald Dworkin.[16] Como afirma aquele autor,

> Ao decidir o novo caso, cada juiz deve considerar-se como parceiro de um complexo empreendimento em cadeia, do qual essas inúmeras decisões, estruturas, convenções e práticas são a história; é seu trabalho continuar essa história no futuro por meio do que ele faz agora. Ele *deve* interpretar o que aconteceu antes porque tem a responsabilidade de levar adiante a incumbência que tem em mãos e não partir em alguma nova direção. Portanto, deve determinar, segundo seu próprio julgamento, o motivo das decisões anteriores, qual realmente é, tomado como um todo, o propósito ou o tema da prática até então.[17]

O dever de autorreferência, portanto, nada mais é do que o dever de respeito à história institucional do tema objeto do padrão decisório (seja um precedente ou outro tipo de padrão, como um enunciado de súmula vinculante). E a exigência de respeito à história institucional é a reivindicação de tratar o Direito com (e como) integridade. Afinal, como o próprio Dworkin afirma,

> [o d]ireito como integridade exige do juiz a decidir um [caso que] pense em si próprio como um autor na corrente do [direito]. Ele sabe que outros juízes decidiram casos que, embora não exatamente iguais ao seu, lidam

---

376, 2014.

[15] CRUZ E TUCCI, José Rogério. *Parâmetros de eficácia e critérios de interpretação...* cit. p. 105.

[16] DWORKIN. *Uma questão de princípio* cit., p. 235-242.

[17] DWORKIN, Ronald. *Uma questão de princípio* cit., p. 238.

com problemas correlatos; ele deve pensar nas suas decisões como parte de uma longa história que ele deve interpretar e então continuar, de acordo com seu próprio julgamento sobre como fazer a história desenvolver-se da melhor maneira possível.[18]

Por ser a distinção um mecanismo destinado a determinar a correta aplicação dos padrões decisórios, o Código de Processo Civil de 2015, ao tratar da exigência de fundamentação analítica dos pronunciamentos judiciais, expressamente estabelece não se poder considerar fundamentada a decisão judicial quando esta "se limitar a invocar precedente ou enunciado de súmula, sem identificar seus fundamentos determinantes nem demonstrar que o caso sob julgamento se ajusta àqueles fundamentos" (art. 489, § 1º, V) ou quando o pronunciamento "deixar de seguir enunciado de súmula, jurisprudência ou precedente invocado pela parte, sem demonstrar a existência de distinção no caso em julgamento ou a superação do entendimento" (art. 489, § 1º, VI).

Não há, na doutrina que se produziu acerca da exigência de fundamentação analítica das decisões judiciais a partir do Código de Processo Civil de 2015, qualquer dúvida sobre a relação entre esses dois incisos que foram incluídos no texto normativo do Código e a exigência de se empregar a distinção como método de aplicação dos precedentes. Tome-se, como exemplo deste entendimento, a afirmação de Jaldemiro Rodrigues de Ataíde Júnior:

> Os incisos V e VI, do § 1º, do art. 489, do CPC/2015, – [ao] estabelecerem que não se considera fundamentada a decisão que "se limitar a invocar precedente ou enunciado de súmula, sem identificar seus fundamentos determinantes nem demonstrar que o caso sob julgamento se ajusta àqueles fundamentos", assim como a que "deixar de seguir enunciado de súmula, jurisprudência ou precedente invocado pela parte, sem demonstrar a existência de distinção no caso em julgamento ou a superação do entendimento" – exigem que o magistrado, para aplicar ou deixar de aplicar precedente invocado pela parte, em primeiro lugar, perquira

---

[18] DWORKIN, Ronald. *Law's empire*. Cambridge: Harvard University Press, 1986. p. 238-239 (tradução livre). No original: "Law as integrity asks a judge deciding a [case to] think himself as an author in the chain of [law]. He knows that other judges have decided cases that, although not exactly like his case, deal with related problems; he must think of their decisions as part of a long story he must interpret and then continue, according to his own judgment of how to make the developing story as good as it can be".

sobre a *ratio decidendi* do precedente e, em seguida, realize o devido *distinguishing* (distinção).[19]

No mesmo sentido, Schmitz:

> A legitimação da decisão através da fundamentação é agravada no caso dos precedentes, pois fala-se aqui de uma fundamentação baseada em "outra fundamentação" sendo redobrada a necessidade de exposição concreta do raciocínio jurídico. O "precedente", assim, só poderá ser aplicado quando for efetivamente demonstrado que se trata de casos em que o *legal reasoning* é análogo. [Nesse] contexto é que se inserem os incisos V e VI, do art. 489, § 1º, do Novo CPC. Estipulam regras para que o juiz *aplique* e *deixe de aplicar* "precedentes" de forma conectada ao caso concreto.[20]

É na fundamentação da decisão judicial, portanto, que se fará a distinção entre o precedente e o novo caso sob julgamento, de forma a assegurar que os padrões decisórios só sejam aplicados a casos aos quais se ajustem. E vem daí a relevância de se examinar como se manifestará o princípio do contraditório quanto ao ponto. Afinal, o contraditório não deve ser observado apenas quando da formação, mas também quando da aplicação dos padrões decisórios dotados de eficácia vinculante.

A ligação que aqui se afirma entre a exigência de que a distinção seja apresentada na fundamentação da decisão e a necessidade de observância do contraditório resulta da inequívoca ligação entre o princípio do contraditório e o princípio da fundamentação das decisões judiciais.[21] É que a decisão judicial deve ser compreendida, como afirma Rosemiro Pereira Leal, como "julgamento vinculado ao espaço técnico-procedimental-discursivo do *processo* cognitivo de direitos, como conclusão coextensiva da argumentação das partes".[22]

---

[19] ATAÍDE JÚNIOR, Jaldemiro Rodrigues de. A fundamentação das decisões judiciais no NCPC e o resgate da categoria da incidência. In: DIDIER JR., Fredie (coord.); MACÊDO, Lucas Buril de; PEIXOTO, Ravi; FREIRE, Alexandre (org.). *Procedimento comum*. Salvador: JusPodivm, 2015. p. 455 (Coleção Novo CPC – Doutrina Selecionada, vol. 2).

[20] SCHMITZ, Leonard Ziesemer. *Fundamentação das decisões judiciais*. São Paulo: RT, 2015. p. 340.

[21] Como afirma Ronaldo Brêtas de Carvalho Dias, existe um "inegável entrelaçamento do princípio do contraditório com o princípio da fundamentação, propiciado pelo devido processo legal" (BRÊTAS, Ronaldo de Carvalho Dias. Op. cit., p. 137).

[22] LEAL, Rosemiro Pereira. *Teoria processual da decisão jurídica*. São Paulo: Landy, 2002. p. 26-27.

Assim, impende ter claro que é preciso submeter ao contraditório eventual aplicação de algum padrão decisório, para que a decisão judicial que o aplica (ou que dele se afasta por força da distinção) seja constitucionalmente legítima.[23]

Para que se possa, então, aplicar a um caso concreto algum padrão decisório é essencial que se submeta previamente às partes a questão referente a ser ele aplicável ou não no caso concreto. Pense-se, por exemplo, em um caso em que pretenda o juízo, de ofício, dar ao caso submetido a julgamento solução construída a partir de um acórdão paradigma, proferido no julgamento de recursos repetitivos (ou qualquer outro procedimento de produção de padrões decisórios dotados de eficácia vinculante). Pois não se poderá, sob pena de violação ao art. 10 do CPC/2015 (ou, em outros termos, violação ao princípio constitucional do contraditório, compreendido como garantia de participação com influência e de não surpresa),[24] empregar esse padrão decisório como *principium* argumentativo, invocando-o na fundamentação da decisão, se sobre ele não se tiver assegurado às partes oportunidade de manifestação. Afinal, é preciso assegurar às partes a possibilidade de demonstrar que certo padrão decisório não é aplicável ao caso submetido à apreciação, apresentando fundamentos para a distinção. Em outros termos, exige-se, sempre, a construção comparticipativa da decisão que aplica um padrão decisório vinculante como *principium* de sua fundamentação.

Como já se pôde ver, o art. 489, § 1º, do CPC/2015, em seus incisos V e VI, prevê a exigência de que o juízo justifique, na fundamentação da decisão, a razão de ter aplicado (ou de ter se afastado do) precedente. E se isto constará da fundamentação da decisão judicial, precisa ser submetido ao prévio contraditório. É que, nos termos do art. 10 do mesmo Código, "[o] juiz não pode decidir, em grau algum de jurisdição, com base em fundamento a respeito do qual não se tenha dado às partes oportunidade de se manifestar, ainda que se trate de matéria sobre a qual deva decidir de ofício". Mas há outra passagem do Código de Processo Civil de 2015 em que se trata expressamente da atividade da parte destinada a promover a distinção. É o que se tem no art. 1.037, § 9º.

Estabelece o *caput* do art. 1.037 do Código que, uma vez selecionados os recursos que serão afetados para julgamento segundo o regime dos

---

[23] O que consta no texto, destaque-se, é mera reafirmação da ideia fundamental segundo a qual o contraditório é a essência do processo (FAZZALARI, Elio. Op. cit., p. 8.

[24] NUNES, Dierle. *Processo jurisdicional democrático* cit., p. 224.

recursos repetitivos, o relator (no STJ ou no STF) proferirá decisão de afetação, em que "determinará a suspensão do processamento de todos os processos pendentes, individuais ou coletivos, que versem sobre a questão e tramitem no território nacional" (inc. II). As partes dos processos suspensos serão intimadas dessa decisão pelo juiz ou relator (art. 1.037, § 8º), e poderão demonstrar distinção entre a questão a ser decidida no processo de que participam e aquela a ser apreciada no recurso especial ou extraordinário repetitivo, a fim de "requerer o prosseguimento do seu processo" (art. 1.037, § 9º).

Em outras passagens, porém, a exigência de contraditório prévio acerca da aplicabilidade de um padrão decisório não está expressa, mas resulta inequivocamente do sistema. É o que se dá no caso da improcedência liminar do pedido (art. 332 do CPC/2015).

Conforme o citado dispositivo legal, "[n]as causas que dispensem a fase instrutória, o juiz, independentemente da citação do réu, julgará liminarmente o pedido que contrariar" enunciado de súmula do STF ou do STJ; acórdão proferido em julgamento de recursos repetitivos; entendimento firmado em incidente de resolução de demandas repetitivas ou de assunção de competência ou enunciado de súmula de tribunal de justiça sobre direito local. Perceba-se que a improcedência liminar não se baseia exclusivamente na aplicação de padrões decisórios dotados de eficácia vinculante, mas também em padrões meramente persuasivos ou argumentativos, como é o caso dos enunciados de súmula dos tribunais estaduais acerca do direito local.[25] Para que se possa, todavia, prolatar a sentença de improcedência liminar com apoio em qualquer desses padrões decisórios, vinculantes ou argumentativos, é essencial que se tenha o prévio contraditório.

Sempre se pode imaginar que o autor, já na petição inicial, tenha se manifestado sobre algum desses padrões decisórios, apresentando argumentação destinada a demonstrar sua inaplicabilidade ao caso concreto. Na hipótese de isto não ter sido feito, porém, caberá ao juiz, antes de proferir sentença, determinar ao autor que se manifeste, expressamente, sobre a aplicabilidade ou não, ao caso, de padrão decisório que cogita invocar como fundamento do julgamento de improcedência liminar.

O entendimento aqui sustentado não encontra apoio em toda a doutrina. Há quem considere que o contraditório pode ser diferido para o momento da

---

[25] E sobre a eficácia argumentativa de alguns padrões decisórios e o ônus argumentativo que se impõe para seu afastamento já se tratou em passagem anterior deste estudo.

apelação. É o que se vê em comentário ao art. 332 do CPC/2015 de autoria de Marinoni, Arenhart e Mitidiero:

> Tendo em conta a extensão adequadamente reconhecida ao direito ao contraditório pelo novo Código (arts. 9º e 10, CPC), alguém poderia imaginar que o julgamento liminar de improcedência não poderia levar em consideração questões sobre as quais o autor não teve a oportunidade de se manifestar. Isso poderia levar à conclusão de que, acaso o autor não tenha se pronunciado sobre a aplicação do precedente, da jurisprudência, da decadência ou da prescrição ao seu caso na petição inicial, teria o juiz de oportunizar que o autor se pronunciasse sobre a aplicação do precedente ou da jurisprudência ao seu caso (viabilizando a demonstração de eventual distinção ainda não realizada que o autor entenda pertinente) ou sobre a decadência do direito ou a prescrição da pretensão. No entanto, como nesse caso a apelação excepcionalmente viabiliza a retratação (art. 332, § 3º, CPC), pode o contraditório ser exercido eficazmente na apelação, inclusive com a possibilidade de o juiz se retratar e reconhecer que o precedente não é aplicável, que a orientação jurisprudencial não alcança o caso, que não há decadência ou prescrição. E é justamente por essa razão que o art. 487, parágrafo único, CPC, dispensa o contraditório prévio no julgamento da improcedência liminar que declara a decadência ou a prescrição – pelas mesmas razões, o contraditório deve também ser dispensado quando houver a invocação de precedente não debatido ou de orientação jurisprudencial não discutida pelo autor na petição inicial.[26]

Neste mesmo sentido manifestou-se Fredie Didier Jr.:

> Essa possibilidade de juízo de retratação é o que garante o respeito ao direito do demandante ao contraditório, que, com as razões da apelação, poderá convencer o juiz do equívoco de sua decisão, inclusive com a possibilidade de demonstrar a distinção do seu caso (art. 489, § 1º, VI, CPC). O juízo de retratação homenageia, também, o princípio da cooperação (art. 6º, CPC), pois permite que o magistrado "ouça" o que tem a dizer o autor sobre a questão. É importante essa observação, notadamente nos casos de improcedência liminar pelo reconhecimento da prescrição, pois o demandante poderá, por exemplo, demonstrar ao magistrado a ocorrência de algum fato que interrompeu ou suspendeu o curso do prazo prescricional. Se não houvesse a possibilidade de juízo

---

[26] MARINONI, Luiz Guilherme; ARENHART, Sergio Cruz; MITIDIERO, Daniel. *Novo Código de Processo Civil comentado*. São Paulo: RT, 2015. p. 354.

de retratação, a improcedência liminar seria inconstitucional, por violar o princípio do contraditório, além de redundar em antinomia com o art. 10 do CPC.[27]

Este não é, porém, o entendimento mais adequado. O contraditório deve ser prévio à prolação da sentença de improcedência liminar, viabilizando-se a possibilidade de o autor influir na formação da decisão judicial. Solução adequada para o tema se encontra em texto de Abboud e Santos:

> A partir de uma leitura sistemática do NCPC, depreende-se um especial cuidado em sua adequação à principiologia constitucional, mormente o contraditório conforme se evidencia na concretização da proibição de decisão surpresa posta no seu art. 10.
>
> Nessa perspectiva, torna-se necessário imprimir essa mesma racionalidade ao art. 332 do NCPC. Se o magistrado, ao vislumbrar uma matéria de ordem pública ou uma das hipóteses de indeferimento da inicial postas no art. 330 do CPC/2015 deve assegurar ao autor ou ao réu (na hipótese do art. 10) a possibilidade de exercer o contraditório previamente ao pronunciamento judicial, consequentemente, com maior razão essa teleologia deve ser conferida durante a aplicação da técnica de julgamento liminar de improcedência.
>
> Ou seja, antes de aplicar o art. 332 do CPC/2015, o juiz deve assegurar ao autor a possibilidade de demonstrar porque sua petição inicial, *v.g.*, não contraria súmula do STF ou súmula do STJ. Somente após essa segunda manifestação do autor é que se poderia cogitar da aplicação da referida técnica de forma constitucionalmente adequada.
>
> O fato de inexistir previsão legislativa determinando que o juiz deva agir dessa forma, não é impeditivo para prevalecer nosso entendimento. Isso porque, nossa construção ocorre a partir de uma interpretação conforme a Constituição do art. 332 para adequar seu sentido aos princípios constitucionais do contraditório e do devido processo legal.
>
> Do contrário, o sistema do NCPC impediria o juiz de extinguir imediatamente a lide quando vislumbrasse matéria de ordem pública e nas hipóteses de indeferimento da petição inicial. Todavia, ele estaria autorizado a realizar a imediata extinção do processo caso estivesse prevista uma das hipóteses do art. 332.[28]

---

[27] DIDIER JR., Fredie. *Curso de direito processual civil* cit., 19. ed., 2017, vol. 1, p. 594.

[28] ABBOUD, Georges; SANTOS, José Carlos van Cleef de Almeida. Comentário ao art. 332. In: WAMBIER, Teresa Arruda Alvim; DIDIER JR., Fredie; TALAMINI,

Pois é exatamente assim que se deve tratar a improcedência liminar. A exigência de que as decisões judiciais sejam *constitucionalmente adequadas*[29] impõe que se interprete o disposto no art. 332 de modo a exigir contraditório prévio à prolação de sentença de improcedência liminar do pedido, sob pena de violar-se o modelo constitucional de processo. Caso tenha o demandante, em sua petição inicial, "dialogado" com o padrão decisório, a fim de demonstrar a distinção, poderá o juiz, desde logo, rejeitando fundamentadamente seus argumentos, proferir a sentença de improcedência liminar. Na hipótese de não ter havido este "diálogo" na petição inicial, porém, deverá o juiz abrir prazo para que o autor se manifeste sobre a aplicabilidade do padrão decisório expressamente apontado pelo magistrado, sob pena de violar-se o princípio constitucional do contraditório entendido como garantia contra decisões surpresa.[30]

O argumento dos defensores da interpretação contrária, de que o contraditório estaria assegurado diante da possibilidade de interposição de apelação que admite juízo de retratação, é inaceitável. É que isto imporia ao autor a necessidade de desincumbir-se de um ônus que não lhe pode ser imposto para ter direito ao contraditório: interpor recurso, cuja admissibilidade exige o preenchimento de uma série de requisitos formais, entre os quais se encontra o recolhimento de custas (art. 1.007 do CPC/2015). É que não se pode reputar admissível, no modelo constitucional de processo brasileiro, estabelecer obstáculos ao exercício do contraditório prévio (ressalvados, apenas, aqueles casos em que este desnaturaria a decisão, como ocorre com as medidas de urgência e da decisão liminar que se profere no procedimento monitório, nos precisos termos do parágrafo único do art. 9º do CPC/2015). Deve-se ter claro que "o [contraditório] e [o] devido processo legal [são] marcos da compreensão institucional do direito e sustentam normativamente o processo, por isso merecem um respeito imponderável".[31]

Eduardo; DANTAS, Bruno (coord.). *Breves comentários ao Novo Código de Processo Civil*. São Paulo: RT, 2015. p. 859-860.

[29] STRECK, Lenio Luiz. O direito de obter respostas constitucionalmente adequadas em tempos de crise do direito: a necessária concretização dos direitos humanos cit., p. 102, *verbis*: "é possível dizer, sim, que *uma interpretação é correta, e a outra é incorreta (ou, se se quiser, adequada ou inadequada em relação à Constituição)*". O pensamento de Streck aqui mencionado, como soa evidente, remete a Dworkin e sua defesa da existência de respostas corretas em Direito já tantas vezes mencionada no presente estudo.

[30] NUNES, Dierle. *O princípio do contraditório* cit., p. 83.

[31] NUNES, Dierle; TEIXEIRA, Ludmila. *Acesso à justiça democrático*. Brasília: Gazeta Jurídica, 2013. p. 174.

Cap. 6 · APLICAÇÃO DOS PADRÕES DECISÓRIOS A PARTIR DO PRINCÍPIO DO CONTRADITÓRIO | 299

Impende, aqui, recordar que "[o] contraditório antecipado possibilita o efetivo diálogo dos sujeitos processuais anterior à formação do provimento", o que torna possível, nos termos do inc. LV do art. 5º da Constituição da República, "que as partes façam valer suas próprias razões em posição de simétrica paridade".[32]

É preciso também considerar a possibilidade de o demandante não ter feito referência ao padrão decisório na sua petição inicial, "dialogando" com ele, por lhe ter parecido absolutamente evidente sua inaplicabilidade ao caso concreto. Neste caso, admitir que se profira sentença de improcedência liminar sem antes assegurar ao autor a oportunidade de se manifestar sobre o emprego, no caso concreto, daquele padrão decisório seria uma inaceitável concessão à possibilidade de prolação de uma decisão-surpresa, o que contraria o disposto no art. 10 do CPC/2015. Este é dado que não pode ser deixado de lado: o fato de não ter o demandante se pronunciado sobre um determinado padrão decisório já em sua petição inicial não pode ser tratado como mero esquecimento ou desconhecimento sobre a matéria, já que é perfeitamente possível que a parte conheça o padrão decisório, mas dele não trate por considerá-lo evidentemente inaplicável. A não se pensar assim, ter-se-á de reconhecer a existência de um absurdo ônus, para todos os demandantes, de demonstrar, em cada petição inicial que se ajuíze no País, a distinção entre o caso submetido ao Judiciário e todos os padrões decisórios já estabelecidos, qualquer que seja a matéria neles tratada, para a eventualidade de o juiz, fazendo uma interpretação equivocada, reputar qualquer deles aplicável ao caso concreto.

Além disso, a ideia segundo a qual se poderia ter contraditório assegurado após a prolação da sentença, por meio da apelação, vai contra o disposto expressamente no *caput* do art. 9º do CPC/2015, por força do qual não se admite a prolação de decisão contrária aos interesses de uma das partes (o que, evidentemente, inclui o demandante) sem que ela tenha sido *previamente ouvida*.[33] Exige, pois, o modelo de processo estabelecido para o Direito brasileiro que se submeta *previamente* ao demandante a questão atinente à aplicabilidade, no caso concreto, de determinado padrão decisório que pode vir a ser empregado como *principium* da sentença de

---

[32] NUNES, Dierle. *O princípio do contraditório*. Op. cit., p. 80.

[33] E é emblemático o emprego, no texto legal, do verbo *ouvir*, não tendo a lei se limitado a estabelecer que a parte poderia, antes da decisão, manifestar-se. Trata-se, evidentemente, de uma referência ao *right to be heard*, direito de ser ouvido, que é manifestação do princípio constitucional do contraditório entendido como garantia de influência na formação da decisão judicial.

improcedência liminar. Por esta razão, não tendo o demandante, em sua petição inicial, já buscado promover a distinção entre aquele padrão decisório e o caso que submete a julgamento, incumbirá ao juiz, verificando a possibilidade de prolação de sentença de improcedência liminar por ser a causa *aparentemente contrária* ao padrão decisório previamente estabelecido, suscitar de ofício a questão, assinando prazo para que o demandante tente promover a distinção. Neste caso, apenas depois de ultrapassado o prazo assegurado ao demandante (tenha ele se manifestado expressamente ou não), poderá ser proferida uma sentença *constitucionalmente legítima* – e, portanto, correta – de improcedência liminar.

Demonstra-se, assim, a necessidade de observância do contraditório prévio – entendida essa garantia como direito de participação com influência e de não surpresa –[34] na aplicação dos precedentes (e outros padrões decisórios dotados de eficácia vinculante), o que se dá tanto nos casos em que a decisão do caso subsequente dá à causa solução idêntica à estabelecida naquele padrão decisório, como nos casos em que se parte do precedente (ou outro padrão decisório) para afastar-se dele (a *judicial departure* de que fala Bustamante).[35]

6.2 TÉCNICAS DE SUPERAÇÃO DO PADRÃO DECISÓRIO

Não é só quando se faz distinção que é necessária a observância do prévio contraditório. Também para os casos de superação do precedente é preciso respeitar aquele princípio constitucional. Este item do estudo será destinado não só à superação (total ou, como se costuma dizer, *overruling*), aqui não se enfrentando, a superação parcial, ou *overriding*, a que se aplicam, *mutatis mutandis*, todas as considerações que no texto acerca da superação total, mas principalmente a demonstrar a necessidade de observância do contraditório prévio à sua realização, como mecanismo de preservação dos padrões decisórios, só se admitindo sua superação quando esta se der de maneira constitucionalmente adequada (ou, o que dá na mesma, quando a superação do padrão decisório for a resposta correta).[36]

---

[34] E sempre é importante recordar, com Bender e Strecker, que a decisão surpresa é um "câncer na administração do Direito" (BENDER, Rolf; STRECKER, Christoph. Op. cit., p. 554, tradução livre). No original: "a cancer on the administration of the law".

[35] BUSTAMANTE, Thomas da Rosa de. *Teoria do precedente judicial* cit., p. 469.

[36] Sobre o ponto, mais uma vez, seja permitido recordar: DWORKIN, Ronald. *Uma questão de princípio* cit., p. 175 e seguintes.

6.2.1 Superação (*overruling*)

Padrões decisórios – sejam eles precedentes propriamente ditos ou outros tipos de padrão, como os enunciados de súmula –, mesmo quando dotados de eficácia vinculante, não são eternos.[37] Sua superação é uma técnica destinada a assegurar a evolução do ordenamento jurídico. É preciso, porém, ter claro que os órgãos jurisdicionais não podem superar os padrões decisórios que tenham estabelecido simplesmente porque querem fazê-lo. Como afirma Duxbury, "se os tribunais pudessem superar precedentes sempre que quisessem não haveria sentido em falar de uma doutrina do *stare decisis*".[38]

Os padrões decisórios dotados, no Direito brasileiro, de eficácia formalmente vinculante (decisões proferidas pelo STF no controle concentrado da constitucionalidade; enunciados de súmula vinculante; acórdãos proferidos em incidente de assunção de competência e em julgamento de casos repetitivos), podem ser superados. O próprio texto do Código de Processo Civil de 2015 o indica ao afirmar, de modo expresso, em algumas passagens, que há padrões decisórios que vinculam salvo "revisão de tese" (como se vê, por exemplo, no art. 947, § 3º, para o julgamento do incidente de assunção de competência, e no art. 985, II, para o acórdão proferido no incidente de resolução de demandas repetitivas).

E o art. 986 do CPC/2015 expressamente estabelece que a revisão da tese jurídica firmada no incidente de resolução de demandas repetitivas se fará *pelo mesmo tribunal*, sendo esta uma regra de competência evidentemente também aplicável aos demais padrões decisórios dotados de eficácia vinculante.[39]

---

[37] Impedir a superação dos precedentes criaria um "engessamento do direito inaceitável" (CÂMARA, Alexandre Freitas. Novo CPC reformado permite superação de decisões vinculantes. Disponível em: <http://www.conjur.com.br/2016-fev-12/alexandre--camara-cpc-permite-superacao-decisoes-vinculantes>. Acesso em: 6 mar. 2016.

[38] DUXBURY, Neil. Op. cit., p. 117 (tradução livre). No original: "if courts could overrule precedents whenever theiy liked it would make no sense to speak of a doctrine of *stare decisis*".

[39] Já dizia Wambaugh, em fins do século XIX, que "contudo, um tribunal tem o poder de superar sua própria decisão; e quando a decisão se mostra irrefletida, contrária às analogias do direito, e injusta, o poder se torna um dever" (WAMBAUGH, Eugene. Op. cit., p. 105, em tradução livre, sendo o seguinte o texto original: "Yet a court has the power to overrule its own decisions; and when the decision is shown to be ill-considered, opposed to the analogies of law, and unjust, the power becomes a duty").

Não poderia mesmo ser diferente. A superação dos padrões decisórios está expressamente mencionada no Código de Processo Civil de 2015 (art. 489, § 1º, VI), e os §§ 2º a 4º do art. 927 fazem alusão explícita à possibilidade de os tribunais de superposição virem a modificar entendimentos estabelecidos em julgamento de casos repetitivos (sendo certo que tal disposição não pode deixar de ser considerada aplicável aos tribunais de segunda instância, reconhecendo-se a possibilidade de alteração de entendimento firmado em acórdãos dotados de eficácia vinculante que deles se tenham originado). E estes dispositivos tão somente indicam a possibilidade de revisão de entendimentos anteriormente estabelecidos, o que, porém, só pode ocorrer se houver razões fortes o suficiente para justificar a superação. Vale aqui lembrar outra lição de Duxbury, segundo a qual "juízes muito frequentemente insistem que, se um precedente está para ser superado, a razão para fazê-lo deve ser especialmente séria ou forte".[40]

Mesmo os precedentes formados no exercício do controle concentrado de constitucionalidade pelo STF podem ser superados. Basta ver que o § 2º do art. 102 da Constituição da República expressamente estabelece que as decisões de mérito proferidas pelo STF em ADI ou ADC produzem "efeito vinculante, *relativamente aos demais órgãos do Poder Judiciário*". Aos demais órgãos, mas não ao próprio STF, que está constitucionalmente legitimado a superar aquelas decisões.

Sobre o ponto, aliás, é expressa a lição de Gilmar Ferreira Mendes:

> De um ponto de vista estritamente material [é] de se excluir uma auto-vinculação do Supremo Tribunal Federal aos fundamentos determinantes de uma decisão anterior, pois isto poderia significar uma renúncia ao próprio desenvolvimento da Constituição, tarefa imanente aos órgãos de jurisdição constitucional.
>
> Todavia, parece importante [que] o Tribunal não se limite a mudar uma orientação eventualmente fixada, mas que o faça com base em uma crítica fundada do entendimento anterior, que explicite e justifique a mudança. Quem se dispõe a enfrentar um precedente, fica duplamente onerado pelo dever de justificar-se.[41]

---

[40] DUXBURY, Neil. Op. cit., p. 117 (tradução livre). No original: "judges quite often insist that, if a precedent is to be overruled, the reason for doing so must be especially serious or strong".

[41] MENDES, Gilmar Ferreira. *Controle abstrato de constitucionalidade...* cit., p. 690.

Esta é opinião que está longe de ser tida por isolada. Veja-se, no mesmo sentido, o que afirma Roger Stiefelmann Leal:

> [C]abe asseverar a inaplicação do efeito vinculante ao Supremo Tribunal Federal. Não bastasse a literalidade da expressão "demais órgãos do Poder Judiciário", não devem os fundamentos determinantes das decisões do Pretório Excelso vincular a ele próprio, pois estar-se-ia renunciando em definitivo ao desenvolvimento jurisprudencial da Constituição, impedindo a adaptação de seu conteúdo em virtude das constantes alterações da realidade social e política do País. De outra parte, caberia ao Supremo Tribunal Federal, na prática, controlar a sua própria observância ao efeito vinculante, ou seja, o controlado e o controlador se confundiriam no mesmo órgão. A irrazoabilidade e a debilidade de tal mecanismo de fiscalização tornam evidente a não incidência do instituto em relação ao Supremo Tribunal Federal.[42]

O STF apreciou a possibilidade de rever entendimento anteriormente fixado em julgamento de processo de controle concentrado de constitucionalidade ao julgar a Reclamação 4374/PE, assim ementada:

> Benefício assistencial de prestação continuada ao idoso e ao deficiente. Art. 203, V, da Constituição. A Lei de Organização da Assistência Social (LOAS), ao regulamentar o art. 203, V, da Constituição da República, estabeleceu critérios para que o benefício mensal de um salário mínimo fosse concedido aos portadores de deficiência e aos idosos que comprovassem não possuir meios de prover a própria manutenção ou de tê-la provida por sua família. 2. Art. 20, § 3º, da Lei 8.742/1993 e a declaração de constitucionalidade da norma pelo Supremo Tribunal Federal na ADI 1.232. Dispõe o art. 20, § 3º, da Lei 8.742/1993 que "considera-se incapaz de prover a manutenção da pessoa portadora de deficiência ou idosa a família cuja renda mensal *per capita* seja inferior a 1/4 (um quarto) do salário mínimo". O requisito financeiro estabelecido pela lei teve sua constitucionalidade contestada, ao fundamento de que permitiria que situações de patente miserabilidade social fossem consideradas fora do alcance do benefício assistencial previsto constitucionalmente. Ao apreciar a Ação Direta de Inconstitucionalidade 1.232-1/DF, o Supremo Tribunal Federal declarou a constitucionalidade do art. 20, § 3º, da LOAS. 3. Reclamação como instrumento de (re)interpretação da decisão proferida em controle de constitucionalidade abstrato. Preliminarmente, arguido o prejuízo da reclamação, em virtude do prévio julgamento dos Recursos Extraordinários 580.963 e 567.985, o Tribunal,

---

[42] LEAL, Roger Stiefelmann. Op. cit., p. 158-159.

por maioria de votos, conheceu da reclamação. O STF, no exercício da competência geral de fiscalizar a compatibilidade formal e material de qualquer ato normativo com a Constituição, pode declarar a inconstitucionalidade, incidentalmente, de normas tidas como fundamento da decisão ou do ato que é impugnado na reclamação. Isso decorre da própria competência atribuída ao STF para exercer o denominado controle difuso da constitucionalidade das leis e dos atos normativos. A oportunidade de reapreciação das decisões tomadas em sede de controle abstrato de normas tende a surgir com mais naturalidade e de forma mais recorrente no âmbito das reclamações. É no juízo hermenêutico típico da reclamação – no "balançar de olhos" entre objeto e parâmetro da reclamação – que surgirá com maior nitidez a oportunidade para evolução interpretativa no controle de constitucionalidade. Com base na alegação de afronta a determinada decisão do STF, o Tribunal poderá reapreciar e redefinir o conteúdo e o alcance de sua própria decisão. E, inclusive, poderá ir além, superando total ou parcialmente a decisão-parâmetro da reclamação, se entender que, em virtude de evolução hermenêutica, tal decisão não se coaduna mais com a interpretação atual da Constituição. 4. Decisões judiciais contrárias aos critérios objetivos preestabelecidos e processo de inconstitucionalização dos critérios definidos pela Lei 8.742/1993. A decisão do Supremo Tribunal Federal, entretanto, não pôs termo à controvérsia quanto à aplicação em concreto do critério da renda familiar *per capita* estabelecido pela LOAS. Como a lei permaneceu inalterada, elaboraram-se maneiras de contornar o critério objetivo e único estipulado pela LOAS e avaliar o real estado de miserabilidade social das famílias com entes idosos ou deficientes. Paralelamente, foram editadas leis que estabeleceram critérios mais elásticos para concessão de outros benefícios assistenciais, tais como: a Lei 10.836/2004, que criou o Bolsa-Família; a Lei 10.689/2003, que instituiu o Programa Nacional de Acesso à Alimentação; a Lei 10.219/2001, que criou o Bolsa Escola; a Lei 9.533/1997, que autoriza o Poder Executivo a conceder apoio financeiro a municípios que instituírem programas de garantia de renda mínima associados a ações socioeducativas. O Supremo Tribunal Federal, em decisões monocráticas, passou a rever anteriores posicionamentos acerca da intransponibilidade dos critérios objetivos. Verificou-se a ocorrência do processo de inconstitucionalização decorrente de notórias mudanças fáticas (políticas, econômicas e sociais) e jurídicas (sucessivas modificações legislativas dos patamares econômicos utilizados como critérios de concessão de outros benefícios assistenciais por parte do Estado brasileiro). 5. Declaração de inconstitucionalidade parcial, sem pronúncia de nulidade, do art. 20, § 3º, da Lei 8.742/1993. 6. Reclamação constitucional julgada improcedente.[43]

---

[43] BRASIL, STF, Rcl 4374/PE, Rel. Min. Gilmar Mendes, Tribunal Pleno, j. em 18.04.2013.

Do voto do relator se extrai trecho que, não obstante longo, merece ser transcrito para posterior análise (os grifos são todos do original):

> [A]s decisões do Supremo Tribunal Federal permanecem abertas a esse constante processo hermenêutico de reinterpretação levado a cabo pelo próprio Tribunal. A reclamação, dessa forma, constitui o *locus* de apreciação, pela Corte Suprema, dos processos de mutação constitucional e de inconstitucionalização de normas (*des Prozess des Verfassungswidrigwerdens*), que muitas vezes podem levar à redefinição do conteúdo e do alcance, e até mesmo à superação, total ou parcial, de uma antiga decisão.
>
> Como é sabido, a evolução interpretativa no âmbito do controle de constitucionalidade pode resultar na declaração de inconstitucionalidade de lei anteriormente declarada constitucional. Analisando especificamente o problema da admissibilidade de uma nova aferição de constitucionalidade de norma declarada constitucional pelo *Bundesverfassungsgericht*, Hans Brox a considera possível desde que satisfeitos alguns pressupostos. É o que anota na seguinte passagem de seu ensaio sobre o tema: "Se se declarou, na parte dispositiva da decisão, a constitucionalidade da norma, então se admite a instauração de um novo processo para aferição de sua constitucionalidade se o requerente, o tribunal suscitante (controle concreto) ou o recorrente (recurso constitucional = *Verfassungsbeschwerde*) demonstrar que se cuida de uma nova questão. Tem-se tal situação se, após a publicação da decisão, se verificar uma *mudança do conteúdo da Constituição* ou da *norma objeto do controle*, de modo a permitir supor que outra poderá ser a conclusão do processo de subsunção. Uma *mudança substancial das relações fáticas* ou da *concepção jurídica geral* pode levar a essa alteração" (ênfases acrescidas) [Hans Brox, *Zur Zulässigkeit der erneuten* Überprüfung *einer Norm durch das Bundesverfassungsgericht, in Festschrift für Willi Geiger*, cit., p. 809 (826)].
>
> Na mesma linha de entendimento, Bryde assim se manifesta:
>
> "Se se considera que o Direito e a própria Constituição estão sujeitos a mutação e, portanto, que uma lei declarada constitucional pode vir a tornar-se inconstitucional, tem-se de admitir a possibilidade da questão já decidida poder ser submetida novamente à Corte Constitucional. Se se pretendesse excluir tal possibilidade, ter-se-ia a exclusão dessas situações, sobretudo das leis que tiveram sua constitucionalidade reconhecida pela Corte Constitucional, do processo de desenvolvimento constitucional, ficando elas congeladas no estágio do parâmetro de controle à época da aferição. O objetivo deve ser uma ordem jurídica que corresponda ao respectivo estágio do Direito Constitucional, e não uma ordem formada por diferentes níveis de desenvolvimento, de acordo com o momento da eventual aferição de legitimidade da norma a parâmetros constitucionais diversos. Embora tais situações não possam ser eliminadas faticamente,

é certo que a ordem processual-constitucional deve procurar evitar o surgimento dessas distorções.

A aferição da constitucionalidade de uma lei que teve a sua legitimidade reconhecida deve ser admitida com base no argumento de que a lei pode ter-se tornado inconstitucional após a decisão da Corte. (...). Embora não se compatibilize com a doutrina geral da coisa julgada, essa orientação sobre os limites da coisa julgada no âmbito das decisões da Corte Constitucional é amplamente reconhecida pela doutrina e pela jurisprudência. Não se controverte, pois, sobre a necessidade de que se considere eventual mudança das 'relações fáticas'. Nossos conhecimentos sobre o processo de mutação constitucional exigem, igualmente, que se admita nova aferição da constitucionalidade da lei no caso de mudança da concepção constitucional" (Brun-Otto Bryde, *Verfassungsengsentwicklung, Stabilität und Dynamik im Verfassungsrechf der Bundesrepublik Deutschland*, cit., p. 412-413).

Em síntese, declarada a constitucionalidade de uma lei, ter-se-á de concluir pela inadmissibilidade de que o Tribunal se ocupe uma vez mais da aferição de sua legitimidade, *salvo no caso de significativa mudança das circunstâncias fáticas ou de relevante alteração das concepções jurídicas dominantes* [BVerfGE 33/199 e 39/169; Brun-Otto Bryde, *Verfassungsengsentwicklung, Stabilität und Dynamik im Verfassungsrechf der Bundesrepublik Deutschland*, cit., p. 409; Hans Brox, *Zur Zulässigkeit der erneuten Überprüfung einer Norm durch das Bundesverfassungsgericht, in Festschrift für Willi Geiger*, cit., p. 809 (818); Stern, Bonner Kommentar, 2. tir., art. 100, n. 139; Christoph Gusy, *Parlamentarischer Gesetzgeber und Bundesverfassungsgericht*, cit., p. 228]. (...)

[As] alterações posteriores que alterem a realidade normativa, bem como eventual modificação da orientação jurídica sobre a matéria, podem tornar inconstitucional norma anteriormente considerada legítima (inconstitucionalidade superveniente). (...)

Daí parecer plenamente legítimo que se suscite perante o STF a inconstitucionalidade de norma já declarada constitucional. Há muito a jurisprudência constitucional reconhece expressamente a possibilidade de alteração da coisa julgada provocada por mudança nas circunstâncias fáticas (cf., a propósito, RE 105.012, Rel. Min. Néri da Silveira, *DJ* de 1º.07.1988).

Assim, tem-se admitido a possibilidade de que o Tribunal, em virtude de evolução hermenêutica, modifique jurisprudência consolidada, podendo censurar preceitos normativos antes considerados hígidos em face da Constituição. (...)

No controle abstrato de constitucionalidade, por outro lado, a oportunidade de reapreciação ou de superação de jurisprudência fica a depender da propositura de nova ação direta contra o preceito anteriormente declarado constitucional. Parece evidente, porém, que essa hipótese de nova ação é de difícil concretização, levando-se em conta o delimitado rol de legitimados (art. 103 da Constituição) e o improvável ressurgimento da questão constitucional, em searas externas aos processos subjetivos, com força suficiente para ser levada novamente ao crivo do STF no controle abstrato de constitucionalidade.

A oportunidade de reapreciação das decisões tomadas em sede de controle abstrato de normas tende a surgir com mais naturalidade e de forma mais recorrente no âmbito das reclamações. É no juízo hermenêutico típico da reclamação – no "balançar de olhos" entre objeto e parâmetro da reclamação – que surgirá com maior nitidez a oportunidade para a evolução interpretativa no controle de constitucionalidade.

Assim, ajuizada a reclamação com base na alegação de afronta a determinada decisão do STF, o Tribunal poderá reapreciar e redefinir o conteúdo e o alcance de sua própria decisão. E, inclusive, poderá ir além, superando total ou parcialmente a decisão-parâmetro da reclamação, se entender que, em virtude de evolução hermenêutica, tal decisão não se coaduna mais com a interpretação atual da Constituição.

Parece óbvio que a diferença entre a redefinição do conteúdo e a completa superação de uma decisão resume-se a uma simples questão de grau.

E depois dessa linha de argumentação, o voto do relator afirma ser "plenamente possível entender que o Tribunal, por meio do julgamento [de] reclamação, po[de] revisar a decisão na ADI 1.232 e exercer novo juízo sobre a constitucionalidade do § 3º do art. 20 da Lei nº 8.742/1993".

O que se percebe da leitura do voto do relator (acompanhado pela maioria do Tribunal, vencido apenas o Min. Teori Zavascki)[44] é o reconhecimento expresso da possibilidade de o Supremo Tribunal Federal rever entendimento anteriormente fixado no julgamento de um processo de controle concentrado de constitucionalidade. É que essas decisões ficariam, segundo o relator, submetidas a um "constante processo hermenêutico de reinterpretação", devendo a reclamação ser reputada a via processual adequada para apreciação dos processos de mutação constitucional e de inconstitucionalização das normas, o que pode acarretar a superação – total ou parcial – de um precedente. Esta revisão, porém, e sempre seguindo o teor do voto do relator do julgamento citado, será possível se ficar demonstrado que se está

---

[44] O Min. Zavascki votou vencido por considerar inadmissível que em reclamação se superasse entendimento anteriormente formado em sede de controle concentrado de constitucionalidade, sob pena de se atribuir à reclamação um ilegítimo efeito rescisório.

308 | LEVANDO OS PADRÕES DECISÓRIOS A SÉRIO – *Alexandre Freitas Câmara*

diante de uma "nova questão", o que se daria quando houvesse, após a decisão anteriormente proferida, uma "mudança do conteúdo da Constituição ou da norma objeto de controle", capaz de viabilizar que outro poderia ser agora o resultado do julgamento, por força de "mudança substancial das relações fáticas ou da concepção jurídica geral". Deve-se, então, considerar possível que o Supremo Tribunal Federal, "em virtude de evolução hermenêutica, modifique jurisprudência consolidada, podendo censurar preceitos normativos antes considerados hígidos em face da Constituição".

Seria, assim, possível que o STF "super[asse] total ou parcialmente a decisão-parâmetro da reclamação, se entende[sse] que, em virtude de evolução hermenêutica, tal decisão não se coaduna[va] mais com a interpretação atual da Constituição".

É, pois, perfeitamente possível que o próprio STF supere seus precedentes formados por meio dos processos de controle concentrado de constitucionalidade, o que depende, para ocorrer, do reconhecimento de alguma modificação substancial do ordenamento, capaz de permitir que se afirme ser inconstitucional uma norma que anteriormente se declarara constitucional.[45]

Também a superação dos enunciados de súmula vinculante é possível. O art. 103-A da Constituição da República, que previu originariamente a edição de enunciados de súmula vinculante, expressamente estabelece a possibilidade de que tais enunciados venham a ser revistos ou cancelados. E a Lei nº 11.417/2006 estabelece que a revisão e o cancelamento dos enunciados de súmula vinculante são possíveis desde que resultem de decisão tomada por dois terços dos membros do STF, em sessão plenária (art. 2º, § 3º, da Lei nº 11.417/2006).

A possibilidade de revisão ou cancelamento de enunciados de súmula vinculante resulta da necessidade de evitar-se o engessamento da interpretação constitucional.[46] Daí se extrai que os enunciados de súmula vinculante só devem ser objeto de revisão ou cancelamento (ou, em outros termos, só

---

[45]   Note-se que no caso de se ter, na decisão precedente, declarado a inconstitucionalidade de lei (ou ato normativo), a solução seria parcialmente diferente, já que tal lei (ou ato normativo) tida por inconstitucional teria sido retirada do ordenamento jurídico. Neste caso, a superação dependeria de se ter outra lei (ou novo ato normativo) de conteúdo idêntico ao anterior, caso em que, presentes as circunstâncias que permitem a superação, seria possível declarar esta outra lei (ou outro ato normativo) constitucional, superando-se o entendimento anterior.

[46]   THEODORO JÚNIOR, Humberto. Alguns reflexos da Emenda Constitucional n. 45, de 08.12.2004, sobre o processo civil. *Revista da Faculdade de Direito da Universidade Federal de Minas Gerais*, n. 47, p. 91, 2005.

Cap. 6 · APLICAÇÃO DOS PADRÕES DECISÓRIOS A PARTIR DO PRINCÍPIO DO CONTRADITÓRIO | **309**

devem ser superados) "quando houver necessidade em face de nova argumentação, de caráter convincente, e de aspectos novos aos problemas que envolvem matéria constitucional sumulada".[47]

Já se tendo demonstrado a possibilidade – e a legitimidade constitucional de tal possibilidade – de superação de padrões decisórios fixados por meio do julgamento de processos de controle concentrado de constitucionalidade e de enunciados de súmula vinculante, impende agora verificar como se dá a superação dos padrões decisórios fixados no julgamento do incidente de assunção de competência e dos julgamentos de casos repetitivos.

O Código de Processo Civil de 2015, ao disciplinar o incidente de assunção de competência, estabelece expressamente no § 3º do art. 947 que "[o] acórdão proferido em assunção de competência vinculará todos os juízes e órgãos fracionários, *exceto se houver revisão de tese*" (sem grifos no original). Percebe-se, assim, que a lei processual expressamente prevê a possibilidade de superação dos precedentes construídos por meio desse procedimento.

Comentando esse dispositivo, afirmou Côrtes que "não há risco de eventual engessamento da jurisprudência, que pode, naturalmente, ser revista em outra oportunidade". E isto por que "é sempre possível (muito embora não seja desejável a curto prazo e sem a mudança das condições sob as quais foi tomada a decisão vinculativa) que a tese seja revista".[48]

Tratando com mais vagar do tema, Didier Jr. e Carneiro da Cunha assim se manifestaram:

> A assunção de competência, da mesma forma que o incidente de resolução de demandas repetitivas e os recursos repetitivos, destina-se a formar precedente obrigatório. Firmado o precedente, este deve ser seguido pelos juízes sucessivos que estejam vinculados ao respectivo tribunal. Se, posteriormente, houver necessidade de alterar o entendimento firmado no precedente ou de superar o precedente, aquele mesmo tribunal

---

[47] CALDAS, Igor Lúcio Dantas Araújo. *Dos precedentes judiciais às súmulas vinculantes: análise da verticalização do poder e do discurso judicial padronizado.* Dissertação (Mestrado) – Faculdade de Direito da Universidade Federal da Bahia, Salvador, 2013. p. 78. No mesmo sentido, CÔRTES. Osmar Mendes Paixão. *Segurança jurídica e vinculação das decisões judiciais* – Análise da relação entre a formação da coisa julgada e a súmula vinculante no direito brasileiro. Tese (Doutorado) – PUC-SP, São Paulo, 2007. p. 358.

[48] CÔRTES, Osmar Mendes Paixão. Comentário ao art. 947. In: WAMBIER, Teresa Arruda Alvim; DIDIER JR., Fredie; TALAMINI, Eduardo; DANTAS, Bruno (coord.). *Breves comentários ao Novo Código de Processo Civil.* São Paulo: RT, 2015. p. 2.113.

poderá, adotando o mesmo procedimento, rever a tese jurídica firmada no incidente. A revisão do entendimento adotado pelo tribunal pode fazer-se do mesmo modo, ou seja, pelo incidente de assunção de competência, de ofício ou a requerimento da parte, do Ministério Público ou da Defensoria Pública. Aplica-se, no particular, o texto do art. 986 do CPC, com as devidas adaptações. A alteração da tese jurídica adotada no incidente de assunção de competência, que deve observar a necessidade de fundamentação adequada e específica, considerando os princípios da segurança jurídica, da proteção da confiança e da isonomia, poderá ser precedida de audiências públicas e da participação de pessoas, órgãos ou entidades que ofereçam condições de contribuir para a rediscussão da tese, podendo haver modulação dos efeitos da alteração no interesse social e no da segurança jurídica. Enfim, ao incidente de assunção de competência aplicam-se os §§ 2º, 3º e 4º do art.927 do CPC.[49]

Percebe-se, assim, a possibilidade de superação dos padrões decisórios fixados pelo incidente de assunção de competência, desde que se observem as disposições contidas nos §§ 2º a 4º do art. 927 (que, não obstante não se refira expressamente ao incidente de assunção de competência, a ele se aplica). Resulta isto da já mencionada existência de um microssistema de formação concentrada de precedentes,[50] de que o incidente de assunção de competência é parte integrante.

Para a superação do precedente formado por meio do incidente de assunção de competência poderá haver a instauração de novo incidente, como afirmam Carneiro da Cunha e Didier Jr. no trecho há pouco citado ("[a] revisão do entendimento adotado pelo tribunal pode fazer-se do mesmo modo, ou seja, pelo incidente de assunção de competência").[51] E neste procedimento deverão ser observadas aquelas mesmas exigências de sempre, ligadas à necessidade de abertura do procedimento para ampliação subjetiva do contraditório, a fim de conferir legitimidade constitucional ao resultado do procedimento de revisão (ou cancelamento) do precedente vinculante.[52]

---

[49] CUNHA, Leonardo Carneiro da; DIDIER JR., Fredie. Comentário ao art. 947... cit., p. 1.368.

[50] DIDIER JR., Fredie. Sistema brasileiro de precedentes judiciais obrigatórios... cit., p. 119.

[51] CUNHA, Leonardo José Carneiro da; DIDIER JR., Fredie. Comentário ao art. 947... cit., p. 1.368.

[52] Afinal, o contraditório, sendo a "característica própria" do processo (FAZZALARI, Elio. Op. cit., p. 76), não poderia ser deixado de lado, ou mesmo "afrouxado", no momento da superação de um padrão decisório vinculante.

Em outros termos, sempre que se instaurar procedimento destinado a superar precedente formado em incidente de assunção de competência, tornar-se-á necessária a adequada divulgação de sua instauração, a fim de permitir a participação de *amici curiae* e a realização de audiências públicas.

Trata-se, como facilmente se percebe, da necessária observância do contraditório efetivo, substancial, exigido pelo art. 7º do CPC/2015 e – principalmente – pelo inc. LV do art. 5º da Constituição da República, como fator responsável pela construção de um procedimento comparticipativo de superação de padrões decisórios dotados de eficácia vinculante. E se assim não fosse, estaria violado o modelo constitucional de processo, o que retiraria toda a legitimidade dos pronunciamentos que revissem precedentes vinculantes (e, pois, tais precedentes, não obstante superados, teriam de continuar a ser observados em razão da invalidade do procedimento de sua superação).

Isso se diz porque admitir a superação de um padrão decisório sem o desenvolvimento de um procedimento comparticipativo seria incompatível com um processo policêntrico e comparticipativo,[53] eis que se acabaria por admitir um inaceitável protagonismo do órgão judicial, o qual promoveria tal superação de forma absolutamente solipsista.

É, pois, absolutamente necessário que se respeite o contraditório, o qual deve desenvolver-se de forma ampliada, com a abertura procedimental representada pela possibilidade de participação de terceiros (como os *amici curiae*) e pela realização de audiências públicas, para que possa haver a superação do precedente vinculante formado em incidente de assunção de competência.[54]

Também os precedentes estabelecidos por meio do incidente de resolução de demandas repetitivos são superáveis por procedimentos comparticipativos. É expresso o inc. II do art. 985 do CPC/2015 ao estabelecer que, uma vez julgado esse incidente, a tese jurídica fixada no acórdão "será aplicada [aos] casos futuros que versem idêntica questão de direito e que venham a tramitar no território de competência do tribunal, *salvo revisão na forma do*

---

[53]   NUNES, Dierle. *Processo jurisdicional democrático* cit., p. 215.

[54]   Vale reiterar aqui, porém, algo que já foi dito antes. Garante-se a compatibilidade desse procedimento com o princípio constitucional do contraditório pela *possibilidade* de participação de *amici curiae* ou de realização de audiências públicas, sendo, porém, perfeitamente possível admitir que haja casos nos quais ninguém se apresente para intervir como *amicus curiae* ou que não haja necessidade de oitiva de especialistas em matéria não jurídica em audiência pública.

art. 986" (sem grifos no texto oficial da lei). E o art. 986 estabelece que "[a] revisão da tese jurídica firmada no incidente far-se-á pelo mesmo tribunal, de ofício ou mediante requerimento dos legitimados mencionados no art. 977, inciso III".[55]

Sofia Temer, em estudo destinado ao exame do incidente de resolução de demandas repetitivas, afirma:

> A tese jurídica fixada no incidente de resolução de demandas repetitivas, apesar de adquirir estabilidade, não é imutável ou insuperável. Com efeito, apesar de desejada, a segurança jurídica decorrente da fixação da tese não pode ser um óbice intransponível para sua superação ou revisão, caso tal tese se torne inadequada ou inefetiva, o que pode ocorrer pela evolução natural da sociedade, do sistema jurídico, das condições políticas, culturais, dentre outros fatores, como, inclusive, o erro da tese jurídica.[56]

Por este motivo é que, não obstante estável, o precedente fixado pelo procedimento do incidente de resolução de demandas repetitivas pode ser superado "sempre que houver mudança substancial nas condições determinantes para a fixação da tese jurídica".[57]

Importa aqui, porém, para os objetivos deste estudo, verificar como o princípio constitucional do contraditório deve ser efetivado no procedimento de revisão da tese adotada no precedente fixado por meio do incidente de resolução de demandas repetitivas. É que a superação deste padrão decisório vinculante – como a de qualquer outro – exige sua plena compatibilidade com o paradigma do Estado Democrático de Direito.[58] Pois aqui também não

---

[55] No texto normativo não se encontra a expressa previsão da possibilidade de a revisão da tese se dar por provocação de alguma das partes dos processos em que a matéria é discutida. Esta legitimidade resulta, porém, do fato de que a revisão pode ser feita *ex officio*. Afinal, é antiga a máxima segundo a qual *tudo que pode ser feito de ofício pode ser requerido pelas partes*. Em sentido contrário ao sustentado no texto, porém: DANTAS, Bruno. Comentário ao art. 986. In: WAMBIER, Teresa Arruda Alvim; DIDIER JR., Fredie; TALAMINI, Eduardo; DANTAS, Bruno (coord.). *Breves comentários ao Novo Código de Processo Civil*. São Paulo: RT, 2015. p. 2.196.

[56] TEMER, Sofia. *Incidente de resolução de demandas repetitivas*. Salvador: JusPodivm, 2016. p. 253.

[57] Idem, p. 254.

[58] E daí a exigência de que se permita a todos os interessados atuar no exercício de uma participação igualitária (*equal partnership*) na construção do pronunciamento que supera o padrão anteriormente fixado. Remete-se, pois, e mais uma vez, a: DWORKIN, Ronald. *Is democracy possible here?* cit., p. 134.

pode haver dúvidas acerca de alguns pontos: em primeiro lugar, só o próprio tribunal que tenha fixado o precedente poderá revê-lo (art. 986, primeira parte, do CPC/2015); em segundo lugar, esta revisão pode dar-se de ofício ou mediante provocação do Ministério Público, da Defensoria Pública (art. 986, *in fine*, do CPC/2015) ou de alguma parte em processo no qual a matéria seja objeto de discussão.

O procedimento de revisão do precedente fixado pelo incidente de resolução de demandas repetitivas, de outro lado, terá de desenvolver-se de forma comparticipativa, com uma abertura procedimental que viabilize a participação de *amici curiae* ou outros interessados, além da possibilidade de realização de audiências públicas. Neste sentido se pronuncia expressamente Antonio do Passo Cabral:

> Admitida a potencial existência de um elemento novo, suficiente e capaz de levar à mudança do entendimento firmado anteriormente no IRDR, a instrução do requerimento de revisão seguirá o mesmo procedimento para a formação de qualquer precedente no incidente (art. 982 e seguintes).
>
> Deve-se recordar que, para a revisão da tese, aplica-se também o art. 927, § 2º, do novo CPC, segundo o qual a superação de precedente poderá ser precedida de audiências públicas para ampliação do debate, podendo ainda o tribunal contar com a participação de pessoas, órgãos, entidades para emitir opinião e trazer insumos para o julgamento na condição de *amici curiae*.[59]

Não se está, aí, diante de entendimento isolado. Leciona Sofia Temer que a revisão da tese fixada no incidente de resolução de demandas repetitivas deve dar-se por meio de procedimento construído mediante os subsídios fornecidos pelo art. 927 do CPC/2015 e, também, nas disposições relativas à súmula vinculante, além de caber a cada tribunal dispor sobre a matéria em seu regimento interno.[60] Afirma a autora que os §§ 2º a 4º do art. 927 do CPC/2015.

> estabelece[m] alguns pilares para os procedimentos de revisão e superação da tese jurídica: o amplo debate e participação; a fundamentação

---

[59] CABRAL, Antonio do Passo. Comentário ao art. 986. In: CABRAL, Antonio do Passo; CRAMER (coord.). *Comentários ao Novo Código de Processo Civil*. Rio de Janeiro: Gen-Forense, 2015. p. 1.451.

[60] TEMER, Sofia. Op. cit., p. 255.

exaustiva; a modulação de efeitos. Tais disposições decorrem de exigências constitucionais e também constam do regramento da súmula vinculante, devendo necessariamente ser observadas pelos tribunais.[61]

Vê-se, no trecho citado, o expresso reconhecimento da necessidade de que o procedimento destinado a rever (ou superar) o padrão decisório fixado por meio do incidente de resolução de demandas repetitivas exige "amplo debate e participação" (para repetir uma vez mais as palavras de Sofia Temer que acabam de ser transcritas). E este amplo debate e participação se dão pela abertura procedimental que se assegura pela garantia de um espaço para manifestação de pessoas, entidades ou órgãos que estejam legitimadas a ingressar no processo como *amici curiae*, outros interessados e, por fim, pessoas com experiência e especialidade na matéria (estas últimas podendo ser ouvidas em audiência pública). Observa-se aí, pois, a exigência de uma comparticipação qualificada por sua ampliação subjetiva para legitimar a superação do precedente.

Também para a superação dos precedentes fixados no incidente de resolução de demandas repetitivas, pois, há exigência de um procedimento comparticipativo, com ampla abertura para a participação em contraditório de atores que representam os interesses da sociedade e que podem legitimamente vir a ser atingidos pela revisão da tese. Compatibiliza-se, deste modo, a superação do precedente fixado por meio do incidente de resolução de demandas repetitivas com o modelo constitucional do processo civil brasileiro.

Resta examinar o modo como se manifesta o contraditório como elemento característico do procedimento de superação de padrões decisórios fixados por recursos excepcionais repetitivos. E aqui não se pode deixar de levar em conta a profunda alteração havida no Código de Processo Civil de 2015 por força da Lei nº 13.256/2016.

No regime originariamente estabelecido pelo Código de Processo Civil de 2015, o recurso especial e o recurso extraordinário subiriam ao tribunal de superposição competente para sua apreciação sem que se realizasse, no tribunal prolator da decisão recorrida, qualquer juízo de admissibilidade (art. 1.030, parágrafo único, do CPC/2015, em sua redação original). Isto foi, todavia, alterado ainda antes da entrada em vigor do Código, tendo a Lei nº 13.256/2016 restaurado o modelo que se adotava ao tempo do Código de Processo Civil de 1973, com a atribuição, ao Presidente ou Vice-Presidente

---

[61] Idem, ibidem.

do tribunal *a quo*, de competência para apreciar a admissibilidade dos recursos excepcionais.

Não se pode deixar, aqui, de tecer algumas considerações sobre o sistema original, até mesmo para compará-lo com o posteriormente estabelecido (e com o fito de demonstrar como se tornou mais difícil a superação dos precedentes firmados por meio do julgamento de recursos excepcionais repetitivos).

Para isso, impende ter claro que o regime originariamente estabelecido pelo art. 1.030, parágrafo único, do CPC/2015 não se aplicava de forma automática aos recursos repetitivos. A leitura isolada daquele dispositivo, é certo, poderia levar o intérprete a tal (equivocada) conclusão, considerando que mesmo os recursos excepcionais repetitivos subiriam ao tribunal de superposição sem qualquer controle prévio pelo tribunal de origem.[62]

Assim não era, porém. O texto original do Código de Processo Civil de 2015 estabelecia dois sistemas de processamento distintos, um para os recursos excepcionais não repetitivos e outro para os repetitivos. E a disposição do parágrafo único do art. 1.030 só se aplicava aos recursos não repetitivos. Quando se tratasse de recurso especial ou extraordinário repetitivo, haveria um sistema de gerenciamento do recurso no tribunal de origem, ali se fazendo um primeiro exame da admissibilidade do recurso especial ou extraordinário.[63] E foi exatamente por isso que, escrevendo ainda antes da Lei nº 13.256/2016, Diogo Bacha e Silva e Alexandre Bahia sustentaram que "os agravos em recurso extraordinário e especial servirão para provocar aos órgãos formadores de precedentes [até] mesmo a superação/*overruling* do entendimento anterior".[64]

---

[62] Como parece ter entendido Artur César de Souza, que em artigo publicado na revista eletrônica *Consultor Jurídico* afirmou que "a partir de 2016, não havendo mais esse juízo prévio de admissibilidade, todos os processos serão remetidos ao STF e ao STJ para a realização primeira e única de juízo de admissibilidade" (SOUZA, Artur César de. Novo CPC pode estrangular recurso extraordinário e o recurso especial. Disponível em: <http://www.conjur.com.br/2015-mar-23/artur-souza-cpc--estrangular-recurso-extraordinario>. Acesso em: 25 mar. 2016).

[63] Como muito bem percebido por Marinoni, Arenhart e Mitidiero: "Apenas no caso de recursos sobrestados – por força do julgamento de repercussão geral ou de recursos repetitivos – é que o tribunal de origem tem competência para examinar a admissibilidade recursal (arts. 1.035, § 8º, e 1.040, CPC)". Confira-se, pois: MARINONI, Luiz Guilherme; ARENHART, Sergio Cruz; MITIDIERO, Daniel. *Novo Código de Processo Civil comentado* cit., p. 972.

[64] SILVA; Diogo Bacha e; BAHIA, Alexandre Melo Franco. Agravo em recurso extraordinário e agravo em recurso especial: entre imposição de precedentes, distinção e

Antes ainda de sua entrada em vigor, porém, o Código de Processo Civil de 2015 foi alterado pela Lei nº 13.256/2016, que restaurou a competência dos tribunais de origem (por intermédio de seus Presidentes ou Vice-Presidentes) para realização de um primeiro juízo de admissibilidade de todos os recursos excepcionais. Até aí não haveria maiores problemas. Ocorre que o novo texto legal parece ter criado um sistema de "fechamento de portas", que impede que cheguem ao STJ ou ao STF, por meio de recurso especial ou extraordinário, matérias que já tenham sido objeto de decisões anteriormente proferidas por aqueles tribunais de superposição e que sejam dotadas de eficácia vinculante.

O art. 1.030 do CPC/2015, na redação que lhe atribuiu a Lei nº 13.256/2016, estabelece caber ao Presidente ou Vice-Presidente do tribunal de origem tomar, diante de um recurso especial ou extraordinário, uma das seguintes decisões: (i) *negar seguimento* a recurso extraordinário que discuta questão constitucional a que o STF já tenha negado repercussão geral ou que tenha sido interposto contra decisão que acolheu entendimento firmado pelo STF no julgamento de recurso extraordinário apreciado "no regime da repercussão geral";[65] (ii) negar seguimento a recurso extraordinário ou especial interposto contra acórdão que esteja em conformidade com entendimento do STF ou do STJ exarado no regime de julgamento dos recursos repetitivos; (iii) encaminhar o processo ao órgão prolator da decisão recorrida para realizar juízo de retratação, se o acórdão recorrido divergir do entendimento do STF ou do STJ exarado "nos regimes de repercussão geral ou de recursos repetitivos"; (iv) sobrestar o recurso que versar sobre controvérsia de caráter repetitivo ainda não decidida pelo STF ou pelo STJ; (v) selecionar o recurso como representativo de controvérsia constitucional ou infraconstitucional; (vi) realizar o juízo de admissibilidade e, se positivo, remeter os autos ao STF ou ao STJ, desde que o recurso ainda não tenha sido submetido ao regime de repercussão geral ou de recursos repetitivos;

---

superação. In: DIDIER JR., Fredie (coord.); MACÊDO, Lucas Buril de; PEIXOTO, Ravi; FREIRE, Alexandre (org.). *Processo nos tribunais e meios de impugnação às decisões judiciais*. Salvador: JusPodivm, 2015.p. 736 (Coleção Novo CPC – Doutrina Selecionada, vol. 6)

[65] A redação do art. 1.030, I, *a*, do CPC/2015 (atribuída pela Lei nº 13.256/2016) poderia levar a outra questão: existiria algum recurso extraordinário que não seja julgado "no regime da repercussão geral"? Afinal, a repercussão geral da questão constitucional é requisito específico de admissibilidade do recurso extraordinário e, pois, só se julga o mérito do recurso se houver tal repercussão. Isto, porém, é ponto estranho ao objeto deste estudo.

o recurso tenha sido selecionado como representativo de controvérsia; ou o tribunal recorrido tenha refutado o juízo de retratação.

O que se percebe, pela leitura dos incisos do art. 1.030 do CPC/2015, é que já tendo havido pronunciamento sobre a matéria objeto do recurso especial ou extraordinário que tenha sido proferido pelo regime dos recursos repetitivos, o novo recurso que verse sobre a mesma matéria e que se destine a impugnar decisão proferida em conformidade com o paradigma deverá ter seu seguimento negado (art. 1.030, I, *b*, III, e V, do CPC/2015). Só seria admissível, então, o recurso especial ou extraordinário que versasse sobre matéria repetitiva quando tal matéria ainda não tivesse sido decidida pelo regime próprio dos recursos repetitivos ou, já existindo a decisão paradigma, quando o pronunciamento recorrido a contrariasse. E contra decisões que deixem de admitir recurso especial ou extraordinário ao fundamento de estar o pronunciamento recorrido em conformidade com padrão decisório anteriormente estabelecido pelo STJ ou pelo STF só se admite agravo interno (art. 1.030, § 2º, do CPC/2015, incluído pela Lei nº 13.256/2016), a ser julgado pelo próprio tribunal de origem, o que vedaria o acesso ao tribunal de superposição.

Isto, porém, implicaria um inadmissível fechamento do sistema para a superação dos padrões decisórios dotados de força vinculante, engessando-se deste modo o Direito.[66] A evolução do Direito é essencial e inevitável, e não se pode admitir qualquer modelo de fechamento argumentativo. Vale, aqui, lembrar a lição de Burton sobre *stare decisis* e a superação dos precedentes:

> Ambos são vitais para o sistema jurídico. *Stare decisis* alimenta unidade, estabilidade e igualdade ao longo do tempo. *Overruling* habilita as cortes supremas a corrigir seus erros passados e a adaptar o direito às circunstâncias cambiantes. Sem uma teoria sólida do *overruling*, resulta um paradoxo: uma corte suprema deverá seguir seus precedentes, mas, em qualquer caso, pode superá-los. Isto é, uma corte suprema deve seguir seus precedentes, só que não precisa. Este paradoxo habilita cortes supremas a pegar e escolher o direito que as "vincula". Ele tolera um direito incoerente

---

[66] Há quem considere, porém (e equivocadamente, registre-se) que qualquer sistema de vinculação a precedentes ou outros padrões decisórios é suficiente para provocar um engessamento do Direito. Assim, por exemplo: VILLEN, Antônio Carlos; CINTRA JÚNIOR, Dyrceu Aguiar Dias. Controle externo e interno do Judiciário: o controle político-ideológico e as súmulas vinculantes. *Revista dos Tribunais*, São Paulo: RT, vol. 720, p. 343-346, 1995.

e não confiável, com julgamentos orientados para o resultado, e, pelo menos na Suprema Corte dos EUA, jurisdição constitucional ilegítima.[67]

Percebe-se, assim, que a técnica da superação dos padrões decisórios vinculantes é responsável por evitar o engessamento do Direito (sendo exigível, por outro lado, que exista uma teorização adequada acerca da superação, sob pena de, como afirma Burton no trecho acima citado, um tribunal estar obrigado a seguir precedentes sem precisar fazê-lo, o que levaria a um insuperável paradoxo).

Sendo inaceitável o engessamento do Direito, então, é preciso verificar como se dá a superação dos padrões decisórios vinculantes formados pelo STJ e pelo STF por meio da técnica do julgamento de recursos excepcionais repetitivos. Perceba-se, porém, que aqui se deve tratar da superação do precedente mediante mudanças interpretativas realizadas por exercício de atividade jurisdicional. Afinal, não seria legítimo considerar que só por alteração legislativa, com a aprovação de um novo texto normativo que fosse incompatível com o anterior, se pudesse superar um precedente. E isto seria ilegítimo pela simples razão de que, sendo a superação por via legislativa o único meio para superar entendimentos já fixados pelos tribunais, dar-se-ia aos precedentes uma força que nem mesmo os textos constitucionais têm: imunidade contra mudanças interpretativas.[68]

É incompatível com o Estado Democrático de Direito o estabelecimento de mecanismos de fechamento argumentativo capazes de levar ao engessamento da interpretação jurídica.[69] Impende, assim, buscar encontrar no próprio ordenamento mecanismos que permitam provocar o STJ

---

[67] BURTON, Steven J. The conflict between stare decisis and overruling in constitutional adjudication. *Cardozo Law Review*, vol. 35, p. 1.688 (tradução livre). No original: "Both are vital to the legal system. *Stare decisis* fosters unity, stability, and equality over time. Overruling enables supreme courts to correct their past errors and to adapt the law to changing circumstances. Without a sound theory of overruling, a paradox results: A supreme court must follow its precedents but, in any case, it can overrule them. That is, a supreme court must follow its precedentes except that it need not. This paradox enables supreme courts to pick and choose the law that 'binds' them. It tolerates incoherent and unreliable law, result-oriented judging, and, at least at the U.S.Supreme Court, illegitimate constitutional adjudication".

[68] CÂMARA, Alexandre Freitas. Novo CPC reformado permite superação de decisões vinculantes. Disponível em: <http://www.conjur.com.br/2016-fev-12/alexandre-camara-cpc-permite-superacao-decisoes-vinculantes>. Acesso em: 25 mar. 2016.

[69] "É bastante claro (ao menos na *common law* não há dúvidas) que os precedentes significam o princípio e não o fechamento da discussão trazida a juízo" (BAHIA,

Cap. 6 · APLICAÇÃO DOS PADRÕES DECISÓRIOS A PARTIR DO PRINCÍPIO DO CONTRADITÓRIO | **319**

e o STF para que estes tenham meios hábeis a permitir a superação dos precedentes que anteriormente tenham estabelecido. Afinal, não existindo mecanismos de superação, cada um daqueles tribunais só se pronunciaria sobre cada tema uma única vez, ficando absolutamente vedado que se suscitasse a mesma matéria novamente. Para que se veja como isto seria ruim, basta pensar em que mundo se viveria hoje se a Suprema Corte dos EUA, por já ter se pronunciado em Plessy *vs*. Ferguson,[70] não pudesse superar o precedente: jamais teria sido proferida a decisão de Brown *vs*. Board of Education of Topeka.[71]

É preciso, então, buscar no ordenamento jurídico elementos que permitam afirmar a possibilidade de se reconduzir matérias já debatidas e decididas aos tribunais de superposição, evitando-se o aqui criticado engessamento do Direito.

Para isso, deve-se ter claro que, interposto recurso especial ou extraordinário sobre matéria que já tenha sido decidida pela técnica de julgamento dos recursos repetitivos, deverá o Presidente ou Vice-Presidente do tribunal de origem exercer sua competência para o exame da admissibilidade do recurso. E entre os elementos que deverá apreciar (como, por exemplo, determinar se o recurso é tempestivo, se as custas foram adequadamente recolhidas, ou se o recurso tem por objetivo provocar o reexame de matéria jurídica ou tão somente o reexame de provas), terá o Presidente ou Vice-Presidente do tribunal *a quo* de verificar se o recorrente apresentou, em sua petição recursal, elementos destinados a demonstrar que há motivos para a superação do precedente.

Em outras palavras: interposto recurso especial ou extraordinário contra decisão proferida em conformidade com padrão decisório estabelecido no julgamento de recursos repetitivos, *ao fundamento de existir motivo para sua superação*, deverá o recurso excepcional ser admitido

---

Alexandre Gustavo Melo Franco; SILVA, Diogo Bacha e. O novo CPC e a sistemática dos precedentes... cit., p. 52).

[70] 163 US 537 (1896). Foi no julgamento de Plessy *vs*. Ferguson que a Suprema Corte dos EUA estabeleceu a doutrina que ficaria conhecida como *separate but equal* (separados, mas iguais), o que fez ao reconhecer a constitucionalidade do *Separate Car Act* do Estado da Luisiana, de 1890, por força do qual haveria vagões separados para pessoas brancas e negras nos trens.

[71] 347 US 483 (1954). Ao julgar Brown *vs*. Board of Education of Topeka a Suprema Corte dos EUA expressamente superou Plessy *vs*. Ferguson, tendo declarado a inconstitucionalidade de leis estaduais que estabeleciam escolas públicas separadas para estudantes brancos e negros.

(desde que, evidentemente, todos os demais requisitos de admissibilidade tenham sido preenchidos).[72]

Caso, porém, o Presidente ou Vice-Presidente do tribunal de origem, invocando o disposto no art. 1.030, I, *b*, negue seguimento ao recurso especial ou extraordinário, sob o fundamento de que a decisão recorrida está em conformidade com o padrão decisório anteriormente estabelecido, terá o recorrente de interpor agravo interno (art. 1.030, § 2º, do CPC/2015).

Caberá neste caso, então, ao Pleno ou ao Órgão Especial do tribunal de origem reexaminar a decisão de seu Presidente ou Vice-Presidente e, verificando que no recurso especial ou extraordinário se apresentou fundamento para justificar a superação do precedente, dar provimento ao recurso e determinar a remessa dos autos ao STJ ou ao STF.

Pode ocorrer, porém, de ser negado provimento ao agravo interno. Neste caso, deve-se admitir a interposição de recurso especial ou extraordinário (conforme a matéria seja infraconstitucional ou constitucional) contra o acórdão que julgou o agravo interno. Afinal, este acórdão terá substituído a decisão unipessoal do Presidente ou Vice-Presidente do Tribunal que negou seguimento ao recurso (art. 1.008 do CPC/2015). Em outras palavras: contra a decisão do Presidente ou Vice-Presidente do tribunal de origem, que não admite recurso especial ou extraordinário por estar o acórdão recorrido em conformidade com o precedente, cabe agravo interno. E contra a decisão que nega provimento ao agravo interno pode caber recurso especial ou extraordinário.

Tenha-se claro, porém, que só deve ser admitido o recurso especial ou extraordinário (nos casos em que já exista um precedente vinculante anteriormente fixado pelo tribunal de superposição sobre a matéria) se o recorrente tiver alegado a existência de fundamento para superação que ainda não tenha sido apreciado pelo tribunal *ad quem*. E isto para evitar que o STF e o STJ se tornem, no exercício de suas competências para julgar recursos extraordinários e especiais, verdadeiros órgãos de terceira instância.[73]

---

[72] CÂMARA, Alexandre Freitas. Novo CPC reformado permite superação de decisões vinculantes cit., Acesso em: 25 mar. 2016.

[73] "Recursos que se limitam a reproduzir argumentos já rejeitados devem mesmo ser inadmitidos, e os processos em que interpostos não devem subir ao STJ ou ao STF (que já rejeitou expressamente os fundamentos nele deduzidos). O que se impõe é a existência de mecanismos para superação de precedentes, a fim de evitar o engessamento das interpretações, e não eternizar a nefasta prática de permitir que tudo vá aos tribunais de superposição, como se fossem instâncias ordinárias" (Idem).

Cap. 6 · APLICAÇÃO DOS PADRÕES DECISÓRIOS A PARTIR DO PRINCÍPIO DO CONTRADITÓRIO | 321

Poderia surgir, neste ponto, uma questão: qual seria o fundamento normativo capaz de servir de base para o cabimento deste novo recurso especial ou extraordinário? Ou, em outras palavras, qual a disposição de lei federal ou da Constituição da República contrariada pelo acórdão que, ao julgar o agravo interno contra decisão que deixou de admitir recurso especial ou extraordinário por estar o acórdão impugnado em conformidade com padrão decisório anteriormente fixado pela técnica de julgamento de recursos repetitivos, lhe tenha negado provimento?

No caso do recurso especial que não foi admitido (por decisão unipessoal posteriormente "confirmada" em sede de agravo interno),[74] deve-se considerar admissível a interposição, contra o acórdão que julga o agravo interno, de novo recurso especial, fundado no art. 105, III, *a*, da Constituição da República. É preciso, porém, identificar a norma federal violada. Para isso, é preciso recordar que o Código de Processo Civil de 2015 cria um microssistema de solução de casos repetitivos.[75] Este microssistema é formado pelo incidente de resolução de demandas repetitivas e pelos recursos extraordinário e especial repetitivos, cujas disposições devem ser interpretadas em conjunto. A este microssistema se junta outro, o *microssistema de formação de precedentes*. Daí resulta que as disposições do Código de Processo Civil de 2015 acerca de cada integrante desses microssistemas são supletivamente aplicáveis aos demais.

Aceita esta premissa, é preciso recordar aqui algo que foi afirmado anteriormente: o incidente de resolução de demandas repetitivas e o incidente de assunção de competência geram padrões decisórios que são dotados de eficácia vinculante "salvo revisão da tese" (arts. 947, § 3º, e 985, II, ambos do CPC/2015). E o órgão competente para rever a tese fixada em um padrão decisório vinculante é o mesmo tribunal que o prolatou (art. 986 do CPC/2015). Pois tudo isso se aplica aos julgamentos de recursos repetitivos e aos padrões decisórios ali estabelecidos. Não pode haver dúvida de que só o STF e o STJ são competentes para rever as teses por eles próprios fixadas nos padrões decisórios resultantes do julgamento de recursos repetitivos e, portanto, é preciso reconhecer que o ordenamento prevê mecanismos que permitem provocar tal superação.

---

[74] Usa-se o termo "confirmada" assim, entre aspas, apenas por comodidade do discurso, mas não se desconhece que na verdade o pronunciamento que nega provimento ao recurso de fato substitui a decisão recorrida por outra de idêntico teor, nos precisos termos do art. 1.008 do CPC/2015.

[75] NUNES, Dierle. O IRDR do Novo CPC: esse "estranho" que merece ser compreendido. Disponível em: <http://justificando.com/2015/02/18/o-irdr-novo-cpc-este-estranho--que-merece-ser-compreendido/>. Acesso em: 25 mar. 2016.

Desse modo, deve-se considerar que o acórdão que, em julgamento de agravo interno, declara inadmissível recurso especial por estar a decisão recorrida em conformidade com padrão decisório em caso, no qual o recorrente tenha expressamente deduzido fundamento destinado a suscitar a superação do precedente, contraria o disposto nos arts. 947, § 3º, 985, II, e 986 do CPC/2015, na sua aplicação supletiva aos recursos excepcionais. Assim, inadmitido o recurso especial originário, e esgotadas as instâncias ordinárias, será cabível novo recurso especial.[76]

Impende agora verificar qual seria a norma constitucional violada no caso em que se tenha declarado inadmissível (no julgamento do agravo interno a que se refere o art. 1.030, § 2º, do CPC/2015) recurso extraordinário em que se tenha expressamente alegado a existência de fundamento para superação de precedente anteriormente estabelecido pelo STF por intermédio da técnica do julgamento de recursos repetitivos. Pois neste caso o recurso extraordinário deve ser reputado admissível com apoio no permissivo do art. 102, III, *a*, da Constituição da República, uma vez que a decisão que, prolatada em sede de agravo interno, declara inadmissível o recurso extraordinário originariamente interposto com base em argumentos capazes de provocar o reexame da tese já fixada em acórdão paradigma contraria o art. 102, *caput*, da Constituição de 1988.

Esse é ponto que precisa ser explicitado, porém. É que o art. 102, *caput*, da Constituição da República é a base normativa que permite afirmar que ao STF incumbe o papel de guardião da Constituição.[77] Não se extrai desta

---

[76] A outra possibilidade seria admitir a reclamação como mecanismo de superação do precedente, considerando que a decisão que deixou de admitir o recurso especial teria usurpado a competência do STJ para promover tal superação. Esse raciocínio estaria em conformidade com o que consta do acórdão do STF proferido no julgamento da Rcl 4374/PE, Rel. Min. Gilmar Mendes (anteriormente citado neste estudo), em que se afirmou expressamente que "[c]om base na alegação de afronta a determinada decisão do STF, o Tribunal poderá reapreciar e redefinir o conteúdo e o alcance de sua própria decisão. E, inclusive, poderá ir além, superando total ou parcialmente a decisão-parâmetro da reclamação, se entender que, em virtude de evolução hermenêutica, tal decisão não se coaduna mais com a interpretação atual da Constituição".

[77] O próprio STF já teve oportunidade de proferir diversas decisões em que se autoproclama guardião da Constituição. Veja-se, por exemplo, o MS 23.920-MC, Rel. Min. Celso de Mello, decisão monocrática proferida em 28.03.2001, em que se lê que "[n]a qualidade de guarda da Constituição, o STF tem a elevada responsabilidade de decidir acerca da juridicidade da ação dos demais Poderes do Estado". Do mesmo modo, no acórdão proferido no julgamento do RE 227001-EDcl, Rel. Min. Gilmar Mendes, julgado em 18.09/2007, se lê que "[a] interpretação constitucional derivada

Cap. 6 · APLICAÇÃO DOS PADRÕES DECISÓRIOS A PARTIR DO PRINCÍPIO DO CONTRADITÓRIO | 323

afirmação, evidentemente, qualquer concessão ao realismo jurídico, escola de pensamento que sustenta que o Direito é aquilo que os tribunais afirmam.[78] E se assim fosse seria impossível entender como podem os próprios juízes afirmar que em suas decisões *aplicam o Direito*.[79] Evidentemente, porém, não se pode pensar o Direito sem levar em conta o que dizem os tribunais (ou se teria de chegar, entre outras, à conclusão de que precedentes não devem ser levados em conta pelo jurista).

---

das decisões proferidas pelo STF – a quem se atribui a função eminente de 'guarda da Constituição' (CF, art. 102, *caput*) – assume papel de essencial importância na organização institucional do Estado brasileiro, a justificar o reconhecimento de que o modelo político-jurídico vigente em nosso País confere, à Suprema Corte, a singular prerrogativa de dispor do monopólio da última palavra em tema de exegese das normas inscritas no texto da Lei Fundamental".

[78] Como afirma Losano, para o realismo jurídico "o direito se extrai da análise das sentenças. Graças a essa análise pode-se razoavelmente (não mais, assim, racionalmente!) estabelecer como se comportarão os juízes no futuro" (LOSANO, Mario G. *Sistema e estrutura no direito*. Trad. bras. de Luca Lamberti. São Paulo: WMF Martins Fontes, 2010. vol. 2. p. 144). Na obra do maior defensor desta escola de pensamento se lê o seguinte (em tradução livre): "O que constitui o direito? Você encontrará alguns escritores a te contar que ele é algo diferente do que é decidido pelos tribunais de Massachusets ou da Inglaterra, que é um sistema da razão, que é uma dedução de princípios da ética ou de axiomas admitidos ou não, os quais podem ou não coincidir com as decisões. Mas se nós tomarmos a vista de nosso amigo o homem mau nós veremos que ele não liga a mínima para os axiomas ou as deduções, mas o que ele quer saber é como os tribunais de Massachusets ou da Inglaterra fazem de fato. E sou deste pensamento. As profecias do que os tribunais farão de fato, e nada mais pretensioso, é o que eu quero dizer com o direito" (HOLMES, Oliver Wendell. The path of law. Disponível em: <http://www.constitution.org/lrev/owh/path_law.htm>. Acesso em: 26 mar. 2016. tradução livre). No original: "What constitutes the law? You will find some text writers telling you that it is something different from what is decided by the courts of Massachusets or England, that it is a system of reason, that it is a deduction from principles of ethics or admitted axioms or what not, which may or may not coincide with the decisions. But if we take the view of our friend the bad man we shall find that he does not care two straws for the axioms or deductions, but what he does want to know what the Massachusets or English courts are likely to do in fact. I am much of this mind. The prophecies of what the courts will do in fact, and nothing more pretentious, are what I mean by the law".

[79] NINO, Carlos Santiago. *Introdução à análise do direito*. Trad. bras. de Elza Maria Gasparotto. São Paulo: WMF Martins Fontes, 2015. p. 55 ("[C]onsidera-se o fato de que, ao formular suas normas, os juízes não procedem arbitrariamente, e sim seguindo certas diretrizes gerais. Os próprios juízes dizem que, em suas decisões, *aplicam* o direito. Obviamente, se o direito consistisse em previsões sobre a conduta dos juízes [seria] absurdo dizer que os juízes aplicam o direito, pois isso significaria que, para agir, eles levariam em conta as previsões sobre as suas condutas".

A função de guarda da Constituição da República é, pois, atribuída ao STF pelo *caput* do seu art. 102. É preciso, então, considerar que o Supremo foi criado "para assegurar a supremacia da Constituição".[80] E no exercício desta função deve caber a este tribunal o papel de *reinterpretar* normas constitucionais sempre que presentes os requisitos que justifiquem mudanças de orientação.

Isto, aliás, já aconteceu por diversas vezes. É conhecido um verdadeiro rol de matérias em que o entendimento do STF acerca de determinada matéria se alterou profundamente ao longo do tempo.[81] Pois ao se admitir a

---

[80] BARACHO, José Alfredo de Oliveira. Op. cit., p. 759.

[81] Bom exemplo disso é o que aconteceu na compreensão do mandado de injunção. No julgamento do MI 107 QO/DF, Rel. Min. Moreira Alves (j. em 23.11.1989), o STF estatuiu que o mandado de injunção seria "ação outorgada ao titular de direito, garantia ou prerrogativa a que alude o art. 5º, LXXI, dos quais o exercício está inviabilizado pela falta de norma regulamentadora, e ação que visa a obter do Poder Judiciário a declaração de inconstitucionalidade dessa omissão se estiver caracterizada a mora em regulamentar por parte do Poder, órgão, entidade ou autoridade de que ela dependa, com a finalidade de que se lhe dê ciência dessa declaração, para que adote as providências necessárias, à semelhança do que ocorre com a ação direta de inconstitucionalidade por omissão (art. 103, § 2º, da Carta Magna), com a determinação, se for o caso, da suspensão de processos judiciais ou administrativos [de que possa advir para o impetrante dano que não ocorreria se aquele direito fosse exercitável]". Posteriormente, no julgamento do MI 721/DF, Rel. Min. Marco Aurélio, julgado em 30.08.2007, o STF superou seu entendimento anterior acerca dos efeitos da decisão proferida em sede de mandado de injunção. Neste acórdão, é possível ler o seguinte: "É tempo de se refletir sobre a timidez inicial do Supremo quanto ao alcance do mandado de injunção, ao excesso de zelo, tendo em vista a separação e harmonia entre os Poderes. É tempo de se perceber a frustração gerada pela postura inicial, transformando o mandado de injunção em ação simplesmente declaratória do ato omissivo, resultando em algo que não interessa, em si, no tocante à prestação jurisdicional, tal como consta no inc. LXXI do art. 5º da CF, ao cidadão. Impetra-se este mandado de injunção não para lograr-se simples certidão de omissão do Poder incumbido de regulamentar o direito a liberdades constitucionais, a prerrogativas inerentes a nacionalidade, à soberania e à cidadania. Busca-se o Judiciário na crença de lograr a supremacia da Lei Fundamental, a prestação jurisdicional que afaste as nefastas consequências da inércia do legislador. Conclamo, por isso, o Supremo, na composição atual, a rever a óptica inicialmente formalizada, entendendo que, esmo assim, ficará aquém da atuação dos tribunais do trabalho, no que, nos dissídios coletivos, a eles a Carta reserva, até mesmo, a atuação legiferante, desde que, consoante prevê o § 2º do art. 114 da CF, sejam respeitadas as disposições mínimas legais de proteção ao trabalho. Está-se diante de situação concreta em que o Diploma Maior recepciona, mesmo assim de forma mitigada, em se tratando apenas do caso vertente, a separação dos Poderes que nos vem de Montesquieu. Tenha-se presente a frustração

Cap. 6 · APLICAÇÃO DOS PADRÕES DECISÓRIOS A PARTIR DO PRINCÍPIO DO CONTRADITÓRIO | 325

ideia de que, já tendo havido pronunciamento do STF por meio da técnica de julgamento dos recursos extraordinários repetitivos, não seria mais possível que a matéria ali decidida voltasse a ser suscitada perante o mesmo tribunal, então não seria mais possível a superação de entendimentos, o que retiraria dele a atribuição de, no exercício da guarda da Constituição, reconhecer as mudanças de sentido por que a Constituição pode passar.

Impõe-se, por isso, admitir o recurso extraordinário contra a decisão que tenha reputado inadmissível recurso extraordinário anteriormente interposto, sempre que neste haja a invocação de fundamento capaz, em tese, de levar à superação de precedente anteriormente firmado pelo próprio STF.[82]

Em outros termos, o que aqui se propõe é a realização de uma *interpretação construtiva*[83] dos dispositivos do Código de Processo Civil de 2015

---

gerada pelo alcance emprestado pelo Supremo ao mandado de injunção. Embora sejam tantos os preceitos da Constituição de 1988, apesar de passados dezesseis anos, ainda na dependência de regulamentação, mesmo assim não se chegou à casa do milhar na impetração dos mandados de injunção".

[82] A outra possibilidade, como já indicado, seria admitir a reclamação como mecanismo capaz de viabilizar a superação, nos termos do afirmado no julgamento da Rcl 4374/PE, há pouco mencionada.

[83] Emprega-se no texto a expressão "interpretação construtiva", o que se faz com apoio na obra de Dworkin (para quem por meio da interpretação construtiva busca-se "impor um propósito a um objeto ou a uma prática, a fim de torná-lo o melhor exemplo possível da forma ou gênero aos quais se imagina que pertençam: DWORKIN, Ronald. *O império do direito* cit., p. 63-64). Normalmente no Direito brasileiro se falaria aqui em "interpretação conforme a Constituição" (sobre a interpretação conforme a Constituição, existe conhecida lição de Virgílio Afonso da Silva, que a explica afirmando que "quando há mais de uma interpretação possível para um dispositivo legal, deve ser dada preferência àquela que seja conforme a constituição" [SILVA, Virgílio Afonso da. Interpretação conforme a Constituição: entre a trivialidade e a centralização judicial. *Revista DireitoGV*, vol. 2, n. 1, p. 192, 2006]. Essa explicação, porém, peca por criar um círculo vicioso [já que diz que a interpretação conforme a Constituição é aquela que interpreta a lei em conformidade com a Constituição]. Sobre o ponto, é superior a lição de Konrad Hesse, que afirma que pela interpretação conforme a Constituição "uma lei não deve ser declarada nula quando ela pode ser interpretada em consonância com a Constituição. Essa 'consonância' existe não só então, quando a lei, sem a consideração de pontos de vista jurídico-constitucionais, admite uma interpretação que é compatível com a Constituição; ela pode também ser produzida por um conteúdo ambíguo ou indeterminado da lei ser determinado por conteúdos da Constituição. No quadro da interpretação conforme a Constituição, normas constitucionais são, portanto, não só 'normas de exame', mas também 'normas materiais' para a determinação do conteúdo de leis ordinárias" [HESSE, Konrad. *Elementos de direito constitucional da República Federal da Alemanha*. Trad.

que tratam da admissibilidade dos recursos excepcionais (extraordinário ou especial), para que se compreenda que será admissível recurso especial ou extraordinário que verse sobre matéria já decidida pelo STJ ou pelo STF por meio da técnica do julgamento de recursos repetitivos sempre que o recorrente alegue a existência de fundamento (ainda não examinado pelo tribunal de superposição) para a superação do precedente anteriormente estabelecido.[84]

Há aqui, porém, um ponto a mais a considerar quando se trata da interposição desse recurso excepcional que tem por objetivo provocar a superação de entendimento anteriormente fixado: é que se deve reconhecer a existência, para o recorrente, de um especial ônus argumentativo: o ônus da demonstração da existência de fundamento capaz de levar à superação.[85] Assim, deve-se considerar que não basta que o recorrente afirme ser caso de superação do entendimento estabelecido anteriormente. É preciso que ele realmente apresente argumentos capazes de levar à superação.

Isso decorre daquilo que tem sido chamado – especialmente pelo STJ – de "ônus da dialeticidade".[86]

---

bras. de Luís Afonso Heck. Porto Alegre: Sergio Antonio Fabris Ed., 1998. p. 71]. Há, porém, um problema insolúvel na "interpretação conforme a Constituição": é que *toda interpretação jurídica* tem de ser conforme a Constituição. Não existe uma alternativa, uma possibilidade de "interpretação não conforme a Constituição". Ora, se toda interpretação deve necessariamente ser conforme a Constituição, então este não pode ser o nome dado a uma especial técnica interpretativa. Daí a razão para preferir-se falar em "interpretação construtiva".

[84]   Chegou a resultado semelhante MACÊDO, Lucas Buril de. A análise dos recursos excepcionais pelos Tribunais intermediários – O pernicioso art. 1.030 do CPC e sua inadequação técnica como fruto de uma compreensão equivocada do sistema de precedentes vinculantes. *Revista de Processo*, São Paulo: RT, vol. 262, p. 216, 2016. O autor, ali, critica a ideia aqui sustentada de que no caso de, no julgamento do agravo interno, vir-se a ter por inadmissível o recurso especial ter-se de reputar admissível novo recurso especial; e no caso de se vir a considerar inadmissível recurso extraordinário ter-se por admissível novo recurso extraordinário. Afirma o autor, simplesmente, que havendo fundamento novo, ainda não apreciado pelo Tribunal de superposição, ao recurso excepcional originariamente interposto não seria possível negar seguimento. Isto, porém, não apresenta solução para o problema prático: o que fazer quando o tribunal de segunda instância, mesmo não podendo negar seguimento ao recurso, o fizer? Qual o recurso admissível? A proposta que está texto busca responder a estas questões.

[85]   Registre-se que, quando se trata da atuação da parte, o ônus argumentativo é verda-deiramente um ônus, e não um dever (como é para os órgãos jurisdicionais).

[86]   A expressão pode ser encontrada em inúmeras decisões do STJ. Exemplificativamente, podem ser mencionados aqui os acórdãos proferidos no RMS 54068/PE, Rel. Min.

Cap. 6 · APLICAÇÃO DOS PADRÕES DECISÓRIOS A PARTIR DO PRINCÍPIO DO CONTRADITÓRIO | 327

Aqui é preciso considerar que os recursos devem ser discursivos, cabendo à parte recorrente esclarecer os fundamentos de sua irresignação ao apresentar o pedido de nova decisão.[87] O não atendimento desse ônus implica a inadmissibilidade do recurso, como se vê expressamente estabelecido no art. 932, III, do CPC/2015 (por força do qual incumbe ao relator proferir decisão de não conhecimento do recurso que não impugna de forma específica os fundamentos da decisão recorrida).

Pois a admissibilidade de recurso excepcional interposto contra decisão que tenha seguido um padrão decisório vinculante anteriormente estabelecido pelo STF ou pelo STJ depende do cumprimento, pelo recorrente, desse ônus da dialeticidade, incumbindo-lhe apresentar argumentos (daí a razão pela qual se fala aqui de um ônus argumentativo) que sejam, ao menos em tese, capazes de conduzir à superação do entendimento.

É preciso, porém, tomar um cuidado: é que o ônus da dialeticidade não pode se tornar uma forma "pseudossofisticada" de jurisprudência defensiva.[88] A exigência que aqui se pode fazer, então, é a de que o recorrente apresente argumentos capazes de levar à superação do entendimento anteriormente fixado, demonstrando que tais argumentos ainda não foram expressamente rejeitados em alguma oportunidade anterior pelo Tribunal de Superposição. Daí não pode, porém, resultar a ideia de que caberia ao recorrente algo como "enfrentar todos os argumentos capazes de levar à rejeição de sua pretensão recursal", ou "examinar todos os argumentos capazes de levar à manutenção do entendimento anteriormente fixado". Essas seriam formas aparentemente sofisticadas (mas só aparentemente, registre-se) de se criar uma jurisprudência defensiva, impedindo-se, na prática, qualquer chance de superação de entendimentos e, por conseguinte, criando-se um ordenamento jurídico absolutamente engessado.

Voltando-se ao exame do recurso destinado à superação do entendimento: por meio desse novo recurso excepcional, então, levar-se-á ao STF ou ao STJ um remédio capaz de permitir a superação do precedente vinculante anteriormente estabelecido. E é preciso, agora, verificar como se desenvolverá

Mauro Campbell Marques e no RMS 51310/SP, Rel. Min. Herman Benjamin.

[87] NUNES, Dierle. *Direito constitucional ao recurso*. Rio de Janeiro: Lumen Juris, 2006. p. 102.

[88] A mesma preocupação foi manifestada por Dierle Nunes e Antônio Aurélio de Souza Viana em artigo publicado na *Revista Eletrônica Conjur*: NUNES, Dierle; VIANA, Antônio Aurélio de Souza. Ônus da dialeticidade: nova "jurisprudência defensiva" no STJ? Disponível em: <http://www.conjur.com.br/2017-mai-15/onus-dialeticidade--jurisprudencia-defensiva-stj>. Acesso em: 18 jul. 2017.

o contraditório nesses procedimentos recursais, a fim de se conferir legitimidade constitucional à superação dos precedentes fixados pelos tribunais de superposição em sede de recursos repetitivos. Repita-se, porém, algo que vem sendo reiteradamente dito ao longo deste estudo: a exigência de um contraditório subjetivamente ampliado, capaz de garantir uma comparticipação qualificada por sua ampliação subjetiva, não é suficiente para legitimar, do ponto de vista constitucional, a superação de um padrão decisório. Exige-se, também, a observância de um especial ônus argumentativo na fundamentação da decisão que supera o padrão decisório anteriormente estabelecido. Disso se tratará, porém, mais adiante.

Esses recursos excepcionais, admitidos para provocar a superação de padrões decisórios formalmente vinculantes (já que estabelecidos em julgamentos anteriormente proferidos em conformidade com a técnica do julgamento de recursos repetitivos) não são, eles próprios, recursos repetitivos. Assim, não se lhes aplica o procedimento previsto nos arts. 1.036 a 1.041 do CPC/2015.

No caso específico do recurso extraordinário interposto para provocar o reexame (e, se for o caso, a superação) de precedente anteriormente firmado, é preciso se recordar que a admissibilidade do recurso depende de o STF reconhecer a existência de repercussão geral da questão constitucional nele suscitada (art. 102, § 3º, da Constituição da República). Pois o CPC de 2015 estabelece em seu art. 1.035, § 4º, que "[o] relator poderá admitir, na análise da repercussão geral, a manifestação de terceiros, [nos] termos do Regimento Interno do Supremo Tribunal Federal". Comentando esse dispositivo legal, afirma Alexandre Freire que "[o] § 4º mantém a possibilidade de participação de *amici curiae* no procedimento deliberativo da repercussão geral, confirmando, assim, a legitimidade democrática como vetor interpretativo do CPC/2015".[89]

Também Pedro Miranda de Oliveira afirma que os terceiros a que se refere o § 4º do art. 1.035 do CPC/2015 são os *amici curiae*, sustentando que o fundamento de sua admissão no processo "tem o intuito de ampliar os mecanismos de participação da sociedade no processo e contribuir para acentuar o seu caráter democrático".[90] E em seguida sustenta o mesmo autor

---

[89] FREIRE, Alexandre. Comentário ao art. 1.035. In: CABRAL, Antonio do Passo; CRAMER, Ronaldo (coord.). *Comentários ao Novo Código de Processo Civil*. Rio de Janeiro: Gen-Forense, 2015. p. 1.527-1.528.

[90] OLIVEIRA, Pedro Miranda de. Comentário ao art. 1.035. In: WAMBIER, Teresa Arruda Alvim; DIDIER JR., Fredie; TALAMINI, Eduardo; DANTAS, Bruno (coord.).

que esta é "uma forma de conferir maior legitimidade à decisão judicial do STF que terá aplicação em todo o território nacional".[91]

O texto do Código de Processo Civil, como visto, remete a admissão de *amici curiae* no procedimento de análise da repercussão geral para o que dispõe acerca do ponto o Regimento Interno do STF. Pois do § 3º do art. 323 daquele Regimento expressamente consta que o relator poderá, mediante decisão irrecorrível, admitir – de ofício ou a requerimento – "a manifestação de terceiros, subscrita por procurador habilitado, sobre a questão da repercussão geral".

Não é apenas com a possibilidade de intervenção de *amici curiae* que se abre o procedimento do recurso extraordinário em que se busca superar precedente vinculante do STF para a participação da sociedade, assegurando-se que tal procedimento seja comparticipativo como o modelo constitucional de processo brasileiro exige.[92] Também há, aí, a possibilidade de realização de audiências públicas. É o que resulta do art. 21, XVII, do Regimento Interno do STF, por força do qual incumbe ao relator

> convocar audiência pública para ouvir o depoimento de pessoas com experiência e autoridade em determinada matéria, sempre que entender necessário o esclarecimento de questões ou circunstâncias de fato, com repercussão geral ou de interesse público relevante.[93]

Em suma: fixado um precedente dotado de eficácia vinculante por meio do julgamento de recurso extraordinário repetitivo, poderá o STF superá-lo no exame de novo recurso extraordinário, interposto com o declarado intuito de provocar tal superação. Neste caso, no procedimento a ser observado para o julgamento deste novo recurso extraordinário será admissível a participação de *amici curiae* e a realização de audiências públicas, a fim de permitir que se

---

Breves comentários ao Novo Código de Processo Civil. São Paulo: RT, 2015. p. 2.317.

[91] Idem, p. 2.317.

[92] NUNES, Dierle. *Processo jurisdicional democrático* cit., p. 208, no qual se afirma ser necessário conjugar a concepção fazzalariana de processo como procedimento em contraditório com "as novas bases do constitucionalismo e da teoria do direito".

[93] E aqui se diga uma vez mais: não é preciso que se convoque audiência pública sempre que se cogita da superação de um padrão decisório vinculante. Será, porém, convocada a audiência pública sempre que, no tribunal, se reputar "necessário o esclarecimento de questões ou circunstâncias de fato, com repercussão geral ou de interesse público relevante". Perceba-se que não há, aí, qualquer discricionariedade: ou o esclarecimento é necessário, e a audiência pública tem de ser convocada, ou não é necessário, e a audiência pública não se realizará.

assegure um espaço para que a sociedade, por mecanismos garantidores do desenvolvimento comparticipativo do processo, participe do debate acerca da superação (ou preservação) do precedente anteriormente fixado. Garante--se, deste modo, a participação igualitária que se revela essencial para definir como democrática uma decisão.[94]

Já no caso de recurso especial interposto para provocar a superação de precedente vinculante formado no STJ por julgamento de recursos especiais repetitivos, o Código de Processo Civil de 2015 e o Regimento Interno do STJ não têm qualquer dispositivo destinado a tratar da intervenção de *amici curiae* ou da possibilidade de realização de audiências públicas. De toda maneira, será possível admitir-se a intervenção de *amici curiae* com base no disposto no art. 138 do CPC/2015, responsável pela genérica admissibilidade da intervenção do *amicus curiae* em processos nos quais se discuta matéria dotada de "repercussão social". Pois é evidente a repercussão social da superação de um precedente vinculante, formado no julgamento de casos repetitivos, já que tal superação implicará estabelecer que aquele precedente anteriormente formado não mais vinculará o julgamento de casos iguais ou análogos àquele em que o precedente fora formado.

A isso tudo se junta – tanto em relação à superação de precedentes formados no julgamento de recursos extraordinários repetitivos como no caso de precedentes produzidos pela técnica dos recursos especiais repetitivos – o § 2º do art. 927:

> A alteração de tese jurídica adotada em enunciado de súmula ou em julgamento de casos repetitivos poderá ser precedida de audiências públicas e da participação de pessoas, órgãos ou entidades que possam contribuir para a rediscussão da tese.

Importa ter claro que, também aqui, a designação da audiência pública ou a admissão da intervenção do *amicus curiae* não é algo que se submeta a qualquer tipo de discricionariedade judicial. Havendo pessoas com *expertise* e experiência na matéria que possam trazer subsídios que contribuam para a rediscussão da matéria que já fora objeto da fixação de um padrão decisório cuja superação agora se discute, fica o relator do recurso especial obrigado a convocar audiência pública para ouvi-las. Do mesmo modo, havendo pessoas, entidades ou órgãos que preencham os requisitos da intervenção do *amicus curiae*, não poderá o relator indeferir seu ingresso no processo a fim de fornecer elementos que terão de ser levados em consideração na decisão. Não

---

[94] DWORKIN, Ronald. *Is democracy possible here?* cit., p. 134.

Cap. 6 · APLICAÇÃO DOS PADRÕES DECISÓRIOS A PARTIR DO PRINCÍPIO DO CONTRADITÓRIO | **331**

sendo o caso de se admitir esses mecanismos de ampliação de participação, porém (por não haver quem se habilite a intervir como *amicus curiae* ou por não haver necessidade de esclarecimentos a serem prestados por especialistas em audiência pública), o processo seguirá sem essas manifestações. Só assim se ampliará a legitimidade democrática e constitucional da decisão que supera (ou que deixa de superar) um precedente anteriormente formado pela técnica dos recursos excepcionais repetitivos, assegurando-se a máxima extensão possível do contraditório, de forma a permitir a (com)participação da sociedade na alteração ou no cancelamento de um padrão decisório dotado de eficácia vinculante, ampliada deste modo a rediscussão da tese.

6.2.1.1 Superação tácita

Até aqui, examinou-se o procedimento a ser observado com o propósito explícito de superar precedentes (e outros padrões decisórios, como os enunciados de súmula vinculante) dotados de eficácia vinculante. É preciso, porém, examinar os casos em que se terá uma *superação tácita*, e se daí resultará a emissão de pronunciamentos democrática e constitucionalmente legitimados a produzir eficácia também vinculante.

Há quem, na doutrina brasileira, já se tenha pronunciado acerca da superação tácita de precedentes. É o caso, por exemplo, de José Rogério Cruz e Tucci:

> É possível também que, sem qualquer alusão ao posicionamento jurisprudencial assentado, a nova decisão siga diferente vetor. Tem-se aí, embora mais raramente, uma revogação implícita do *precedente* (*implied overruling*), similar à ab-rogação indireta de uma lei.[95]

E prossegue o mesmo autor, em texto constante de nota de rodapé:

> Anote-se que a *Court of Appeal*, por exemplo, não tem a prerrogativa de revogar implicitamente as suas próprias decisões. Se porventura proferir julgamento substancialmente divergente de anterior pronunciamento, em caso análogo, sem manifestar a intenção clara de revogar o *precedente*, será criada uma duplicidade de orientações, gerando evidente incerteza para as cortes inferiores, até que a *House of Lords* intervenha para fixar qual *ratio decidendi* deve prevalecer.[96]

---

[95] CRUZ E TUCCI, José Rogério. *Precedente judicial como fonte do direito* cit., p. 179.
[96] Idem, ibidem, nota de rodapé 49.

A superação tácita (ou implícita) é fenômeno explicado por Kniffen:

> Superação tácita acontece quando a Suprema Corte, sem mencionar que está derrubando sua decisão anterior, determina que a regra de direito que o precedente enunciava não é mais correta. O precedente, portanto, não existe mais como tal, e uma corte inferior não deve segui-lo.[97]

Também sobre o tema se manifestou Parkes, para quem o *implied overruling* ocorre quando "uma corte superior tenha decidido sobre uma matéria sem explicitamente estabelecer que uma decisão [está] superada".[98]

Inegavelmente, pois, ocorrem superações tácitas (ou implícitas) de entendimentos firmados pelos tribunais. E isto ocorre sempre que um tribunal modifica seu entendimento anteriormente estabelecido sem "dialogar" com os precedentes, isto é, sem sequer indicar no texto da decisão que estava se afastando de seus próprios padrões decisórios.

É preciso, porém, verificar se a superação tácita (ou implícita) de um precedente dotado de eficácia vinculante é ou não compatível com o modelo constitucional de processo brasileiro (e, caso seja afirmativa a resposta, como deve dar-se tal superação tácita, a fim de que respeitem todas as normas fundamentais do processo civil).

Pois é preciso considerar que o ordenamento brasileiro é contrário à superação implícita de quaisquer padrões decisórios. Como afirma Bustamante:

> Merecem repúdio, portanto, os afastamentos dissimulados ou implícitos (*non overt departure*) de um precedente judicial. Nesses casos, o afastamento do precedente acontece "mas não é tratado como tal". [Em] qualquer das várias modalidades desse tipo de procedimento (*v.g.*, quando o tribunal simplesmente ignora o precedente, ou redefine e reformula o *holding* de um julgamento em termos não genuinamente fiéis ao seu sentido original etc.), o tribunal viola uma regra que hoje em dia pode ser tida como

---

[97] KNIFFEN, Margaret N. Overruling Supreme Court Precedents: anticipatory actions by United States Court of Appeals. *Fordham Law Review*, vol. 51, p. 57, 1982 (tradução livre). No original: "Implied overruling occurs when the Supreme Court, without mentioning that it is overturning its previous decision, determines that the rule of law that the precedent enunciated is no longer correct. The precedent therefore no longer exists as such, and a lower court should not follow it".

[98] PARKES, Debra. Precedent unbound? Contemporary approaches to precedent in Canada. *Manitoba Law Journal*, vol. 32, 2007. Disponível em: <http://ssrn.com/abstract=1440086>. Acesso em: 3 abr. 2016 (tradução livre). No original: "a higher court has ruled on a matter without explicitly stating that a decision [is] overruled".

universal sobre a argumentação com precedentes judiciais: o *dever de levar em consideração o precedente*, com fundamento nos princípios da *universalizabilidade* e da *imparcialidade* na atividade judiciária.[99]

Pois o ordenamento processual brasileiro manifestamente repudia afastamentos (ou superações) tácitos ou implícitos de precedentes. É o que se verifica pela leitura do disposto no art. 489, § 1º, VI, do CPC/2015, por força do qual não se considera fundamentada a decisão judicial que "deixar de seguir enunciado de súmula, jurisprudência ou precedente invocado pela parte, sem demonstrar a existência de distinção no caso em julgamento ou a superação do entendimento". Pois esse texto normativo permite afirmar que nenhum órgão jurisdicional está autorizado a fazer uma "aplicação seletiva" de padrões decisórios, escolhendo discricionariamente o que pretende aplicar ao caso submetido a julgamento, e ignorando a existência de precedentes com os quais o julgador não concorda. Afinal, a decisão judicial que contrarie algum padrão decisório estabelecido pelo próprio tribunal ou por tribunal superior terá necessariamente de "dialogar" com o precedente. E se não o fizer será inválida (por afronta aos arts. 93, IX, da Constituição da República e 489, § 1º, do CPC/2015). É exatamente por isso que Leonard Schmitz assim se expressa:

> Aqui surge o outro lado da questão, que é a *não aplicação* de um julgado. As partes em um processo, além do julgador, invocarão ementas e súmulas como razões de convencimento, e muitas vezes os argumentos são contrapostos, porém são escorados na mesma ideia jurídica. Portanto, é imprescindível justificar tanto a concordância com determinado "precedente" quanto a não aplicação de outros julgados com força normativa, especialmente diante das situações de julgados antagônicos que se amoldariam à mesma situação. Na realidade, o ônus argumentativo ao não aplicar "precedentes" é ainda maior: "o juiz 'pode' desviar-se do direito jurisprudencial; não é, pois, determinado pelo precedente com o mesmo rigor formal do postulado da vinculação à lei. Contudo, se se afasta dos precedentes, é obrigado a um muito maior esforço argumentativo para justificar a sua decisão".[100]

Se é imprescindível, para dar a um caso solução distinta da estabelecida no padrão decisório vinculante, justificar esse afastamento (demonstrando o juiz estar-se diante de um caso de distinção ou de superação), parece

---

[99] BUSTAMANTE, Thomas da Rosa de. *Teoria do precedente judicial* cit., p. 389.
[100] SCHMITZ, Leonard Ziesemer. Op. cit., p. 340-341.

evidente não ser admissível, em hipótese alguma, a *superação implícita ou tácita*. Decisão que promova superação tácita, portanto, é nula por falta de fundamentação.[101]

Eventual pronunciamento judicial que se afaste de forma implícita de um padrão decisório vinculante, portanto, é nulo (não só pelo fato de ter deixado de observar um padrão a que estava vinculado, mas também por ter afrontado o disposto no art. 489, § 1º, VI, do CPC/2015). Caso tal decisão venha a transitar em julgado, será rescindível e,[102] portanto, sujeita a ser desconstituída.

Pode ocorrer, é certo, que se esgote o prazo dentro do qual pode ser exercido o direito à rescisão (art. 975 do CPC/2015). Neste caso, não seria mais possível desconstituir a decisão que se afastou indevidamente daquele padrão decisório, mas isto não implica dizer que o pronunciamento judicial superveniente incompatível com o precedente vinculante o tenha feito desaparecer ou ser ultrapassado por novo padrão decisório. Em outros termos, o padrão decisório anteriormente fixado permanecerá, no caso aqui examinado, hígido, devendo ser necessariamente observado em casos idênticos.

---

[101] No caso de ter sido o padrão decisório invocado pela parte, hipótese a que expressamente se refere o art. 489, § 1º, VI, do CPC/2015, o fato de ter sido proferida decisão que não o tenha levado em conta implica dizer, também, que terá havido violação ao direito fundamental ao contraditório, aqui considerado na sua dimensão conhecida como "direito à consideração dos argumentos" de que fala Antonio do Passo Cabral (em tradução livre): "O juiz, dentro de suas prerrogativas funcionais, pode considerar errados os argumentos usados pelas partes, mas deve, por quanto diz respeito ao direito de influência, levá-los em consideração, fazendo menção expressa às teses propostas pelos sujeitos processuais. É o *dever de consideração dos argumentos*, intrinsecamente coligado ao dever de motivação das decisões estatais e ao correlato direito dos cidadãos de ver sua linha argumentativa considerada pelo juiz (*Recht auf Berücksichtigung*)". No original: "Il giudice, all'interno delle sue prerogative funzionali, può considerare errati gli argomenti usati dalle parti, ma deve, per quanto riguarda il diritto di influenza, prenderli in considerazione, facendo menzione espressa dalle tesi proposte dai soggetti processuali. È il *dovere d'attenzione* alle allegazione, intrinsecamente collegato al dovere di manifestazione delle decisioni statali ed al correlato diritto dei cittadini di vedere la loro línea argomentativa considerata dal giudice (*Recht auf Berücksichtigung*)" (CABRAL, Antonio do Passo. Il principio del contraddittorio... cit., p. 456-457).

[102] O art. 966, § 5º, do CPC/2015 expressamente estabelece o cabimento de ação rescisória contra pronunciamento que se funda em padrão decisório não aplicável. Parece evidente, porém, que também a situação inversa (a da decisão que deixa de aplicar padrão decisório que em tese seria aplicável, promovendo sua superação implícita) é impugnável, após o trânsito em julgado, por meio de ação rescisória. Ter-se-á aí, para dizer o mínimo, proferido decisão que viola manifestamente norma jurídica, o que torna admissível a ação rescisória (art. 966, V, do CPC/2015).

Cap. 6 · APLICAÇÃO DOS PADRÕES DECISÓRIOS A PARTIR DO PRINCÍPIO DO CONTRADITÓRIO | 335

Em outras palavras: não se admite, no ordenamento jurídico brasileiro, a superação tácita ou implícita de padrões decisórios formalmente dotados de eficácia vinculante.

6.2.1.2 Superação antecipada

A doutrina que se dedica ao estudo dos precedentes reconhece um mecanismo de afastamento daqueles padrões decisórios a que se dá o nome de superação antecipada (*anticipatory overruling*). A superação antecipada, segundo Kniffen, "ocorre quando um tribunal inferior se afasta de uma decisão de um tribunal superior incorporando uma norma jurídica que o tribunal superior não repudiou nem explicitamente nem por insinuação".[103]

Já se afirmou que a superação antecipada acontece quando

> tribunais inferiores [reconhecem] quando um precedente da Suprema Corte está efetivamente morto, tenha ou não a Suprema Corte percebido o assassinato. De acordo com esta visão, tribunais inferiores devem desconsiderar decisões da Suprema Corte quando estiverem razoavelmente certos de que a Suprema Corte as superaria se lhe fosse dada oportunidade. Esta rejeição de precedentes duvidosos por tribunais inferiores tem sido denominada superação antecipada.[104]

Segundo Frank Cross, a superação antecipada ocorre "quando um tribunal inferior acredita que a Suprema Corte pretende desconsiderar um precedente anterior", caso em que o tribunal inferior "desconsidera aquele precedente na expectativa da afirmativa".[105]

---

[103] KNIFFEN, Margaret N. Op. cit., p. 57 (tradução livre). No original: "occurs when a lower court departs from a higher court's decision embodying a rule of law that the higher court has not repudiated either explicitly or by implication".

[104] BRADFORD, C. Steven. Following dead precedent: the Supreme Court's ill-advised rejection of anticipatory overruling. *Fordham Law Review*, vol. 59, p. 41, 1990 (tradução livre). No original: "lower courts [recognize] when a Supreme Court precedent is effectively dead, whether or not the Supreme Court has acknowledged the murder. According to this view, lower courts should disregard Supreme Court decisions when they are reasonably sure that the Supreme Court would overrule them given the opportunity. This rejection of doubtful precedent by lower courts has been termed anticipatory overruling".

[105] CROSS, Frank B. *Court Review: The Journal of the American Judges Association, paper* 21, 2006. Disponível em: <http://digitalcommons.unl.edu/cgi/viewcontent.cgi?arti cle=1023&context=ajacourtreview>. Acesso em: 9 abr. 2016, p. 28 (tradução livre). No original: "when a lower court believes that the Supreme Court wishes to disre-

Também no Brasil já se tratou do assunto. Marinoni, por exemplo, define a superação antecipada (que ele designa pela expressão inglesa *anticipatory overruling*) como "a atuação antecipatória das Cortes de Apelação estadunidenses em relação ao *overruling* dos precedentes da Suprema Corte", afirmando em seguida que se trata de "fenômeno identificado como antecipação a provável revogação de precedente por parte da Suprema Corte".[106]

É preciso, porém, verificar se o fenômeno seria admissível no Brasil, dado o fato de que o Código de Processo Civil de 2015 estabelece regras de competência para a revisão das teses firmadas nos padrões decisórios dotados de eficácia vinculante, por força das quais a superação tem de resultar da atuação do próprio tribunal que tenha fixado o paradigma (*e.g.*, no art. 986). Assim, seria preciso verificar se seria possível que um órgão jurisdicional hierarquicamente inferior se afastasse de um padrão decisório (precedente ou enunciado de súmula) dotado de eficácia vinculante originário de um tribunal que lhe seja hierarquicamente superior por meio da técnica da superação antecipada. Caso seja afirmativa a resposta a esta questão, surgiria assim a necessidade de verificar como se desenvolveria o procedimento a ser aí observado, em contraditório, para legitimar a decisão superadora em caráter antecipado.

Pois é preciso considerar que a superação antecipada é, sim, possível no ordenamento processual brasileiro. E isto resulta do disposto no art. 489, § 1º, VI, do CPC/2015, que considera não fundamentada a decisão que "[deixa] de seguir enunciado de súmula, jurisprudência ou precedente invocado pela parte, sem demonstrar a existência de distinção no caso em julgamento *ou a superação do entendimento*".

Percebe-se, pois, que há uma expressa autorização legal para que o órgão jurisdicional se afaste de um padrão decisório previamente estabelecido demonstrando estar ele superado. E não se pode considerar que seria necessária uma superação formal, explícita, daquele padrão decisório pelo próprio tribunal que o prolatou. Afinal, é perfeitamente legítimo encontrar exemplos de casos em que não seria violadora do modelo constitucional de processo a decisão que promovesse uma superação antecipada.

Aliás, este é o ponto fundamental: a superação antecipada (como qualquer outro fenômeno que se produza no processo) é possível se for compatível com o modelo constitucional de processo brasileiro.

---

gard a past precedent", caso em que o tribunal inferior "disregards that precedent in expectation of affirmance".

[106] MARINONI, Luiz Guilherme. *Precedentes obrigatórios* cit., p. 401.

Pense-se, por exemplo, no caso de se ter formado o padrão decisório vinculante a partir da interpretação de certo texto normativo que posteriormente venha a ser revogado. Seja permitido figurar uma hipótese: o STJ decidiu, pela técnica de julgamento dos recursos especiais repetitivos, que "[em] execução provisória, descabe o arbitramento de honorários advocatícios em benefício do exequente".[107] Ocorre que posteriormente à formação deste padrão decisório foi alterada a legislação processual, e o art. 520, § 2º, do CPC/2015 estabelece exatamente o contrário do que decidido naquele acórdão que o STJ proferiu. Parece óbvio que em casos assim não se pode negar ao órgão jurisdicional inferior a possibilidade de, antecipando-se ao tribunal que lhe é superior, afastar-se do padrão decisório e promover uma superação antecipada. Afinal, caso assim não se entenda, ter-se-á de considerar que a vinculatividade dos precedentes e dos enunciados de súmula é mais forte, mais densa do que a vinculatividade da lei (ou até da Constituição).

Não é só no caso de o padrão decisório revelar-se incompatível com texto normativo superveniente, porém, que se deve admitir sua superação antecipada. É que casos haverá em que o próprio tribunal responsável pela edição daquele padrão decisório dotado de eficácia vinculante já terá dado mostras de que a superação expressa está na iminência de ocorrer, gerando assim nos órgãos inferiores a legítima expectativa de que eventual superação antecipada venha a ser confirmada.

Veja-se, por exemplo, o caso, já mencionado neste estudo, das leis estaduais que vedam a fabricação, ingresso, comercialização e estocagem de produtos que tenham, em sua composição, amianto crisotila (conhecido como "amianto branco"). Alguns Estados da Federação editaram leis vedando, em seus territórios, a fabricação, ingresso, comercialização e estocagem de produtos que tivessem aquela substância em sua composição, não obstante a existência de lei federal autorizando todas essas atividades (Lei nº 9.055/1995). Em razão disso, foram ajuizadas diversas ações diretas de inconstitucionalidade contra aqueles diplomas normativos estaduais.

O STF, então, ao julgar a ADI 2396, que impugnou a lei estadual do Mato Grosso do Sul (Lei nº 2.210/2001), decidiu pela declaração de inconstitucionalidade dos dispositivos legais que vedavam a fabricação, ingresso,

---

[107] STJ, REsp 1291739/PR, Rel. Min. Luis Felipe Salomão, j. em 20.11.2013. Este julgamento, registre-se, foi produzido sob a égide do CPC/1973 e, por isso, não tem eficácia vinculante, tendo sido aqui invocado apenas para a construção de um exemplo do que se sustenta no texto.

comercialização e estocagem daqueles produtos no território do Estado. A ementa do acórdão foi a seguinte:

> Ação direta de inconstitucionalidade. Lei nº 2.210/2001, do Estado de Mato Grosso do Sul. Ofensa aos artigos 22, I e XII; 25, § 1º; 170, *caput*, II e IV; 1º; 18 e 5º *caput*, II e LIV. Inexistência. Afronta à competência legislativa concorrente da união para editar normas gerais referentes à produção e consumo, à proteção do meio ambiente e controle da poluição e à proteção e defesa da saúde. Artigo 24, V, VI e XII E §§ 1º e 2º da Constituição Federal. Não cabe a esta Corte dar a última palavra a respeito das propriedades técnico-científicas do elemento em questão e dos riscos de sua utilização para a saúde da população. Os estudos nesta seara prosseguem e suas conclusões deverão nortear as ações das autoridades sanitárias. Competência do Supremo Tribunal Federal circunscrita à verificação da ocorrência de contraste inadmissível entre a lei em exame e o parâmetro constitucional. Sendo possível a este Supremo Tribunal, pelos fatos narrados na inicial, verificar a ocorrência de agressão a outros dispositivos constitucionais que não os indicados na inicial, verifica-se que ao determinar a proibição de fabricação, ingresso, comercialização e estocagem de amianto ou de produtos à base de amianto, destinados à construção civil, o Estado do Mato Grosso do Sul excedeu a margem de competência concorrente que lhe é assegurada para legislar sobre produção e consumo (art. 24, V); proteção do meio ambiente e controle da poluição (art. 24, VI); e proteção e defesa da saúde (art. 24, XII). A Lei nº 9.055/1995 dispôs extensamente sobre todos os aspectos que dizem respeito à produção e aproveitamento industrial, transporte e comercialização do amianto crisotila. A legislação impugnada foge, e muito, do que corresponde à legislação suplementar, da qual se espera que preencha vazios ou lacunas deixados pela legislação federal, não que venha a dispor em diametral objeção a esta. Compreensão que o Supremo Tribunal tem manifestado quando se defronta com hipóteses de competência legislativa concorrente. Precedentes: ADI 903/MG-MC e ADI 1.980/PR-MC, ambas de relatoria do eminente Ministro Celso de Mello. Ação direta de inconstitucionalidade cujo pedido se julga parcialmente procedente para declarar a inconstitucionalidade do artigo 1º e de seus §§ 1º, 2º e 3º, do art. 2º, do art. 3º e §§ 1º e 2º e do parágrafo único do art. 5º, todos da Lei nº 2.210/2001, do Estado do Mato Grosso do Sul.[108]

No acórdão que julgou a aludida ação direta, dotado de eficácia vinculante por força do disposto no art. 102, § 2º, da Constituição da República, o STF assim se pronunciou:

---

[108] BRASIL, STF, ADI 2396/MS, Rel. Min. Ellen Gracie, j. em 08.05.2003.

Cap. 6 · APLICAÇÃO DOS PADRÕES DECISÓRIOS A PARTIR DO PRINCÍPIO DO CONTRADITÓRIO | **339**

> [Ao] determinar a proibição de fabricação, ingresso, comercialização e estocagem de amianto ou de produtos à base de amianto, destinados à construção civil, o Estado do Mato Grosso do Sul excedeu a margem de competência concorrente que lhe é assegurada para legislar sobre produção e consumo (art. 24, V); proteção do meio ambiente e controle da poluição (art. 24, VI); e proteção e defesa da saúde (art. 24, XII).

Partiu o STF da premissa de que "o espaço de possibilidade de regramento pela legislação estadual, em casos de competência concorrente" se abre quando não houver lei federal que fixe os princípios gerais, ou quando, existindo a lei federal, caiba complementação ou suplementação para o preenchimento de lacunas, para aquilo que não corresponda à generalidade, ou para a definição de peculiaridades regionais. Entendeu, ainda, o STF que no caso concreto existe lei federal que fixa princípios gerais para a produção e comercialização do amianto, a qual permite a extração, industrialização, utilização e comercialização da crisotila (isto é, do amianto branco), além de reconhecer a insalubridade na manipulação e determinar medidas preventivas, com expressa remissão à legislação de segurança, higiene e medicina do trabalho, aos acordos internacionais firmados pelo Brasil e aos acordos assinados entre os sindicatos dos trabalhadores e seus empregadores. A lei federal, afirmou o STF, também determina o prosseguimento, mediante linha especial de financiamento dos órgãos governamentais responsáveis pelo fomento à pesquisa científica e tecnológica, das pesquisas no sentido da utilização sem risco à saúde humana do amianto crisotila, cuidando das condições de seu transporte e das responsabilidades por ele. Em razão disso tudo, entendeu o STF que a lei editada pelo Estado do Mato Grosso do Sul "foge, e muito, do que corresponde à legislação suplementar, da qual se espera que preencha vazios ou lacunas deixados pela legislação federal, não que venha a dispor em diametral objeção a esta".

Com tais fundamentos determinantes, o STF declarou, por unanimidade, a inconstitucionalidade dos arts. 1º e seus §§ 1º, 2º e 3º; 2º; 3º e seus §§ 1º e 2º; e do parágrafo único do art. 5º da Lei Estadual nº 2.210/2001 do Estado do Mato Grosso do Sul.

Ocorre que, posteriormente, em 04.06.2008, o mesmo STF, apreciando pedido de medida cautelar formulado na ADI 3937 MC/SP, da relatoria do Min. Marco Aurélio, se pronunciou em acórdão assim ementado:

> Competência normativa – Comércio. Na dicção da ilustrada maioria, em relação à qual guardo reservas, não há relevância em pedido de concessão de liminar, formulado em ação direta de inconstitucionalidade, visando

à suspensão de lei local vedadora do comércio de certo produto, em que pese à existência de legislação federal viabilizando-o.

Trata-se, agora, de ação direta de inconstitucionalidade que impugna a Lei Estadual nº 12.684/2007, do Estado de São Paulo, que tem por objeto

> [proibir] o uso, no Estado de São Paulo, de produtos, materiais ou artefatos que contenham quaisquer tipos de amianto ou asbesto ou outros minerais que, acidentalmente, tenham fibras de amianto na sua composição.

Pois neste caso, o STF indeferiu medida cautelar para suspensão da lei estadual paulista (a qual era impugnada pelos mesmos fundamentos que levaram à declaração de inconstitucionalidade da lei sul-mato-grossense). O voto que conduziu a maioria, estabelecendo os fundamentos determinantes do acórdão, foi prolatado pelo Min. Joaquim Barbosa, que disse o seguinte:

> Estou convencido de que essas normas não são inconstitucionais. Por duas razões.
>
> A primeira é a existência de norma que respalda a postura legislativa adotada pelos estados.
>
> Trata-se da Convenção nº 162, da Organização Internacional do Trabalho, promulgada por meio do Decreto nº 126, de 22 de maio de 1991.
>
> Esse tratado internacional é um compromisso, assumido pelo Brasil, de desenvolver e implementar medidas para proteger o trabalhador exposto ao amianto.
>
> A Convenção é uma norma protetora de direitos fundamentais, em especial o direito à saúde e o direito ao meio ambiente equilibrado. Também vai ao encontro do princípio da dignidade da pessoa humana e da ordem econômica fundada na valorização do trabalho humano, justiça social e defesa do meio ambiente.
>
> O conteúdo dessa Convenção é um critério definitivo para se avaliar o exercício da competência legislativa dos estados. No caminho que vem sendo aberto pela Corte, a Convenção possui, no mínimo, o *status* de norma supralegal e infraconstitucional.
>
> Além de proteger o direito humano à saúde, a Convenção foi muito feliz ao exigir que os Estados-partes condicionassem possíveis exceções nacionais à proibição do amianto ao progressivo desenvolvimento de materiais que pudessem substituir o crisotila. Penso que é essa a norma a ser extraída do artigo 3º da Convenção [.]
>
> [A] Convenção também previu – e esse é um compromisso importante – que, constatada a existência e a viabilidade de substitutos ao amianto,

Cap. 6 · APLICAÇÃO DOS PADRÕES DECISÓRIOS A PARTIR DO PRINCÍPIO DO CONTRADITÓRIO | 341

os Estados-Partes deveriam *preferir* esses substitutos. Esse compromisso consta do artigo 10 [.]

Esse dever, assumido na esfera internacional, está apoiado em outro dever, um dever constitucional, previsto no art. 196 da Constituição Federal. Quem descumpre o primeiro, desobedece também o segundo.

Ora, se o Brasil, no plano internacional, assumiu o compromisso de substituir progressivamente a utilização do amianto crisotila, esse compromisso deve ser executado também no plano interno, por todos e cada um dos membros da federação.

[Não] faria sentido que a União assumisse compromissos internacionais que não tivessem eficácia para os estados e município. Ao atuar no plano internacional como "República Federativa do Brasil", estaria comprometida com os tratados de direitos humanos. No plano interno, face aos estados e municípios, estaria livre desses compromissos. Não é possível admitir essa conclusão.

Em seguida, o Min. Joaquim Barbosa aponta a segunda razão pela qual se convenceu da legitimidade da legislação estadual impugnada. Lê-se em seu voto:

[Não] vejo sentido prático em saber se são leis específicas que devem ser confrontadas com uma lei geral.

Penso que é inadequado concluir que a lei federal exclui a aplicação de qualquer outra norma ao caso. A preexistência da Convenção impede que se tente elevar a lei ordinária federal ao *status* de norma geral. Em verdade, é a Convenção que possui tintas de generalidade.

A distinção entre lei geral e lei específica é inaplicável ao caso das leis sobre amianto. E isto por uma razão simples: em matéria de defesa da saúde, matéria em que os estados têm competência, não é razoável que a União exerça uma opção permissiva no lugar do estado, retirando-lhe a liberdade de atender, dentro de limites razoáveis, os interesses da comunidade. O exercício desta opção esvaziaria o compromisso assumido pelo Brasil na Convenção.

A limitação estadual ao amianto é razoável também pela inexistência de alternativas. O contexto fático indica que não há uma medida intermediária à proibição.

[Por] fim, não me rendo a um argumento esposado pela requerente que sugere que as fibras substitutas ao amianto também apresentariam riscos à saúde humana, sendo preferível que se continuasse a utilizar o crisotila.

A literatura científica sugere que esses riscos são menores do que os relacionados ao crisotila. Sublinho que enquanto o risco potencial das matérias-primas alternativas ainda precisa ser demonstrado, os danos relacionados à utilização do amianto crisotila já se encontram comprovados. As fibras alternativas são, neste momento, menos perigosas, razão pela qual o poder executivo federal parece caminhar no sentido de recomendar o seu uso como substitutas da crisotila.

O STF, então, diante desses fundamentos determinantes, negou a suspensão cautelar da lei paulista. Perceba-se que o Supremo Tribunal Federal não chegou a superar, expressamente, o precedente anterior, formado no julgamento de mérito de um processo de controle direto de constitucionalidade, no qual se declarou a inconstitucionalidade da lei estadual sul-mato-grossense. Mas a *ratio decidendi* do acórdão pelo qual se negou a suspensão cautelar da lei estadual paulista permite afirmar, com grande probabilidade, que aquele precedente será superado, e que serão reputadas constitucionais outras leis (aí incluída a de São Paulo) que proíbam a fabricação, o ingresso, a comercialização ou a estocagem de produtos que contenham amianto crisotila. E diante deste quadro, é perfeitamente possível conceber casos em que outros órgãos jurisdicionais, diante de processos nos quais se suscite, incidentalmente, a inconstitucionalidade de outras leis estaduais equivalentes àquelas, que também proíbam a fabricação, o ingresso, a comercialização ou a estocagem de produtos que contenham amianto crisotila, afastem-se do precedente formado no controle direto de constitucionalidade e promovam uma superação antecipada.

Demonstrada a possibilidade de haver superação antecipada de padrões decisórios no ordenamento jurídico brasileiro, impende agora, tornando ao tema central deste estudo, verificar como deverá ser observado o contraditório nos processos em que se construa uma decisão que se afaste do padrão decisório por meio da antecipação da superação (isso sem descurar do fato de que apenas a observância de um contraditório prévio e efetivo não será suficiente para legitimar a decisão que supera o padrão decisório anteriormente fixado, exigindo-se que na sua fundamentação se observe um especial ônus argumentativo de que se falará adiante).

Pois aqui o contraditório dar-se-á, a princípio, apenas entre as partes do processo em que a questão seja discutida. Evidentemente, não poderá o órgão jurisdicional superar o padrão decisório de forma antecipada sem submeter essa possibilidade às partes, sob pena de proferir uma decisão-surpresa, violadora do art. 10 do CPC/2015 e contrária à concepção do contraditório como direito de participação com influência e de não surpresa.[109] Só assim se terá a

---

[109] NUNES, Dierle. *Processo jurisdicional democrático* cit., p. 229: "O contraditório constitui uma verdadeira garantia de não surpresa". FERRAND, Frédérique. Op. cit., p. 48 (livremente traduzido): "O tribunal deve esclarecer [antecipadamente]

construção comparticipativa do resultado do processo, o que é essencial para que a decisão possa ser reputada legítima à luz do modelo constitucional de processo estabelecido no Brasil.

Por força do art. 138 do CPC/2015, será possível imaginar que em processos que possam gerar uma superação antecipada de padrões decisórios vinculantes se dê a intervenção de *amici curiae*. Esta intervenção, porém, não integrará obrigatoriamente a estrutura do procedimento. Em outros termos, pode ocorrer a superação antecipada do precedente mesmo sem tal intervenção. Do mesmo modo, não há como considerar necessária a realização de audiências públicas para que se dê a superação antecipada.

Isso, porém, terá um reflexo relevante: é que uma decisão que promova a superação antecipada de um padrão decisório vinculante, no ordenamento jurídico brasileiro, não pode ser reputada como decisão dotada de eficácia vinculante. Em outras palavras, a decisão que antecipadamente supera um padrão decisório vinculante produzirá seus efeitos entre as partes do processo em que proferida, e só poderá ser invocada como precedente argumentativo, dotado de eficácia persuasiva, em outros processos. A não ser assim, ter-se-ia de admitir a existência de dois padrões decisórios vinculantes antagônicos, um proveniente de órgão hierarquicamente superior e outro oriundo de órgão hierarquicamente inferior, ambos de observância obrigatória. Isto, porém, geraria um paradoxo insuperável.

Em síntese, a prolação de uma decisão que, em certo caso concreto, se afaste de um padrão decisório vinculante ao fundamento de que há elementos que justificam sua superação antecipada é possível (art. 489, § 1º, VI, do CPC/2015), mas isto não implica a revogação daquele padrão decisório vinculante, o qual só se tornará verdadeiramente ineficaz se for revogado (*rectius*, superado) pelo próprio tribunal que o tenha proferido.

Como vem sendo reiteradamente afirmado neste estudo, porém, a legitimidade da decisão que supera um padrão decisório exige não só sua formação por meio de um procedimento provido de comparticipação qualificada pela existência de um espaço de abertura para a ampliação subjetiva do contraditório, mas também de uma especial fundamentação, na qual se observe um ônus argumentativo diferenciado, capaz de justificar adequadamente a superação do precedente ou do enunciado de súmula vinculante. É do que se passa a tratar.

---

que aspectos fáticos e jurídicos são relevantes para sua decisão (proibição das assim chamadas *decisões-surpresa*, Überraschungsentscheidungen)". No original: "The court must clear [in advance] which factual and legal aspects are relevant for its decision (prohibition of so-called surprise decisions, Überraschungsentscheidungen)".

6.3 O ÔNUS ARGUMENTATIVO A SER OBSERVADO NA FUNDAMENTAÇÃO DA DECISÃO QUE SUPERA PADRÃO DECISÓRIO

Segundo MacCormick, em matéria de argumentação jurídica "o processo que vale a pena estudar é o processo de argumentação como um processo de justificação".[110] Resulta daí a necessidade de o órgão judicial declarar e explanar publicamente as razões das decisões, motivo pelo qual se fala em justificação da decisão.[111]

Pois a partir da ideia de que fundamentar uma decisão é justificá-la, pode-se reconhecer a existência de uma categoria a que se dá o nome de "ônus argumentativo", a qual é empregada

> para se referir a deveres mais intensos de fundamentação nos casos em que o tomador da decisão está diante de certas relações de prioridade reconhecidas em favor de determinados elementos do sistema jurídico e pretende invertê-las.[112]

Pois um dos casos em que se impõe ao tomador da decisão (isto é, ao órgão judicial) a necessidade de observância de um ônus argumentativo é, precisamente, o caso em que ocorre o afastamento de um padrão decisório.[113] É que se em relação ao padrão decisório (vinculante) existe uma "relação de prioridade" (para usar a expressão há pouco citada de Ribeiro Leal), então para superá-lo deve necessariamente ser observada uma exigência de fundamentação mais intensa. Como dizem Alexy e Dreier, "quem quiser se afastar de um precedente suporta o ônus do argumento".[114]

---

[110] MACCORMICK, Neil. *Legal reasoning and legal theory*. Oxford: Clarendon Press, 2003 (reimpressão), p. 19 (tradução livre). No original: "the process which is worth studying is the process of argumentation as a process of justification".

[111] VIANA, Antônio Aurélio de Souza. *Precedentes no CPC/2015 e a mutação no ônus argumentativo*. Dissertação (Mestrado) – Pontifícia Universidade Católica de Minas. Belo Horizonte, 2016, p. 238.

[112] LEAL, Fernando Ângelo Ribeiro. Ônus de argumentação, relações de prioridade e decisão jurídica: mecanismos de controle e de redução da incerteza na subidealidade do sistema jurídico. Tese (Doutorado em Direito) – Universidade Federal do Rio de Janeiro. Rio de Janeiro, 2012, p. 17.

[113] Em sentido análogo, VIANA Antônio Aurélio de Souza. Op. cit., p. 242.

[114] ALEXY, Robert; DREIER, Ralf. Precedent in the Federal Rebublic of Germany cit., p. 30 (tradução livre). No original: "whoever wishes to depart from a precedent carries the burden of argument".

Tratando do ponto, Schmitz afirmou que:

> Aqui surge o outro lado da questão, que é a *não aplicação* de um julgado. As partes em um processo, além do julgador, invocarão ementas e súmulas como razões de convencimento, e muitas vezes os argumentos são contrapostos, porém são escorados na mesma ideia jurídica. Portanto, é imprescindível justificar tanto a concordância com determinado "precedente" quanto a não aplicação de outros julgados com força normativa, especialmente diante das situações de julgados antagônicos que se amoldariam à mesma situação. Na realidade, o ônus argumentativo ao não aplicar "precedentes" é ainda maior: "o juiz 'pode' desviar-se do direito jurisprudencial; não é, pois, determinado pelo precedente com o mesmo rigor formal do postulado da vinculação à lei. Contudo, se se afasta dos precedentes, é obrigado a um muito maior esforço argumentativo para justificar a sua decisão".[115]

Perceba-se, assim, a exigência de um "maior esforço argumentativo", ou seja, da necessidade de observância de um ônus argumentativo, sempre que se vai proferir decisão que supera um padrão decisório anteriormente estabelecido.[116] Isso, aliás, se confirma pela leitura do art. 489, § 1º, VI, do Código de Processo Civil de 2015, por força do qual se reputa desprovida de fundamentação adequada a decisão que "deixar de seguir enunciado de súmula, jurisprudência ou precedente [sem] demonstrar a existência de distinção no caso em julgamento ou a superação do entendimento". E a ideia aqui sustentada é corroborada pelo art. 927, § 4º, do CPC/2015, em que se lê que

> [a] modificação de enunciado de súmula, de jurisprudência pacificada ou de tese adotada em julgamento de casos repetitivos observará a necessidade de fundamentação adequada e específica, considerando os princípios da segurança jurídica, da proteção da confiança e da isonomia.

Daí resulta, então, a necessidade de uma especial justificação – ou, como diz o texto legal, de fundamentação adequada – da decisão que supera um padrão decisório vinculante.

---

[115] SCHMITZ, Leonard Ziesemer. cit., p. 340-341.

[116] O STF, no julgamento da Pt 3388 EDcl/RR, Rel. Min. Roberto Barroso, expressamente afirmou que "o acórdão embargado ostenta a força moral e persuasiva de uma decisão da mais alta Corte do País, do que decorre um elevado ônus argumentativo nos casos em que se cogite da superação de suas razões". Verifica-se, assim, que aos tribunais brasileiros não é estranha a ideia de que a superação de entendimentos já fixados exige a observância de um especial ônus argumentativo.

Impõe-se, então, ao órgão judicial que dialogue com o padrão decisório anteriormente fixado, demonstrando de modo específico os fundamentos pelos quais ele deve ser superado. E isto levando em conta o fato de que as exigências normativas de uniformidade e estabilidade dos entendimentos (CPC/2015, art. 926) e de respeito à segurança jurídica, proteção da confiança e igualdade (CPC/2015, art. 927, § 4º) fazem com que, como regra geral, os padrões decisórios vinculantes já estabelecidos devam ser preservados.

Claro que, a fim de evitar o engessamento do Direito, que naturalmente evolui, mudanças de entendimento devem ser admitidas. Vários exemplos são conhecidos e alguns foram citados ao longo deste estudo (como é o caso da superação de Plessy *vs.* Ferguson por Brown *vs.* Board of Education of Topeka pela Suprema Corte dos EUA). Daí não resulta, porém, uma ampla possibilidade de modificação de entendimentos sem justificação adequada, sob pena de se ter de considerar que a vinculação a padrões decisórios na verdade é uma falácia.

Não se pode, por exemplo, admitir que o mero fato de se ter um novo juiz no tribunal, que não estava presente quando da fixação do padrão decisório, seja fundamento suficiente para reabrir-se uma discussão já concluída. Caso fosse admissível considerar que o novo juiz não se vincula a entendimentos fixados antes de sua chegada ao tribunal, e seria forçoso concluir que nenhum dos atuais integrantes da Suprema Corte dos EUA estaria vinculado ao entendimento fixado em Marbury *vs.* Madison, por exemplo.

A superação de um entendimento consolidado em um padrão decisório vinculante, evidentemente, pode ocorrer. A modificação da base normativa vigente ao tempo da formação do padrão decisório, por exemplo, com a edição de lei posterior que trate da matéria de modo distinto, é fundamento para levar à superação. Além disso, a superação de um entendimento pode ser resultado de modificações sociais, econômicas ou mesmo de entendimento jurídico acerca de uma matéria. Isso, porém, tem de se dar com o necessário respeito à história institucional daquela matéria, de forma a assegurar que a decisão que supera um padrão decisório vinculante seja construída com respeito aos deveres normativos de coerência e integridade.

Em outras palavras, na fundamentação da decisão que supera o padrão decisório vinculante anteriormente estabelecido será preciso dialogar com esse padrão a ser superado, de modo a se garantir que a nova decisão, superadora do padrão anterior, seja um novo capítulo do romance em cadeia que veio sendo construído ao longo do tempo.[117] Em outras palavras, e com

---

[117] DWORKIN, Ronald. *O império do direito* cit., p. 275-279.

apoio em Francisco Motta, a decisão que supera o padrão decisório vinculante anteriormente estabelecido não "[inaugura] um novo livro",[118] mas é mais um capítulo do romance que já vinha sendo escrito.

Além disso – e considerando que a superação de padrões decisórios sempre incumbirá a órgãos colegiados, não podendo se dar por meio de pronunciamentos unipessoais – é preciso que haja deliberação específica acerca de ser ou não o caso de superação (e das razões que a ela levam). Não se pode, enfim, admitir que haja uma mera apresentação sequencial de votos que não dialogam entre si.[119] Em outros termos, a deliberação do órgão judicial sobre a superação de um entendimento anteriormente fixado deve se dar *per curiam* e não *seriatim*.

O que se pretende sustentar, então, é a necessidade de que – diante da proposta de superação de um padrão decisório – todos os integrantes do colegiado se manifestem, expressamente, sobre as razões que poderiam, em tese, levar à superação, a fim de se poder determinar se realmente o tribunal considerou, por unanimidade ou por maioria, que era chegado o momento de ultrapassar o entendimento anteriormente estabelecido. E isso tem, necessariamente, de ser feito com a expressa análise, em cada um dos votos, dos fundamentos determinantes do padrão decisório até aí vigorante, de modo a se justificar sua superação. Pelo menos é assim que "as coisas devem ser".[120]

Na fundamentação do acórdão que supera o padrão decisório, então, deverá ser apresentada uma fundamentação específica, analítica, completa, acerca da superação em si. Não basta, portanto, a fundamentação sobre o modo como se decide o caso concreto em julgamento, fazendo-se absolutamente necessário este olhar para o passado (para o padrão decisório que anteriormente existia), acompanhado de um olhar para o futuro (ou seja, para o fato de que futuramente aquele padrão decisório vinculante não será mais observado, eis que superado).

---

[118] MOTTA, Francisco José Borges. Op. cit., p. 228.

[119] Como diz Virgílio Afonso da Silva, tratando especificamente das decisões do STF, "como não há deliberação (oral) real, não há diálogo, não há troca de argumentos entre os votos escritos". (SILVA, Virgílio Afonso. Deciding without deliberating... cit., p. 583 (tradução livre). No original: "just as there is no real (oral) deliberation, there is no dialogue, no Exchange of arguments among the written opinions".

[120] DWORKIN, Ronald. *O direito da liberdade...* cit., p. 59.

Capítulo 7
CONCLUSÕES

Ao longo do trabalho várias conclusões foram sendo apresentadas. Impende, porém, fazer agora um balanço das principais entre as alcançadas, como forma de sintetizar as ideias centrais sustentadas.

1) O ordenamento jurídico brasileiro, forjado segundo as tradições jurídicas romano-germânicas, incorporou-se àquilo que se costuma chamar de *civil law*, e que o fato de se ter, de algum tempo para cá, buscado construir um sistema de padronização decisória, no qual têm sido empregados alguns conceitos mais conhecidos dos ordenamentos de *common law*, como são os de precedente, distinção (*distinguishing*), superação (*overruling*), fundamento determinante (*ratio decidendi*) ou elementos não vinculantes (*obiter dicta*), não implica dizer que se estaria diante de uma *commonlização* do Direito brasileiro, ou de uma superação das diferenças entre essas duas tradições jurídicas.

2) Não se adotou no Brasil o *stare decisis* como ele é conhecido nos Estados Unidos da América ou no Reino Unido da Grã-Bretanha e Irlanda do Norte, mas se construiu um "sistema brasileiro de precedentes (*rectius*, de padrões decisórios)".

3) Existe um modelo constitucional de processo para o Brasil, construído a partir da Constituição da República de 1988, e o sistema de padronização decisória estabelecido especialmente a partir do Código de Processo Civil de 2015 precisa ser, e é, inteiramente compatível com esse modelo.

4) O modelo constitucional de processo civil brasileiro é desenvolvido a partir do princípio do devido processo constitucional, e é formado por uma série de outros princípios, todos eles levando à necessidade de construção de mecanismos de padronização decisória.

5) O princípio da igualdade impõe a construção de mecanismos de padronização decisória, vez que é essencial assegurar que, diante de casos idênticos, as soluções alcançadas por meio da atividade processual sejam idênticas. Mas impõe, também, quando compreendido em sua dimensão de "direito à diferença", que casos distintos recebam soluções distintas.

6) O princípio do juízo natural é fundamental para a determinação dos órgãos a que se pode atribuir a função de editar padrões decisórios dotados de eficácia vinculante, o que leva necessariamente a se ter de reconhecer que tais padrões vinculam horizontal e verticalmente, e que a vinculação vertical pode, excepcionalmente, dar-se "para cima".

7) O princípio da fundamentação das decisões judiciais deve ser compreendido como uma exigência de que todas as decisões proferidas pelos órgãos judiciários sejam substancialmente justificadas, de modo que nos casos em que se decide a partir de padrões decisórios previamente estabelecidos é preciso ter em conta que tais padrões são princípios argumentativos, razão pela qual é essencial que a decisão "dialogue" com os padrões decisórios, demonstrando sua aplicação ou justificando a razão para que algum padrão não seja aplicado, o que leva a compreender as razões pelas quais existem os incisos V e VI do § 1º do art. 489 do CPC/2015.

8) O princípio da duração razoável do processo exige que se construa um processo eficiente, e não se pode cogitar de eficiência sem que haja padronização decisória.

9) Em grande medida, a morosidade do processo resulta de uma pretensa liberdade decisória do juiz, de que procede uma verdadeira anarquia interpretativa, e uma padronização decisória compatível com o modelo constitucional de processo permite, sem sacrifício de garantias, a produção de resultados processuais em tempo razoável.

10) O princípio do contraditório só é compatível com o Estado Democrático de Direito se for além da mera garantia formal de informação e possibilidade de manifestação, devendo ser compreendido como garantia de consideração dos argumentos apresentados no processo.

11) Do princípio do contraditório compreendido como o "direito de ser ouvido" (*right to be heard*) resulta a inegável ligação entre ele e o princípio da fundamentação das decisões, uma vez que não se

considera fundamentada a decisão que deixa de apreciar todos os argumentos apresentados pela parte e que sejam em tese capazes de lhe assegurar resultado favorável (art. 489, § 1º, IV, do CPC/2015).

12) Somente por meio da fundamentação se poderá controlar a decisão judicial, garantindo-se ter ela sido produzida de forma comparticipativa, com plena observância de um contraditório efetivo, e não de modo solipsista e com um contraditório meramente formal. O contraditório, pois, é uma condição basilar de validade do processo, uma expressão da democracia deliberativa no processo.

13) O contraditório substancial, pleno, efetivo e dinâmico, capaz de viabilizar a comparticipação, é essencial para que o processo se desenvolva de modo compatível com o Estado Democrático de Direito, razão pela qual, no Estado Democrático brasileiro, é preciso compreender-se o processo como procedimento em contraditório, única forma de eliminar o solipsismo judicial.

14) As decisões em face das quais são produzidos padrões decisórios dotados de eficácia vinculante exigem um contraditório ampliado, qualificado, capaz de legitimar constitucionalmente sua eficácia vinculativa. Dito de outro modo, o contraditório nos processos de formação de padrões decisórios vinculantes tem de ser qualificado em relação ao que se desenvolve nos processos que versam sobre interesses meramente individuais, exigindo-se a abertura de um espaço para participação dialogal de todos os interessados, pessoalmente ou por meio de quem os represente, além de especialistas na matéria.

15) A utilização de precedentes ou outros padrões decisórios não é novidade no ordenamento jurídico brasileiro, tendo tido início com os assentos do Tribunal do Comércio, em meados do século XIX.

16) Antes da entrada em vigor do Código de Processo Civil de 2015 não se costumava trabalhar, no Brasil, com o conceito de precedente. O que se empregava, então, era apenas o conceito de jurisprudência, apontada como "fonte do Direito".

17) Jurisprudência e precedente são conceitos inconfundíveis, dadas suas diferenças qualitativas e quantitativas.

18) A doutrina brasileira tem dedicado atenção a dois pontos principais: o conceito de precedente e o modo como o precedente é aplicado, sem que se veja qualquer preocupação com a formação dos precedentes ou de outros padrões decisórios dotados de eficácia vinculante.

19) A necessidade de construção de um sistema constitucionalmente legítimo de formação de padrões decisórios vinculantes exige não só uma adequada compreensão do modo como se deve desenvolver o processo de construção desses padrões decisórios, mas também leva, necessariamente, a se ter de repensar a forma como os tribunais brasileiros decidem.

20) Os tribunais brasileiros de um modo geral trabalham de forma inadequada com padrões decisórios, não os empregando como princípios argumentativos.

21) Como regra geral, as decisões que fazem alusão a precedentes não examinam seus fundamentos determinantes nem demonstram as razões pelas quais aqueles fundamentos são aplicáveis ao novo caso agora sob apreciação.

22) De um modo geral o que se vê nas decisões judiciais não é a aplicação de precedentes ou de quaisquer outros padrões decisórios, mas a mera invocação de ementas.

23) Há uma premente necessidade de que os órgãos jurisdicionais brasileiros mudem seu modo de decidir, passando a valer-se de técnicas adequadas ao emprego de precedentes ou outros padrões decisórios, os quais precisam ser compreendidos como princípios argumentativos.

24) Para o sistema brasileiro de padronização decisória funcionar adequadamente, e se revelar compatível com a Constituição da República, é preciso que haja uma mudança radical na forma de fundamentar as decisões judiciais, ultrapassando-se a mera reprodução mecânica de ementas para se passar ao confronto analítico entre o padrão decisório e o caso sob julgamento, com plena observância de um contraditório prévio, efetivo e substancial, com amplo debate entre as partes acerca da aplicabilidade ou não, ao caso concreto, do padrão decisório.

25) O princípio do contraditório não precisa ser observado de forma qualificada apenas na formação, mas também na aplicação dos padrões decisórios.

26) A formação de padrões decisórios vinculantes no Direito brasileiro só é constitucionalmente legítima por força da necessária observância de um procedimento destinado à sua construção em que se observa um contraditório que não só é dinâmico, efetivo, substancial, mas que é diferenciado em razão de sua amplitude subjetiva.

27) Nem todos os padrões decisórios elencados no art. 927 do CPC/2015 são dotados de eficácia vinculante, já que esta resulta, como se dá nos sistemas filiados à tradição do *civil law*, de imputação legal.

28) Só têm eficácia verdadeiramente vinculante os padrões decisórios enumerados nos três primeiros incisos do art. 927 do CPC/2015.

29) O que legitima, do ponto de vista constitucional (e, portanto, de uma processualidade democrática) a atribuição de efeitos vinculantes a esses padrões decisórios, mas não a outros, é o fato de que a construção deles – e não dos demais – se dá por meio de um procedimento em que se observa um contraditório subjetivamente ampliado.

30) A eficácia vinculante de alguns padrões decisórios faz com que eles tenham aptidão para alcançar, de forma vinculativa, pessoas que não terão sido partes no processo em que tais padrões tenham sido construídos.

31) Há uma necessidade de compensação sistêmica para o alcance subjetivo da eficácia vinculante de padrões decisórios, que consiste em abrir espaço para uma maior participação da sociedade no procedimento de construção desses padrões decisórios vinculantes. Essa compensação sistêmica se dá pela abertura para a participação, nos procedimentos de construção de padrões decisórios vinculantes, de *amici curiae* e de outros interessados no resultado, além da realização de audiências públicas.

32) A maior amplitude de participação expande o caráter democrático da construção dos padrões decisórios vinculantes, legitimando o alcance subjetivo que terão, respeitado o modelo constitucional de processo de modo plenamente compatível com o paradigma do Estado Democrático de Direito.

33) A intervenção do *amicus curiae* e as audiências públicas são mecanismos garantidores do desenvolvimento de um espaço público de debates capaz de conferir legitimidade democrática à atribuição de eficácia vinculante a certos padrões decisórios.

34) A eficácia vinculante de alguns padrões decisórios é legitimada (também, mas não apenas) pela observância do devido processo constitucional. E daí resulta a distinção, que neste estudo se sustenta, entre os padrões decisórios vinculantes e os meramente argumentativos (ou persuasivos).

35) Só podem ter eficácia vinculante aqueles padrões cuja formação se dá por meio de procedimentos em que *necessariamente* o contraditório é ampliado para garantir a possibilidade de participação da sociedade na sua construção.

36) Todos os procedimentos de construção de padrões decisórios vinculantes (processos de controle direto de constitucionalidade, procedimento de edição de enunciados de súmula vinculante, julgamento de recursos repetitivos, incidente de resolução de demandas repetitivas e incidente de assunção de competência) se caracterizam pela expressa previsão de que neles são empregados mecanismos de ampliação subjetiva do contraditório (intervenção de *amici curiae* e de interessados na determinação do conteúdo do padrão decisório e realização de audiências públicas), o que assegura a legitimidade democrática resultante do desenvolvimento de procedimentos comparticipativos em que toda a sociedade está autorizada a contribuir para a construção do padrão decisório que, futuramente, virá a produzir eficácia vinculante.

37) A colegialidade da deliberação, no caso dos pronunciamentos destinados a produzir eficácia vinculante, deve ser qualificada, tornando necessária a substituição do sistema *seriatim* pelo método de decisão *per curiam*, por meio do qual se permite a identificação precisa dos fundamentos determinantes do pronunciamento do tribunal, o que é essencial para o adequado funcionamento de um sistema em que padrões decisórios devem ser empregados como base da construção de futuras decisões judiciais.

38) Já há um movimento, ainda que embrionário, de passagem do método *seriatim* para o método *per curiam* de deliberação no Brasil.

39) O pronunciamento que constitui padrão decisório vinculante *precisa, necessariamente*, ser prolatado pelos tribunais de um modo diferente daquele que se emprega para a prolação de uma decisão que resolve apenas um caso que versa sobre interesses individuais, sob pena de o sistema não funcionar adequadamente.

40) Não obstante a dificuldade para determinação do que seja um fundamento determinante, este deve ser compreendido como aquele fundamento que tenha sido acolhido, expressa ou implicitamente, pelo menos na maioria dos votos formadores do acórdão.

41) Da definição de fundamentos determinantes decorre a importância de se mudar a forma de deliberação colegiada, exigindo-se que todos os votos dialoguem entre si, de modo a construir-se uma decisão que verdadeiramente é do colegiado, proferida *per curiam*.

42) Os padrões decisórios argumentativos ou persuasivos, não obstante desprovidos de eficácia vinculativa, nem por isso podem ser ignorados (o que resulta dos deveres de uniformidade, coerência e integridade previstos no art. 926 do CPC/2015), sendo responsáveis pela existência de um "ônus argumentativo" (*rectius*, um dever de argumentação) para o órgão julgador que deles se afaste.

43) Existe a necessidade de que a distinção se dê com observância de um contraditório prévio e efetivo, a fim de evitar decisões surpresa, inclusive nos casos de improcedência liminar do pedido, situação em que caberá ao juiz da causa verificar se o autor, na petição inicial, já se manifestou sobre o padrão decisório que servirá de base para a decisão. Caso não tenha havido essa manifestação na petição inicial, deverá o juiz abrir vista ao demandante para se manifestar sobre sua aplicabilidade ao caso concreto, sob pena de se ter uma sentença amparada em fundamento que não foi previamente submetido ao contraditório.

44) A fixação de padrões decisórios vinculantes não pode impedir a evolução do Direito, razão pela qual a possibilidade de sua superação é essencial. A não ser assim, a estabilidade dos padrões decisórios será superior até à de disposições constitucionais (que podem ser modificadas ou revogadas por Emenda Constitucional).

45) A superação se dá por força da atuação do próprio tribunal que fixou anteriormente o padrão decisório vinculante, o qual deverá observar um procedimento em que se desenvolverá um contraditório ampliado, com ampla possibilidade de participação de interessados e de *amici curiae* e com a realização de audiências públicas para conferir legitimidade constitucional e democrática ao novo pronunciamento, o qual afastará o caráter vinculativo do anterior.

46) Há total incompatibilidade entre a superação tácita e o modelo constitucional de processo brasileiro, uma vez que toda superação tácita viola o princípio constitucional da fundamentação das decisões judiciais.

47) É viável a superação antecipada, que pode ocorrer, mas jamais acarretará o cancelamento do padrão decisório que se tenha deixado de aplicar, o qual só é cancelado por meio de superações expressas.

48) Por não haver, nos casos de superação antecipada, o desenvolvimento de um procedimento especificamente voltado para a ampliação do contraditório com a participação de *amici curiae*, de outros interessados, ou da realização da audiência pública, a decisão que promove a superação antecipada só produz efeitos *inter partes*, não sendo dotada de eficácia vinculante.

49) É necessária a observância de um especial ônus argumentativo nas decisões que superam padrões decisórios vinculantes, já que essas decisões (tanto quanto aquelas que formam esses padrões) devem ser prolatadas por uma forma diferenciada de deliberação, com um diálogo entre todos os votos, de todos os integrantes do colegiado, de forma a justificar a superação.

50) A formação e a aplicação de padrões decisórios vinculantes só se legitima constitucionalmente a partir de uma releitura do contraditório, que não só deve ser compreendido como uma garantia de participação com influência e de não surpresa, mas deve ser subjetivamente ampliado a ponto de permitir uma abertura do procedimento para a participação da sociedade e daqueles que serão destinatários dos efeitos vinculantes que certos padrões decisórios (ou as decisões que os superam) produzem, de modo a legitimar constitucional e democraticamente tal eficácia.

51) A formação e superação de padrões decisórios exige uma forma especial de deliberação pelos tribunais, produzindo-se decisões *per curiam*, em que haja uma especial justificação tanto para a criação como para a superação de precedentes ou enunciados de súmula que sejam dotados de eficácia vinculante.

Em síntese, a conclusão principal é que a eficácia vinculante de alguns padrões decisórios é legitimada, no ordenamento jurídico brasileiro, pelo devido processo constitucional. Só o absoluto respeito ao modelo constitucional de processo, especialmente com uma releitura do princípio constitucional do contraditório (que, nos procedimentos de construção e aplicação desses padrões vinculantes precisa ser compreendido de forma subjetivamente ampliada, a fim de garantir a participação de toda a sociedade na construção de seus resultados), e com a fixação de um especial método de deliberação para formar ou superar padrões decisórios, diferente da que se emprega nos processos que versam sobre interesses meramente individuais, é que se poderá admitir que enunciados de súmula vinculante, decisões proferidas pelo STF no julgamento dos processos de controle direto da constitucionalidade, julgamentos de casos repetitivos e do incidente de assunção de competência, possam, respeitado o princípio democrático, vincular futuras decisões.

REFERÊNCIAS

AARNIO, Aulis. La tesis de la única respuesta correcta y el princípio regulativo del razonamiento jurídico. Disponível em: <http://www.udea.edu.co/portal/page/portal/bibliotecaSedesDependencias/unidadesAcademicas/FacultadDerecho-CienciasPoliticas/BilbiotecaDiseno/Archivos/02_Documentos/Aarnio-La%20unicarespuestacorrecta.pdf>. Acesso em: 2 nov. 2014.

ABBOUD, Georges. *Discricionariedade administrativa e judicial*. São Paulo: RT, 2014.

_____. *Processo constitucional brasileiro*. São Paulo: RT, 2016.

_____; ALMEIDA SANTOS, José Carlos Van Cleef de. Comentário ao art. 332. In: WAMBIER, Teresa Arruda Alvim; DIDIER JR., Fredie; TALAMINI, Eduardo; DANTAS, Bruno (coord.). *Breves comentários ao novo Código de Processo Civil*. São Paulo: RT, 2015.

_____; STRECK, Lenio Luiz. *O que é isto* – O precedente judicial e as súmulas vinculantes? 2. ed. Porto Alegre: Livraria do Advogado, 2014.

ACKERMAN, Bruce. Storr lectures: discovering the Constitution. *The Yale Law Journal*, vol. 93, 1984.

AGUIAR, Mirella de Carvalho. *Amicus curiae*. Salvador: JusPodivm, 2005.

ALDRIDGE, Peter. Precedent in the Court of Appeal – Another view. *The Modern Law Review*, vol. 47.

ALEXY, Robert; DREIER, Ralf. Precedent in the Federal Republic of Germany. In: MACCORMICK, Neil; SUMMERS, Robert S. (edit.). *Interpreting precedents* – A comparative study. Dartmouth: Ashgate, 1997.

ALMEIDA, Joaquim Canuto Mendes de. *Princípios fundamentais do processo penal*. São Paulo: RT, 1973.

ALVES, Marcos Alexandre; NASRALLA, Patrícia Duarte O diálogo hermenêutico como condição de possibilidade do filosofar. Disponível em: <http://pibid.unifra.br/wp-content/filosofia/ANEXO%206%20-%20O%20DI%C3%81LOGO%20HERMEN%C3%8AUTICO%20COMO%20CONDI%C3%87%C3%83O%20DE%20POSSIBILIDADE%20DO%20FILOSOFAR.pdf>. Acesso em: 14 jul. 2017.

ANDERSON, Helen A. Frenemies of the Court: the many faces of *amicus curiae*. *University of Richmond Law Review*, vol. 49, 2014.

ANDOLINA, Italo; VIGNERA, Giuseppe. *Il modello costituzionale del processo civile italiano*. Turim: G. Giappichelli, 1990.

ANDREWS, Neil. *O moderno processo civil*. Trad. bras. de Teresa Arruda Alvim Wambier. São Paulo: RT, 2009.

_____. *Three paths of justice*. Londres: Springer, 2012.

ARAGÃO, Alexandre Santos de. *Curso de direito administrativo*. 2. ed. Rio de Janeiro: Gen-Forense, 2013.

ARANGIO-RUIZ, Vicente. *Historia del derecho romano*. Trad. esp. de Francisco de Pelsmaeker de Ivañez. 5. ed. reimpr. Madri: Reus, 1999.

ARENHART, Sergio Cruz; MARINONI, Luiz Guilherme; MITIDIERO, Daniel. *Novo Código de Processo Civil comentado*. São Paulo: RT, 2015.

_____. *O novo processo civil*. São Paulo: RT, 2015.

ARISTÓTELES. Ética a Nicômaco. 4. ed. São Paulo: Abril Cultural, 1991.

ASCENSÃO, José de Oliveira. *O direito* – Introdução e teoria geral: uma perspectiva luso-brasileira. 1. ed. brasileira. Rio de Janeiro: Renovar, 1994.

ASSUMPÇÃO NEVES, Daniel Amorim. *Ações constitucionais*. São Paulo: Gen--Método, 2011.

ATAÍDE JÚNIOR, Jaldemiro Rodrigues de. A fundamentação das decisões judiciais no NCPC e o resgate da categoria jurídica da incidência. In: DIDIER JR., Fredie (coord.); MACÊDO, Lucas Buril de; PEIXOTO, Ravi; FREIRE, Alexandre (org.). *Procedimento comum*. Salvador: JusPodivm, 2015. (Coleção Novo CPC – Doutrina Selecionada, vol. 2).

_____. *Precedentes vinculantes e irretroatividade do direito no sistema processual brasileiro*. Curitiba: Juruá, 2012.

ÁVILA, Humberto. *Teoria dos princípios*. 13. ed. São Paulo: Malheiros, 2012.

BACCAGLINI, Laura; DI PAOLO, Gabriella; CORTESE, Fulvio The value of judicial precedent in the italian legal system. *Civil Procedure Review*, vol. 7, n. 1, 2016.

BAHIA, Alexandre Melo Franco. Precedentes no CPC-2015: por uma compreensão constitucionalmente adequada do seu uso no Brasil. In: DIDIER JR., Fredie (coord.); MACÊDO, Lucas Buril de; PEIXOTO, Ravi; FREIRE, Alexandre (org.). *Procedimento comum*. Salvador: JusPodivm, 2015. (Coleção Novo CPC – Doutrina Selecionada, vol. 2).

_____. Repercussão geral em recurso extraordinário e o papel do *amicus curiae*. *Revista de Estudos Constitucionais, Hermenêutica e Teoria do Direito (RECHTD)*, vol. 5 (2), 2013.

_____. Súmulas estão sujeitas a diversas interpretações. Disponível em: <http://www.conjur.com.br/2009-ago-24/sumula-mesmo-vinculante-sujeita-diversas--interpretacoes>. Acesso em: 31 out. 2015.

_____; NUNES, Dierle. Formação e aplicação do direito jurisprudencial: alguns dilemas. *Revista TST*, Brasília, vol. 79, n. 2, 2013.

_____; _____; CÂMARA, Bernardo Ribeiro; SOARES, Carlos Henrique. *Curso de direito processual civil*. Belo Horizonte: Fórum, 2011.

_____; _____; PEDRON, Flávio Quinaud. Precedentes no Novo CPC: É possível uma decisão correta? Disponível em: <http://justificando.cartacapital.com.br/2015/07/08/precedentes-no-novo-cpc-e-possivel-uma-decisao-correta/>. Acesso em: 13 maio 2017.

_____; SILVA, Diogo Bacha e. Agravo em recurso extraordinário e agravo em recurso especial: entre imposição de precedentes, distinção e superação. In: DIDIER JR., Fredie (coord.); MACÊDO, Lucas Buril de; PEIXOTO, Ravi; FREIRE, Alexandre (org.). *Processo nos tribunais e meios de impugnação às decisões judiciais* Salvador: JusPodivm, 2015. (Coleção Novo CPC – Doutrina Selecionada, vol. 6).

_____; _____. O novo CPC e a sistemática dos precedentes: para um viés crítico das reformas processuais. *Direito, Estado e Sociedade*, n. 46, 2015.

_____; THEODORO JÚNIOR Humberto; NUNES, Dierle. Breves considerações sobre a politização do Judiciário e sobre o panorama de aplicação no direito brasileiro – Análise da convergência entre o *civil law* e o *common law* e dos problemas de padronização decisória. *Revista de Processo*, São Paulo: RT, vol. 189, 2010.

_____; _____; _____; PEDRON, Flávio Quinaud. *Novo CPC – Fundamentos e sistematização*. 3. ed. Rio de Janeiro: Gen-Forense, 2016.

BARACHO, José Alfredo de Oliveira. *Direito processual constitucional*. Belo Horizonte: Fórum, 2006.

BARBA, Rafael Giorgio Dalla; STRECK, Lenio Luiz; DELFINO, Lúcio; LOPES, Ziel Ferreira. A cooperação processual do novo CPC é incompatível com a Constituição. Disponível em: <http://www.conjur.com.br/2014-dez-23/cooperacao--processual-cpc-incompativel-constituicao>. Acesso em: 7 maio 2017.

BARBOSA MOREIRA, José Carlos. A ação civil pública e a língua portuguesa. In: MILARÉ, Édis (coord.). *Ação civil pública*: Lei 7.347/1985 – 15 anos. São Paulo: RT, 2001.

_____. *Comentários ao Código de Processo Civil [de 1973]*. 14. ed. Rio de Janeiro: Forense, 2008. vol. V.

_____. Súmula, jurisprudência, precedente: uma escalada e seus riscos. *Temas de direito processual (nona série)*. São Paulo: Saraiva, 2007.

BARCELOS, Renato de Abreu. Maleabilidade deontológica? Uma crítica à teoria dos princípios de Humberto Ávila. *Revista TCEMG*, Belo Horizonte: TCEMG, vol. 31, n. 3, p. 36-53, jul.-set. 2013.

BARROS, Flaviane de Magalhães. Nulidades e modelo constitucional de processo. In: DIDIER JÚNIOR, Fredie (org.). *Teoria do processo*. Panorama doutrinário mundial. Segunda Série. Salvador: Juspodivm, 2010.

BARROSO, Luís Roberto. Neoconstitucionalismo e constitucionalização do Direito (o triunfo tardio do direito constitucional no Brasil). In: SOUZA NETO, Claudio Pereira; SARMENTO, Daniel (coord.). *A constitucionalização do direito* – Fundamentos teóricos e aplicações específicas. Rio de Janeiro: Lumen Juris, 2007.

_____. *O controle de constitucionalidade no direito brasileiro*. São Paulo: Saraiva, 2004.

BARTOLOMÉ, Plácido Fernandez-Viagas. *El derecho a un proceso sin dilaciones indebidas*. Madri: Civitas, 1994.

BENDER, Rolf; STRECKER, Christoph. Access to Justice in the Federal Republic of Germany In: CAPPELLETTI, Mauro; GARTH, Bryant (org.). *Access to Justice*. Milão: Giuffrè, 1978. vol. 1, livro 2.

BENHABIB, Seyla. Models of public space: Hannah Arendt, the liberal tradition and Jürgen Habermas. In: CALHOUN, Craig J. (org.). *Habermas and the public sphere*. Cambridge: MIT Press, 1992.

BERALDO, Leonardo de Faria. *Comentários às inovações do Código de Processo Civil*. Belo Horizonte: Del Rey, 2015.

BERGEL, Jean-Louis. *Teoria geral do direito*. Trad. bras. de Maria Ermantina Galvão. São Paulo: Martins Fontes, 2001.

BINENBOJM, Gustavo. *A nova jurisdição constitucional brasileira* – Legitimidade democrática e instrumentos de realização. 4. ed. Rio de Janeiro: Renovar, 2014.

BIONDI, Biondo. *Istituzioni di diritto romano*. 3. ed. Milão: Giuffrè, 1956.

BLACK, Henry Campbell. *Black's Law Dictionary*. 6. ed. Saint Paul: West Publishing, 1990.

BONNECASE, Julien. *Tratado elemental de derecho civil*. Parte A. Trad. esp. de Enrique Figueroa Alfonzo. Mexico: Harla, 1997.

BONNET, Julien. Les contrôles a priori et a posteriori. *Les Nouveaux Cahiers du Conseil constitutionnel*, n. 40, mar. 2013.

BRADFORD, C. Steven. Following dead precedent: The Supreme Court's ill-advised rejection of anticipatory overruling. *Fordham Law Review*, vol. 59, 1990.

BRAGA, Paula Sarno. *Aplicação do devido processo legal nas relações privadas*. Salvador: JusPodivm, 2008.

_____; DIDIER JR., Fredie; OLIVEIRA Rafael Alexandria de. Aspectos processuais da ADIN (ação direta de constitucionalidade) e da ADC (ação declaratória de constitucionalidade). In: DIDIER JR., Fredie (org.). *Ações constitucionais*. 3. ed. Salvador: JusPodivm, 2008.

_____; _____; _____. *Curso de direito processual civil*. 10. ed. Salvador: JusPodivm, 2015. vol. 2.

BRANCO, Paulo Gustavo Gonet; MENDES, Gilmar Ferreira; COELHO, Inocêncio Mártires. *Curso de direito constitucional*. São Paulo: Saraiva, 2007.

BRASLAVSKY, Luiza Lofiego; SEIXAS, Bernardo Silva de. A legitimidade coletiva da Defensoria Pública enquanto instrumento fortalecedor da tutela dos múltiplos vulneráveis sociais e a superação do critério meramente econômico. *Actio Revista de Estudos Jurídicos (Faculdade Maringá)*, vol. 11, n. 26, 2016.

BRENNER, Saul; SAPETH, Harold J. *Stare indecisis* – The alteration of precedents on the Supreme Court, 1946 – 1992. Cambridge: Cambridge University Press, 1995, reimpressão de 2006.

BRÊTAS, Ronaldo de Carvalho Dias. *Processo constitucional e Estado Democrático de Direito*. 3. ed. Belo Horizonte: Del Rey, 2015.

_____; FIORATTO, Débora Carvalho. A conexão entre os princípios do contraditório e da fundamentação das decisões na construção do Estado Democrático de Direito. *Revista Eletrônica de Direito Processual*, Rio de Janeiro: UERJ, vol. 5, 2010. Disponível em: <http://www.e-publicacoes.uerj.br/index.php/redp/article/view/7983/5769>. Acesso em: 27 set. 2015.

BUENO, Cassio Scarpinella. Amicus curiae *no processo civil brasileiro* – Um terceiro enigmático. 3. ed. São Paulo: Saraiva, 2012.

_____. *Partes e terceiros no processo civil brasileiro*. São Paulo: Saraiva, 2003.

BUENO, José Antônio Pimenta. Direito público brasileiro e análise da Constituição do Império. In: _____. *Marquês de São Vicente*. Org. e introdução de Eduardo Kugelmas. São Paulo: 34 Ed., 2002.

BURTON, Steven J. The conflict between stare decisis and overruling in constitutional adjudication. *Cardozo Law Review*, vol. 35.

BUSTAMANTE, Thomas da Rosa de. *Teoria do precedente judicial*. São Paulo: Noeses, 2012.

_____; et al. (coord.). *A força normativa do direito judicial:* uma análise da aplicação prática do precedente judicial e dos seus desafios para a legitimação da autoridade do Poder Judiciário. Brasília: Conselho Nacional de Justiça, 2015.

BUZINGNANI, Ana Carolina Silveira; GARCIA, Bianco Zalmora. *Amicus curiae* e a ética do discurso de Jürgen Habermas. *Revista Argumenta*, vol. 13. 2010.

CABRAL, Antonio do Passo. *Coisa julgada e preclusões dinâmicas* – Entre continuidade, mudança e transição de posições processuais estáveis. Salvador: JusPodivm, 2013.

_____. Comentário ao art. 983. In: CABRAL, Antonio do Passo; CRAMER, Ronaldo (coord.). *Comentários ao Novo Código de Processo Civil*. Rio de Janeiro: Gen-Forense, 2015.

_____. Comentário ao art. 986. In: CABRAL, Antonio do Passo; CRAMER (coord.). *Comentários ao Novo Código de Processo Civil*. Rio de Janeiro: Gen-Forense, 2015.

_____. Il principio del contraddittorio come diritto d'influenza e dovere di dibattito. *Rivista di Diritto Processuale*, Pádua: Cedam, vol. LX, 2005.

_____. O novo procedimento-modelo (*Musterverfahren*) alemão: uma alternativa às ações coletivas. *Revista de Processo*, São Paulo: RT, vol. 147, 2007.

_____. Os efeitos processuais da audiência pública. *Revista de Direito do Estado*, Rio de Janeiro: Renovar, vol. 2, 2006.

_____. Pelas Asas de Hermes: A intervenção do *amicus curiae*, um terceiro especial. Uma análise dos institutos interventivos similares – O *amicus* e o *Vertreter des öffentlichen* interesses. *Revista de Processo*, São Paulo: RT, vol. 117, 2004.

CADIET, Loïc; JEULAND Emmanuel. *Droit judiciaire prive*. 5. ed. Paris: Litec, 2006.

CALAMANDREI, Piero. Appunti sulla sentenza come fatto giuridico. In: _____. *Opere Giuridiche*. Nápoles: Morano, 1965. vol. 1.

CALDAS, Igor Lúcio Dantas Araújo. *Dos precedentes judiciais às súmulas vinculantes*: análise da verticalização do poder e do discurso judicial padronizado. Dissertação (Mestrado) –Faculdade de Direito da Universidade Federal da Bahia, Salvador, 2013.

CÂMARA, Alexandre Freitas. Exercício impessoal da jurisdição civil. *Revista da EMERJ*, vol. 6, n. 24, 2003.

_____. Novo CPC reformado permite superação de decisões vinculantes. Disponível em: <http://www.conjur.com.br/2016-fev-12/alexandre-camara-cpc-permite-superacao-decisoes-vinculantes>. Acesso em: 6 mar. 2016.

_____. Novo CPC reformado permite superação de decisões vinculantes. Disponível em: <http://www.conjur.com.br/2016-fev-12/alexandre-camara-cpc-permite-superacao-decisoes-vinculantes>. Acesso em: 25 mar. 2016.

_____. O direito à duração razoável do processo entre eficiência e garantias. *Revista de Processo*, São Paulo: RT, vol. 223, set 2013.

_____. O novo CPC e os julgamentos colegiados. Disponível em: <http://justificando.com/2015/07/08/o-novo-cpc-e-os-julgamentos-colegiados/>. Acesso em: 7 set. 2015.

_____. *O novo processo civil brasileiro*. 3. ed. São Paulo: Gen-Atlas, 2017.

_____. O princípio da primazia da resolução do mérito e o novo Código de Processo Civil. *Revista da EMERJ*, vol. 18, n. 70, 2015.

CÂMARA, Bernardo Ribeiro; NUNES, Dierle; BAHIA, Alexandre; SOARES Carlos Henrique. *Curso de direito processual civil*. Belo Horizonte: Fórum, 2011.

CAMARGO, Luiz Henrique Volpe. A força dos precedentes no moderno processo civil brasileiro. In: WAMBIER, Teresa Arruda Alvim (coord.). *Direito jurisprudencial*. 2. tir. São Paulo: RT, 2012.

CAMBI, Eduardo. Jurisprudência lotérica. *Revista dos Tribunais*, São Paulo: RT, vol. 786, 2001.

_____; FOGAÇA, Mateus Vargas. Incidente de resolução de demandas repetitivas no novo Código de Processo Civil. In: DIDIER JR., Fredie (coord.); MACÊDO, Lucas Buril de; PEIXOTO, Ravi; FREIRE, Alexandre (org.). *Processo nos tribunais e meios de impugnação às decisões judiciais* Salvador: JusPodivm, 2015. (Coleção Novo CPC – Doutrina Selecionada, vol. 6).

CAPPELLETTI, Mauro. *El proceso civil en el derecho comparado*. Trad. esp. de Santiago Sentís Melendo. Buenos Aires: EJEA, 1973.

CARDOZO, Benjamin N.. *The nature of the judicial process*. New Haven e Londres: Yale University Press, 1991.

CARNEIRO, Athos Gusmão. *Intervenção de terceiros*. 16. ed. São Paulo: Saraiva, 2009.

CARNELUTTI, Francesco. *Instituciones del proceso civil*. Trad. esp. de Santiago Sentís Melendo. Buenos Aires: El Foro, 1997. vol. 1.

CARVALHO, Danilo Corrêa Lima de; NUNES, Dierle; FREIRE, Alexandre; GODOY, Daniel Polignano. Precedentes: alguns problemas na adoção do *distinguishing* no Brasil. *Libertas – Revista de Pesquisa em Direito do Departamento de Direito da UFOP,* Ouro Preto: UFOP, vol. 1, n. 1, 2014.

CARVALHO, Kildare Gonçalves. *Direito constitucional*. 14. ed. Belo Horizonte: Del Rey, 2008.

CARVALHO NETTO, Menelick; SCOTTI, Guilherme. *Os direitos fundamentais e a (in)certeza do direito.* Belo Horizonte: Fórum, 2011.

CASTRO, Carlos Roberto de Siqueira. O novo modelo de controle de constitucionalidade na França – A questão prioritária de constitucionalidade (QPC). In: CÂMARA, Alexandre Freitas; PIRES, Adilson Rodrigues; MARÇAL, Thais Boia (coord.). *Estudos de direito administrativo em homenagem ao Professor Jessé Torres Pereira Júnior*. Belo Horizonte: Fórum, 2016.

CAVALCANTI, Marcos. *Incidente de resolução de demandas repetitivas e ações coletivas*. Salvador: JudPodivm, 2015.

CHIARLONI, Sergio. Funzione nomofilattica e valore del precedente. In: WAMBIER, Teresa Arruda Alvim (coord.). *Direito jurisprudencial*. 2. tir. São Paulo: RT, 2009.

_____. Giusto processo (diritto processuale civile). *Revista de Processo*, São Paulo: RT, vol. 219, 2013.

CHIAVARIO, Mario. *Processo e garanzie della persona.* 3. ed. Milão: Giuffrè, 1984. vol. II.

CHIOVENDA, Giuseppe. *Instituições de direito processual civil.* Trad. bras. de J. Guimarães Menegale. 3. ed. São Paulo: Saraiva, 1969. vol. 2.

CINTRA JÚNIOR, Dyrceu Aguiar Dias; VILLEN, Antônio Carlos. Controle externo e interno do Judiciário: o controle político-ideológico e as súmulas vinculantes. *Revista dos Tribunais*, São Paulo: RT, vol. 720, 1995.

COELHO, Inocêncio Mártires; MENDES, Gilmar Ferreira; BRANCO, Paulo Gustavo Gonet. *Curso de direito constitucional.* São Paulo: Saraiva, 2007.

COLLINS JR., Paul M. Friends of the Court: examining the influence if *amicus curiae* participation in U.S. Supreme Court Litigation. *Law & Society Review*, vol. 38, n. 4, 2004.

COMOGLIO, Luigi Paolo. *La garanzia costituzionale dell'azione ed il processo civile.* Pádua: Cedam, 1970.

_____; FERRI, Corrado; TARUFFO, Michele. *Lezioni sul processo civile.* 4. ed. Bolonha: Il Mulino, 2006. vol. 1.

CONCEIÇÃO, Maria Lúcia Lins; WAMBIER, Teresa Arruda Alvim; RIBEIRO, Leonardo Feres da Silva; MELLO, Rogério Licastro Torres de. *Primeiros comentários ao Novo Código de Processo Civil:* artigo por artigo. São Paulo: RT, 2015.

CORDEIRO, António Manuel da Rocha e Menezes. *Da boa-fé no direito civil.* 4ª reimpr. Coimbra: Almedina, 2011.

CORRÊA, Letícia França; VIEIRA, José Ribas. A audiência pública jurisdicional no Supremo Tribunal Federal. In: CARVALHO, Flávia Martins de; VIEIRA, José Ribas (org.). *Desafios da Constituição* – Democracia e Estado no século XXI. Rio de Janeiro: FAPERJ, 2011.

CÔRTES, Osmar Mendes Paixão. Comentário ao art. 947. In: WAMBIER, Teresa Arruda Alvim; DIDIER JR., Fredie; TALAMINI, Eduardo; DANTAS, Bruno (coord.). *Breves comentários ao novo Código de Processo Civil.* São Paulo: RT, 2015.

_____. *Segurança jurídica e vinculação das decisões judiciais* – Análise da relação entre a formação da coisa julgada e a súmula vinculante no Direito brasileiro. Tese (Doutorado) – PUC-SP, São Paulo, 2007.

CORTESE, Fulvio; BACCAGLINI Laura; DI PAOLO, Gabriella. The value of judicial precedent in the Italian legal system. *Civil Procedure Review*, vol. 7, n. 1, 2016.

COUTINHO, Jacinto. Comentário ao art. 5º, XXXVII. In: CANOTILHO, J. J. Gomes; MENDES, Gilmar Ferreira; SARLET, Ingo Wolfgang; STRECK, Lenio Luiz (coord.). *Comentários à Constituição do Brasil.* 1. ed. 3. tir. São Paulo: Saraiva, 2014.

CROSS, Frank B. Judges, law, politics & strategy. *Court Review: The Journal of the American Judges Association, paper* 21, 2006. Disponível em: <http://digital-commons.unl.edu/cgi/viewcontent.cgi?article=1023&context=ajacourtreview>. Acesso em: 9 abr. 2016.

CROSS, Frank C.; LINDQUIST, Stefanie A. Stability, predictability and the rule of law: stare decisis as a reciprocity norm. Disponível em: <http://www.utexas.edu/law/conferences/measuring/The%20Papers/Rule%20of%20Law%20Conference.crosslindquist.pdf>. Acesso em: 6 jan. 2014.

CROSS, Rupert. *Precedent in english law*. Oxford: Clarendon Press, 1961.

CRUZ E TUCCI, José Rogério. Parâmetros de eficácia e critérios de interpretação do precedente judicial. In: WAMBIER, Teresa Arruda Alvim (coord.). *Direito jurisprudencial*. 1. ed. 2. tir. São Paulo: RT, 2012.

_____. *Precedente judicial como fonte do direito*. São Paulo: RT, 2004.

CUNHA, Leonardo José Carneiro da. Comentário ao art. 489. In: WAMBIER, Teresa Arruda Alvim; DIDIER JR., Fredie; TALAMINI, Eduardo; DANTAS, Bruno. *Breves Comentários ao novo Código de Processo Civil*. São Paulo: RT, 2015.

_____. *Jurisdição e competência*. São Paulo: RT, 2008.

_____; DIDIER JR., Fredie Comentário ao art. 947. In: CABRAL, Antonio do Passo; CRAMER, Ronaldo (coord.). *Comentários ao Novo Código de Processo Civil*. Rio de Janeiro: Gen-Forense, 2015.

_____; _____. Intervenção do Ministério Público no Incidente de Assunção de Competência e na Reclamação: interpretando um silêncio e um exagero ver-borrágico do novo CPC. *E-Paraná Judiciário – Revista Eletrônica do Tribunal de Justiça do Paraná*, vol. 4, n. 9, 2015.

CUNHA JÚNIOR, Dirley. A intervenção de terceiros no processo de controle abs-trato de constitucionalidade – A intervenção do particular, do co-legitimado e do *amicus curiae* na ADIN, ADC e ADPF. In: DIDIER JR., Fredie; WAMBIER, Teresa Arruda Alvim (coord.). *Aspectos polêmicos e atuais sobre os terceiros no processo civil e assuntos afins*. São Paulo: RT, 2004.

DAMAŠKA, Mirjan. The common law/civil law divide: residual truth of a mis-leading distinction. In: COLÓQUIO INTENACIONAL THE FUTURES OF CATEGORIES / CATEGORIES OF THE FUTURE. *Anais...* Toronto: IAPL, 2009.

DANTAS, Bruno. Comentário ao art. 983. In: WAMBIER, Teresa Arruda Alvim; DIDIER JR., Fredie; TALAMINI, Eduardo; DANTAS, Bruno (coord.). *Breves Comentários ao Novo Código de Processo Civil*. São Paulo: RT, 2015.

_____. Comentário ao art. 986. In: WAMBIER, Teresa Arruda Alvim; DIDIER JR., Fredie; TALAMINI, Eduardo; DANTAS, Bruno (coord.). *Breves Comentários ao Novo Código de Processo Civil*. São Paulo: RT, 2015.

DANTAS, Marcelo Navarro Ribeiro. A reclamação constitucional no direito comparado. In: NOGUEIRA, Pedro Henrique Pedrosa; COSTA, Eduardo José da Fonseca (org.). *Reclamação constitucional*. Salvador: JusPodivm, 2013.

DAVID, René. *O direito inglês*. Trad. bras. de Eduardo Brandão. São Paulo: Martins Fontes, 1997.

_____. *Os grandes sistemas do direito contemporâneo*. Trad. bras. de Hermínio A. Carvalho. São Paulo: Martins Fontes, 1996.

DELFINO, Lúcio; NUNES, Dierle. Juiz deve ser visto como garantidor de direitos fundamentais, nada mais. Disponível em: <http://www.conjur.com.br/2014--set-03/juiz-visto-garantidor-direitos-fundamentais-nada>. Acesso em: 22 dez. 2014.

_____; _____. Novo CPC: Enunciados de súmula e pseudocolegialidade. Disponível em: <http://justificando.com/2014/08/28/novo-cpc-enunciados-de-sumula-e--pseudo-colegialidade/.> Acesso em: 7 set. 2015.

_____; STRECK, Lenio Luiz; BARBA, Rafael Giorgio Dalla; LOPES, Ziel Ferreira. A cooperação processual do novo CPC é incompatível com a Constituição. Disponível em: <http://www.conjur.com.br/2014-dez-23/cooperacao-processual--cpc-incompativel-constituicao>. Acesso em: 7 maio 2017.

DEN EYNDE, Laura van. An empirical look at the *amicus curiae* practice of human rights NGOs before the European Court of Human Rights. *Netherlands Quarterly of Human Rights*, Cambridge: Intersentia, vol. 31/3, 2013.

DI PAOLO, Gabriella; BACCAGLINI, Laura; CORTESE, Fulvio. The value of judicial precedent in the Italian legal system. *Civil Procedure Review,* vol. 7, n. 1, 2016.

DIDIER JR., Fredie. *Curso de direito processual civil*. 17. ed. Salvador: JusPodivm, 2015. vol. 1.

_____._____. 19. ed. Salvador: JusPodivm, 2017. vol. 1.

_____. Sistema brasileiro de precedentes judiciais obrigatórios e os deveres institucionais dos tribunais: uniformidade, estabilidade, integridade e coerência da jurisprudência. *Revista da Faculdade Mineira de Direito*. PUCMINAS, vol. 18, n. 36, 2015.

_____; CUNHA, Leonardo Carneiro da. Comentário ao art. 947. In: CABRAL, Antonio do Passo; CRAMER, Ronaldo (coord.). *Comentários ao Novo Código de Processo Civil*. Rio de Janeiro: Gen-Forense, 2015.

_____; _____. Intervenção do Ministério Público no incidente de assunção de competência e na reclamação: interpretando um silêncio e um exagero verborrágico do novo CPC. *E-Paraná Judiciário – Revista Eletrônica do Tribunal de Justiça do Paraná*, vol. 4, n. 9, 2015.

_____; OLIVEIRA, Rafael Alexandria de; BRAGA, Paula Sarno. *Curso de direito processual civil*. 10. ed. Salvador: JusPodivm, 2015. vol. 2.

_____;_____;_____. Aspectos processuais da ADIN (ação direta de constitucionalidade) e da ADC (ação declaratória de constitucionalidade). In: DIDIER JR., Fredie (org.). *Ações constitucionais*. 3. ed. Salvador: JusPodivm, 2008.

DINIZ, Maria Helena. *Compêndio de introdução à ciência do direito*. 10. ed. São Paulo: Saraiva, 1998.

DOBBINS, Jefrrey C. Precedent and structure. *Michigan Law Review*, vol. 108, 2010.

DREIER, Ralf; ALEXY, Robert. Precedent in the Federal Republic of Germany. In: MACCORMICK, Neil; SUMMERS, Robert S. (edit.). *Interpreting precedents* – A comparative study. Dartmouth: Ashgate, 1997.

DURÇO, Karol Araújo; PINHO, Humberto Dalla Bernardina de. A mediação e a solução dos conflitos no Estado Democrático de Direito. O "juiz Hermes" e a nova dimensão da função jurisdicional. *Quaestio Iuris*, vol. 4, n. 1.

DUXBURY, Neil. *The nature and authority of precedent*. Cambridge: Cambridge University Press, 2008.

DWORKIN, Ronald. *A Justiça de Toga*. Trad. bras. de Jefferson Luiz Camargo. 1. ed. 2. tir. São Paulo: WMF Martins Fontes, 2016.

_____. *A virtude soberana*. Trad. bras. de Jussara Simões. São Paulo: WMF Martins Fontes, 2016.

_____. Do values conflict? A hedgehog's approach. *Law Review*, vol. 43, 2001.

_____. *Is democracy possible here?* Princeton: Princeton University Press, 2006.

_____. *Law's empire*. Cambridge: Harvard University Press, 1986.

_____. *Levando os direitos a sério*. Trad. bras. de Nelson Boeira. São Paulo: Martins Fontes, 2002.

_____. *O direito da liberdade* – A leitura moral da Constituição norte-americana. Trad. bras. de Marcelo Brandão Cipolla. São Paulo: Martins Fontes, 2006.

_____. *O império do direito*. Trad. bras. de Jeferson Luiz Camargo. São Paulo: Martins Fontes, 2014.

_____. *Uma questão de princípio*. Trad. bras. de Luís Carlos Borges. 2. ed. São Paulo: Martins Fontes, 2005.

_____. The partnership conception of democracy. *California Law Review*, vol. 86, 1998.

ENNECCERUS, Ludwig; KIPP, Theodor; WOLFF, Martin. *Tratado de derecho civil*. Trad. esp. de Blas Pérez González e José Alguer. 2. ed. Barcelona: Bosch, 1953. t. I, vol. 1.

ERECIŃSKI, Tadeusz; GRZEGORCZYK, Paweł. Effective protection of diverse interests in civil proceedings on the example of Polish act on group action. In: NEKROŠIUS, Vytautas (coord.). *Recent trends in economy and efficiency of civil procedure*. Vilnius: Vilnius University Press, 2013.

FAGUNDES, M. Seabra. *Dos recursos ordinários em matéria civil*. Rio de Janeiro: Forense, 1946.

FALLON JR., Richard H. Stare decisis and the Constitution: an essay on constitutional methodology. *New York University Law Review*, vol. 76, 2001.

FARBER, Daniel A. The rule of law and the law of precedents. *Minnesota Law Review*, vol. 90, 2005.

FAZZALARI, Elio. *Istituzioni di diritto processuale*. 8. ed. Pádua: Cedam, 1996.

FERRAND, Frédérique. Ideological background of the Constitution, Constitutional rules and civil procedure. *International Association of Procedural Law Seoul Conference 2014*. Seul: IAPL, 2014.

FILARDI, Hugo. *Motivação das decisões judiciais e o Estado Constitucional*. Rio de Janeiro: Lumen Juris, 2012.

FINE, Toni M. O uso do precedente e o papel do princípio do *stare decisis* no sistema legal norte-americano. *Revista dos Tribunais*, São Paulo: RT, vol. 782, 2000.

FIORATTO, Débora Carvalho; DIAS, Ronaldo Brêtas de Carvalho. A conexão entre os princípios do contraditório e da fundamentação das decisões na construção do Estado Democrático de Direito. *Revista Eletrônica de Direito Processual*, Rio de Janeiro: UERJ, 2010, vol. 5. Disponível em: <http://www.e-publicacoes.uerj.br/index.php/redp/article/view/7983/5769>. Acesso em: 27 set. 2015.

FIORENZA, Fábio Henrique Rodrigues de Moraes. Aspectos básicos da súmula vinculante. *Revista do Tribunal Regional Federal da 1ª Região*, vol. 23, n. 4, abr. 2011.

FISK, Catherine L. Credit where it's due: The Law and the norms of attribution. *The Georgetown Law Journal*, vol. 95, 2006.

FOGAÇA, Mateus Vargas; CAMBI, Eduardo. Incidente de resolução de demandas repetitivas no Novo Código de Processo Civil. In: DIDIER JR., Fredie (coord.); MACÊDO, Lucas Buril de; PEIXOTO, Ravi; FREIRE, Alexandre (org.). *Processo nos tribunais e meios de impugnação às decisões judiciais* Salvador: JusPodivm, 2015. (Coleção Novo CPC – Doutrina Selecionada, vol. 6).

FON, Vincy; PARISI, Francesco. Judicial precedents in civil law systems: a dynamic analysis. *International Review of Law and Economics*, vol. 26, n. 4, 2006.

FRANKFURTER, Felix. Some reflections on the reading of statutes. *Columbia Law Review*, vol. 47, n. 4, 1947.

FREIRE, Alexandre. Comentário ao art. 1.035. In: CABRAL, Antonio do Passo; CRAMER, Ronaldo (coord.). *Comentários ao Novo Código de Processo Civil*. Rio de Janeiro: Gen-Forense, 2015.

_____; NUNES, Dierle; GODOY, Daniel Polignano; CARVALHO, Danilo Corrêa Lima de. Precedentes: alguns problemas na adoção *do distinguishing* no Brasil. *Libertas – Revista de Pesquisa em Direito do Departamento de Direito da UFOP*, Ouro Preto: UFOP, vol. 1, n. 1, 2014.

FREITAS, Gabriela Oliveira. Fundamentação das decisões e a superação do livre convencimento motivado. *Revista de Processo, Jurisdição e Efetividade da Justiça*. Brasília, vol. 2, n. 1, 2016.

GALANTER, Marc. Why the "haves" come out ahead: speculations on the limits of legal change. *Law and Society* n. 9, 1974.

GARCIA, Bianco Zalmora; BUZINGNANI, Ana Carolina Silveira. *Amicus curiae* e a ética do discurso de Jürgen Habermas. *Revista Argumenta*, vol. 13. 2010.

GARCIA, Ruben J. A democratic theory of *amicus* advocacy. *Florida State University Law Review*, vol. 35, n. 2, 2008.

GASCÓN INCHAUSTI, Fernando. Where is the dividing line? The case of Spanish civil procedure. In: COLÓQUIO INTENACIONAL THE FUTURES OF CATEGORIES / CATEGORIES OF THE FUTURE. *Anais...* Toronto: IAPL, 2009.

GIDI, Antonio. *A* class action *como instrumento de tutela coletiva dos direitos:* as ações coletivas em uma perspective comparada. São Paulo: RT, 2007.

GODOY, Daniel Polignano; NUNES, Dierle; FREIRE, Alexandre; CARVALHO, Danilo Corrêa Lima de. Precedentes: alguns problemas na adoção do *distinguishing* no Brasil. *Libertas – Revista de Pesquisa em Direito do Departamento de Direito da UFOP*, Ouro Preto: UFOP, vol. 1, n. 1, 2014.

GONÇALVES, Aroldo Plínio. *Técnica processual e teoria do processo*. Rio de Janeiro: Aide, 1992.

GOODHART, Arthur. Determining the *ratio decidendi* of a case. *Yale Law Journal*, vol. 40, 1930.

GORDILLO, Agustín. *Tratado de derecho administrativo*. 10. ed. Buenos Aires: FDA, 2014. t. II.

GRAU, Eros Roberto. *Por que tenho medo dos juízes (a interpretação/aplicação do direito e os princípios)*. 6. ed. refundida do *Ensaio e discurso sobre a interpretação/ aplicação do direito*. São Paulo: Malheiros, 2013.

GRINOVER, Ada Pellegrini. Defesa, contraditório, igualdade e *par condicio* na ótica do processo de estrutura cooperatória. In: _____. *Novas tendências do direito processual*. 2. e. Rio de Janeiro: Forense Universitária, 1990.

GRZEGORCZYK, Christophe; TROPER, Michel. Precedent in France. In: MACCORMICK, Neil; SUMMERS, Robert S. (edit.). *Interpreting precedents*. Dartmouth: Ashgate, 1997.

GRZEGORCZYK, Paweł; ERECIŃSKI, Tadeusz. Effective protection of diverse interests in civil proceedings on the example of Polish act on group action. In:

NEKROŠIUS, Vytautas (coord.). *Recent trends in economy and efficiency of civil procedure*. Vilnius: Vilnius University Press, 2013).

HÄBERLE, Peter. Hermenêutica constitucional – A sociedade aberta dos intérpretes da Constituição: Contribuição para interpretação pluralista e "procedimental" da Constituição. Trad. bras. de Gilmar Ferreira Mendes. *Revista Direito Público*, vol. 60, 2014.

HABERMAS, Jürgen. *Direito e democracia entre facticidade e validade*. Trad. bras. de Flavio Beno Siebeneichler. Rio de Janeiro: Tempo Brasileiro, 1997. vol. I.

HABSCHEID, Walther J. As bases do direito processual civil. Trad. bras. de Arruda Alvim. *Revista de Processo*, São Paulo: RT, vol. 11, 1978.

HAZARD Jr., Geoffrey; TARUFFO, Michele. *American civil procedure* – An introduction. New Haven: Yale University Press, 1993.

HENDERSON, M. Todd. *From seriatim to consensus and back again: a theory of dissent*. University of Chicago Law School – Chicago Unbound, 2007, p. 13, Disponível em: <http://chicagounbound.uchicago.edu/cgi/viewcontent. cgi?article=1217&context=law_and_economics>. Acesso em: 12 out. 2016.

HESSE, Konrad. *Elementos de direito constitucional da República Federal da Alemanha*. Trad. bras. de Luís Afonso Heck. Porto Alegre: Sergio Antonio Fabris Ed., 1998.

HOLMES, Oliver Wendell. The path of law. Disponível em: <http://www.constitution. org/lrev/owh/path_law.htm>. Acesso em: 26 mar. 2016.

HOMMERDING, Adalberto Narciso; MOTTA, Francisco José Borges. O que é um modelo democrático de processo? *Revista do Ministério Público do RS*, n. 73, 2013.

HONDIUS, Ewoud. Precedent and the law. *Electronic Journal of Comparative Law*, vol. 11.3, Disponível em: <http://www.ejcl.org>.

HORTA, André Frederico de Sena; NUNES, Dierle; PEDRON Flávio Quinaud. Os precedentes judiciais, o art. 926 do CPC e suas propostas de fundamentação: um diálogo com concepções contrastantes. *Revista de Processo*, São Paulo: RT, vol. 263, 2017.

JAUERNIG, Othmar. *Direito processual civil*. Trad. port. de F. Silveira Ramos. Coimbra: Almedina, 2002.

JEULAND, Emmanuel, CADIET, Loïc. *Droit judiciaire privé*. 5. ed. Paris: Litec, 2006.

JOSSERAND, Louis. *Derecho civil*. Trad. esp. de Santiago Cunchillos y Manterola. Buenos Aires: EJEA-Bosch, 1950. t. I, vol. 1.

KNIFFEN, Margaret N. Overruling Supreme Court Precedents: anticipatory actions by United States Court of Appeals. *Fordham Law Review*, vol. 51, 1982.

KOLLER, Christian. Civil justice in Austrian-German tradition. In: UZELAC, Alan (edit.). *Goals of civil justice and civil procedure in contemporary judicial systems*. Londres: Springer, 2014.

KOMÁREK, Jan. Judicial lawmaking and precedent in Supreme Courts. Disponível em: <http://www.pravo.unizg.hr/_download/repository/Jan_Komarek.pdf>. Acesso em: 1º nov. 2014.

KORNHAUSER, Lewis A.; SAGER, Lawrence G. The one and the many: adjudication in collegial courts. *California Law Review*, vol. 81, 1993.

LA CHINA, Sergio. *Diritto processuale civile*. Milão: Giuffrè, 1991.

LA TORRE, Massimo; TARUFFO, Michele. Precedent in Italy. In: MACCORMICK, Neil; SUMMERS, Robert S. (edit.). *Interpreting precedents*. Dartmouth: Ashgate, 1997.

LACOMBE CAMARGO, Margarida Maria. *Hermenêutica e argumentação*. 3. ed. Rio de Janeiro: Renovar, 2003,

LARENZ, Karl. *Metodologia da ciência do direito*. Trad. port. de José Lamego. 3. ed. Lisboa: Fundação Calouste Gulbenkian, 1997.

LARSEN, Allison Orr; DEVINS, Neal. The amicus machine. *Virgina Law Review*, n. 102, p. 1965-1966, 2016.

LEAL, Fernando Ângelo Ribeiro. Ônus de argumentação, relações de prioridade e decisão jurídica: mecanismos de controle e de redução da incerteza na subidealidade do sistema jurídico. Tese (Doutorado em Direito) – Universidade Federal do Rio de Janeiro. Rio de Janeiro, 2012.

LEAL, Roger Stiefelmann. *O efeito vinculante na jurisdição constitucional*. São Paulo: Saraiva, 2006.

LEAL, Rosemiro Pereira. *Teoria processual da decisão jurídica*. São Paulo: Landy, 2002.

LEAL, Victor Nunes. Atualidades do Supremo Tribunal Federal. *Revista de Direito Processual Civil*, São Paulo: Saraiva, vol. 5, 1966.

_____. Passado e futuro da súmula do STF. Disponível em: <http://www.ivnl.com.br/download/passado_e_futuro_da_sumula_do_stf.pdf>. Acesso em: 23 ago. 2015.

_____. Passado e futuro da súmula do STF. *Revista de Direito Administrativo*, vol. 145, p. 11, 1981.

LEMOS, Vinicius Silva. *Recursos e processos nos tribunais no novo CPC*. São Paulo: Lexia, 2015.

LEONARDO, Rodrigo Xavier. Codificação do direito civil no século XXI: de volta para o futuro? (parte II). Disponível em: <http://www.conjur.com.br/2016-abr-11/direito-civil-atual-codificacao-direito-civil-seculo-xxi-volta-futuro#author>. Acesso em: 5 jun. 2016.

LEWIS, Charlton T. *An elementary Latin Dictionary*. Disponível em: <http://www.perseus.tufts.edu/hopper/text?doc=Perseus%3Atext%3A1999.04.0060%3Aentry%3Dvertex>. Acesso em: 12 out. 2016.

LIMA, Hermes. *Introdução à ciência do direito*. 28. ed. Rio de Janeiro: Freitas Bastos, 1986.

LIMA, Tiago Asfor Rocha. *Precedentes judiciais civis no Brasil*. São Paulo: Saraiva, 2013.

LIMONGI FRANÇA, Rubens. *Hermenêutica jurídica*. 2. ed. São Paulo: Saraiva, 1988.

_____. *O direito, a lei e a jurisprudência*. São Paulo: RT, 1974.

LINDQUIST, Stefanie A.; CROSS, Frank C. Stability, predictability and the rule of law: stare decisis as a reciprocity norm. Disponível em: <http://www.utexas.edu/law/conferences/measuring/The%20Papers/Rule%20of%20Law%20Conference.crosslindquist.pdf>. Acesso em: 6 jan. 2014.

LOPES, José Reinaldo de Lima. *O direito na história* – Lições introdutórias. São Paulo: Max Limonad, 2000.

LOPES, Ziel Ferreira; STRECK, Lenio Luiz; DELFINO Lúcio; BARBA, Rafael Giorgio Dalla. A cooperação processual do novo CPC é incompatível com a Constituição. Disponível em: <http://www.conjur.com.br/2014-dez-23/cooperacao-processual--cpc-incompativel-constituicao>. Acesso em: 7 maio 2017.

LOPES DA COSTA, Alfredo de Araújo. *Direito processual civil brasileiro*. 2. ed. Rio de Janeiro: José Konfino, 1948. vol. 3.

LOSANO, Mario G. *Sistema e estrutura no direito*. Trad. bras. de Luca Lamberti. São Paulo: WMF Martins Fontes, 2010. vol. 2.

LOWMAN, Michael K. The litigating *amicus curiae*: when does the party begin after the friends leave? *The American University Law Review*, vol. 41, 1992.

LUHMANN, Niklas. *O direito da sociedade*. Trad. bras. de Saulo Krieger. São Paulo: Martins Fontes, 2016. versão eletrônica.

LUNELLI, Guilherme. *Direito sumular e fundamentação decisória no CPC/2015*. Belo Horizonte: Fórum, 2016.

MACCORMICK, Neil. *Legal reasoning and legal theory*. Oxford: Clarendon Press, 2003 (reimpressão).

_____; SUMMERS, Robert S. Introduction In: MACCORMICK, Neil; SUMMERS, Robert S. (edit.). *Interpreting precedents*. Dartmouth: Ashgate, 1997.

MACÊDO, Lucas Buril de. A análise dos recursos excepcionais pelos Tribunais intermediários – O pernicioso art. 1.030 do CPC e sua inadequação técnica como fruto de uma compreensão equivocada do sistema de precedentes vinculantes. *Revista de Processo*, São Paulo: RT, vol. 262, 2016.

_____. O regime jurídico dos precedentes judiciais no projeto do novo Código de Processo Civil. *Revista de Processo*, São Paulo: RT, vol. 237, 2014.

_____. Os precedentes judiciais, a criatividade não reconhecida e a esquizo-frenia jurisprudencial. Disponível em: <http://justificando.com/2015/04/24/os-precedentes-judiciais-a-criatividade-nao-reconhecida-e-a-esquizofrenia--jurisprudencial/>. Acesso em: 24 abr. 2015.

MACIEL, Adhemar Ferreira. *Amicus curiae*: um instituto democrático. *Revista de Informação Legislativa*, Brasília, n. 153, 2002.

MARCUS, Richard. Exceptionalism and convergence: Form *vs.* Content and categorical views of procedure, In: COLÓQUIO INTENACIONAL THE FUTURES OF CATEGORIES / CATEGORIES OF THE FUTURE. *Anais...* Toronto: IAPL, 2009.

MARINONI, Luiz Guilherme. *Curso de processo civil* – Teoria geral do processo. São Paulo: RT, 2006. vol. 1.

_____. *A ética dos precedentes*. São Paulo: RT, 2014.

_____. *O STJ enquanto Corte de Precedentes*. São Paulo: RT, 2013.

_____. *Precedentes obrigatórios*. 3. ed. São Paulo: RT, 2013.

_____; ARENHART, Sergio Cruz; MITIDIERO, Daniel. *Novo Código de Processo Civil comentado*. São Paulo: RT, 2015.

_____; _____; _____. *O novo processo civil*. São Paulo: RT, 2015.

MARTÍNEZ, Juan Antonio Hurtado. La evolución del sistema francés como modelo de control de constitucionalidad de las leyes. *Revista de Derecho UNED*, n. 10, 2012.

MATOS, Luiz Norton Baptista de. O Projeto de Novo CPC e o incidente de resolução de demandas repetitivas. In: MENDES, Aluisio Gonçalves de Castro; MARINONI, Luiz Guilherme; WAMBIER, Teresa Arruda Alvim (coord.). *Direito jurisprudencial*. São Paulo: RT, 2014. vol. II.

MAUÉS, Antonio Moreira. Jogando com os precedentes: regras, analogias, princípios. *Revista DireitoGV*, vol. 16, 2012.

MAULTZSCH, Felix. National report: Germany – The right to access to Justice and public responsibilities. *International Association of Procedural Law Seoul Conference 2014*. Seul: IAPL, 2014.

MCCAFFERY, Edward J. Ronald Dworkin, inside-out. *California Law Review*, vol. 85, n. 4, 1997.

MEDINA, Damares. *Amicus curiae* – Amigo da Corte ou amigo da parte? São Paulo: Saraiva, 2010.

MELLO, Rogério Licastro Torres de; WAMBIER, Teresa Arruda Alvim; RIBEIRO, Leonardo Feres da Silva; CONCEIÇÃO, Maria Lúcia Lins. *Primeiros comentários ao Novo Código de Processo Civil:* artigo por artigo. São Paulo: RT, 2015.

MENDES, Aluisio Gonçalves de Castro. *Ações coletivas e meios de resolução coletiva de conflitos no direito comparado e nacional*. 3. ed. São Paulo: RT, 2012.

MENDES, Conrado Hübner. Not last word, but dialogue. Disponível em: <http://ssrn.com/abstract=1911835>. Acesso em: 21 maio 2017.

MENDES, Gilmar Ferreira. *Controle abstrato de constitucionalidade:* ADI, ADC e ADO – Comentários à Lei n. 9.868/99. 1. ed. 2. tir. São Paulo: Saraiva, 2012.

_____. O efeito vinculante das decisões do Supremo Tribunal Federal nos processos de controle abstrato de normas. *Revista Jurídica Virtual,* vol. 1, n. 4, 1999.

_____; COELHO, Inocêncio Mártires; BRANCO, Paulo Gustavo Gonet. *Curso de direito constitucional.* São Paulo: Saraiva, 2007.

_____; VALE, André Rufino do. O pensamento de Peter Häberle na jurisprudência do Supremo Tribunal Federal. *Observatório da Jurisdição Constitucional,* ano 2, 2008/2009. Disponível em: <http://www.portaldeperiodicos.idp.edu.br/index.php/observatorio/article/viewFile/205/173>. Acesso em: 3 out. 2015.

MERRYMAN, John Henry; PÉREZ-PERDOMO, Rogelio. *A tradição da* civil law – Uma introdução aos sistemas jurídicos da Europa e da América Latina. Trad. bras. de Cássio Casagrande. Porto Alegre: Sergio Antonio Fabris Ed., 2009.

MESQUITA, José Ignacio Botelho de. Da uniformização da jurisprudência – Uma contribuição para seu estudo. In: _____. *Teses, estudos e pareceres de processo civil.* São Paulo: RT, 2005. vol. 2.

MIKELÉNAS, Valentinas. Efficiency of civil procedure: mission (im)possible? In: NEKROŠIUS, Vytautas (coord.). *Recent trends in economy and efficiency of civil procedure.* Vilnius: Vilnius University Press, 2013.

MILSON, S. F. C. *Historical foundations of the common law.* Londres: Butterworths, 1969.

MITIDIERO, Daniel. *Colaboração no processo civil.* 3. ed. São Paulo: RT, 2015.

_____. *Cortes Superiores e Cortes Supremas.* São Paulo: RT, 2013.

_____; MARINONI, Luiz Guilherme; ARENHART, Sergio Cruz. *Novo Código de Processo Civil Comentado.* São Paulo: RT, 2015.

_____; _____; _____. *O novo processo civil.* São Paulo: RT, 2015.

MONTROSE, J. L. *Ratio decidendi* and the House of Lords. *The Modern Law Review,* vol. 20, 1957.

MOREIRA, Nelson Camatta. *Fundamentos filosófico-políticos da teoria da Constituição dirigente adequada a países de modernidade tardia.* Tese (Mestrado e Doutorado) – Universidade do Vale do Rio dos Sinos (Unisinos). São Leopoldo, 2009. Disponível em: <http://biblioteca.asav.org.br/vinculos/tede/NelsonMoreiraDireito.pdf>.

_____; TOVAR, Leonardo Zehuri. Hermenêutica e decisão judicial: em busca de respostas adequadas à Constituição. *Derecho y Cambio Social,* n. 40, 2015. Lima. Disponível em: <http://www.derechoycambiosocial.com/revista040/HERMENEUTICA_E_DECISAO_JUDICIAL.pdf>. Acesso em: 24 dez. 2015.

MORELLO, Augusto Mario. *El proceso justo*. La Plata: Platense, 1994.

MOTTA, Francisco José Borges. *Ronald Dworkin e a construção de uma teoria herme-neuticamente adequada da decisão jurídica democrática*. Tese (Mestrado e Doutorado) – Universidade do Vale do Rio dos Sinos (Unisinos). São Leopoldo, 2014.

_____; HOMMERDING, Adalberto Narciso. O que é um modelo democrático de processo? *Revista do Ministério Público do RS*, n. 73, 2013.

MÜLLER, Friedrich. El derecho de creación judicial. Trad. esp. de Luís-Quintín Villacorta Mancebo. *Revista Brasileira de Direito Constitucional*, vol. 20, 2012.

_____. *Metodologia do direito constitucional*. Trad. bras. de Peter Naumann. 4. ed. São Paulo: RT, 2010.

_____. *Teoria estruturante do direito*. Trad. bras. de Peter Naumann e Eurides Avance de Souza. 2. ed. São Paulo: RT, 2009. vol. I.

NASRALLA, Patrícia Duarte; ALVES, Marcos Alexandre. O diálogo hermenêutico como condição de possibilidade do filosofar. Disponível em: <http://pibid.unifra. br/wp-content/filosofia/ANEXO%206%20-%20O%20DI%C3%81LOGO%20 HERMEN%C3%8AUTICO%20COMO%20CONDI%C3%87%C3%83O%20 DE%20POSSIBILIDADE%20DO%20FILOSOFAR.pdf>. Acesso em: 14 jul. 2017.

NERY JUNIOR, Nelson. *Princípios do processo na Constituição Federal*. 9. ed. São Paulo: RT, 2009.

NEVES, Marcelo. *Entre Hidra e Hércules:* princípios e regras constitucionais. São Paulo: WMF Martins Fontes, 2013.

NINO, Carlos Santiago. *Introdução à análise do direito*. Trad. bras. de Elza Maria Gasparotto. São Paulo: WMF Martins Fontes, 2015.

NOGUEIRA, Gustavo Santana. Das súmulas vinculantes: uma primeira análise. In: WAMBIER, Teresa Arruda Alvim; WAMBIER, Luiz Rodrigues; GOMES JR., Luiz Manoel; FISCHER, Octavio Campos; FERREIRA, Wiliam Santos (coord.). *Reforma do Judiciário* – Primeira reflexões sobre a Emenda Constitucional n. 45/2004. São Paulo: RT, 2005.

_____. *Stare decisis et non quieta movere:* a vinculação aos precedentes no direito comparado e brasileiro. Rio de Janeiro: Lumen Juris, 2011.

NOVAES, Gretchen Lückeroth. A boa-fé objetiva no direito civil. *Revista da Faculdade de Direito do Sul de Minas*, vol. 28, 2012.

NUNES, Dierle. Acórdãos deveriam ter linearidade argumentativa. Disponível em: <http://www.conjur.com.br/2012-out-24/dierle-nunes-aos-tribunais-atribuida--forma-julgamento>. Acesso em: 5 jun. 2016

_____. Comentário ao art. 1.038. In: WAMBIER, Teresa Arruda Alvim; DIDIER JR., Fredie; TALAMINI, Eduardo; DANTAS, Bruno (coord.). *Breves comentários ao novo Código de Processo Civil*. São Paulo: RT, 2015.

_____. *Direito constitucional ao recurso*. Rio de Janeiro: Lumen Juris, 2006.

_____. É preciso repensar o modo como os tribunais vêm atuando. Disponível em: <http://www.conjur.com.br/2014-jun-11/dierle-nunes-preciso-repensar-modo-tribunais-atuam>. Acesso em: 14 fev. 2016.

_____. Novo CPC consagra concepção dinâmica do contraditório. Disponível em: <http://www.conjur.com.br/2013-out-08/dierle-nunes-cpc-consagra-concepcao-dinamica-contraditorio>. Acesso em: 8 fev. 2014.

_____. Novo CPC: Fundamentar decisões judiciais com amplitude e profundidade é cada vez mais necessário... Disponível em: <http://justificando.cartacapital.com.br/2014/10/23/fundamentar-decisoes-judiciais-com-amplitude-e-profundidade-e-cada-vez-mais-necessario/>. Acesso em: 28 maio 2017.

_____. O IRDR do Novo CPC: esse "estranho" que merece ser compreendido. Disponível em: <http://justificando.com/2015/02/18/o-irdr-novo-cpc-este-estranho-que-merece-ser-compreendido/>. Acesso em: 25 mar. 2016.

_____. O princípio do contraditório. *Revista Síntese de Direito de Direito Civil e Processual Civil*, vol. 5, n. 29, Porto Alegre: Síntese, 2004.

_____. Padronização decisória pode empobrecer o discurso jurídico. Disponível em: <http://www.conjur.com.br/2012-ago-06/dierle-nunes-padronizar-decisoes-empobrecer-discurso-juridico>. Acesso em: 9 nov. 2014.

_____. *Processo jurisdicional democrático*. Curitiba: Juruá, 2008.

_____. Processualismo constitucional democrático e o dimensionamento de técnicas para a litigiosidade repetitiva. *Revista de Processo*, São Paulo: RT, vol. 199, set. 2011.

_____. Proposta de reforma do novo Código de Processo Civil apresenta riscos. Disponível em: <http://www.conjur.com.br/2015-nov-26/dierle-nunes-proposta-reforma-cpc-apresenta-riscos>. Acesso em: 23 dez. 2015.

_____. Teoria do processo contemporâneo: por um processualismo constitucional democrático. *Revista da Faculdade de Direito do Sul de Minas*, edição especial, 2008.

_____; BAHIA, Alexandre Melo Franco. Precedentes no CPC-2015: por uma compreensão constitucionalmente adequada do seu uso no Brasil. In: MACÊDO, Lucas Buril de; PEIXOTO, Ravi; FREIRE Alexandre (org.); DIDIER JR. Fredie (coord.). *Novo CPC – Doutrina selecionada*. Salvador: JusPodivm, 2015. vol. 2.

_____; _____. Formação e aplicação do direito jurisprudencial: alguns dilemas. *Revista TST*, Brasília, vol. 79, n. 2, 2013.

_____; _____; CÂMARA, Bernardo Ribeiro; SOARES, Carlos Henrique. *Curso de direito processual civil*. Belo Horizonte: Fórum, 2011.

_____; _____; PEDRON, Flávio Quinaud. Precedentes no Novo CPC: É possível uma decisão correta? Disponível em: <http://justificando.cartacapital.com.br/2015/07/08/precedentes-no-novo-cpc-e-possivel-uma-decisao-correta/>. Acesso em: 13 maio 2017.

_____; DELFINO, Lúcio. Juiz deve ser visto como garantidor de direitos fundamentais, nada mais. Disponível em: <http://www.conjur.com.br/2014-set-03/juiz-visto-garantidor-direitos-fundamentais-nada>. Acesso em: 22 dez. 2014.

_____; _____. Novo CPC: enunciados de súmula e pseudo colegialidade. Disponível em: <http://justificando.com/2014/08/28/novo-cpc-enunciados-de-sumula-e--pseudo-colegialidade/>. Acesso em: 7 set. 2015.

_____; FREIRE, Alexandre; GODOY, Daniel Polignano; CARVALHO, Danilo Corrêa Lima de. Precedentes: alguns problemas na adoção do *distinguishing* no Brasil. *Libertas – Revista de Pesquisa em Direito do Departamento de Direito da UFOP*, Ouro Preto: UFOP, vol. 1, n. 1, 2014.

_____; PEDRON, Flávio Quinaud; HORTA, André Frederico de Sena. Os precedentes judiciais, o art. 926 do CPC e suas propostas de fundamentação: um diálogo com concepções contrastantes. *Revista de Processo*, São Paulo: RT, vol. 263, 2017.

_____; TEIXEIRA, Ludmila. *Acesso à justiça democrático*. Brasília: Gazeta Jurídica, 2013.

_____; THEODORO JÚNIOR, Humberto; BAHIA, Alexandre. Breves considerações sobre a politização do Judiciário e sobre o panorama de aplicação no direito brasileiro – Análise da convergência entre o *civil law* e o *common law* e dos problemas de padronização decisória. *Revista de Processo*, São Paulo: RT, vol. 189, 2010.

_____; _____; _____; PEDRON, Flávio Quinaud. *Novo CPC – Fundamentos e sistematização*. 3. ed. Rio de Janeiro: Gen-Forense, 2016.

_____; VIANA, Antônio Aurélio de Souza. Ônus da dialeticidade: nova "jurisprudência defensiva" no STJ? Disponível em: <http://www.conjur.com.br/2017-mai-15/onus-dialeticidade-jurisprudencia-defensiva-stj>. Acesso em: 18 jul. 2017.

NUNES, João Arriscado; SANTOS, Boaventura de Sousa. Introdução: para ampliar o cânone do reconhecimento, da diferença e da igualdade. Disponível em: <http://www.ces.uc.pt/publicacoes/res/pdfs/IntrodMultiPort.pdf>. Acesso em: 13 maio 2017.

OLIPHANT, Herman. A return to stare decisis. *American Bar Association Journal*, vol. 14, 1928.

OLIVEIRA, Igor Lima Goettenauer de. *Uma travessia no direito – A gênese democrática do discurso jurídico e o amicus curiae como manifestação da transição paradigmática do direito*. Dissertação (Mestrado) – Universidade de Brasília (UnB). Brasília, 2014.

OLIVEIRA, Marcelo Andrade Cattoni de. Quais os pressupostos de legitimidade da jurisdição constitucional no Estado Democrático de Direito? Devido processo legislativo e Estado Democrático de Direito: uma justificação democrática do controle jurisdicional de constitucionalidade das leis e do processo legislativo – 15 anos depois. Disponível em: <http://s3.amazonaws.com/academia.edu.

documents/37304512/CATTONI_Quais_os_pressupostos_de_legitimidade_
da_jurisdicao_constitucional_no_Estado_Democratico_de_Direito.pdf?AWS
AccessKeyId=AKIAIWOWYYGZ2Y53UL3A&Expires=1494797933&Signatur
e=ukD1QqAU%2F2tieO7pMnOd4s2XFDo%3D&response-content-disposition
=inline%3B%20filename%3DDevido_Processo_Legislativo._Quais_os_pr.pdf>.
Acesso em: 14 maio 2017.

_____. Republicanismo e liberalismo – Da relação entre constitucionalismo e de-
mocracia no marco das tradições do pensamento político moderno. *Virtuajus*,
Belo Horizonte: PUCMINAS, ano 2, vol. 2, 2003. Disponível em: <http://www.
fmd.pucminas.br/Virtuajus/ano2_2/Republicanismo%20e%20Liberalismo.pdf>.
Acesso em: 25 dez. 2015.

OLIVEIRA, Pedro Miranda de. Comentário ao art. 1.035. In: WAMBIER, Teresa
Arruda Alvim; DIDIER JR., Fredie; TALAMINI, Eduardo; DANTAS, Bruno
(coord.). *Breves comentários ao novo Código de Processo Civil*. São Paulo: RT, 2015.

OLIVEIRA, Rafael Alexandria; DIDIER JR., Fredie; BRAGA, Paula Sarno. Aspectos
processuais da ADIN (ação direta de constitucionalidade) e da ADC (ação declaratória de constitucionalidade). In: DIDIER JR., Fredie (org.). *Ações constitucionais*.
3. ed. Salvador: JusPodivm, 2008.

_____; _____; _____. *Curso de direito processual civil*. 10. ed. Salvador: JusPo-
divm, 2015. vol. 2.

OLIVEIRA, Rafael Carvalho Rezende. *Curso de direito administrativo*. São Paulo:
Gen-Método, 2013.

OMMATI, José Emílio Medauar; PEDRON, Flávio Quinaud. *Contribuição para uma
compreensão ontológica dos precedentes judiciais*. No prelo.

PANTALEÃO, Izabel Cristina Pinheiro Cardoso. A intervenção de terceiros no
CPC/15. In: DIDIER JR., Fredie (coord.); MACÊDO, Lucas Buril de; PEIXOTO,
Ravi; FREIRE, Alexandre (org.). *Parte Geral*. Salvador: JusPodivm, 2015. (Coleção
Novo CPC – Doutrina Selecionada, vol. 1).

PARISI, Francesco; FON, Vincy. Judicial precedents in civil law systems: a dynamic
analysis. *International Review of Law and Economics*, vol. 26, 2006.

PARKES, Debra. Precedent unbound? Contemporary approaches to precedent in
Canada. *Manitoba Law Journal*, vol. 32, 2007. Disponível em: <http://ssrn.com/
abstract=1440086>. Acesso em: 3 abr. 2016.

PASSOS, J. J. Calmon de. A formação do convencimento do magistrado e a garan-
tia constitucional da fundamentação das decisões. In: TUBENCHLAK, James;
BUSTAMANTE, Ricardo Silva de (coord.). *Livro de estudos jurídicos*. Niterói:
IEJ, 1991. vol. 3.

PAULA, Jônatas Luiz Moreira de. *História do direito processual brasileiro*. Barueri:
Manole, 2002.

PEDRON, Flávio Quinaud; NUNES, Dierle; BAHIA, Alexandre. Precedentes no Novo CPC: É possível uma decisão correta? Disponível em: <http://justificando. cartacapital.com.br/2015/07/08/precedentes-no-novo-cpc-e-possivel-uma--decisao-correta/>. Acesso em 13 maio 2017.

_____; NUNES, Dierle; HORTA, André Frederico de Sena. Os precedentes judiciais, o art. 926 do CPC e suas propostas de fundamentação: um diálogo com concepções contrastantes. *Revista de Processo*, São Paulo: RT, vol. 263, 2017.

_____; OMMATI, José Emílio Medauar. *Contribuição para uma compreensão ontológica dos precedentes judiciais*. No prelo.

_____; THEODORO JR., Humberto; NUNES, Dierle; BAHIA, Alexandre Melo Franco. *Novo CPC* – Fundamentos e sistematização. 3. ed. Rio de Janeiro: Gen--Forense, 2016.

PEJOVIC, Caslav. Civil law and common law: two different paths leading to the same goal. *Victoria University of Wellington Law Review*, n. 32, 2001.

PEREIRA JÚNIOR, Jessé Torres. Apresentação. In: CÂMARA, Alexandre Freitas. *Manual do mandado de segurança*. 2. ed. São Paulo: Atlas, 2014.

PÉREZ-PERDOMO, Rogelio; MERRYMAN, John Henry. *A tradição da* civil law – uma introdução aos sistemas jurídicos da Europa e da América Latina. Trad. bras. de Cássio Casagrande. Porto Alegre: Sergio Antonio Fabris Ed., 2009.

PERLINGIERI, Pietro. *Manuale di diritto civile*. 6. ed. Nápoles: Edizioni Scientifiche Italiane, 2007.

PICARDI, Nicola. *Manuale di diritto processuale civile*. Milão: Giuffrè, 2006.

PINHO, Humberto Dalla Bernardina. *Teoria geral do processo*. Rio de Janeiro: Lumen Juris, 2007.

_____; DURÇO, Karol Araújo. A mediação e a solução dos conflitos no Estado Democrático de Direito. O "juiz Hermes" e a nova dimensão da função jurisdicional. *Quaestio Iuris*, vol. 4, n. 1.

PINTO, Cristiano Otávio Paixão Araújo. *A reação norte-americana aos atentados de 11 de setembro de 2001 e seu impacto no constitucionalismo Contemporâneo*: um estudo a partir da teoria da diferenciação no Direito. Tese (Doutorado) – Universidade Federal de Minas Gerais, Belo Horizonte, 2004.

PIOVESAN, Flávia. Igualdade, diferença e direitos humanos: perspectivas global e regional. In: SARMENTO, Daniel; IKAWA, Daniela; PIOVESAN, Flávia. *Igualdade, diferença e direitos humanos*. Rio de Janeiro: Lumen Juris, 2008.

PONTES DE MIRANDA, Francisco Cavalcanti. *Comentários ao Código de Processo Civil [de 1939]*. 2. ed. Rio de Janeiro: Forense, 1961. t. XII.

_____. *Embargos, prejulgado e revista no direito processual brasileiro*. Rio de Janeiro: A. Coelho Branco Ed., 1937.

_____. *Fontes e evolução do direito civil brasileiro*. 2. ed. Rio de Janeiro: Forense, 1981.

PORCHAT, Reynaldo. *Curso elementar de direito romano*. 2. ed. São Paulo: Melhoramentos, 1937. vol. I.

RAMIRES, Maurício. *Crítica à aplicação de precedentes no direito brasileiro*. Porto Alegre: Livraria do Advogado, 2010.

RE, Edward D. *Stare decisis*. Trad. bras. de Ellen Gracie Northfleet. *Revista de Processo*, São Paulo: RT, vol. 73, 1994.

REALE, Miguel. *Fontes e modelos do direito*. 1. ed. 2. tir. São Paulo: Saraiva, 1999.

_____. *Lições preliminares de direito*. 14. ed. São Paulo: Saraiva, 1987.

RIBEIRO, Ana Paula Brandão. Processualidade jurídica: uma abordagem principiológica a partir dos ensinamentos de Ronald Dworkin. Disponível em: <http://www.egov.ufsc.br:8080/portal/sites/default/files/anexos/18754-18755-1-PB.pdf>. Acesso em: 12 jul. 2017.

RIBEIRO, Darci Guimarães; SCALABRIN, Felipe André. O papel do processo na construção da democracia: para uma nova definição da democracia participativa. *Revista do Direito UNISC*, n. 32, 2009.

RIBEIRO, Leonardo Feres da Silva; WAMBIER, Teresa Arruda Alvim; CONCEIÇÃO, Maria Lúcia Lins; MELLO, Rogério Licastro Torres de. *Primeiros comentários ao Novo Código de Processo Civil*: artigo por artigo. São Paulo: RT, 2015.

ROBBINS, Ira P. Hiding behind the cloak of invisibility: the Supreme Court and *per curiam* opinions. *Tulane Law Review*, vol. 86, 2012.

ROCHA, Felippe Borring. *Curso do novo processo civil*. Coord. Luis Carlos de Araujo e Cleyson de Moraes Mello. Rio de Janeiro: Freitas Bastos, 2015.

RODRIGUES, Marcelo Abelha. Ponderações sobre a *fluid recovery* do art.100 do CDC. In: MAZZEI, Rodrigo; NOLASCO, Rita Dias (coord.). *Processo civil coletivo*. São Paulo: Quartier Latin, 2005.

ROQUE, André Vasconcelos. *Class actions* – ações coletivas nos Estados Unidos: o que podemos aprender com eles? Salvador: JusPodivm, 2013.

RORDORF, Renato. Stare decisis: osservazioni sul valore del precedente giudiziario nell'ordinamento italiano. *Il Foro Italiano*, vol. 131, n. 9, 2006.

ROSENBERG, Leo. *Tratado de derecho procesal civil*. Trad. esp. de Angela Romera Viera. Lima: Ara, 2007. t. I.

RUBENSTEIN, William B. The concept of equality in civil procedure. *Cardozo Law Review*, vol. 23, 2002.

SAADI, Bernardo de Vilhena. A constitucionalidade da súmula vinculante. *Revista de Direito Administrativo*, São Paulo: Atlas, vol. 244, 2007.

SAGER, Lawrence G.;. KORNHAUSER, Lewis A. The one and the many: adjudication in collegial courts. *California Law Review*, vol. 81, 1993.

REFERÊNCIAS | 381

SANTOS, Boaventura de Sousa; NUNES, João Arriscado. Introdução: para ampliar o cânone do reconhecimento, da diferença e da igualdade. Disponível em: <http://www.ces.uc.pt/publicacoes/res/pdfs/IntrodMultiPort.pdf>. Acesso em: 13 maio 2017.

SANTOS, Evaristo Aragão. Em torno do conceito e da formação do precedente judicial. In: WAMBIER, Teresa Arruda Alvim (coord.). *Direito jurisprudencial.* 2. tir. São Paulo: RT, 2012.

SANTOS, José Carlos van Cleef de Almeida; ABBOUD, Georges. Comentário ao art. 332. In: WAMBIER, Teresa Arruda Alvim; DIDIER JR., Fredie; TALAMINI, Eduardo; DANTAS, Bruno. *Breves comentários ao novo Código de Processo Civil.* São Paulo: RT, 2015.

SAPETH, Harold J.; BRENNER, Saul. *Stare indecisis* – The alteration of precedents on the Supreme Court, 1946 – 192. Cambridge: Cambridge University Press, 1995, reimpressão de 2006.

SARMENTO, Daniel. O neoconstitucionalismo no Brasil: riscos e possibilidades. In: _____. *Por um constitucionalismo inclusivo:* História constitucional brasileira, teoria da Constituição e direitos fundamentais. Rio de Janeiro: Lumen Juris, 2010.

SCALABRIN, Felipe André; RIBEIRO, Darci Guimarães. O papel do processo na construção da democracia: para uma nova definição da democracia participativa. *Revista do Direito UNISC,* n. 32, 2009.

SCHAUER, Frederick. Precedente. Trad. bras. de André Duarte de Carvalho e Lucas Buril de Macêdo. In: DIDIER JR., Fredie; CUNHA, Leonardo Carneiro da; ATAÍDE JR., Jaldemiro Rodrigues de; MACÊDO, Lucas Buril de (coord.). *Precedentes.* Salvador: JusPodivm, 2015. (Coleção Grandes Temas do Novo CPC, vol. 3).

SCHLESINGER, Piero; TORRENTE Andrea. *Manuale di diritto privato.* 19. ed. Milão: Giuffrè, 2009.

SCHMITZ, Leonard Ziesemer. *Fundamentação das decisões judiciais.* São Paulo: RT, 2015.

SCIASCIA, Gaetano. *Direito romano e direito civil brasileiro.* São Paulo: Saraiva, 1947.

SCOTTI, Guilherme; CARVALHO NETTO, Menelick de. *Os direitos fundamentais e a (in)certeza do direito.* Belo Horizonte: Fórum, 2011.

SEIXAS, Bernardo Silva de; BRASLAVSKY, Luiza Lofiego A legitimidade coletiva da Defensoria Pública enquanto instrumento fortalecedor da tutela dos múltiplos vulneráveis sociais e a superação do critério meramente econômico (em cooperação). *Actio Revista de Estudos Jurídicos (Faculdade Maringá),* vol. 11, n. 26, 2016.

SERPA LOPES, Miguel Maria de. *Curso de direito civil.* Rio de Janeiro: Freitas Bastos, 1953. vol. 1.

SHAPIRO, Martin. *Courts:* a comparative and political analysis. Chicago: The University of Chicago Press, 1981.

_____. Stability and change in judicial decision-making: Incrementalism or stare decisis? *2 Law Transition Quarterly*, 134, 1965. Disponível em: <http://scholarship.law.berkeley.edu/cgi/viewcontent.cgi?article=3154&context=facpubs>. Acesso em:6 jan. 2014.

SILVA, Beclaute Oliveira. *A garantia fundamental à motivação da decisão judicial*. Salvador: JusPodivm, 2007.

SILVA, Diogo Bacha e; BAHIA, Alexandre Melo Franco. Agravo em recurso extraordinário e agravo em recurso especial: entre imposição de precedentes, distinção e superação. In: DIDIER JR., Fredie (coord.); MACÊDO, Lucas Buril de; PEIXOTO, Ravi; FREIRE, Alexandre (org.). *Processo nos tribunais e meios de impugnação às decisões judiciais*. Salvador: JusPodivm, 2015. (Coleção Novo CPC – Doutrina Selecionada, vol. 6).

_____;_____. O novo CPC e a sistemática dos precedentes: para um viés crítico das reformas processuais. *Direito, Estado e Sociedade*, n. 46, 2015.

SILVA, José Afonso da. *Comentário contextual à Constituição*. São Paulo: Malheiros, 2005.

SILVA, Virgílio Afonso da. Deciding without deliberating. *International Journal of Constitutional Law*, Oxford: Oxford Academic, vol. 11, 2013.

_____. Interpretação conforme a Constituição: entre a trivialidade e a centralização judicial. *Revista DireitoGV*, vol. 2, n. 1, p. 192, 2006.

SILVEIRA, Flavio Pavlov da. *A audiência pública como um instrumento indutor do modelo de democracia deliberativo-procedimental de Jürgen Habermas*. Dissertação (Mestrado) – Universidade Integrada do Alto Uruguai (URI). Santo Ângelo, 2010.

SLAIBI FILHO, Nagib. *Direito constitucional*. Rio de Janeiro: Forense, 2004.

SOARES, Carlos Henrique; NUNES, Dierle; BAHIA, Alexandre; CÂMARA, Bernardo Ribeiro. *Curso de direito processual civil*. Belo Horizonte: Fórum, 2011.

SOMBRA, Thiago Luís Santos. Supremo Tribunal Federal representativo? O impacto das audiências públicas na deliberação. *Revista Direito GV*, São Paulo, vol. 13, n. 1, 2017.

SOUSA, Miguel Teixeira de. *Estudos sobre o novo processo civil*. Lisboa: Lex, 1997.

SOUZA, Artur César de. Novo CPC pode estrangular recurso extraordinário e o recurso especial. Disponível em: <http://www.conjur.com.br/2015-mar-23/artur-souza-cpc-estrangular-recurso-extraordinario>. Acesso em: 25 mar. 2016.

SOUZA, Bernardo Pimentel. *Dos recursos constitucionais*. Brasília: Brasília Jurídica, 2007.

SOUZA, Marcus Seixas. *Os precedentes na história do direito processual civil brasileiro: Colônia e Império*. Dissertação (Mestrado em Direito) – Universidade Federal da Bahia. Salvador, 2014.

STEINER, Eva. Theory and practice of judicial precedent in France. In: DIDIER JR., Fredie; CUNHA, Leonardo Carneiro da; ATAÍDE JR., Jaldemiro Rodrigues de; MACÊDO, Lucas Buril de (coord.). *Precedentes*. Salvador: JusPodivm, 2015. (Coleção Grandes Temas do Novo CPC, vol. 3).

STRECK, Lenio Luiz. A interpretação do direito e o dilema acerca de como evitar juristocracias: a importância de Peter Häberle para a superação dos atributos (*Eigenschaften*) solipsistas do direito. *Observatório da Jurisdição Constitucional*. Brasília: IDP, ano 4, 2010/2011.

_____. A juristocracia no novo Código de Processo Civil. Disponível em: http://www.conjur.com.br/2012-set-18/lenio-streck-juristrocracia-projeto-codigo-processo-civil>. Acesso em: 23 fev. 2014.

_____. Crítica às teses que defendem o sistema de precedentes – Parte II. Disponível em: <http://www.conjur.com.br/2016-set-29/senso-incomum-critica-teses-defendem-sistema-precedentes-parte-ii>. Acesso em: 2 out. 2016.

_____. Crítica às teses que defendem o sistema de precedentes – Parte III. Disponível em: <http://www.conjur.com.br/2016-set-29/senso-incomum-critica-teses-defendem-sistema-precedentes-parte-ii>. Acesso em: 11 nov. 2016.

_____. Do pamprincipiologismo à concepção hipossuficiente de princípio. *Revista de Informação Legislativa*, Brasília, n. 194, 2012.

_____. Hermenêutica, Constituição e autonomia do direito. *Revista de Estudos Constitucionais, Hermenêutica e Teoria do Direito*, I (I), 2009.

_____. Hermenêutica e possibilidades críticas do Direito: ensaio sobre a cegueira positivista. *Revista da Faculdade de Direito da UFMG*, Belo Horizonte, 2008.

_____. *Hermenêutica jurídica e(m) crise*. Porto Alegre: Livraria do Advogado, 1999.

_____. Hermenêutica, neoconstitucionalismo e "o problema da discricionariedade dos juízes'" Disponível em: <http://www.anima-opet.com.br/primeira_edicao/artigo_Lenio_Luiz_Streck_hermeneutica.pdf>. Acesso em: 17 out. 2014.

_____. Jurisdição, fundamentação e dever de coerência e integridade no novo CPC. Disponível em: <http://www.conjur.com.br/2016-abr-23/observatorio-constitucional-jurisdicao-fundamentacao-dever-coerencia-integridade-cpc>. Acesso em: 7 maio 2017.

_____. O direito de obter respostas constitucionalmente adequadas em tempos de crise do direito: a necessária concretização dos direitos humanos. Disponível em: <http://www.periodicos.ufpa.br/index.php/hendu/article/viewFile/374/601>. Acesso em: 8 mar. 2014.

_____. O juiz soltou os presos; já Karl Max deixou de estudar e foi vender droga. Disponível em: <http://www.conjur.com.br/2015-mai-21/senso-incomum-juiz-solta-21-karl-max-deixou-estudar-foi-vender-droga>. Acesso em: 13 maio 2017.

_____. O novo Código de Processo Civil (CPC) e as inovações hermenêuticas – O fim do livre convencimento e a adoção do integracionismo dworkiniano. *Revista de Informação Legislativa*, Brasília, ano 52, n. 206, 2015.

_____. O (pós-)positivismo e os propalados modelos de juiz (Hércules, Júpiter e Hermes) – dois decálogos necessários. *Revista de Direitos e Garantias Fundamentais*, n. 7, 2010.

_____. *O que é isto* – Decido conforme minha consciência? 4. ed. Porto Alegre: Livraria do Advogado, 2013.

_____. Quanto vale o narcisismo judicial? Um centavo? Disponível em: <http://www.conjur.com.br/2012-mai-17/senso-incomum-quanto-vale-narcisismo--judicial-centavo?pagina=3>. Acesso em: 18 jul. 2017.

_____. Um encontro de titãs: Kelsen, Hart & Cia. analisam acórdão do STJ. Disponível em: <http://www.conjur.com.br/2016-jul-07/senso-incomum-encontro--titas-kelsen-hart-cia-analisam-acordao-stj>. Acesso em: 24 jul. 2016.

_____; ABBOUD, Georges. *O que é isto* – O precedente judicial e as súmulas vinculantes? 2. ed. Porto Alegre: Livraria do Advogado, 2014.

_____; DELFINO, Lúcio; BARBA, Rafael Giorgio Dalla; LOPES, Ziel Ferreira. A cooperação processual do novo CPC é incompatível com a Constituição. Disponível em: <http://www.conjur.com.br/2014-dez-23/cooperacao-processual-cpc--incompatível-constituicao>. Acesso em: 7 maio 2017.

STURM, Susan P. The promise of participation. *Iowa Law Review*, vol. 78, 1993.

SUMMERS, Robert S. Precedent in the United States (New York State). In: MACCORMICK, Neil; SUMMERS, Robert S. (edit.). *Interpreting precedents*. Dartmouth: Ashgate, 1997.

_____; MACCORMICK, Neil. Introduction. In: MACCORMICK, Neil; SUMMERS, Robert S. (edit.). *Interpreting precedents*. Dartmouth: Ashgate, 1997.

TARUFFO, Michele. Aspectos fundamentais do processo civil de *civil law* e de *common law*. In: _____. *Processo civil comparado*: ensaios. Trad. bras. de Daniel Mitidiero. São Paulo: Marcial Pons, 2013.

_____. *La motivazione della sentenza civile*. Pádua: Cedam, 1975.

_____. *Precedente e giurisprudenza*. Nápoles: Editoriale Scientifica, 2007.

_____. *Verdad, prueba y motivación en la decisión sobre los hechos*. México: Tribunal Electoral del Poder Judicial de la Federación, 2013.

_____; HAZARD JR., Geoffrey. *American civil procedure* – An introduction. New Haven: Yale University Press, 1993.

_____; LA TORRE, Massimo. Precedent in Italy. In: MACCORMICK, Neil; SUMMERS, Robert S. (edit.). *Interpreting precedents*. Dartmouth: Ashgate, 1997.

TAVARES, André Ramos. *Nova Lei da Súmula Vinculante* – Estudos e comentários à Lei 11.417, de 19.12.2006. São Paulo: Método, 2007.

_____. *Reforma do Judiciário no Brasil pós-88*. São Paulo: Saraiva, 2005.

TAYLOR, Hannis. Due process of law. *Yale Law Journal*, vol. XXIV, n. 5, 1915.

TEIXEIRA, Ludmila; NUNES, Dierle. *Acesso à Justiça Democrático*. Brasília: Gazeta Jurídica, 2013.

TEMER, Sofia. *Incidente de resolução de demandas repetitivas*. Salvador: JusPodivm, 2016.

THEODORO JÚNIOR, Humberto. Alguns reflexos da Emenda Constitucional n. 45, de 08.12.2004, sobre o processo civil. *Revista da Faculdade de Direito da Universidade Federal de Minas Gerais*, n. 47, 2005.

_____. *Curso de direito processual civil*. 56. ed. Rio de Janeiro: Gen-Forense, 2015. vol. I.

_____; BAHIA, Alexandre; NUNES Dierle. Breves considerações sobre a politização do Judiciário e sobre o panorama de aplicação no direito brasileiro – Análise da convergência entre o *civil law* e o *common law* e dos problemas de padronização decisória. *Revista de Processo*, São Paulo: RT, vol. 189, 2010.

_____; NUNES, Dierle; BAHIA, Alexandre Melo Franco; PEDRON, Flávio Quinaud. *Novo CPC* – Fundamentos e sistematização. 3. ed. Rio de Janeiro: Gen-Forense, 2016.

THURMON, Mark Alan. When the Court divides: reconsidering the precedential value of Supreme Court plurality decisions. *Duke Law Journal*, vol. 42.

TORRENTE, Andrea; SCHLESINGER, Piero. *Manuale di diritto privato*. 19. ed. Milão: Giuffrè, 2009.

TOVAR, Leonardo Zehuri; MOREIRA, Nelson Camatta. Hermenêutica e decisão judicial: em busca de respostas adequadas à Constituição. *Derecho y Cambio Social*, Lima, n. 40, 2015. Disponível em: <http://www.derechoycambiosocial.com/revista040/HERMENEUTICA_E_DECISAO_JUDICIAL.pdf>. Acesso em: 24 dez. 2015.

TROPER, Michel; GRZEGORCZYK, Christophe. Precedent in France. In: MACCORMICK, Neil; SUMMERS, Robert S. (edit.). *Interpreting precedents*. Dartmouth: Ashgate, 1997.

TUNC, Andre. The not so common law of England and the United States, or, precedent in England and in the United States, a field study by an outsider. *The Modern Law Review*, vol. 47.

TUSHNET, Mark. Judicial accountability in comparative perspective. In: BAMFORTH, Nicholas; LEYLAND, Peter (ed.). *Accountability in the contemporary Constitution*. Oxford: Oxford University Press, 2013.

USTÁRROZ, Daniel. A experiência do *amicus curiae* no direito brasileiro. *Anuario de Derecho Constitucional Latinoamericano.* Montevidéu, ano XV, 2009.

VALE, André Rufino do. *Argumentação constitucional* – Um estudo sobre a deliberação nos Tribunais Constitucionais. Tese (Doutorado) – Universidade de Brasília. Brasília-Alicante, 2015.

_____; MENDES, Gilmar Ferreira. O pensamento de Peter Häberle na jurisprudência do Supremo Tribunal Federal. *Observatório da Jurisdição Constitucional,* ano 2, 2008/2009. Disponível em: <http://www.portaldeperiodicos.idp.edu.br/index.php/observatorio/article/viewFile/205/173>. Acesso em: 3 out. 2015.

VERDÚ, Pablo Lucas. El derecho constitucional como derecho administrativo. *Revista de Derecho Político,* n. 13, 1982.

VIANA, Antônio Aurélio de Souza. *Precedentes no CPC/2015 e a mutação no ônus argumentativo.* Dissertação (Mestrado) – Pontifícia Universidade Católica de Minas. Belo Horizonte, 2016.

_____; NUNES, Dierle. Ônus da dialeticidade: nova "jurisprudência defensiva" no STJ? Disponível em: <http://www.conjur.com.br/2017-mai-15/onus-dialeticidade-jurisprudencia-defensiva-stj>. Acesso em: 18 jul. 2017.

VIEIRA, José Ribas; CORRÊA, Letícia França. A audiência pública jurisdicional no Supremo Tribunal Federal. In: CARVALHO, Flávia Martins de; VIEIRA, José Ribas (org.). *Desafios da Constituição* – Democracia e Estado no século XXI. Rio de Janeiro: FAPERJ, 2011.

VIGIL NETO, Luiz Inácio. *De legibus et de consuetudinibus* – Estudos sobre a história do Direito na Inglaterra. *Revista Jurídica,* n. 23, 2009.

VIGNERA, Giuseppe; ANDOLINA, Italo. *Il modello costituzionale del processo civile italiano* Turim: G. Giappichelli, 1990.

VIGORITI, Vicenzo. Ancora a proposito della superabile crisi del processo civile. Disponível em: <http://www.judicium.it/admin/saggi/279/VigoritiIII.pdf>. Acesso em: 17 out. 2014.

VILLEN, Antônio Carlos; CINTRA JÚNIOR, Dyrceu Aguiar Dias. Controle externo e interno do Judiciário: o controle político-ideológico e as súmulas vinculantes. *Revista dos Tribunais,* São Paulo: RT, vol. 720, 1995.

WACH, Adolf. *Manual de derecho procesal civil.* Trad. esp. de Tomás A. Banzhaf. Buenos Aires: EJEA, 1977. vol. I.

WAMBAUGH, Eugene. *The study of cases.* 2. ed. Boston: Little, Brown, 1894.

WAMBIER, Teresa Arruda Alvim. Precedentes e evolução do direito. In: _____. (coord.). *Direito jurisprudencial.* 1. ed. 2. tir. São Paulo: RT, 2012.

_____. Súmula vinculante: figura do *common law*? Disponível em: <http://www.revistadoutrina.trf4.jus.br/index.htm?http://www.revistadoutrina.trf4.jus.br/artigos/edicao044/teresa_wambier.html>. Acesso em: 2 maio 2014.

_____; CONCEIÇÃO, Maria Lúcia Lins; RIBEIRO, Leonardo Feres da Silva; MELLO, Rogério Licastro Torres de. *Primeiros comentários ao novo Código de Processo Civil:* artigo por artigo. São Paulo: RT, 2015.

WHITTAKER, Simon. El precedente en el derecho inglés: una visión desde la ciudadela. Trad. esp. de Cristián Banfi del Río. *Revista Chilena de Derecho*, vol. 35, 2008.

ZANETI JÚNIOR, Hermes. *O valor vinculante dos precedentes.* Salvador: JusPodivm, 2015.

ZIMMERMANN, Augusto. *Curso de direito constitucional.* Rio de Janeiro: Lumen Juris, 2002.

ZITSCHER, Harriet Christiane. *Introdução ao direito civil alemão e inglês.* Belo Horizonte: Del Rey, 1999.